# MEIO SÉCULO
# DE PSICOTERAPIA
# VERBAL
# E CORPORAL

Dados Internacionais de Catalogação na Publicação (CIP)
(Câmara Brasileira do Livro, SP, Brasil)

Gaiasa, J. A.
    Meio século de psicoterapia verbal e corporal / J. A. Gaiarsa. – São Paulo : Ágora, 2006.

    Bibliografia.
    ISBN 85-7183-021-5

    1. Comportamento humano 2. Comunicação não-verbal 3. Psicoterapia – História I. Título.

06-7167                                         CDD-150.198

Índice para catálogo sistemático:
1. Psicoterapia verbal e corporal : Psicoterapia : História 150.198

Compre em lugar de fotocopiar.
Cada real que você dá por um livro recompensa seus autores
e os convida a produzir mais sobre o tema;
incentiva seus editores a encomendar, traduzir e publicar
outras obras sobre o assunto;
e paga aos livreiros por estocar e levar até você livros
para a sua informação e o seu entretenimento.
Cada real que você dá pela fotocópia não autorizada de um livro
financia o crime
e ajuda a matar a produção intelectual de seu país.

*J. A. Gaiarsa*

# MEIO SÉCULO DE PSICOTERAPIA VERBAL E CORPORAL

EDITORA
ÁGORA

*MEIO SÉCULO DE PSICOTERAPIA VERBAL E CORPORAL*
Copyright © 2006 by José Angelo Gaiarsa
Direitos desta edição reservados por Summus Editorial

Editora executiva: **Soraia Bini Cury**
Assistente de produção: **Claudia Agnelli**
Capa: **Renata Buono Design**
Projeto gráfico e diagramação: **Crayon Editorial**

**Editora Ágora**
Departamento editorial:
Rua Itapicuru, 613 – 7º andar
05006-000 – São Paulo – SP
Fone: (11) 3872-3322
Fax: (11) 3872-7476
http://www.editoraagora.com.br
e-mail: agora@editoraagora.com.br

Atendimento ao consumidor:
Summus Editorial
Fone: (11) 3865-9890

Vendas por atacado:
Fone: (11) 3873-8638
Fax: (11) 3873-7085
e-mail: vendas@summus.com.br

Impresso no Brasil

AOS MEUS INICIADORES
Carl Gustav Jung
Wilhelm Steke
Karen Horney
Wilhelm Reich

# NO INÍCIO...

Vingança – ainda que tardia.

Olimpíadas de 2004. Espetáculos coletivos deslumbrantes, desempenho de indivíduos excepcionais mostrados por uma TV de primeira, habilíssima, focalizando tudo que importa ou que é bonito, e dois comentaristas falando, falando, falando 90% mais do que teria cabimento, perturbando com **palavras inúteis** todo o espetáculo **visual**.

O reparo cabe melhor do que parece, pois o tema deste livro é o olhar "contra" a palavra – ou vice-versa: ver é mais importante do que falar, e ficar falando é uma excelente maneira de mal perceber o que estou vendo. Isto é: se estivermos atentos às palavras, mal veremos, por exemplo, os gestos e as expressões faciais do interlocutor.

Inúmeras pessoas estranhariam – e protestariam com veemência – se na transmissão de jogos pela TV (futebol, vôlei, tênis e mais) não houvesse um locutor **dizendo o que está sendo visto**! Dá para acreditar? Se você estiver lá, no campo, não haverá ninguém falando no seu ouvido.

Medite sobre este fato banal, leitor: nas transmissões de jogos pela TV parece imperativa a existência de comentaristas para nos dizer o que estamos vendo.

Penúltimas e enigmáticas palavras de Goethe em seu leito de morte: "O mais difícil da vida é ver o que está à nossa frente".

E pouco depois: "Luz, quero mais luz!"

Esses reparos são um resumo de meu livro e da neurose coletiva à qual esta obra se refere insistentemente.

Pouco e mal nos olhamos, e quando nos olhamos pouco vemos uns dos outros. Estamos mais interessados em saber se o outro compreendeu o que dissemos, sobre o quanto ele ficou impressionado com o que ouviu, sobre qual será sua resposta, se conseguimos um aliado ou se teremos uma polêmica, se passamos para ele um pouco de nossa ansiedade – ou não!

**Embora olhemos, nossa atenção está nas palavras, nas que estamos dizendo ou nas que estamos ouvindo.**

**E assim deixamos de ver o outro,** a individualidade de sua aparência, de sua comunicação não-verbal, e a individualidade do momento e de nossa relação – aqui e agora. Perdidos entre as generalizações, não percebemos o sentido atual e pessoal da comunicação. Elas – as palavras – perturbam ou impedem a percepção clara do outro, de suas expressões faciais, tons de voz, gestos e atitude, **essenciais para a compreensão efetiva do que o outro está dizendo,** para a comunicação propriamente dita.

Dedução inesperada destas descrições (**são** descrições): a palavra, tida como a mais perfeita forma de comunicação entre os seres humanos e a melhor forma de exprimir idéias, serve ao mesmo tempo para nos confundir, para perturbar a comunicação entre nós e para organizar a agressão entre nós (como mostraremos adiante).

O contrário também é verdadeiro: sempre que, quase sem perceber, nosso olhar se prende aos olhos de outra pessoa, logo depois desviamos o olhar – "às pressas" – como se olhar atentamente fosse perigoso.

Vai ver que é...

# EU – JOSÉ ANGELO GAIARSA

Faço questão cerrada desse título, assim mesmo como está, parecendo uma auto-afirmação exagerada.

Não é só isso. É também um assumir de responsabilidade pessoal em relação a tudo que já escrevi ou escreverei. O que se segue ou é concepção pessoal ou é concepção de outros pessoalmente aceita, e certamente modificada de acordo com minhas medidas.

Ninguém sabe o que o autor famoso "realmente" quis dizer. Toda repetição ou aceitação de dito famoso é uma interpretação pessoal, e não pode ser outra coisa.

Minha auto-afirmação é também uma crítica à impessoalidade dos tratadistas, à falsa modéstia que predomina nos textos científicos e a seu formato compulsoriamente dito "objetivo".

Na área da psicoterapia, ao que parece, a sinceridade é imperativa e a subjetividade inevitável e desejável – desde que "desmascarar a hipocrisia pessoal e coletiva" se tornou nossa tarefa, a de nossas teorias e técnicas e a de cada um de nós.

Desmascarar a hipocrisia coletiva quer dizer assumir e tornar pessoalmente consciente a inconsciência coletiva e perceber que nenhuma generalização me define – afirmações difíceis que ao correr do texto irão se tornando mais claras.

Enfim, é um protesto contra o mito da objetividade. Apesar de mito, ele é exigido imperativa e coletivamente de qualquer experimentador e de qualquer tratadista (bom exemplo de inconsciência coletiva!). Se o mito já é inexeqüível nas ciências da matéria inanimada, de si ditas e/ou tidas como impessoais, ele chega a se tornar ridículo quando cuidamos de psicologia, psicoterapia e psicopatologia.

Dizer que sou objetivo, que estou apoiado em minha experiência e meus dados, que a declaração foi comprovada além de qualquer dúvida, mostra apenas o quanto ignoro.

Por mais que se faça, ninguém consegue deixar de ser ele mesmo, de ter uma história, de ter preferências e antipatias – e de ter fatais e restritos limites de leitura, estudo e formação.

**Ninguém consegue ser ninguém ou ser como todos, como exige a incompreensível objetividade do terapeuta (e do cientista).** Como – estranha coincidência – os preconceitos exigem de todos os profissionais.

Se têm diploma são competentes...

É o mesmo tema da "atitude neutra" na psicoterapia. É tida como necessária, mas ninguém sabe como se faz e ninguém pergunta se é possível (mais exemplos da inconsciência coletiva)...

Dada a amplitude atual da pesquisa científica e clínica, a ninguém é dado imaginar que conhece "tudo" que já foi e continua a ser produzido na sua área, por mais restrita ou especializada que ela seja. E menos ainda imaginar que dispõe de uma panorâmica ampla e fiel desse nosso mundo em transformação vertiginosa.

Por isso, as idéias teóricas e técnicas que figuram neste livro só terão alguma legitimidade se eu conseguir passar um pouco de minha história, de minhas preferências, vícios, virtudes, competências e carências.

Sempre que você, leitor, duvidar ou protestar ao ler aqui ou ali alguma afirmação com a qual não concorda, lembre-se: são as minhas verdades, e não têm a pretensão de ser a última palavra da arte, e menos ainda de ser universais e verdadeiras para todos e para sempre...

Elas tampouco são fiéis a autor algum, pois ao estudá-los só me foi dado compreendê-los a meu modo, em função de minha história e circunstâncias. E também porque foram muitos, até bem díspares.

O que você está lendo são verdades para mim, nascidas de minha vida, de minhas leituras, meu consultório, meus clientes, meus matrimônios, meus amigos e inimigos, de minha capacidade e de minha incompetência.

São tudo isso e nada mais do que isso.

Vou além: gostaria de ler palavras semelhantes – e histórias semelhantes, pessoais – em todos os livros de psicologia, de psicanálise e de psicoterapia. Até de outras ciências.

Afinal, sem personagem e sem contexto, não há história – nem teoria.

Meu texto condena ferozmente essa objetividade que ninguém sabe o que significa, assim como ninguém sabe o que é "a" realidade. Condeno ao mesmo tempo as estatísticas, os diagnósticos minuciosos, as técnicas que pretendem nos conduzir "com certeza" do começo ao fim da terapia, os padrões e definições de normalidade. Neste combate, sinto-me um Quixote lutando contra moinhos de vento – isto é, as palavras, as malditas generalizações cuja função é ignorar os indivíduos.

Como pôde a psicoterapia, movida pelo mito/preconceito da objetividade científica, ignorar o indivíduo, seu objeto precípuo!

Como pôde?

Afinal, sem indivíduo não há psicoterapia!

## MEU PONTO DE VISTA – LITERALMENTE

Este livro, em vez de se limitar a discutir conceitos, técnicas, diagnósticos e teorias (palavras, em suma), atém-se primariamente **ao que se vê e ao que se mostra**, quer os envolvidos (os dois!) se dêem conta disso, quer não.

"O" inconsciente da cada um é primariamente **o que as pessoas não percebem que estão mostrando** (mas está aí, visível), **assim como aquilo que não estão vendo em seu contexto** (mas está aí, à sua volta, em pessoas e eventos).

É uma psicologia sobretudo da **comunicação visual e não-verbal**, daquilo – repito – que se vê, da música das palavras (**som** que se ouve), dos gestos e das caras, das atitudes, e de como esses elementos entram nos relacionamentos pessoais e coletivos.

Sem o corpo, a face e a voz do outro, suas palavras terão o sentido que eu quiser dar a elas, e não o sentido pretendido por ele.

**O mesmo em relação a mim, terapeuta, que também tenho cara, corpo, olhar e voz...**

Inevitavelmente meus – ou minhas.

## MEU ESTILO – AVISO AO LEITOR

Como Giovani Papini, sonhei um dia escrever um tratado completo e monumental sobre psicologia, mas fracassei em todas as tentativas que fiz. Aos poucos, seguindo com certeza meu modo de ser, antes inquieto, curioso e inseguro, passei a redigir ensaios curtos, registros de consultas interessantes, frases inteligentes que me ocorriam, notas comentando livros.

Além disso, sempre gostei de falar em público, e desde cedo tive convites para fazê-lo, inclusive em programas de TV. Recém-formado, fui convidado para entrar em mesas-redondas, e bem mais tarde cheguei a ter um programa meu, com dez anos de duração, de segunda a sexta, em rede nacional. Mas esse falar tão diverso me obrigava a ver e rever o que pensava e lia, pois um modo de ser meu que prezo demais **é meu tédio fácil diante de repetições.** Isto é, o resumo que escrevia para uma palestra era dispensado e dava lugar a outro na palestra seguinte – mesmo quando o tema fosse o mesmo. Cada apresentação levava título diferente, dirigia-se a audiências distintas, e eu respondia com prazer – e ansiedade – a cada novo desafio.

Dessa mistura nasceu meu estilo. Eu o classifico "estilo de revista". Muda o tema a cada poucas páginas. Trechos menores são interpostos aos maiores. Um tema começa aqui e pode continuar bem mais adiante – claro, com algumas conexões entre os trechos.

É minha convicção que esse modo de expor mantém o leitor interessado, melhor do que se a exposição fosse sistemática – padronizada. Estas tendem a ser entediantes...

Mas cada trecho, apresso-me a acrescentar, tem uma unidade própria – é um ponto para reflexão.

# MINHA DIAGRAMAÇÃO EXUBERANTE

Outra característica de meus textos é esta – diagramação exuberante: negritos, maiúsculas, subtítulos, sublinhados, quadros, diferentes fontes.

A comunidade científica não aprova estas liberdades em textos que pretendem ser científicos.

Não fica bem – diz o preconceito. O primeiro pressuposto do preconceito de raiz é este: parece que o autor está querendo ensinar ao leitor!

De minha parte justifico essa convicção: gosto e até exijo que o leitor entenda bem o que **eu** quis dizer e não o que ele já sabe ou interpreta a seu modo. **Depois** de me compreender – até onde possível! –, então podemos dialogar e até discordar.

Mas primeiro quero que você me entenda.

O segundo pressuposto do preconceito é este: supõe-se que todos os leitores saibam ler o que estão lendo. Se já soubessem, não estariam lendo... Textos sempre contêm reflexões originais – dados ou frases para serem pensadas –, ou não teriam sido escritos. O autor tem pontos favoritos de apoio, determinando a seqüência da exposição. Em vários livros, muitas vezes me desesperei ao ler longos trechos de texto corrido. Ficava cada vez mais confuso, até me dispor a voltar em busca do que já havia sido dito no começo, mas sem o destaque necessário: uma declaração fundamental grafada em texto corrido sem nenhum sinal de que era fundamental.

Terceiro pressuposto do preconceito da comunidade científica – grave: todas as frases de um texto têm o mesmo valor para o autor e para o leitor, cabendo a este perceber o que é mais e o que é menos importante. Mas isso faz supor, outra vez, que o leitor já sabe do que se trata e conhece o autor muito bem! O fato é que os textos têm um "não-verbal" (!) implícito, um estilo, têm organização pessoal, afirmações básicas (para o autor), deduções baseadas nestas, esclarecimentos adicionais, exemplos, propostas a serem examinadas, trechos formais até desnecessários e, enfim, as indefectíveis conclusões.

Continua aqui, nos textos, o preconceito da objetividade, de que todos os autores pensam e escrevem do mesmo modo e de que todos os leitores lêem do mesmo modo. O pior é que as regras da redação de trabalhos científicos são verdadeiras camisas-de-força para a individualidade do autor.

Parece que, para ser cientista, você não pode ser você...

Seja um anônimo...

É proibido ser interessante...

E então surge mais um preconceito, desta vez negativo: o especialista, ao redigir trabalhos de certa originalidade, assume função de mestre – queiramos ou não. Seu saber pode ser aceito ou não, admirado ou criticado, mas são dizeres de alguém que pensou, fez experiências, coligiu dados sobre o tema, de alguém sabedor do que é mais e do que é menos importante no texto e no contexto, e neste caso a diagramação funciona como guia para o leitor.

É como a ênfase não-verbal no discurso falado.

Além do mais, psicoterapia é um tema tão amplo que tentar abrangê-lo por inteiro, e de forma sistemática, é pura presunção. Se hoje folheio um "Tratado" a esse respeito fico muito desconfiado, mesmo quando ele foi redigido por vários autores reconhecidamente competentes e apresente numerosas estatísticas...

Enfim, a prática da psicoterapia é, por si mesma, tão variada quanto as pessoas que nos procuram. Em um só dia, podemos cruzar com cinco, seis ou mais personalidades distintas – provenientes de cinco, seis ou mais mundos diferentes. Quanto mais sistemática a teoria, quanto mais ela pretende ser abrangente e "completa", maior o risco de ser falsa – ou inútil...

Não menos diversas são as personalidades e as histórias vitais **dos terapeutas**; para sermos rigorosos, são diversas até as disposições da cada terapeuta em cada período de sua vida.

Ou, enfim, sua disposição perante cada paciente – a cada dia.

Enfim, no século XX surgiram, no mínimo, duas dezenas de teorias sobre psicoterapia, sem contar as alternativas (!) Para mim, são todas verdadeiras e são tantas precisamente devido à variedade pessoal dos autores, à variedade dos pacientes e de seus ecossistemas e, enfim, à variedade das histórias pessoais tanto dos terapeutas como dos pacientes.

Maturidade terapêutica eu alcanço quando percebo desde o início qual é o bom paciente para mim – e qual não é. Bom paciente é o que percebe qual o bom terapeuta para ele – e os que não são.

Mas aqui já entram a escolha, o acaso e o risco – e adiante retorno.

# MINHAS RAÍZES – PESSOAIS E PROFISSIONAIS

Gostaria de acrescentar alguns dados sobre minha formação e minhas deformações – pessoais e profissionais.

Este livro é meu legado para a profissão, fruto de mais de meio século de atividade como psicoterapeuta na cidade de São Paulo, Brasil, de 1947 a 2003, com a média de atendimento de sete a oito horas por dia, poucas férias, muito empenho, muitas dúvidas, muita busca, muita inovação.

Posso dizer que este livro tem muito que ver com a classe média paulista.

Estudei e exercitei muitas técnicas, orientei muitos grupos de estudos e escrevi muitos livros – aos quais remeterei o leitor sempre que oportuno.

Formei-me em medicina pela Faculdade de Medicina da Universidade de São Paulo, tida como a melhor da América do Sul. Fui o primeiro aluno da turma sem a intenção de ser. Gostava de estudar e era tido como muito inteligente. No entanto, só comecei a perceber o fato bem mais tarde, por volta dos 40 anos. Até então, sempre me parecera que todos compreendiam as coisas tão bem ou tão mal quanto eu.

Meus pais me permitiram entender essa defasagem. Ambos imigraram ainda crianças e, a duras penas, "haviam feito a América". Quando nasci, gozávamos de certa abastança (essa palavra é de meu tempo...). Pessoas simples – sentiam-se gratas pelo que conquistaram aqui. Mostravam-se quase humildes, apesar das posses, e passaram para nós, seis filhos, essas atitudes de gratidão, simplicidade e humildade ante a sociedade.

"Não ficava bem", para nós, contar vantagens ou nos exibir.

No ginásio fui um fracasso. Não compreendia o que esperavam de mim e avancei aos trancos, com repetições, aulas particulares e dependências.

Recém-formado no secundário, teria escolhido desistir de estudar, mas não tive competência para decidir e então segui o caminho de meus dois irmãos mais velhos: medicina.

Já havia em mim, nessa data, grande curiosidade pelo corpo humano, que eu via nos tratados de anatomia de meus irmãos, e já era forte em mim uma atração erótica pela mulher – dois motivos poderosos. Naquele tempo via-se bem pouco do sexo oposto...

Além disso, a vida e o exemplo de minha mãe me fizeram, desde cedo, perceber a dificuldade das mulheres e os maus-tratos que sofriam – mesmo os tidos como "normais", isto é, não devidos a maridos brutais, alcoólatras etc. Seis filhos, lavar, passar, cozinhar, costurar, limpar a casa... Conseqüência: sintomas psicossomáticos freqüentes e mal interpretados pelos médicos de então.

Entrei em um curso preparatório no qual éramos doze alunos e quatro professores, três dos quais eram da família Decourt – professores natos. Com a atenção pessoal e a competência dos professores, que inauguravam o cursinho e esperavam vê-lo progredir, em menos de dois meses respondi brilhantemente à atenção individual – e à admiração – que me eram dadas; passei a ser o primeiro da turma e segui assim até o fim do curso médico.

Recém-formado, fui contratado com mais sete colegas como psiquiatra do Hospital Franco da Rocha, antigo Juqueri, de infausta memória. Era um campo de concentração! Lá tive a sorte de encontrar Mario Yhan e Annibal da Silveira, um mestre da prática e outro mestre da teoria, além de alguns colegas mais velhos de boa qualidade, com os quais fiz boas e duradouras amizades. Eu e meu colega Milton Sabbag nos tornamos amigos vitalícios.

# PRIMÓRDIOS DO PROFISSIONAL

Aí o destino outra vez bateu à porta. Pensávamos todos em fazer clínica psicoterápica. Era o começo da moda e a atividade mais rendosa da profissão, mas então – nos idos de 1947 e 1950 – só se falava em psicanálise. Em São Paulo, só havia uma psicanalista autorizada, com uma fila imensa de candidatos à espera, e caríssima (quatro a cinco sessões semanais durante vários anos).

Como tínhamos quarenta mais quarenta minutos de trem – ida e volta de São Paulo a Franco da Rocha –, ficávamos obrigatoriamente juntos sem fazer nada. Então começamos a repartir nossas idéias, nossos palpites, nossas incertezas e nossa ansiedade de principiantes. Além da conversa no trem, formamos um grupo de estudos e nos reuníamos uma vez por semana. Durou três anos.

A meu ver, foi minha sorte: formação cooperativa, em grupo entre iguais – todos igualmente ignorantes e por isso sem pose nem hierarquia. Não fiquei dependente de nenhuma escola e de nenhum mestre específico. Por boas e por más, fui fazendo o que minha ignorância permitia, com meus colegas, com meus clientes e com minhas dúvidas.

Lia furiosamente. Fui contratado por um sanatório, no qual o Dr. Mariz – meio amigo, meio preceptor, meio chefe – contribuiu ao me animar e me fazer acreditar um pouco no que eu fazia. Ele lia e apreciava bastante minhas observações, realizadas com os novos internados – como era uma de minhas obrigações. Começava a me familiarizar com as doenças mentais mais graves e com as antigas técnicas terapêuticas: eletrochoque, choque cardiazólico, choque insulínico e outras torturas similares. O sanatório tinha até o "quarto forte" para isolamento dos agitados.

Nunca fui agredido por cliente algum, e devo o fato a não tratar nenhum deles como se fossem loucos. Eu conseguia – e era fácil para mim – tratá-los como gente; e eles respondiam!

Fui muito medroso, mas não diante de doentes mentais. Custei a descobrir o porquê: eu era um alternativo, de certo modo "contra" quase tudo que eu via e sentia. Daí que eu vivesse com medo de todos os "normais" (!), por ser contra eles – sem perceber. Ao longo de minha vida, pude ir explicitando aos poucos todo o meu modo de ver e meu sentir contra boa parte do que me cercava: costumes sociais, preconceitos, hipocrisia, estreiteza de visão, crueldade, exploração, opressão – e psiquiatria!

Desde o começo, amadurecia em mim o fato de que a noção médica da doença mental era precária, fortemente contaminada pela patologia médica e pela exclusão social dos "loucos".

Já pressentia a força do ecossistema familiar e social sobre as funções mentais e sobre o cérebro. Em um mundo humano saudável e mais equânime, não haveria doença mental.

## AVISOS AOS LEITORES

**1**  Este livro "prova", baseado em fatos estabelecidos principalmente ao longo do século XX, que a liberdade é compulsória! Ninguém tem a liberdade de não ser livre – por mais vaga que seja esta afirmação. Qualquer decisão individual, mesmo se tida como "sempre a mesma", tem conseqüências novas. Nenhuma apenas repete ou reforça o que já existe. Mesmo acreditando que a decisão **ou o ato** é "o mesmo", o contexto na certa não é. E então pergunto se a frase mesmo assim mantém o sentido.

Nada se repete. Tradição e conservadorismo são palavras sem sentido. São ilusões alimentadas pela opinião (falação) coletiva e pelo medo do inesperado – igualmente coletivo. Veremos.

**2**  Este livro propõe uma nova psicologia e uma nova psicoterapia baseadas primariamente na visão (sempre recíproca), na comunicação não-verbal (idem), na motricidade e na respiração. Estas funções mal são consideradas nas escolas de psicologia.

A partir da psicanálise e continuando a tradição filosófica da psicologia racional, a psicoterapia apoiou-se quase que exclusivamente na comunicação verbal. A psicologia científica foi absorvida pelas estatísticas e pela busca de "padrões" que são a negação da individualidade – objeto primário da psicoterapia.

**3**  Uma das teses centrais do livro, que amplia e aprofunda as colocações de Wilhelm Reich, é a de que **a expressão não-verbal retrata o inconsciente**. A "vida interior" se manifesta – **se torna visível** – por meio de expressões faciais, gestos, atitudes corporais e tons de voz, afirmação de um lado evidente ("visível") e de outro inusitada e altamente comprometedora para todas as relações pessoais e sociais. Por isso, **coletivamente reprimida**.

**4**  Neste livro, aprofundo a análise do processo dito lógico de **generalização**, mostrando o quanto e de quantos modos ele pode e deve ser considerado um "mecanismo neurotizante" coletivo. Isto é, embutido na própria natureza da linguagem e da inteligência, ele torna eternas as discussões e ambíguas quase todas as afirmações que são feitas seja lá por quem for, seja lá a respeito do que for. "As mulheres são assim", "Criança é assim", "Os americanos são assim", "Casamento é assim"...

A individualidade permanece continuamente negada nas palavras.

Se estamos dizendo as mesmas palavras, é porque pensamos os mesmos pensamentos ou pensamos do mesmo modo. Esse é o pressuposto aceito sem discussão na maior parte das conversas cotidianas, assim como em muitos textos eruditos, inclusive filosóficos e científicos.

No entanto, como é evidente – e visível! –,não há duas pessoas física e expressivamente iguais. Será necessário prova mais clara e indiscutível de que cada um de nós é diferente de todos os demais?

Além disso, o que individualiza o sentido das palavras ("iguais para todos") é, antes de mais nada, o acompanhamento não-verbal – cara, jeito, voz, gesto; é, depois, a situação, o tema, a relação entre os interlocutores. De algum modo, este segundo grupo de variáveis ("externas") está presente no primeiro (expressões corporais).

Quando essas variáveis são consideradas – quando **olhamos** para a pessoa enquanto ela diz as "mesmas" palavras –, então nos podemos dar conta de que palavras iguais **não** significam a mesma coisa para todos.

Essa é uma das teses fundamentais de meu livro.

**5** Descrições e críticas severas à organização social, temas de biologia e de ciências ocupam tanto espaço quanto os temas de psicoterapia propriamente ditos.

O motivo é óbvio: sem uma boa noção sobre o ecossistema, impossível compreender o que quer que seja dos seres que o habitam e da eventual patologia destes ocupantes. No caso, os seres humanos e seus distúrbios ditos mentais, em especial as neuroses. É imperativo considerar os seres humanos **vivendo da forma como vivemos em nossas famílias e nossas sociedades (nossos ecossistemas) e sujeitos às transformações pelas quais eles estão passando**.

**6** Tive uma formação lógica de boa qualidade, desde Aristóteles até a lógica tradicional dos silogismos, passando pelos tomistas medievais, os jesuítas e sua apologética rigorosa – inclusive tinturas de estatística e de lógica moderna.

Por isso redigi uma introdução algo indigesta. Comecei com grandes princípios científicos, não muito fáceis de apreender. Se você, leitor, não sente necessidade nem prazer em fundamentação lógica rigorosa, deixe de lado esta introdução e comece logo adiante. Por exemplo, com "Minha Indignação com a Família"...

# ACELERAÇÃO DA HISTÓRIA

O século XX trouxe mais mudanças sociotécnicas do que todos os quinze mil anos anteriores da nossa história.

Os últimos trinta anos trouxeram mais mudanças sociotécnicas do que todo o século XX (computadores, difusão maciça da TV e comunicação universal instantânea – internet e telefonia celular –, transportes rápidos de pessoas e de cargas).

*Meio século de psicoterapia verbal e corporal*

A diferença de mundos entre as gerações (digamos, de 1950 a 2005) nunca foi tão grande, o que acarreta mudanças radicais nas relações familiares, quer as pessoas as percebam e aceitem, quer não.

Todo o universo estável e previsível de Newton entrou na dança cósmica da Relatividade e da física quântica, segundo as quais nada existe e tudo acontece (a matéria é um estado transitório de campos de energia).

O mundo industrial (da invenção/produção), o da ciência, o econômico e a mídia refletem inevitavelmente – ou sofrem – esse processo.

Nos velhos tempos (até o início do século XX), inovações tecnossociais ocorriam lentamente, isto é, ao longo de uma geração – ou de várias –, e em ampla medida isoladas regionalmente; por isso, todos tinham tempo para se adaptar, e a transição de geração a geração era possível sem atrito demasiado. Entretanto, hoje (de 1950 para cá), com todas essas transformações previamente citadas, as diferenças entre gerações estão se mostrando intransponíveis.

Por isso as pessoas estão se distanciando cada vez mais dos assim chamados Sagrados Valores Tradicionais – tidos até então como eternos – e sentindo-se por isso desorientadas e angustiadas, sem saber como se pôr nem o que fazer.

E com medo (medo e ansiedade para mim são sinônimos).

Genérica e coletivamente neuróticas.

Neurótico – chegando ao consultório – significa apego amplamente inconsciente a comportamentos e ideais modelados por preconceitos e costumes passados, infantis e familiares, mais a incapacidade de perceber e de se adaptar ao novo mundo que está acontecendo.

Neurose é estreiteza de visão e de interesses, mais a incapacidade de adaptação das pessoas imersas no acontecer social – cada vez mais amplo (mídia) e acelerado.

Por isso, a ansiedade e a "síndrome do pânico" são puramente medo daquilo que não é mais como era. Na verdade, medo do presente, percebido e sentido como caótico, incerto e "destruidor" dos velhos padrões de comportamento e de relacionamento. Dos padrões tidos até há meio século como estáveis e confiáveis, até "eternos" – ou "divinos".

O problema da diferença entre gerações sempre existiu para a humanidade, mas nunca foi tão amplo quanto hoje.

Por isso nunca, como no século XX, surgiram tantas teorias e práticas psicológicas e psicoterápicas. Nem tantos livros estudando as "Mudanças de Paradigma" na sociedade em geral, nas organizações empresariais, econômicas e científicas. Nem tantos livros de auto-ajuda. Nem a importação de veneráveis práticas orientais e de teorias e práticas alternativas.

Quem quiser uma história e uma panorâmica primorosa e profunda destas transformações vai encontrá-las na trilogia de Alvin Toffler, *Choque do futuro, A terceira onda* e *Power shift* (este manteve o título inglês também na versão em português).

# E OS TERAPEUTAS?

Vale notar desde já que os terapeutas também vivem e experimentam todas essas mudanças, podendo ter consciência mais ampla ou mais profunda destas transformações – ou não.

Tentando adaptar-se a elas – ou não!

Conseguindo adaptar-se a elas – ou não!

E todos esses "nãos" são quantitativos.

Notar, ainda, que nos cursos de psicologia (do Brasil) tudo se passa, ainda, como se Freud, Jung, a psicologia experimental e o comportamentalismo permanecessem atuais – e únicos. Até definitivos – "eternos"!

Ou então surge a neurociência cognitiva que vai explicar tudo – experimentalmente! Todos os mistérios do cérebro revelados.

Daí a oportunidade deste livro.

Não estranhe, leitor. As universidades, de acordo com o venerável princípio dos opostos (do *yin* e do *yang*), são, **ao mesmo tempo**, ninhos onde germinam idéias novas e feudos impermeáveis a idéias novas. Todo inovador começou sendo mártir, e a comunidade científica já cometeu quase todos os crimes da Inquisição – exceto a fogueira...

## CONSELHOS AOS PRINCIPIANTES: LIÇÃO NÚMERO UM

Serão grafadas com este tipo de fonte sugestões técnicas e/ou práticas.

Pouco a pouco, neste livro, procurarei mostrar que as técnicas puramente verbais e "bem-acabadas" propostas em minha área (todas nascidas no século XIX ou XX) mal explicam a neurose e pouco ajudam ao paciente.

Apenas compreender e/ou explicar verbalmente não mudam comportamentos nem emoções.

O que muda é o contato e a troca pessoal – o relacionamento vivo.

"Sem envolvimento não pode haver desenvolvimento" é minha tese central, legado enriquecido de mestre Jung.

Esta frase é minha bússola, minha força e minha fraqueza.

"Tomar consciência e ampliar a percepção do contexto são sinônimos."

Esta afirmação é o fundamento de uma técnica, a de questionamento amplificador (a ver).

Ampliar a percepção do contexto é mais fácil, mais útil e mais convincente do que ficar esperando o momento da interpretação oportuna, gatilho do *insight* salvador (nos termos da psicanálise).

*Meio século de psicoterapia verbal e corporal*

Estar bem-posto e atento é a melhor definição de "normal" que eu conheço.

"Bem-posto", como as palavras sugerem, tem tudo a ver com o corpo – com a atitude e a postura. Esse é o campo do trabalho corporal em psicoterapia.

Estar atento é uma arte que nunca se aprende por inteiro.

Todos os que se iniciam na difícil arte de se relacionar produtivamente com o próximo buscam ansiosamente as regras e as técnicas, as teorias ou abordagens presumivelmente mais bem fundamentadas, mais "verdadeiras" ou "mais aceitas" (na sua faculdade), os mestres famosos, as classificações de tipos de personalidade, os diagnósticos.

Querem todos ter certeza em relação ao que fazer, como se portar **antes** de entrar na arena – ou de estar diante do próximo cliente. Esperam todos ter uma certeza que só se adquire, e ainda de forma limitada, depois de muitas tentativas, experiências, buscas, erros bem examinados... E muita ansiedade.

Muita!

Começa aí o desvio. É dito ao aprendiz: "Se você fizer o diagnóstico 'certo', logo em seguida saberá o que fazer".

Alguns – mais ingênuos – chegam a acreditar até que, conhecido o diagnóstico, todos os passos serão previsíveis até o final feliz – a "cura", a "alta" ou até a "normalidade"...

O pressuposto é o de que as coisas se repetem.

# A ALIENAÇÃO DOS DIAGNÓSTICOS E TIPOLOGIAS

Todos os diagnósticos e todas as tipologias relativas a personagens humanos sofrem de um mal sem remédio e universalmente negado.

"Negado" significa atuação de um "mecanismo neurótico" – coletivo.

> **Descrever quadros de patologia ou tipos de personalidade sem referência alguma ao ecossistema e à história dos respectivos personagens é um pecado mortal – ou um contra-senso – para a biologia, a sociologia, a psicologia – e a ética!**

Seria como descrever as aves sem falar da atmosfera ou descrever os peixes sem falar dos oceanos.

Por isso, cuidado com os diagnósticos e as tipologias.

Exemplo simplório: "Cuidado com os loucos – eles são perigosos".

Em meio século da atividade psiquiátrica, inclusive em hospitais psiquiátricos, nunca fui agredido por "louco" nenhum, mesmo quando diante de alguns bastante agitados.

Sei muito bem o porquê: nunca olhei para eles nem os tratei como se fossem loucos.

O mesmo digo da psicoterapia: se você, terapeuta, olhar para seu paciente como um terapeuta ante um neurótico, nove vezes em dez ele entrará no jogo e se comportará como tal.

E você como um terapeuta...

Se você conseguir olhar para ele como um companheiro de viagem, ambos em um mundo difícil, a relação tomará inteiramente outra forma – e outro curso.

A ansiedade do principiante concentra-se primeiro no diagnóstico e logo depois no "como se faz". Na verdade, no "e agora, o que eu faço?"

# COMO SE FAZ?

O essencial a fazer na sessão de psicoterapia é pouco.

O principal é prestar atenção – quanto mais concentração, melhor (como todos os conselhos, este também é mais fácil de dizer do que de fazer).

Note-se desde já a divergência completa entre meu parecer e a regra analítica – a da atenção flutuante. Não raro ela desemboca no sono do analista, eventualidade da qual tenho vários relatos. Acontece com certa facilidade quando o analista fica sentado em uma poltrona atrás do paciente deitado no divã.

A razão de meu parecer sobre a atenção concentrada é simples. As pessoas prestam bem pouca atenção umas às outras. Mesmo a atenção dos familiares entre si, até a de mãe para filho, via de regra é tendenciosa e fruto de noções preconceituosas.

As pessoas prestam pouca atenção inclusive em si mesmas!

**Por isso ser ouvido com atenção é sempre útil e pode ser renovador. Ser ouvido com atenção leva a pessoa, antes de mais nada, a ouvir melhor a si mesma! A levar mais a sério o que diz.**

**A segunda qualidade do terapeuta é falar "com jeito".**

Qualquer coisa pode ser dita a qualquer pessoa a qualquer momento – se você tiver o jeito.

O bom jeito é muito difícil de descrever, por ser diferente de terapeuta para terapeuta, diverso até diante de cada cliente.

Tentando dizer o que é difícil dizer: o jeito envolve atenção, simpatia (quando existe!), acolhida, disponibilidade.

Isso é dito por todos os manuais, **mas não se assinala o quanto é difícil dispor destas qualidades. Nem se tenta dizer como se faz para desenvolvê-las, nem como elas se manifestam na atitude, na face, nos gestos...**

Aceita-se dogmática e tolamente que, se você é terapeuta, tem tudo isso. A escola ensinou...

Mais adiante me deterei longamente sobre cada um destes pontos, principalmente o "jeito de" (visível em vídeo...) e o prestar atenção.

# COMO DIZ O POVO: SÓ A PRÁTICA ENSINA

O "como se faz", na verdade, só se aprende vendo alguém fazer e/ou fazendo, considerando-se que cada momento da terapia é único e que o bom terapeuta é versátil, adaptado ao paciente, ao momento – sem esquecer o momento do próprio terapeuta.

Se for possível, fazer e **depois rever o que foi feito** é o ideal – a ser explorado logo adiante. Isso pode ser feito hoje com o vídeo.

Reconhecendo que só se aprende fazendo ou sofrendo o processo, nasceu na psicanálise a proposta da Análise Didática (sugestão de Jung, para quem não saiba).

Ótima e péssima. Aprenderei com meu analista não **como se faz análise**, mas como **ele faz** análise! Além disso, ele fica sabendo quase tudo de mim e eu quase nada dele. Desse modo eternizam-se a idealização da autoridade e a noção dos mistérios do inconsciente – reforço do superego e do poder da Sociedade Internacional de Psicanálise.

## A TÉCNICA PSICOTERÁPICA E A CARIDADE CRISTÃ...

Outra fórmula-resumo para o principiante (e para o veterano também): **tente dar a seu paciente tudo aquilo que raramente tivemos na vida**.

A neurose é a soma de nossas cicatrizes, e é bem pouco provável que o terapeuta não tenha nenhuma...

Principalmente atenção de boa qualidade. Que eu não sei se você teve.

Será possível dar o que não se teve?

Se não, a sessão de terapia será uma ótima ocasião para aprender, trocando – único modo, aliás, de aprender.

O pior será continuar a encenação do terapeuta que sabe viver e do neurótico, coitado, que está tão perdido...

## USO DE GRAVAÇÃO EM VÍDEO NA FORMAÇÃO DO PSICOTERAPEUTA

Estava na hora de as escolas de psicologia começarem a usar gravações em vídeo, para que os alunos possam ver terapeutas atuando. Possam observar e discutir suas atitudes, fazer perguntas, propor dúvidas e até criticar se assim lhes parecer.

O mesmo com eles, com os alunos. Que seu trabalho também seja gravado e estudado.

O não-uso do vídeo – instrumento hoje tão acessível e obviamente tão útil – é incompreensível, e chega a ser ridículo quando se considera o uso do famoso espelho falso.

Creio que a omissão deva-se a falso pudor, medo de revelar incompetência ou de tornar públicas as convicções do terapeuta, sabedor que é das incertezas da profissão, da vida e de si mesmo...

E na certa inconsciente de suas atitudes, de seu jeito, como todos nós (ninguém conhece sua aparência exterior).

O difícil de qualquer técnica é estar atento ao que acontece logo **depois**. Só as conseqüências do que foi proposto podem mostrar se você se saiu bem ou não. Se a técnica ou o momento eram aqueles – ou não! Se algo valioso aconteceu – ou não!

Não desanime. Vou dar muitas dicas a mais para facilitar sua busca. Procure no texto trechos com esse mesmo tipo de fonte que está sendo usada aqui. São os que mais se aproximam de conselhos, exemplos e técnicas do "como se faz".

## O ESPELHO DE UM LADO SÓ – CONFISSÃO INCONSCIENTE DE TODA A HIPOCRISIA DA PSICOTERAPIA OFICIAL

Pensei, inocentemente, que não existisse mais nas escolas de psicologia o espelho semi-transparente, parte da parede do cubículo onde ficava o aprendiz de feiticeiro em treinamento e seu cliente, enquanto os colegas e professores os observavam do outro lado.

Mas existe! Pode até fazer parte da propaganda da escola!

Fico tão pasmado com essa "coisa" que nem sei o que dizer.

Volto ao título: é mais do que evidente (visível...) que, se o paciente não for um débil mental, saberá que o espelho é falso e que há outras pessoas assistindo ao espetáculo.

Difícil, deveras difícil, inventar uma situação mais persecutória do que essa, supor que o paciente possa ser sincero e acreditar que o neófito ficará à vontade.

Uma coisa é relatar fatos de vida a um profissional na situação "eu-e-você" e outra, muito outra, relatá-los a um grupo "escondido" – cujas reações não posso perceber e que não é um grupo de terapia, mas de terapeutas (de especialistas em observar e avaliar pessoas)...

Difícil para o neófito em processo de aprendizagem ficar à vontade sabendo que está fingindo privacidade e sabendo dos muitos olhos críticos que o avaliam.

Esse meio espelho é o cúmulo da inconsciência (dos organizadores dos cursos e do MEC, que aprova o uso). Na verdade, o cúmulo de uma mentira de todos os envolvidos, todos sabendo que é mentira – paciente, futuro terapeuta, seus colegas e professores!

A situação serve e é ótima para treinar a "atitude neutra" – formalismo paralítico –, única apta a se manter diante dessa artificialidade tão comprometedora e dessa vigilância de tantos olhares.

"Cuidado! Não se mexa!" (atitude neutra é isso): muitos olhos "escondidos" estão te observando...

## VÍDEO – PRIMEIRO ENCONTRO

De outra parte, insisto com as gravações em vídeo, com as quais estou bastante familiarizado.

Primeiro, podemos ser apenas eu e ele – mas sem câmera escondida. Se o paciente aceitou ser gravado, sei por experiência que não haverá problemas e atualmente-menos ainda. O fato é quase banal. Ele – o paciente – sabe que o vídeo será estudado por profissionais e ninguém mais.

A situação tem mais, a seu favor, a possibilidade de o paciente poder ver a si mesmo, o que é atraente para a maior parte das pessoas e extremamente útil para a terapia.

É muito valiosa a possibilidade de paciente e terapeuta estudarem juntos as reações não-verbais – de ambos!

Excelente, ainda e também, se o terapeuta puder ver a si mesmo em ação. Na verdade, em interação.

Seria um adeus ao supervisor!

"Super-visor" = "o que vê de cima". Se ambos – paciente e terapeuta – estão vendo tudo e podem repetir o que ocorreu, para que o supervisor?

Enfim, o ideal seria **gravar terapeuta e paciente ao mesmo tempo, com duas câmeras, uma para cada um**. Dispor, depois, de um equipamento algo mais sofisticado **que permitisse observar paciente e terapeuta lado a lado e sincronizados – interagindo**.

**"Interagindo" = "agindo entre si"!**

Assim seria possível demonstrar a "dança" entre os dois, isto é, o quanto as expressões não-verbais e as atitudes do paciente respondem às do terapeuta, e vice-versa.

Importante vantagem adicional – incompreensível para quem não tem a experiência – reside no fato de podermos **repetir** a gravação à vontade, **detê-la** em qualquer ponto, usar **câmera lenta** para ver bem o que acontece.

Seria o máximo, literalmente.

Isto e assim é que seria psico-análise – análise radical, ampla e completa da psicologia do relacionamento, uma vez que a psicologia de alguém isolado (de um só) é uma expressão sem sentido.

Somos relação, e nada mais. Só existimos em relação, se você preferir.

# O CONFLITO CENTRAL DE TODOS E DE SEMPRE

Desde os primórdios da psicanálise, difundiu-se e generalizou-se a noção de que a neurose depende de conflitos entre desejos (instintivos) e repressão (social). Foi apenas um ponto de partida, mas generalizou-se pela simplicidade e pela clareza.

Porém, o conflito central, de todos os seres humanos, em todas as épocas, pode ser mais bem resumido e mais atualizado nos tópicos seguintes.

**1**  Todas as forças sociais atuam sobre todas as pessoas de dada sociedade – e de todas as sociedades – tendendo a torná-las semelhantes entre si. Formam-se assim as falas coletivas (preconceitos), modos e atitudes típicos dos papéis e das classes sociais. Esses modos e atitudes, **presentes e visíveis no corpo**, sustentam os significados e valores da sociedade considerada. São, na verdade, as **forças reais** que constituem e mantêm a **estrutura social**, isto é, a uniformidade de comportamento e a presumível uniformidade de pensamento – até de sentimento! – de cada classe e de cada papel social.

**2**  Dois terços do cérebro servem à motricidade e à visão. O controle dos movimentos oculares está presente e é funcionalmente atuante em quase toda a extensão e volume deste mesmo cérebro. Assim, podemos dizer (imagem + movimento = imitação) que o cérebro "foi feito" para imitar. **Por isso a pressão das forças sociais uniformizantes é efetiva**: todos influindo sobre todos para que sejam todos semelhantes entre si... Poucos têm consciência plena dessa influência, seja a de exercê-la, seja a de sofrê-la.

**3**  Mas, em contrário, sabemos que o DNA de cada pessoa é demonstravelmente diferente do de qualquer outra pessoa, tendendo a modelá-la, **com força de instinto primário**, como única em sua forma e em sua dinâmica, em cada instante de sua vida e em todos os instantes de sua vida. O coletivo e o individual – esse o conflito central da personalidade humana, bem proposto por mestre Jung e tantos outros.

# PARALELOS INSPIRADORES

"O universo é controlado pelas leis da mecânica quântica. Isso significa que podem existir histórias alternativas (princípio de indeterminação). Qualquer entidade à nossa volta deve sua existência não apenas às leis da física, como também a uma seqüência inconcebivelmente longa de eventos singulares aleatoriamente encadeados." (Murray Gell-Mann, o homem dos "Quarks", prêmio Nobel)

Vou repetir usando entre parênteses termos que não são os da física.

"O Universo é controlado (regulado, 'legislado') pelas leis da mecânica quântica. Isso significa que há probabilidades para histórias alternativas (princípio de indeterminação). Qualquer entidade à nossa volta deve sua existência não apenas às leis da física (determinismo, repetição, certeza estatística, coletividade), como também a uma seqüência inconcebivelmente longa de eventos singulares aleatoriamente encadeados" (liberdade, criação, incerteza, individualidade).

Recordemos também:

"Toda a ciência é estatística" – Erwin Schrödinger (outro prêmio Nobel). Portanto, podemos estabelecer a probabilidade de qualquer evento, mas jamais poderemos prever com certeza o que de fato irá acontecer aqui e agora.

Na lógica tradicional dizia-se – o que é óbvio – que "não pode haver ciência do particular ou do individual", do que acontece uma só vez ou do que não se repete.

"Não pode haver ciência" significa bem simplesmente: não podemos estabelecer as repetições do que não se repete!

Exemplificando: não se pode ter certeza (100% de probabilidade) de que se repita qualquer ocorrência exatamente do mesmo modo como ela ocorreu previamente. Nem o sol que nasce hoje é exatamente o sol que nasceu ontem, e jamais a Terra passará outra vez exatamente pelo ponto onde ela está passando neste momento. Nem mesmo o produto de uma linha de montagem será idêntico a outro da mesma linha. (Os proprietários de automóveis que o digam...)

Jamais um estado de consciência será exatamente igual a outro.

Portanto: surpresa! A ciência nada tem a ver com a realidade concreta – com o que está acontecendo.

Nada é mais improvável do que tudo que está acontecendo aqui neste momento...

"Qualquer coisa", "qualquer fato", "qualquer momento", diz Gell-Mann, "pode ser devido a uma seqüência inconcebivelmente longa de eventos singulares aleatoriamente encadeados".

Confirmação adicional: a física quântica, paradigma de inteligência e de ciência "exata", também só consegue nos oferecer probabilidades. No coração da matéria – do átomo – reina a incerteza!

Acredito que, na perspectiva do novo formato de conhecimento nascente – "o pensamento complexo" –, estas afirmações, bem desdobradas, poderiam ser: no exame dos fatos que influíram na determinação daquele que está sendo considerado, pode-se sempre ampliar indefinidamente a busca das influências horizontais e verticais que o determinaram. Isto é, reunir todos os fatos atuais que estão influindo no fato considerado e considerar todos os fatos passados cuja influência se concentra no fato presente.

O que se faz em laboratório científico é simplificar a questão, é **isolar apenas algumas das influências em jogo** e checar de que modo elas atuam sobre a variável em estudo.

Só nos laboratórios ainda se pode falar em "causa e efeito". Eles **são feitos** para isolar conjuntos de ocorrências de algum modo relacionadas e tentar ordená-las de forma a se poder controlar o efeito desejado.

São "abstração concreta" – "tiram" fatos da realidade global a fim de que se torne possível manipulá-los a nosso gosto ou necessidade.

São feitos basicamente para o fazer, não para o compreender.

O caso mais falado é o da Segunda Lei da Termodinâmica – o aumento fatal da entropia do universo. Ela só será verdadeira se o universo for um sistema fechado...

Um romance, como uma vida, descreve uma sucessão de singularidades e por isso se torna interessante porque é imprevisível, como a realidade. Um texto científico ou filosófico é uma sucessão de generalidades, de repetições, e pode ser por demais entediante. Não é real...

A repetição é a morte do alerta, do interesse vivo, da atenção concentrada.

(Usarei bastante a expressão "alerta", referindo-me ao Sistema Reticular Ativador – ou mesencefálico. É uma região nervosa arcaica que se desenvolveu cada vez mais na medida em que a caçada se acelerava e se refinava. Sua excitação produz a reação de alerta, a ativação de todo o cérebro.)

O alerta alimenta a sensação de vida e de poder – poder de controlar e dominar, sensação de estar na plena posse das forças e aptidões.

Toda certeza, de outra parte, é entediante – isto é, põe o cérebro em estado de sonolência, de sonambulismo, de obediência automática!

Este livro procura situar e em certa medida esclarecer essas afirmações inusitadas, e de que forma elas se relacionam com a psicoterapia.

# DUAS MANEIRAS DISTINTAS DE PERCEBER E DE ESTAR NA REALIDADE DO MOMENTO

> "A realidade é um acontecer global e contínuo."
> (Mac Luhan)

Sempre será possível descrever esta realidade como a seqüência – ou conseqüência! – de um número muito grande de influências ou ocorrências (visão dinâmica), ou como a soma de um número muito grande de "coisas" ou "objetos" (visão estática).

Ou como o somatório de ambas.

Cabe ao observador **e apenas a ele** decidir se "presta atenção":

* às **semelhanças** entre esses fatos; ou
* às **diferenças** entre eles.

No primeiro caso, estará fazendo estatísticas, ciência, buscando padrões, regularidades, repetições (antigas "Leis Naturais"). Ele estará sendo movido pelo desejo impossível de sentir-se seguro, de ter certeza. Estará sendo movido pelo desejo de controlar em vez de seguir, de dominar em vez de obedecer. Ou, enfim, de produzir e vender...

Está sendo um velho. O velho só percebe o que já conhece. Por isso é velho...

Está "em resistência", percebendo apenas o que já percebeu, repetindo – sem perceber! Ou "em transferência" – tanto faz!

No segundo caso – percepção eletiva de diferenças –, estará cultivando sua sensibilidade, estará atento à realidade sempre única do momento. Estará ao mesmo tempo dando a si próprio a oportunidade de desenvolver novas aptidões. Estará aprendendo.

Enfim, perceberá melhor quaisquer ameaças – ou promessas – à sua volta.

Estará sendo criança. Para a criança tudo que acontece é novidade.

Claro que o consultório de psicoterapia é o lugar da segunda posição: a percepção e o lidar com o encontro entre o paciente único e o terapeuta único...

Naquele momento único...

**É preciso insistir e compreender muito bem que a percepção das semelhanças e sua organização constituem a essência da inteligência, do aprendizado formal e dos textos científicos (estatísticas).**

**De outra parte, é a essência da resistência!**

Em lógica: "conceito" é uma palavra que caracteriza **as semelhanças** entre um conjunto de coisas, de processos ou de palavras.

**Somos implacavelmente coagidos pela própria linguagem e pela própria inteligência a ignorar a singularidade, as diferenças – em suma: a individualidade das pessoas e dos momentos.**

Só resta a individualidade do nome próprio. Mesmo aí, porém, se não for José, será João; se não for Joaquim, será Manoel; se não for John, será Joe...

# RELEMBRANDO LAVOISIER

Desde Lavoisier na química, seguido pelos físicos quânticos, aprendemos que tudo no universo está em contínuo processo de criação e destruição, movido por forças poderosas, de natureza desconhecida, todas invisíveis: gravidade, eletricidade, magnetismo e forças atômicas.

Nada mais frontalmente contrário a qualquer esperança de segurança, permanência, estabilidade e/ou certeza. Nada mais distante de regularidades, padrões, Leis Naturais (repetições).

Se você quer ou precisa acreditar que tudo continua sempre igual, jamais assista a um noticiário de TV. Se assistir, não leve a sério o que estiver vendo. Sem pensar, continue a acreditar que aquilo não tem nada a ver com você. Está acontecendo em outro lugar, lá longe, nem sei onde!

A fim de nos protegermos da vertigem da criação contínua que somos e na qual estamos imersos, preferimos acreditar que hoje foi igual a ontem. Sofrendo de um grau maior de alienação, terminamos acreditando que tudo continuará a ser como sempre foi! Ou, no mínimo, que as coisas mudam devagar e que sempre haverá tempo para fazer alguma coisa...

> **Podemos falar de um mecanismo neurótico coletivo, de uma "defesa" contra a vertigem ou contra a ansiedade que todos sentiríamos se a cada momento nos déssemos conta de que tudo está mudando.**
> **Esta é uma das raízes mais poderosas da fé nas palavras escritas, nos Livros Sagrados...**

Essa é também a fé na lei, na justiça, nos decretos e regulamentos. Fé, enfim, nos profissionais: se estudaram, então sabem...

Por que tantas voltas, afinal, e de que modo estas reflexões têm de ver com psicoterapia?

Para insistir, com força, que um aprendizado fundamental da vida é este: "crescer" ou desenvolver-se consiste em aprender a perceber e aceitar que estou me tornando diferente o tempo todo.

Eu – terapeuta – também!

E você – meu cliente – é ou está neurótico por viver repetindo sempre os mesmos comportamentos, mantendo sempre as mesmas atitudes e, ainda que possa não parecer, falando sempre as mesmas palavras...

A mais tenaz das falsas "certezas" humanas, o fundamento da ciência e a essência da neurose e dos preconceitos sociais é isso: tudo se repete... E ai de quem disser ou fizer de outro modo. Será tido pelos próximos e pelos profissionais como mentalmente perturbado.

O mesmo se diga de todas as teorias que pretendem explicar a personalidade e suas transformações, as "fases" (regulares!) de seu desenvolvimento e as "técnicas" capazes de pôr ordem na desordem. Algumas chegam a acreditar que conseguem fazer você chegar à gloriosa normalidade do adulto!

Só as palavras se repetem, e ao ouvi-las temos todos a ilusão de estar pensando as mesmas coisas, de que a realidade é sempre a mesma – ou é a mesma para todos!

Todos os processos sociais tendem a impor repetições de comportamento, de papéis, de frases feitas, de ideais – de "valores" e "significados" – tidos, de novo, como sagrados e iguais para todos.

## SOMOS TODOS FEITOS DE TODOS

Lavoisier e a física servem também para nos demonstrar que somos muito mais do que irmãos. As substâncias que me constituem neste momento já fizeram parte de um número muito grande de outras pessoas e de muitos outros seres vivos. A composição química de todos os seres vivos é bastante semelhante. Somos todos feitos de átomos e de moléculas de hidrogênio, oxigênio, carbono, nitrogênio, cálcio, fósforo, sódio, potássio, enxofre...

Em particular, o oxigênio que estou inalando neste momento na certa já foi inalado, fez parte e foi exalado como $CO_2$ por milhões de pessoas ou outros seres vivos desde o começo da vida aeróbia. Posso estar inalando moléculas de oxigênio respiradas por Jesus Cristo, Napoleão e até Hitler...

Moléculas são bem pequenas e absurdamente numerosas. Lembram-se do número de Avogadro? 6,02 multiplicado por 10 elevado à 23ª potência... É o número de moléculas contidas em 16 gramas de oxigênio (e da molécula-grama de qualquer outra substância).

É impossível estabelecer a individualidade em nível molecular, seja a individualidade do indivíduo, da espécie ou do momento.

## A ANGÚSTIA PRIMORDIAL

Não tenho medo por saber que um dia morrerei, ou que a morte é inevitável. Este pensamento já foi tão repetido por tantos filósofos que pouco nos impressiona.

Morro de medo por não saber **quando** morrerei. Por isso preciso acreditar que tudo continuará como sempre foi, que as coisas se repetirão (e que, se eu não morri até agora, é pouco provável que venha a morrer de repente)...

Complementando mestre Buda: o maior dos desejos humanos e o mais irrealizável é o desejo de segurança e de certeza. Dos apegos – dizia o mestre. Na verdade, o desejo de que nada termine ou de que tudo continue. Inclusive minha vida.

Procure perceber que estas duas frases dizem a mesma coisa: "Tudo continuará sendo e acontecendo como tem sido e tem acontecido até agora. Por isso estou seguro e por isso tenho certeza de tudo".

Neste livro procurarei mostrar a cada página que neurose é a tentativa permanente – e fatalmente infrutífera! – de garantir a segurança e a certeza, tanto a individual quanto a coletiva.

Dialética: esse desejo de segurança, elevado à enésima potência pela ciência, pela sociedade, pela filosofia, pelo direito (pela justiça, dizem eles) e pela religião, acabou gerando o mundo de hoje, o mais instável, o mais inseguro, o mais injusto e o mais violento dos existidos até hoje.

# INSTINTO DE MORTE

Baseados nesses fatos e reflexões, podemos entrar na polêmica sobre o famoso instinto de morte do qual nos falou Freud.

Quando vivemos "uma vida segura", com tudo previsto, regulado e repetido, entramos em um estado sonambúlico – de transe. Lembro que uma das funções cerebrais mais importantes para a sobrevivência e ligada às mais antigas estruturas cerebrais é a do núcleo reticular mesencefálico, já mencionado: um conjunto de neurônios **capazes de ativar todas as funções cerebrais em momentos de perigo**, de ameaça ou de exaltação da vida. Este núcleo só se ativa ante o inesperado, a surpresa. Quando este centro está ativo, nos sentimos muito vivos e bem presentes.

Agora podemos concluir: conseguido um estado de repetição ou de aparente segurança, este centro fica inativo e você se sente um sonâmbulo, isto é, um morto-vivo.

Gosto de pensar que inconscientemente (!) Freud pensou nisso quando falou em instinto de morte.

Morte é a sensação que experimentamos sempre que estamos seguros, convictos de que tudo está acontecendo como sempre aconteceu, como se deve, como é certo, como é normal...

É o tédio, a forma mais comum de depressão – de falta de vida.

# MINHA INDIGNAÇÃO COM A FAMÍLIA

Não é possível escrever um livro sobre psicoterapia sem falar bastante sobre família. A psicanálise está baseada, por inteiro, sobre ela. Se a família não existisse, a psicoterapia ocidental, em seu formato atual, tampouco existiria.

Faço críticas pungentes e penetrantes à vetusta instituição, deixando bem claros minha indignação, meu quase desespero e meu sofrimento pessoal motivados pelas denúncias acerbas que irei formulando ao longo do texto.

Quero deixar bem claros os motivos de meu ressentimento – que de pessoal têm bem pouco.

Minha infância nada teve de particularmente infeliz, e tudo que digo sobre a família veio depois. Veio de meu casamento, da observação do casamento de parentes e amigos, da família de meus milhares de clientes, das reações de audiências a palestras e entrevistas, da freqüência em congressos, dos enredos de novelas e filmes, dos livros especializados, dos estudos científicos e das referências ao que a mídia publica diariamente sobre a família.

Durante cinqüenta anos ouvi, de sete a oito horas diárias, queixas, acusações, lamentos contra a família, e observei todos os efeitos deletérios que ela teve sobre as pessoas. (Sobre alguns milhares de pessoas, amostra estatística legítima da classe média de São Paulo.)

Por favor, leitor, junte estes dois últimos parágrafos. Eles precisam ser somados a fim de que você possa compreender o que afirmo sobre a família.

Junte, depois, quanto ficou dito sobre nosso desejo de segurança e as loucuras que fazemos a fim de garantir nossas "certezas" – gerando assim mais dúvidas –, pois o inesperado nos persegue implacavelmente.

Nada de estranho dizer que a família não é perfeita, mas basta **dizê-lo explicitamente em uma roda** e já esbarramos em um primeiro elemento irracional: alguém reagirá mal diante de qualquer crítica que se faça a ela. A voz coletiva diz que ela é perfeita desde o começo – até divina. A "crença" permanece mesmo quando são apresentados fatos e argumentos numerosos e fidedignos em contrário, sejam eles estatísticas ou relatos pessoais.

Os fatos citados contra a família são tidos como azar ou infelicidade de algumas pessoas que tiveram a desgraça de nascer de pais problemáticos, ficando claro que "as famílias" (a maior parte delas) são ótimas.

Trata-se de um exemplo luminoso de racionalização coletiva, de "defesa" (inconsciente) de valores coletivos.

O mesmo acontece e o mesmo se pensa nas escolas de psicologia: o neurótico teve o azar de ter nascido de uma família desorganizada, mas "a" família é ótima.

Denunciada a família, surge no grupo uma parede invisível de silêncio na qual não faltam algumas expressões fisionômicas de intensa condenação – até de ódio – contra o denunciante.

E nove vezes em dez alguém presente comenta, empertigando-se: "Mas a **minha** família é ótima..."

É fantástica a solidariedade coletiva do coro a cantar **publicamente** as virtudes divinas da Mãe, do Pai e da Criança, a Santíssima Trindade da sociedade autoritária.

Não menos coletivo é o contracanto a esses louvores, **ouvidos em particular, em qualquer lugar, de tantas pessoas, queixando-se interminavelmente da própria família**.

Terminei concluindo que todos têm duas famílias: a declarada em público, sempre maravilhosa, e a sofrida em particular, bastante problemática, para dizer pouco.

É convicção coletiva – implícita! – de que Pai e Mãe sabem de tudo que é preciso saber desde o momento em que casaram e desde o momento em que tiveram um filho. A Igreja Católica também acha, assim como as demais Igrejas e religiões, todas salvaguardando a autoridade – o poder – das instituições estabelecidas...

É o princípio da segurança ilusória (apoiada na estatística ou na generalização): se todos acham que ela é e dizem que ela é, então deve ser, e tudo que de ruim aconteceu e continua a acontecer comigo em família foi azar meu.

Preciso me benzer, exorcizar o demônio da discórdia – ou fazer psicanálise...

Enfim, o pior: sei bem demais o quanto as crianças e o futuro da humanidade pagam por isso, mas se você disser que a educação familiar pode ser, e de regra é, bastante prejudicial para as crianças, para o convívio social e como preparação para o amanhã, você será crucificado.

# O PÁTRIO PODER

É bem sabido que o Direito Romano, influência poderosa sobre o Código Civil de inúmeros países, garantia poder absoluto do pai sobre seus filhos – inclusive o direito de matá-los sem punição e sem ter de dar explicações. O mesmo valia para o escravo... É clara a raiz biológica: ao crescer, os filhotes substituem os machos até então dominantes, únicos com acesso às fêmeas e à continuação de seus genes. Os pais romanos, prevendo o amargo fim, tentavam evitá-lo e assim inventaram as sociedades ao mesmo tempo patriarcais e conservadoras (uma coisa só: o sonho do velho eternamente poderoso. Jeová? Alá? Você decide).

Sua força? A esperança do tudo igual e do sempre igual, sonho de morte de todos os que temem morrer e por isso não vivem. A segurança que segura...

Em mil estudos e livros sobre a família, nunca ouvi sobre esta força poderosa a sustentar o mito: aos pais, em todo o mundo, é dado um poder quase absoluto sobre os filhos, e não raro ao marido sobre a esposa também. Ora, para inúmeras pessoas – repito, no mundo todo – o poder familiar é o único de que qualquer pessoa pode gozar. O pai sobre todos os da família e a mãe sobre os filhos.

Ser pai de família é o poder mais fácil de conseguir, em qualquer lugar do mundo – e o de efeito mais duradouro.

E, pior de tudo, não exige capacitação alguma para... conquistá-lo.

O leitor me perdoará o número de vezes que eu disse "do mundo", mas era preciso. Nenhum poder é tão... universal – e tão fácil de conseguir. Renunciar a ele, ao final da tragédia que não tem fim, é impossível:

Pai (e mãe) é para sempre, diz o coro.

> Eu poderia agüentar tudo isso se ao mesmo tempo se reconhecesse que a vida matrimonial é no mínimo difícil. Que educar filhos é muito importante, difícil e fundamental para a sociedade. Que não temos preparação alguma para tanto e que estaria mais do que na hora de começar a discutir a organização, promoção e fundação de uma *"Escola de Família"*.

*Meio século de psicoterapia verbal e corporal*

> **Enfim, sem essa escola, a tendência ainda hoje é a de repetir com nossos filhos a maior parte do que nossos pais fizeram conosco desde a mais tenra infância. Este é o "mecanismo" essencial da conservação dos velhos costumes e a principal força de preservação da estrutura social autoritária.**

Hoje as coisas mudam apesar de tudo, e mudam a uma velocidade vertiginosa. O esforço de manter o passado se repetindo tende a nos colocar cada vez mais longe do acontecer atual da história e de nós mesmos, cada vez menos capazes de influir sobre essa mesma história.

Cada vez mais alienados, perdidos e impotentes.

Neurose quer dizer isso e só isso: continuamos a praticar e a pensar automaticamente quanto aprendemos na infância, e mal nos damos conta de que esse aprendizado não serve mais para o presente. Os pais ensinam como era seu mundo antigo e estão cada vez mais distantes do mundo que está acontecendo – e no qual seus filhos estão começando a viver.

Nem as pessoas nem os Estados respondem a essa necessidade de uma Escola de Família, **nem à necessidade de se exigir um certificado de uma e de outra antes de poder casar ou – principalmente – antes de ser autorizado a ter filhos**.

**A humanidade é de uma irresponsabilidade espantosa em relação à procriação e à educação das crianças**. Dizemos amar nossos filhos acima de tudo – a eles que além disso são deveras o futuro do planeta.

Falamos.

Falamos.

Falamos...

Mas aí estão os regimes pedagógicos obsoletos, as políticas de dominação a qualquer preço, as arbitrariedades cometidas no próprio lar (atualmente bem documentadas pela mídia) e a explosão populacional. Ao mesmo tempo, a ação de todos os poderes dominantes continuando a considerar o "direito" à reprodução indiscriminada um direito inalienável – e divino...

**Porque convém aos poderosos que aprendamos a obedecer sem discutir desde o começo.**

Pai e mãe são mais do que presidente ou até mesmo do que rei... Sobretudo, estão muito mais próximos e durante muito tempo. Pai e mãe estão sempre certos, sabem tudo e amam seus filhos acima de tudo...

Muito se criticou a China quando seu poder político passou a controlar rigidamente a reprodução sem considerar os horrores anteriores. Havia neonatos na lata de lixo e uma população crescendo segundo uma proporção geométrica, tendendo a um número infinitamente crescente de faminos e miseráveis.

As psicoterapias corporais acrescentam a esse discurso um elemento fundamental: o que aprendemos na infância – educação familiar – **fica integrado à postura**, que é o "esqueleto" tensional e intencional da personalidade. **Por isso é muito difícil mudar hábitos desenvolvidos na infância**. Seria como mudar de personalidade, de jeito, de centro de equilíbrio – até de mundo! Adiante e ao longo pormenorizo.

## FAMÍLIA DEPOIS DE 20 ANOS

A fim de atenuar o desagrado de tantas pessoas ao lerem estas declarações, acrescento um atenuante. Depois que os filhos ficam mais velhos, conquistam alguma independência, um trabalho e talvez fundem outra família, aí as coisas costumam melhorar. A redução do tempo de convívio, a atenuação da dependência sociopessoal e financeira dos filhos em relação aos pais deixam todos mais livres. Prova-se, no mesmo ato, que os males da família são: sua organização essencialmente autoritária (criança não sabe nada e os pais sabem tudo), o número pequeno de pessoas convivendo tempo demais, o isolamento econômico e a exclusividade ciumenta em relação a sentimentos.

## NEUROSE COLETIVA – O QUE SIGNIFICA?

O princípio fundamental da biologia é este: indivíduo, espécie e ecossistema constituem uma unidade funcional. Nenhum dos três elementos pode ser compreendido sem um bom entendimento dos outros dois.

Notar: ecossistema, sociedade e contexto são sinônimos. Não é costume considerar a sociedade – a família em particular – como parte **essencial** do ecossistema dos indivíduos.

Chamo de neurose coletiva a restrição psicológica que vêm sofrendo mais de dois terços da população mundial e a população das grandes cidades, gerada pela industrialização, pelos avanços tecnológicos nas comunicações e pela crescente diferença de renda entre uns poucos cada vez mais ricos e multidões cada vez mais pobres.

Estimativamente, dois terços da população mundial.

Posso dizer que o normopata é todo maior de 30 anos, pessoas da época em que os novos meios de comunicação começaram a tomar conta do mundo, **gerando em meio século um ecossistema radicalmente diferente do havido até então**.

*Meio século de psicoterapia verbal e corporal*

Produção em série, ainda que tema velho, é um bom começo para a exposição. Posso dizer que vou descrever o subjetivo e o individual de *A terceira onda,* de Alvin Toffler. Essa forma de produção e comunicação que, como se diz, vem fazendo ou pode fazer de tudo para todos, só se mostrou possível com a divisão do trabalho levada a seu limite. Ainda hoje, 80% dos empregos (no segundo mundo e em boa parte do primeiro), nas fábricas, nos escritórios e até no campo, exigem bem pouca atenção e pouca formação intelectual dos funcionários. São simples demais, repetitivos demais, automáticos demais.

Por isso – mas aí não se fala o suficiente –, ocupam menos de um milésimo, se tanto, de nossa capacidade cerebral, inclusive de nossa capacidade motora.

Notar: hoje a neurofisiologia nos diz que neurônio sem função está condenado ao suicídio, de acordo com instruções contidas em seu DNA (apoptose). Adiante dou números de neurônios que morrem do nascimento aos 10 anos, e então compreenderemos o porquê da tragédia.

É uma tragédia – e mal ouço falar dela.

**Ninguém com todos os seus neurônios aceitaria as condições de vida que aceitamos**.

Sete a oito horas de trabalho automático e simplório, mais duas a três horas de transporte e mais salários precários (que não permitem outras atividades) contribuem definitivamente para tornar as pessoas funcionalmente débeis mentais, o que explica as características que vou descrevendo com o nome de normopata.

No entanto, ainda hoje o mundo grita (os normopatas no poder gritam) contra o desemprego – contra a falta **desses** empregos, falta obviamente irremediável. A divisão do trabalho industrial alcançou tal grau que agora é fácil criar máquinas – especialistas em repetir – que substituem as pessoas com a vantagem da precisão, ausência de fadiga e de erros: a automação.

Ao mesmo tempo que a pobreza do cotidiano é limitante, a mídia (principalmente a TV) enche a cabeça das pessoas com um amontoado atordoante de fatos, de novidades, de notícias, de "informações", tornando praticamente impossível, para nove décimos da população, analisar, elaborar e integrar esse amontoado de fatos e anúncios.

# PARADOXO

De outra parte, nunca, em época alguma, o cidadão comum (o cosmopolita do mundo ocidental) esteve tão ligado e tão bem orientado **individualmente** no mundo todo, e potencialmente ligado a cada um de seus semelhantes.

O telefone celular e a internet podem pô-lo em contato com quem quiser, quando quiser, em qualquer parte do mundo – de um para muitos ou de um para um! Ele nunca pôde saber com tanta clareza onde estava naquele momento (GPS!), onde está quem quer que seja importante para ele.

"Estar situado", porém, é muito mais do que saber a longitude e a latitude de minha posição real neste momento...

Cada cidadão deste mundo é o centro de um intrincado nó de influências convergentes e divergentes como jamais aconteceu.

Poucos se apropriam desta complexidade e se engrandecem com ela. Quase todos se sentem perdidos na imensidão destas possibilidades e tendem antes a se encolher do que a se expandir!

Ou seja, há uma enorme distância entre a pobreza da vida/ação cotidiana das pessoas e o conteúdo de sua consciência. Entre a infra e a superestrutura, diria Marx.

Tentando reeditá-lo: entre a vida concreta e a vida mental, ou entre o mundo individual e o mundo coletivo, entre tudo que é sabido e o que o João da Silva sabe.

Pode-se dizer, de modo bem resumido e ligeiramente maldoso, que a maior parte dos seres humanos comporta-se como um sonâmbulo obcecado e compulsivo.

Sonâmbulo quer dizer: realizando a maior parte do que faz automaticamente, quase sem perceber.

Compulsivo quer dizer: a imensa maioria das pessoas, durante a maior parte do tempo, repete as mesmas frases (os mesmos pensamentos), tanto para si quanto na conversa com os demais. A repetição não está apenas "na cabeça", e sim no corpo todo, amarrado pela educação e mantido sob controle pela vigilância de todos sobre todos, como adiante se demonstra à saciedade.

Obcecado quer dizer: com um campo de visão restrito, olhar mal focado e mantido durante a maior parte do tempo na mesma direção – percorrendo sempre os mesmos percursos, percebendo sempre as mesmas coisas, mantendo sempre as mesmas atitudes (adiante se demonstra a importância dos movimentos oculares para a capacidade de pensar).

Podemos dizer: sempre com medo de perder o rumo ante a complexidade de suas possibilidades e a amplitude de seu conhecimento (por mais superficial que esse conhecimento seja). O famoso "homem comum" sabe, hoje, centenas de vezes mais do que Leonardo da Vinci ou Aristóteles sabiam...

O sonambulismo vale tanto subjetiva quanto objetivamente. Significa: globos oculares dirigidos a maior parte do tempo na mesma direção, ou vagueando desfocados – e pensamentos girando sempre em um mesmo círculo restrito.

Os normopatas vêem bem pouco do que os cerca, vêem bem pouco de si mesmos. E esse pouco é sempre o mesmo.

Têm medo de ver a amplitude do mundo em que estão e o número infinito de possibilidades de perder-se – ou de encontrar-se!

# A ATENÇÃO DO NORMOPATA – MUITO MAIS NO OUVIDO DO QUE NOS OLHOS

As pessoas, em sua maioria, estão bem mais atentas ao que ouvem e dizem/pensam (em palavras) do que ao que está à sua frente ou ao seu lado. O que nos leva à

## LINGUAGEM DO NORMOPATA

– "É normal" ("É assim que se faz, é o certo", "todo mundo faz assim"...).

– Usam com abundância o pronome "Eles", agentes universais não denominados que fazem tudo que eu não sei quem está fazendo – ou que está acontecendo. Tampouco sei quantos ou quais são eles – são muitos. São "a causa"... cósmica.

– "Eu acho..." Essa frase ainda pode ser um bom começo se a pessoa acreditar que de fato está apenas achando – se não for dogmática na sua modéstia...

Hoje há tanto que saber que todos sabem bem pouco desse muito. E até aí nada a fazer. Mas faz parte do normopata enunciar seu pequeno saber como se ele fosse a última palavra no assunto. A atitude é de superioridade, cara de quem não admite contestação... O assunto pouco importa: futebol, deveres familiares, astronáutica, economia, sexo, política local, política internacional, mulheres (homens!)...

O normopata não gosta de fazer perguntas. Denotariam ignorância. Perguntas só na infância – e na escola. Aluno é ignorante por definição e quem sabe é o professor. Por isso o normopata exagera em sentido oposto, com aquele jeito de quem sabe tudo...

Não estou falando apenas do João da Silva. Nos congressos de especialidades, a atitude é bem parecida. Nos comícios, pior ainda!

E, como todos já sabem de tudo, nada mais há para aprender...

É só começar a fazer – ou achar quem faça – como ele, o sabe-tudo, disse que "deveria" ser feito.

O normopata, durante grande parte do cotidiano – tanto objetiva (falando com os outros) quanto subjetivamente (falando sozinho) –, é ocupado por muitos pedidos de desculpas, de explicações ou por justificativas, principalmente quando se atrasa ou quando não consegue satisfazer um compromisso.

"Desculpe o atraso, chefe. É que meu despertador não está quebrado, eu não acordei tarde, hoje não é meu dia de rodízio, eu não fui ao dentista, minha filha não está doente, eu não precisei antes passar por lugar nenhum, não furou o pneu de meu carro nem aconteceu nenhum acidente de minha casa até aqui. Foi por isso que eu me atrasei."

"Perdão. Esqueci seu nome. Aliás, acho que nunca cheguei a aprender."

"Desculpe o mau jeito. Foi sem querer, mas eu adorei."

"Olha, eu queria te pedir desculpa por todas aquelas coisas que eu te falei hoje de manhã. Eu não devia ter sido tão sincero."

"Desculpe qualquer coisa. Foi de propósito, viu?"

(Ricardo Freire, em *Época*, 28/2/05, p. 98. Estes são apenas alguns trechos – a seleção foi minha. Peço desculpas ao autor... Mas a crônica merece ser lida por inteiro.)

O normopata mantém-se boa parte do tempo formulando para si mesmo não-razões (desculpas) para não-ações, pensando em tudo que não fez e em tudo que devia ter feito. Vive buscando de quem é a culpa – ou quem devia responder por ela.

É por isso, certamente, que mostra aos próximos aquele jeito de quem não tem dúvidas, de quem sabe muito bem o que está dizendo.

A atitude revelada aos outros é o complemento ou o contrário do que a pessoa experimenta subjetivamente – princípio fundamental na nova psicologia que estamos propondo.

# EXPLICAÇÕES COMUNS E DIÁLOGOS DESATENTOS

O normopata exige, para si mesmo ou de alguém, que "explique" o que está acontecendo, **e contenta-se com a primeira explicação que lhe ocorre – ou que lhe é dada**. "É o frio", "Ele é assim", "Ela estava com raiva", "Mas eles são casados!", "Mas é uma criança!", "Não tive tempo", "Eu sou assim mesmo...", "É a taxa de câmbio..."

O homem comum não gosta de pensar que as coisas são complicadas, que têm várias "causas" e "efeitos" encadeados. Na verdade, **teme perder-se nos meandros das causas e dos efeitos que não têm fim** – e então "fecha" o pensamento com a explicação simplória.

Assim, evita a ansiedade do estar perdido, do não saber onde está nem aonde ir ou o que fazer. Com essa atitude de negação do evidente, eterniza a ansiedade da qual pretendia libertar-se...

Dessa forma, fica sempre na mesma posição e no mesmo círculo de pensamentos, o que ajuda a compreender a superficialidade da maioria das conversas do cotidiano.

Comporta-se, ao dar ou ao aceitar essas explicações simplórias, como se estivesse falando com alguém.

As pessoas falam bastante (telefones comuns e celulares, visitas, bares), e de regra estão **apenas vagamente atentas** tanto ao que dizem quanto ao que ouvem. Falam mais para se sentir solidárias ou acompanhadas, para dividir incertezas, sentir contato, obter aprovação, repartir ansiedades. Em suma: para ampliar a rede de apoio recíproco na desgraça e na incerteza comuns.

Não estão muito interessadas em compreender, descrever ou explicar seja lá o que for, nem em se reunir a fim de tomar medidas eficazes contra as ameaças comuns.

O ponto comum a todas estas alternativas é este: pouca atenção, atenção limitada, "papo furado", "alô!", "tudo bem?"...

Com familiares e conhecidos, o normopata sente-se com o direito, a qualquer momento, de se achegar e dizer mil coisas sem se deter um instante para verificar se o interlocutor está interessado no que ele está falando. Jamais, antes de começar a falar, faz esta pergunta: "Você está interessado nesta questão?" O pressuposto é o de que o outro está sempre à sua disposição, interessado e atento.

É imperativo o "não-envolvimento" – mesmo na maior parte dos telefonemas e conversas diárias. O mandamento implícito é este: seja superficial, não se aprofunde, não conte seus dramas, não complique (não me aborreça)... Farei o mesmo com você.

A regra complementar é esta: confidências sentidas, dúvidas penosas, felicidade inesperada só com uns poucos, bem poucos. Ou com o amigo de verdade, com o CVV – ou com o terapeuta.

Ainda e enfim: envolvimento somente em questões coletivamente aceitas como importantes: casamento, separação, filhos. Amantes. Nas questões, em suma, sobre as quais há opiniões estabelecidas – sempre poucas e sempre as mesmas...

## PSICANÁLISE OU SEMÂNTICA

Ante estes fatos, pergunto se em psicanálise as pessoas estão reconhecendo influências passadas ou estão aprendendo a pensar com clareza. Estarão repetindo as "razões" simplórias vigentes na época, relativas a pais, à família, a "bons costumes", ou estarão aprendendo a pensar com clareza? Sobretudo, clareza quanto aos próprios propósitos, desejos e intenções!

## O "NÃO SE ENVOLVA" GERAL E PROFISSIONAL

**O "não se envolva" é parte essencial de nosso contrato social**. Quem com quem, quando, quanto, até que ponto e como são a essência das relações pessoais (!).

As escolas de psicoterapia dizem a mesma coisa. De há muito me incomoda e de há muito me insurgi contra esse paralelismo e paguei por meu protesto.

Se no consultório seguimos as mesmas regras formais do relacionamento pessoal, tornando-o impessoal no mesmo ato, o que adiantará isso para o cliente? O que significam, depois, a compreensão "profunda" e a "acolhida" se o ecossistema (o consultório) continua parecido?

Se o terapeuta tampouco se compromete, se mantém distância, ele está fazendo o quê?

Pior: será ético dizer que o paciente se envolve "sem querer" (transferência), mas o terapeuta tem de fazer tudo para se manter a distância (para reforçar a neurose coletiva)?

Na verdade, enfim e o pior: o paciente, ao se envolver (é somente e é sempre transferência, diz a teoria), está sendo neurótico. Na verdade, o envolvimento é a neurose... Isto é: qualquer envolvimento pessoal, segundo a teoria, é neurótico! A menos – pasmem! – que esteja dentro dos conformes sociais.

Se for para casar pode...

Que carnaval de confusão e de desumanidade, justamente onde se teria o direito de esperar certo aprendizado de humanidade, de como relacionar-se, de responsabilidade pessoal por mim e pelo que faço, do que significa envolvimento e desenvolvimento (como ligar-se e como desligar-se).

O "fim da terapia" é o mais confuso dos capítulos da psicanálise, e mesmo Reich, que era mais despachado e franco, termina confessando: o melhor fim da terapia é quando o paciente "transfere sua libido purificada" para alguém "lá de fora", – um namorado de verdade, por exemplo. Em suma: quando ele se casa...

Em palavras, os livros doutos dizem que transferência é uma coisa (de algum modo é um falso envolvimento), e que envolvimento "genuíno" é outra coisa. Mas essa outra coisa ninguém sabe muito bem como é.

Diante dos fatos, a afirmação mais cabível é esta: **as pessoas desejam e temem se envolver** – se relacionar... genuinamente! Tanto os neuróticos quanto os terapeutas e quase todos os demais.

As pessoas têm medo umas das outras...

Ou têm medo de sair da rotina – de se arriscar.

Ou têm medo de perceber que estão mudando e tudo está mudando.

Ou têm medo de perceber os elementos negativos de suas relações – de todas as suas relações –, tema ao qual dedicarei algumas páginas terríveis mais adiante.

# AS TRÊS CONVICÇÕES BÁSICAS DO NORMOPATA

Na verdade, são os três "mecanismos neuróticos" da inconsciência coletiva.

A primeira convicção é o uso indiscriminado da generalização para "explicar" frouxamente quase tudo, isto é, para explicar quase nada, tema ao qual retornarei em vários momentos deste livro.

A segunda é a busca e a exigência de que as coisas e as pessoas se repitam, façam como sempre fizeram, como é o certo, como é normal – como se deve.

A terceira é a crença nas "fases" de desenvolvimento, seja de uma criança, seja da sociedade, seja dos seres vivos e mais. "É uma fase. Depois passa..." Isto é, não é preciso – ou não adianta – fazer nada. Vai passar sozinho (quando outra "fase" começar)... Isto é, **tudo faz parte de uma ordem conhecida**, talvez divina, ou de uma ordem a ser descoberta, tema dominante na Filosofia Medieval e ainda presente no pensamento de muitos físicos.

Estas três convicções convergem: é preciso acreditar que tudo se repete, que tudo segue um princípio, que tudo é previsível. Assim me sentirei seguro – e assim poderei ficar em paz.

Além disso, contando com a regularidade, posso fazer planos e esboçar estratégias, com a certeza de – no fim – vencer! Ou apenas sobreviver! Quanto mais previsível, quanto mais repetido, mais fácil de compreender e de controlar.

Estas três convicções – generalizações inócuas, repetições e fases – são os elementos mais comuns nas explicações (inoperantes) que as pessoas dão para os demais, para si mesmas e para tudo que lhes acontece.

Na maior parte dos diálogos terapêuticos, as falas não são muito diferentes – dá para acreditar?

O oposto dessas convicções é de que tudo que acontece é por acaso, como eu e você aqui e agora...

# O CHOQUE DO FUTURO (TOFFLER)

Estes últimos parágrafos dizem, afinal, que a "culpa" é da educação, da família, dos preconceitos, dos medíocres...

Achei meus bodes expiatórios!

Tempos depois leio esse monumento – *Future shock*, do mesmo Alvin Toffler – e a culpa se desloca e se torna coletiva, sim, mas em bem outro sentido daquele de que falei até aqui (e vou continuar falando). O mundo tecno-ocidental (capitalista) entrou em um processo vertiginoso de transformação – como é bem sabido. Tudo à nossa volta está mudando muito e mudando cada vez mais depressa. Muitos pensadores inteligentes já perguntaram o famoso "até onde" – ou até quando – nós, seres humanos, vamos conseguir conviver – ou sobreviver – nesse turbilhão. A mídia, por sua vez, emite em todas as direções, minuto a minuto, todas as mudanças, as ofertas, as escolhas, os atrativos e as ameaças presentes nesse *tsunami* cósmico.

Toffler enuncia os **mecanismos neuróticos sociais** nascidos desse turbilhão – que pretendem atenuar, até anular, a força do furacão.

O primeiro de todos é a negação (alienação). De cada mil pessoas, novecentas continuam se comportando como se a vida continuasse semelhante a dez, vinte ou mais anos atrás. Não é só mediocridade, é também medo (ansiedade) de ser arrastado pelo furacão, de perder-se no espaço – ou no tempo!...

Em sua excelente classificação psicopatológica da alienação, Toffler lembra a seguir **a especialização**. No seu pequeno mundo (cada vez menor!), o especialista consegue persuadir-se de que ele "sabe de tudo" e, implicitamente, controla tudo. O "resto" não é com ele...

O terceiro mecanismo neurótico coletivo Freud denominaria de regressão: os velhos tempos e valores, principalmente os relativos à família, é que eram bons e seguros; "deveríamos" retornar a eles a fim de garantir nossa paz de espírito.

Mas, quando se pergunta como se faz para ressuscitar a vetusta instituição, a resposta é um silêncio constrangido...

No fim da lista, Toffler coloca o simplificador. No meu livro é o tipo de normopata que consegue uma ilusão de segurança quando "explica" o que está acontecendo usando ou aceitando aquelas respostas simplórias que citei.

As favoritas são "a culpa de quem" ou o "dever de quem", do presidente, da "economia" (!), de Deus (ou do Demônio), da mãe (psicanálise), das drogas (está na moda), do Bush (também!), do vizinho, ou do treinador do Corinthians.

Peço perdão em público pelo pecado de ter acusado e condenado indivíduos – os "neuróticos" – por fatos que na verdade estão fora do controle de quem quer que seja. Ou estão sob a influência de todos – são "culpa" de todos – , o que dá na mesma...

"Quem" está assumindo é o "Cérebro Global", e todos estamos nos tornando formigas organizadas e dirigidas sabe Deus por quem ou para onde. (Howard Bloom, em *The global brain*. Nova York: Wiley/Sons, 2000.)

# CONSEQÜÊNCIAS SOCIAIS DA NORMOPATIA

Pouco e nada se diz do tédio resultante da pobreza mental e da monotonia da vida da imensa maioria da população mundial, tanto do Oriente quanto do Ocidente.

É dessa gaiola de repetições intermináveis que surgem os desejos de variedade, determinantes do apego obsessivo à TV (quatro a seis horas de audiência no mundo todo), a sede de novidades e do consumo, acelerando as engrenagens da produção industrial e da pesquisa científica – ela também freneticamente envolvida na criação de novidades, mesmo que apenas de um botão a mais no celular ou no computador de bolso.

Tudo se transformando aceleradamente – menos as pessoas! Transferência de desenvolvimento pessoal para desenvolvimento tecnológico, assim parece. Ou um dos lados é esse.

Mas gosto muito da idéia de que o homem existe para transformar, não para compreender. Por isso inventa coisas. Ao inventar, muda o ecossistema, e as pessoas, sabendo ou não, querendo ou não, mudam para se adaptar a esse novo ecossistema, alterado pela tecnologia.

**Teríamos então este paradoxo: é o consumo que transforma o mundo e as pessoas – por força das escolhas que fazem no *shopping*, no supermercado, entre os programas de TV (novelas!) e em todos os demais lugares onde são exibidos ou podem ser encontrados bens de consumo, desde os mais necessários até os mais supérfluos.**

## A MEDIOCRIDADE, O TÉDIO E AS DROGAS

As drogas ilegais são o segundo maior negócio do mundo. Se a elas somarmos o álcool e os psicotrópicos, talvez as drogas rendam ainda mais do que os negócios da guerra. Armas são o primeiro colocado na lista dos sintomas da loucura coletiva que se chama humanidade. Invenção, produção, distribuição e contrabando de armas são o negócio mais rendoso do mundo.

As pessoas, depois de terem sido obrigadas a uma vida pequena, repetitiva, monótona e sem sentido, ou se revoltam "sem saber por quê" ou contra o quê (ansiedade – pânico), ou se deprimem, porque o cérebro, este órgão errático e irracional, está produzindo menos serotonina do que devia (pelo menos essa é a explicação dos cúmplices).

Preciso dizer: essa de que a "culpa" é do cérebro é demais. Parece que essa maravilha da natureza, a estrutura mais complexa gerada pela vida, é um órgão cheio de "cismas" e "manias", que produz ou não serotonina conforme os caprichos do momento.

Além de maravilhoso, **o cérebro é o principal responsável pela adaptação imediata ao ecossistema**, e se ele está falhando a primeira coisa a pensar é essa: o que está acontecendo **no ecossistema** para que o cérebro esteja funcionando assim?

Ademais, os estudos farmacológicos atualmente cada vez mais amplos e precisos vêm aos poucos "provando" o que menos convém aos laboratórios que produzem psicotrópicos. Em cerca de 50% dos resultados, o placebo é tão responsável pelo resultado quanto a droga propriamente dita.

Além disso, a atitude do terapeuta pode ser tão importante quanto o efeito bioquímico do produto.

A ciência está chegando aos poucos à noção das pessoas que gozam do "poder de curar" ou até de fazer milagres – caso de qualquer um de nós, se empenhados no relacionamento.

Mas espero que o leitor não me julgue. Não estou defendendo influências esotéricas nem negando as influências bioquímicas. Estou apenas propondo e insistindo, em todas as páginas deste livro, que o principal das relações pessoais são... as relações pessoais. É a influência mais freqüente de todas, e por isso a mais importante.

Estamos cercados por gente – por fora e por dentro.

Neste livro proponho e analiso ampla e profundamente tudo aquilo que nas relações pessoais pode ser objetivado, isto é, demonstrado pela observação e até gravado em equipamentos de imagem e de som.

## A FUNÇÃO CONSERVADORA DA MEDIOCRIDADE COMPULSÓRIA

Generalizando (!) estas últimas páginas: é fácil ver, ao longo de toda a História, o quanto quatro quintos das populações são mantidos em uma espécie de mediocridade (escravidão?) que pode ser resumida assim: como falamos todos a mesma língua, não apenas nos entendemos perfeitamente (!) como estamos unidos por um laço evidente, indestrutível e isolante (que nos distingue e separa dos outros povos). Ao mesmo tempo, essa massa comum faz pressão contra qualquer originalidade, isto é, contém mecanismos de *feedback* numerosos que a mantém estável mesmo ante ondas poderosas como as que ocorreram no último século – duas guerras e avanços inimagináveis na tecnologia, mais seus reflexos na organização social.

Ao mesmo tempo, continua suprimido o olhar, na medida em que ele, insistentemente, nos mostra que, mesmo usando as mesmas palavras, cada um de nós as diz a seu modo, deixando assim bem claro, com incômoda insistência, que talvez as mesmas palavras não tenham o mesmo sentido para todos...

O olhar é inimigo da unidade do grupo, da sensação de pertencer – e nos ameaça de solidão.

O olhar é o rebelde! Morte a ele! Além disso, é com ele que começa o envolvimento entre dois, outro modo poderoso de romper a homogeneidade grupal ilusória.

Enfim, ao se envolverem, as pessoas se desenvolvem, saem de seus cubículos, comprometendo perigosamente a uniformidade compulsória, seja no trabalho, seja na família. É essencial, portanto, em relação a ambas, aprisionar os envolvidos em uma gaiola segura que impeça a propagação do mau exemplo: carteira de trabalho e casamento monogâmico compulsório – e tudo volta à normalidade... Todos solidários na normopatia e na infelicidade coletiva.

Mas as coisas mudam apesar da vontade dos indivíduos, ou mesmo apesar da vontade dos poderosos, ou até sem que saibamos por força do quê...

# ENTÃO COMO FICAM A NEUROSE E A PSICOTERAPIA?

Depois do quadro amplo da normopatia e de seu contexto acima descrito, do qual resulta sua inevitabilidade, torna-se difícil compreender a soma fantástica de estudos especializados, de pesquisas e teorias destinadas a explicar e a "curar" a neurose – ou a atenuar seus efeitos mais desagradáveis.

Quero dizer: como é possível aceitar e compreender a neurose como um conjunto de sinais e sintomas constitutivos de uma "doença", de uma "perturbação mental", "emocional" ou "caracteriológica" que atinge a uns tantos indivíduos, **enquanto os demais – tidos como maioria – continuam a ser tidos como..."normais"**?

Essa declaração vale para todo o mundo cosmopolita.

Depois da pergunta cabe uma resposta cínica: neurótico é o que busca ajuda ou procura um terapeuta, e paga por isso; terapeuta é o que, acredita-se, pode oferecer ajuda – e vive deste mister...

É menos cínico do que parece. Mais adiante vou analisar a pouco falada importância de Marx na psicoterapia...

Por que este comentário depreciativo, talvez até antiético para alguns ou, no mínimo, desnecessário e de mau gosto para outros?

Foi feito com a boa intenção de diminuir a distância entre terapeuta e neurótico – a bem da terapia!

Até a bem da honestidade profissional.

Melhor ser visto e comportar-se, perante o paciente, como um "companheiro de viagem" (Bob Shinyashiki), um aliado, até um cúmplice, do que se propor como uma "autoridade" imune ante os males do mundo no qual ambos vivem e no qual se formaram – ou deformaram! Ou se pôr como uma autoridade que conseguiu se livrar de todos esses males pela luz de seus mestres e pela magia das suas "técnicas"...

Manter essa distância torna de todo impossível "analisar o superego" (ampliar a liberdade da pessoa), quando a espinha dorsal deste superego é precisamente a postura de "autoridade" – centro da liturgia do poder –, como foi dito por um de nossos piores presidentes...

Manter essa... impostura é alimentar todas as forças que modelaram a neurose de nosso cliente, e muito da nossa (dos terapeutas) também.

O mito da análise didática, por força da qual o terapeuta se livrou destas influências (ele não reprime mais, nem transfere, nem projeta...), é a melhor saída jurídica do impasse.

Não quero dizer que a análise seja inútil. Digo apenas que ela está longe de ter um efeito radical, "profundo" ou "definitivo", sobre os candidatos.

É uma tentativa bem-intencionada de atenuar as dificuldades mas, de novo, é usada como se fosse completa, realimentando no terapeuta, de outra parte, a distância entre ele e o paciente, dando a este a falsa certeza de estar sendo "objetivo", de não estar projetando nem se identificando...

Jung já disse tudo a esse respeito: por mais análise que a pessoa faça, jamais será possível "esvaziar" o inconsciente. Ou seja, não é possível livrar-se de si mesmo.

Enfim, último reduto da autoridade (do autoritarismo): o bom terapeuta, caso sinta dificuldade, pode e deve apelar para outro especialista, de preferência seu analista didático – que já o conhece.

Tudo bem. Outro bom conselho. Mas, referindo-me à psicanálise "pura", digo que todos esses conselhos tendem a manter a distância entre paciente e terapeuta, e a dar a este uma ilusão de infalibilidade e superioridade.

Estas são a essência do superego, representante interno de nossa organização social autoritária e eixo da neurose coletiva.

Sou definitivamente a favor da aceitação de alguma espécie de envolvimento: o melhor da terapia consiste em perceber, gozar e sofrer, elaborar e resolver esse envolvimento.

Gostaria que o leitor se desse conta de que não neguei nenhum dos auxílios descritos.

Mas prefiro falar de minhas dúvidas com um bom amigo a falar para meu analista didático da minha contratransferência ante minha cliente...

Da uma dúzia de supervisões feitas por mim, 90% cuidavam disso mesmo, da "contratransferência do terapeuta".

É assim que se vai deixando – interminavelmente – a neurose coletiva, da qual ninguém sai sozinho, nem de uma vez, ou para sempre...

Por isso a psicoterapia tem algum sentido – para os dois.

# O OLHAR DO CIDADÃO... NORMAL

Os estudos sobre a fisiologia do sonho demonstram que, durante o sonhar, os olhos "olham" as imagens oníricas como se o sonho estivesse efetivamente acontecendo (por isso os movimentos oculares da pessoa adormecida anunciam – ou denunciam – que ela está sonhando).

Não é muito diferente a mobilidade (ou imobilidade!) do olhar quando acordados, quando em devaneio e quando sonhamos.

As descrições do normopata já foram feitas muitas vezes empregando-se expressões como constância de "ponto de vista", tudo visto sempre da "mesma perspectiva", do mesmo ângulo, "visão restrita", até "miopia", o morto-vivo, o sonâmbulo...

Todas elas são tidas como alegóricas.

Em meu texto, porém, elas são tidas como descrições literais: os **globos oculares do normopata retornam facilmente para as mesmas posições ou permanecem grande parte do tempo vagos, desfocados** – o que contraria a crença generalizada.

A maioria acredita que durante o tempo todo "olha para onde quer", mas uma observação cuidadosa mostra ser muito mais verdadeiro dizer: é o olhar que controla a pessoa! O olhar a dirige tanto no exterior, no "mundo", quanto dentro, "olhando" para o que se passa na consciência. Aí também, muito mais olhando e sendo levado passivamente, do que dirigindo o processo.

Aos poucos iremos expondo os fatos que fundamentam essas afirmações à primeira vista estranhas.

## BEHAVIORISMO, COMPORTAMENTALISMO E CONDICIONAMENTO OPERANTE

A psicologia sofre de uma dissociação deveras esquizofrênica.

De um lado, behavioristas (comportamentalistas) e reflexologistas (Pavlov).

São nomes diferentes para a motricidade, desde que se propõem estudar apenas as respostas motoras a sinais sensoriais. Consideram a si mesmos cientistas "objetivos", estudiosos da relação estímulo-resposta, passível de experimentação precisa e de conclusões indiscutíveis.

Mas, repetindo: o estudo da relação estímulo-resposta é o estudo da ligação entre um dado sensorial e uma resposta motora (ou secretora) – nem mais nem menos. São, pois, estudiosos da motricidade e do que a põe em ação. De como somos movidos pelo mundo por força de nossas percepções e hábitos (automatismos, "condicionamentos").

Insisto: estudam o comportamento, isto é, como as pessoas se movem, por que se movem e o que as põe em movimento.

De outro lado, temos os estudiosos da consciência e da inconsciência – os verbalistas (psicanalistas e derivados). Estudam tudo aquilo que, na personalidade, pode ser posto em palavras, pode ser "explicado", isto é, tornado inteligível à custa de seqüências verbais tidas como lógicas ou significativas.

Tentam ligar as palavras a tendências, impulsos ou desejos – mal percebendo que tudo isso é movimento ou intenção de movimento. Em seu favor, pode-se dizer que grande parte desses movimentos não se realiza – são contidos (reprimidos) e assim se reforça a ilusão de que... não são movimentos. Ou, pior, de que movimentos internos são diferentes dos externos, isto é, não dependem dos músculos.

Estas são declarações importantes do livro, e espero que o leitor lhes dê a relevância que têm.

É lamentável essa dissociação. Na verdade, ela divide a personalidade em... Corpo e alma! O corpo se comporta, age e reage a "sinais" ou estímulos (o corpo é comportamentalista!). A consciência (a alma!) pensa e deseja – deveras platônica em sua caverna ideal onde moram as idéias puras (as palavras!).

Neste livro, tento reunir estes dois conjuntos tão amplos e igualmente importantes da psicologia. Procuro, insistentemente, unir corpo e alma, movimentos e idéias, atitudes e imagens, respostas motoras e estímulos sensoriais, desejos e buscas, intenções e ações.

Para tanto, convido o leitor insistentemente a apurar sua percepção, a se tornar capaz de perceber o que é muito rápido ou a perceber diferenças muito ligeiras (da voz, por exemplo).

Convido-o, ao mesmo tempo, a que perceba o contexto todo, e não se limite apenas a um ou outro de seus elementos.

# O OLHAR É MUITO RÁPIDO

Atenção, leitor. Por vezes digo apenas "o olhar". Mais vezes falo em "reflexos visuomotores". Neste caso, atente para o contexto, pois a expressão tem dois sentidos bem distintos.

Por vezes refere-se apenas aos movimentos dos próprios olhos (é o uso comum).

Outras vezes diz respeito **a movimentos do corpo todo ou de algumas de suas partes determinados pelo que a pessoa está vendo, ou pelo que está ouvindo**. Esses movimentos podem ser muito rápidos, tanto que muitas vezes as pessoas não se dão conta de tê-los realizado (e não os percebem nas outras pessoas). São muito automáticos, são reflexos em sentido próprio, ligações neurológicas primárias, ou estabelecidas sob a forma de respostas rápidas adquiridas. É o caso da maior parte das respostas condicionadas estabelecidas na relação com personagens influentes da infância.

Um exemplo poderá persuadir o leitor desse fato desde o começo. Quantas vezes um copo escapou de sua mão e, apesar da velocidade da queda e da incerteza sobre seu trajeto, você ainda conseguiu segurá-lo antes de ele se estilhaçar no chão?

Estes reflexos – visuomotores – estão presentes muitas e muitas vezes durante o dia, nos desempenhos rotineiros, como dirigir um automóvel, andar de bicicleta, jogar pingue-pongue, tênis e mais.

Pare, leitor. Não deixe que a rotina te impeça de ver o que é importante.

Analise a ação de dirigir um carro – como modelo. Primeiro, você tem de olhar para seis direções rapidamente (dois espelhos laterais, um retrovisor mais a tripla

*Meio século de psicoterapia verbal e corporal*

visão frontal: de "varredura", de percepção da pista e de visão frontal). Você estará coordenando continuamente o que vai vendo com a direção propriamente dita (movimentos do volante), com o fluxo próximo do trânsito, mais a manipulação da alavanca de câmbio e o uso dos três pedais. Por vezes do pisca-pisca e da buzina...

Podemos ter de executar manobras complexas em décimos de segundo ou menos; se em alta velocidade, a rapidez e precisão podem alcançar o centésimo de segundo – e serem vitais.

> Essa "máquina" complexa, versátil e precisa não estará em funcionamento também nas relações usuais, nos encontros, nos diálogos – até quando estamos sozinhos (ao "pensar", nós fazemos caras – sabia? – como se estivéssemos "lá")?

Será que tais reflexos visuomotores (é deles que estamos falando) deixam de atuar no cotidiano?

Claro que não. Eles foram o "anjo da guarda" (e o demônio!) elaborado passo a passo pela Natureza ao longo dos infinitos encontros – mortais – entre predadores e presas. Sobreviveu sempre o mais rápido na percepção (visual, não esqueça) e o mais rápido na resposta (motora, não esqueça).

> O registro em gravações de vídeo mostra que todo o "mecanismo" visuomotor está em ação sob a forma de microexpressões pouco perceptíveis, mas evidentes quando as observamos em câmera lenta. Podemos até congelar a imagem no instante (não raro é um instante) em que a expressão se torna particularmente nítida – quando sua intenção se torna evidente.

Eles são tão rápidos quanto o pensamento, **antes de ele se fazer palavra**, quando esta é, ainda, intenção, seleção de significados das palavras a serem ditas, observação dos circunstantes, busca interior de imagens ou de outros elementos necessários para criar a resposta.

Bandler, o neurolingüista, disse tudo: a resposta a uma pergunta é dada **no instante** em que compreendemos seu significado. Dada pela cara, não pelas palavras.

Esta é a conclusão a que chegaram os neurolingüistas gravando os movimentos dos olhos das pessoas enquanto dialogam – e que mais adiante descrevo.

> Mas é preciso sublinhar: o olhar não apenas vê. Ele "nos coloca" quase que instantaneamente na situação, determinando a formação da atitude mais conveniente dentre as disponíveis, para o momento e para o contexto.

Ou seja, a motricidade toda é governada em condições usuais pela cena, pelas caras, pelos movimentos e pelas palavras que estão sendo ditas à sua volta.

Pelo contexto, compreendido em sua complexidade dinâmica, e não apenas pelo que ele disse e pelo que eu disse...

Em suma: pelo aqui e agora.

Somos governados em primeiro lugar (quanto à velocidade da resposta) pelo animal que existe em nós, sempre mais atento do que o cidadão médio, meio sonâmbulo... Esse animal, ao longo de um diálogo atento, "sabe" ler instantaneamente os sinais de perigo, de ameaça, de acolhida, de dúvida, e organiza em nós, rápida e precisamente, a resposta mais conveniente. Tudo isso é muito rápido, bem pouco consciente e – pior – negado por todos. Negado não só por ser rápido como também por ser comprometedor, "mostrando" intenções tidas como secretas – intenções inconscientes, diria mestre Freud, que não olhava para seu cliente.

**Defendo a existência da mais estreita associação inconsciente entre o olhar, a situação vista e a atitude assumida** – independentemente do que a pessoa possa estar pensando. Cérebro é igual a movimento e visão (voltarei extensamente ao tema) porque os animais que demoraram para ver ou reagir foram comidos e não deixaram descendência.

Estou falando da caçada – e também dela voltarei a falar.

Dir-se-á que na vida dita civilizada essa rapidez de percepção e resposta não é necessária, pois as pessoas não vivem se ameaçando o tempo todo, nem competindo, se exibindo, criticando... Essa é a opinião coletiva.

Mas será que não vivem mesmo? Ou será que vivem, em formas na certa mais sutis do que garras e dentes?

Freud disse que sim...

# RELAÇÃO VISUOMOTORA GENERALIZADA

Muito foi dito e estudado sobre a correlação visuo**manual**: os olhos guiando e corrigindo os movimentos das mãos.

O que é óbvio as pessoas mal percebem... Imagine você, meu amigo, querendo colocar um parafuso sem olhar para o que está fazendo; ou você, minha amiga, querendo fazer tricô de olhos fechados.

É preciso generalizar, e se você quer saber o que significa "relação visuomotora" (centro deste livro), observe uma partida de vôlei ou de futebol e me responda: será possível conseguir que um cego pratique ou assista a um desses jogos? O reparo sobre o cego é cruel, mas pretende apenas deixar claro de uma vez por todas que olhar e movimento perfazem dois terços do cérebro e, **portanto,** o essencial do comportamento e do relacionamento!

*Meio século de psicoterapia verbal e corporal*

E mesmo você, que não é cego e está viciado em assistir a futebol, será que sempre percebe claramente o que aconteceu dois segundos antes daquele gol genial? Onde estavam os agentes principais, como se combinaram, de quem e em que direção foi o chute fatal? E aquele que fez a defesa?

Você sabe que não. Hoje, um dos aspectos mais atraentes de acompanhar o futebol na TV **é a possibilidade de repetir o acontecido em dois segundos, estendidos em câmera lenta para dez, quinze ou vinte**. Só assim vemos "tudo" que aconteceu.

Estes reparos sobre os reflexos visuomotores pretendem também questionar toda a psicologia, enquanto ela omite exatamente o olhar e o movimento (o corpo), lembrando que toda a comunicação não-verbal é constituída de movimentos.

Reparo: em um número menor de situações, a reação motora é determinada por um som ou pela variação de um tom de voz.

Estes reparos pretendem, enfim, questionar tudo que a mídia diz sobre o cérebro (omitindo sistematicamente suas funções motoras), e até muito do que dizem os neurofisiologistas quando se concentram nas funções de regiões limitadas do cérebro e se esquecem do todo.

Em qualquer esporte competitivo, olhar e movimentos estão indissoluvelmente ligados, e sua conexão é extremamente veloz: é ver-fazer – sem pensar! Aliás, todo esporte competitivo leva a marca do ataque/fuga, ainda que dentro de umas tantas regras...

É tão íntima e tão banal a ligação que poucos a percebem conscientemente.

Vou tentar descrever uns poucos momentos de um jogo de vôlei e você ficará espantado com a descrição, de outra parte, por demais familiar. Seu espanto demonstra isso mesmo: a descrição é tão óbvia que mal a percebemos, ou mal a reconhecemos.

Um instante antes do saque, todos os participantes ficam imóveis, muito bem plantados sobre o chão, "pré-parados", "prontos para" – lembra-se? Parte a bola e todos os olhares a acompanham enquanto os corpos começam a se mover – a se colocar – e a se compor (postura) em relação ao lugar onde a bola cairá e, ao mesmo tempo, em relação à ação que será mais conveniente, considerando ao mesmo tempo a localização e a função dos companheiros (visão periférica!). Aqui entra também o treino da equipe e a distribuição de... papéis, se defensor, se levantador, se atacante. Todos esses papéis – todas estas **intenções** – aparecem claramente no "formato" do corpo (postura) e nos movimentos de cada um pouco antes, durante e logo depois da chegada da bola. A linha defensiva, um instante antes da ação, flecte os joelhos, preparando o salto, e vai levantando os braços preparando o bloqueio.

Dado o golpe ou feito o bloqueio, o problema agora é aterrissar sem cair (equilibração automática), e no mesmo ato preparar-se para a ação seguinte, ligada à nova trajetória da bola...

Complicado, não é? Tudo isso pode ter acontecido em dois a três segundos – se tanto.

Este é o retrato dos reflexos visuomotores, da influência do olhar nos movimentos do corpo.

Se você aprender a ver, se vencer a cegueira socialmente induzida, perceberá que o mesmo sucede no diálogo, em qualquer diálogo, entre quaisquer duas ou mais pessoas. Não mais grandes movimentos fortes, evidentes e "objetivos", mas sutis movimentos faciais ou corporais, ligeiras mudanças no tom da voz ou no ritmo da fala.

Não mais movimentos, mas microdicas.

Na verdade, microexpressões. Estudiosos de gravações destinadas a analisar as expressões faciais e corporais das pessoas durante o diálogo assinalam esses micromovimentos que só a câmera lenta revela.

Treinado como estou neste tipo de observação, percebo com certa facilidade esses micromovimentos quando ocorrem – e ocorrem muitas vezes ao longo de qualquer diálogo. Cada um deles é uma insinuação em sentido próprio, apenas sugere fugazmente uma intenção ou mesmo um julgamento, uma dúvida, um espanto, uma descrença e mais...

Lendo descrições dos outros estudiosos, tem-se a impressão de que as microdicas são quase "tiques" espalhados ao longo das frases, expressões sem intenção... Lendo-os, termina-se por acreditar que as microdicas são breves demais para ser percebidas, quando, na verdade, são os principais indicadores ou sinais de tudo que denominaríamos ao mesmo tempo de intuição e de intenção! Ou de intenções primárias (em quem fala) e reações "animais" (em quem está ouvindo) – ambas em décimos ou centésimos de segundo.

Segundo Jung, intuição é "uma percepção via inconsciente" – exatamente o que estou dizendo. A pessoa não percebe que percebeu, mas essa percepção influirá na compreensão do interlocutor, na resposta imediata do corpo e no curso do diálogo.

Dizem os mágicos (os prestidigitadores – "dedos ágeis") que a mão é mais rápida do que os olhos, e neste fato se baseiam inúmeros truques com cartas, bolas, anéis e mais que aparecem, desaparecem e reaparecem misteriosamente.

Posso dizer que a face também é mais rápida do que os olhos – se eles não estiverem atentos, e bem atentos!

# VER E COLOCAR-SE

Alguns exemplos poderão ajudar a compreender a relação entre ver e colocar-se, processo visuomotor fundamental. Exemplificando:

O orgulhoso tende continuamente a olhar os demais de cima para baixo, ao mesmo tempo mantendo o rosto voltado para cima, o peito cheio, os ombros para cima e para trás e a coluna dorsoflectida, isto é, **muito** ereto, "superior", "distante". Assim ele "domina" as situações e as pessoas.

O oprimido, ao contrário, tende a olhar sempre de baixo para cima, mantendo a face voltada para baixo e inclinada para um dos lados, os ombros caídos e a coluna ventroflectida (a "vítima", o "coitado"). Ninguém esperará uma agressão vinda de tão baixo!

O desdenhoso tende a se pôr em tal posição (olhar oblíquo para baixo e para um lado) **que põe o outro ao mesmo tempo "de lado", "para baixo" e "longe"**. Suas sobrancelhas levantadas e as pálpebras superiores ligeiramente baixadas indicam tédio e distância. O todo se completa com o clássico e leve sorriso de desprezo, isto é, mais distanciamento. "Você não me alcança", "Você não me afeta".

Continuemos um pouco mais com o desdenhoso. Acompanhado de perto quando relata fatos ocorridos com ele, **não será difícil ver este personagem voltar contra si mesmo a expressão de desdém, desvalorizando assim o que está relatando – ou pensando (sem nenhuma consciência disso)**.

Ou seja: olha "para dentro", para conteúdos pessoais, com a mesma cara com que olha para fora.

Entre o orgulhoso e o oprimido, facilmente se estabelece um laço pessoal, um "acoplamento estrutural" na complexa nomenclatura de Maturana...

Fácil ver o quanto se integram direção do olhar e postura, sendo difícil determinar qual vem primeiro. O olhar, com base na atitude e na situação na qual se acha, põe o indivíduo em **posição de ação** ante o... oponente – ou interlocutor.

O conjunto olhar-postura exerce outros efeitos, e compreendê-los tem tudo a ver com os modos de relacionamento entre as pessoas e com os fundamentos das técnicas corporais em psicoterapia. Tem tudo a ver, ainda, com o que Freud nos disse sobre o inconsciente (que não é invisível)...

O orgulhoso é levado pelo seu olhar a se deter diante de outro orgulhoso (seu rival) ou diante de um submisso (seu servo). E a ignorar os que não se assemelham nem a um nem ao outro desses extremos.

Outro orgulhoso, ao cruzar o olhar com o nosso, se arma ou se previne. O oprimido se encolhe mais. O orgulhoso não sabe de sua postura, nem quanto ela seleciona seus súditos e/ou seus rivais.

**Desse modo deveras inconsciente, sua atitude dominante reforça continuamente a si mesma**, ao subestimar todas as demais. Ele vive cercado de súditos e de rivais. "Os outros" – que não são uma coisa nem outra – mal existem...

O leitor entende que esses exemplos iniciais são bem simples, apenas uma introdução ao tema.

Assisto ao Animal Planet e então me dou conta de que os animais, quando se enfrentam, se enfrentam – isto é, tendem a ficar de frente um para o outro. Devido à nossa preferência pela mão direita, nossa posição de enfrentamento (ataque/defesa), como se vê no boxe, é um enfrentamento oblíquo. Não estou falando apenas de lutas verdadeiras, mas também das agressões ditas inconscientes ou tidas como apenas verbais que estão acontecendo diariamente, em qualquer diálogo. De regra não mudamos toda a atitude ao nos encontrarmos com o outro – basta mudar um quase nada a posição da cabeça e a direção do olhar. E a guerra começa.

Ou o amor...

De momento, basta esse exemplo simples para ilustrar o valor das técnicas corporais. Para mostrar, além disso, alguns dos modos como o corpo intervém nos relacionamentos pessoais, modos não raro bastante sutis. Intervêm com a mesma sutileza em nossas relações com conteúdos da consciência, com nossas imagens internas. Essa é a lição fundamental dada por mestre Reich, pouco lembrada ou mal compreendida quando se fala dele.

> **Enfim, minha tese mais ousada: é essa rede de olhares/atitudes que estabelecem o concreto das relações pessoais, cujo somatório tem tudo a ver com a estrutura social. Todas elas são realimentadas continuamente em qualquer um e em todos os relacionamentos pessoais. Creio estar falando do que Maturana denomina "acoplamento estrutural" ocorrendo em uma área da qual ele não cogitou...**

Contraprova sugestiva. Folheio em uma livraria um texto sobre "atitudes" escrito por dois sociólogos. **Não há nele uma linha dizendo que as atitudes são perfeitamente visíveis – são corporais, jeitos de corpo e de movimentos**. Ou seja, esses autores pensam exatamente o contrário de tudo que meu livro diz, mas confirmam o que a maioria diz. Seguindo a onda coletiva, mantêm implicitamente a noção freudiana de que existe um "mundo interior" ou "íntimo" ao qual só eu tenho acesso, de todo invisível, "bem disfarçado", e uma "aparência exterior" (uma máscara) pouco ou nada ligada ao mundo íntimo! E mais: fazendo parte desse mundo interior, presumivelmente meu, há um inconsciente poderoso exercendo o tempo todo uma influência mágica sobre tudo que penso, desejo, temo...

Tem cabimento? Como posso ser três tão diferentes e tão desligados?

# O OLHAR COLETIVO

Devido à TV, as pessoas nunca foram mais bem informadas sobre o que acontece no mundo. É como se olhassem em inúmeras direções e percebessem muito do contexto onde vivem... Ou como se o mundo desfilasse em sua frente. Na verdade,

*Meio século de psicoterapia verbal e corporal*

**selecionam o tempo todo**, tudo que está de acordo com o que já sabem e com o que já fazem. Caso contrário, assustam-se e procuram outro canal. É só apertar o botão do controle remoto.

Além disso, principalmente nas novelas, os *closes* são muitos e bem demorados. Inadvertidamente estão ensinando as pessoas a perceber a comunicação não-verbal.

Sempre o olhar dirigindo a consciência enquanto a pessoa acredita estar "pensando" sobre isso ou aquilo, enquanto dialoga verbalmente consigo mesma ou com alguém.

Deixem-me repetir meu refrão, a fim de retomar o tema: o olhar é muito rápido...

Melhor: as respostas visuomotoras são praticamente instantâneas, de longe mais rápidas do que frases ou pensamentos. A velocidade do olhar, mais suas estreitas conexões com a motricidade, permite compreender com bastante facilidade a até então misteriosa ação do superego.

## SUPEREGO OU OLHAR DE MAMÃE?

Aos poucos irei aduzindo fatos que comprovam as seguintes afirmações:

- o olhar se dirige e vê tanto para fora quanto para dentro, segundo processos bastante semelhantes. Lembre-se de como "vemos" os sonhos e as fantasias vivas como exemplos de afirmação inusitada e pouco compreensível;
- entre a posição dos globos oculares e a expressão da fronte, existe uma relação bem estreita, uma espécie de sinergia ou de unidade expressiva. A título de modelo, pense nas expressões de "estar atento" ou "prestando atenção", de severidade, de "concentração", de superioridade, de raiva, de espanto, de encantamento. Se você for capaz, **faça e sinta** estas expressões;
- enfim, podem ocorrer identificações – imitações inconscientes – nesse conjunto expressivo. Reich descreveu com precisão a "fronte-olhar" do **pai** juiz (ele era efetivamente um juiz) presente na fronte de **uma paciente,** expressão que se ativava, sem que ela percebesse, sempre que lhe ocorria um pensamento ou uma emoção que o pai condenaria.

Agora podemos prosseguir. Muito mais atuante do que a voz da consciência que "fala" quase sempre **depois** do acontecido, o superego é a atuação instantânea **do olhar da consciência** sobre a motricidade, modelado historicamente pelo vigilante olhar de mamãe.

Ao mesmo tempo que procura proteger seu filho, ela o adverte, corrige, ensina, critica mil vezes por dia – por boas e por más ações –, para que ele faça como se deve, como é normal, como é seguro, como é certo... (Para ela e seu tempo!)

Não é a própria descrição da ação do superego?

Depois de mamãe, o povo todo faz o mesmo, pois vivem todos vigiando a todos para que ninguém faça o que gostaria de fazer, ou até como seria melhor fazer...Para que todos façam como se deve, como é normal, como é seguro, como é certo...

É o olhar de mamãe o guardião primeiro dos bons costumes, para que eles se universalizem e eternizem.

A *celula mater*...

**A psicanálise não se referiu a esta identificação localizada, e de todo... visível!**

Esse é o superego primário – visuomotor – de ação instantânea, muito anterior à reflexão verbal ou à consciência retroativa, ao que pensamos em palavras **depois** do que foi feito ou do que aconteceu, sem que tivéssemos percebido no momento em que acontecia.

# OS DOIS TIPOS DE APRENDIZADO: POR INTEGRAÇÃO DA EXPERIÊNCIA OU POR IMITAÇÃO

As reflexões seguintes são fundamentais para quase tudo que será dito neste livro, e em especial para a psicoterapia.

O termo "identificação" faz parte do dicionário comum, mas figura de forma eminente em psicanálise como um "mecanismo neurótico".

Significa – é claro – **comportar-se ou proceder de modos muito semelhantes aos de outra pessoa**, seja em certos momentos, seja de forma permanente.

É importante e não muito fácil distinguir identificações funcionais (imitações inconscientes) das semelhanças anatômicas entre pessoas da mesma família.

Mostrar-se-á, bem adiante, que imitar é a aptidão magna do cérebro, dois terços motor e de todo visual.

É a forma mais fácil e rápida de aprender, mas de aprender **sem perceber que se aprende e muito menos como se aprende.**

Nascemos com esta aptidão, e ela já foi registrada nos primeiros momentos da vida extra-uterina.

Mas na imitação passam-se as coisas como se as atitudes e os movimentos do outro, da pessoa imitada, de algum modo me possuíssem (ao modo como se fala em possessão espiritual). Faço como o outro faz, mas não percebo que estou fazendo e não é nada fácil reconhecer a imitação nem modificá-la – fazer de outro modo.

Por isso a imitação, quando crônica, pode se tornar patológica, funcionando como um traje fora de medida.

Mas é preciso distinguir com clareza identificações crônicas (e estáveis) das identificações momentâneas (e passageiras).

Estas podem ser o meio mais rápido e ao mesmo tempo o mais profundo de compreender o outro, como nos mostraram os neurolingüistas.

Muito das terapias corporais têm a ver com a atenuação das identificações crônicas que deformam a postura e as atitudes e comprometem todos os movimentos.

Prejudicam, em suma, a competência e a eficiência motora da personalidade – a ação.

As identificações mais prejudiciais, pelo fato de poderem ser muito amplas e muito densas, são as que fazemos com os parentes próximos, ao longo da infância. São muito globais e, se certo personagem for muito marcante ou muito presente, ele pode gravar-se definitivamente na personalidade (e na postura) da criança. As identificações com personagens familiares são reforçadas, além disso, geneticamente. Filhos têm muito da constituição corporal, nervosa e motora dos pais, o que facilita e intensifica as identificações.

Pode-se dizer muito mais sobre as identificações – e na certa retornarei.

Vamos dizer agora algo sobre a experiência em várias atividades **e sua integração ao corpo.**

Em todas as atividades que exigem ação rápida e precisa – dirigir um carro ou uma moto, jogar vôlei ou futebol, tocar um instrumento musical, digitar em teclado –, o principiante sofre, de início, da sensação de que jamais será capaz de realizar a tarefa. Depois de tentar algumas ou muitas vezes, a maior parte das pessoas consegue realizá-la.

Para quem tenha passado reflexivamente por essas situações, a seguinte descrição se torna plausível: uma vez adquirida a prática, tudo se passa como se o tempo da ação tivesse se feito mais longo (ou a ação mais lenta). Em um tempo de relógio que é sempre o mesmo, o indivíduo distingue/responde a um número de estímulos cada vez maior, desenvolve e coordena um número cada vez maior de respostas.

Tudo se passa como se durante o treinamento o cérebro desenvolvesse lentes capazes de ampliar o tempo.

Conjunto de fatos semelhantes ocorre na explicação ou compreensão das diferenças entre o que percebe o profissional experiente e o inexperiente.

Falando de mim: depois de muitos anos de prática, vejo-me hoje com a possibilidade de perceber e organizar em 50 minutos de diálogo com um cliente (primeira consulta) uma quantidade de proposições fundamentais sobre esta pessoa. Em outras épocas, para estabelecê-las, eu precisaria de muito mais tempo.

Muito!

Afinal esse é o propósito do aprendizado prático, a não ser confundido com o aprendizado por simples repetição ou imitação, consciente ou inconsciente.

Parece evidente que, se imito alguém e dou sempre a mesma resposta a um grupo indeterminado de situações semelhantes, estarei usando sempre o mesmo tempo de resposta.

Uma técnica ou um conjunto de regras de ação, se praticadas com convicção, funciona do mesmo modo: consome sempre o mesmo tempo, mas passa para o observador a impressão de que o agente é um autômato, um sonâmbulo – ou um soldado. O agente, por sua vez, mal percebe o que está fazendo. A ele se aplica, rigorosamente, a noção de ação ou atividade inconsciente, ou automática.

Já o conhecimento em integração vai organizando a prática tanto espacial quanto cronologicamente, fazendo-se cada vez mais simples, mais organizado e mais rápido.

Isso gera, aos poucos, o grande executante musical, o bailarino excepcional, o esportista campeão.

Este confronto entre experiência integrada e identificação pretende lembrar que "aplicar uma técnica" pode ser produto de uma identificação com o mestre ou com o grupo ideológico, e não um processo de assimilação refletida e assimilada à custa de muitas experiências bem pensadas – e sofridas.

O leitor compreenderá minhas críticas a todas as técnicas aprendidas por identificação (imitação), despersonalizantes por definição. Tanto mais despersonalizantes quanto mais bem definidas!

Essas reflexões têm também a intenção de elucidar o difícil tema: por que as identificações são patológicas ou patogênicas? São uma roupa fora das medidas do corpo.

## PENSAMENTO FUNDAMENTAL
## E TÉCNICA UNIVERSAL DE TODA A PSICOTERAPIA

A criação a Deus pertence, mas ele distribuiu generosamente esse dom pelo universo inteiro, desde a criação dos astros até a criação da vida – e de você. Por isso o universo, a vida e cada um de nós é isso mesmo: criação contínua.

A questão é permitir a criação.

Se digo que só Deus pode criar, estou afirmando, bem claramente, que ninguém inventa ou cria seja lá o que for "por querer", de modo voluntário ou planejado – intencionalmente.

Ninguém cria o novo.

"Inventar o novo" é um pleonasmo e uma impossibilidade.

O novo acontece.

O que podemos fazer é perceber as

**REPETIÇÕES**

em nós ou no outro, marcar sua presença em nossas relações conosco ou com os outros – e muitas vezes impedi-las.

Só podemos impedir as repetições porque só o que se repete pode ser identificado (*working through* das resistências – dos psicanalistas).

Notar: "o que se repete" pode ser tido como "o automático", e o automatizar de respostas (criação de hábitos) pode ser considerado uma das tendências mais profundas da motricidade, ela também como que em busca da segurança: se deu certo, repita (e ignore as diferenças...).

O conjunto dos nossos hábitos é tão complexo e tão adaptado às circunstâncias que alterá-lo envolve mais riscos do que à primeira vista poderiam ser imaginados.

Também por isso as pessoas resistem à mudança de hábitos e costumes.

Podemos dizer que a psicoterapia é a soma dos procedimentos que podem ser feitos para impedir repetições ou para alterar hábitos.

Ao impedir a repetição, criamos um vazio e, paradoxo, só temos essa capacidade criativa: a de criar um vazio **impedindo ou contendo a repetição**.

Como tudo no universo está em processo de criação contínua, basta esse vazio e a criação se manifesta "sozinha"!

*Insight* é a consciência desse momento, do momento da criação.

Esse momento (é sempre um momento) acontece quando ocorre a transformação, quando o novo é criado ou se manifesta ou é percebido.

Mas nem sempre o que acontece – o que se cria – é o que nós gostaríamos que fosse...

Por isso, porque o novo pode ser pior do que o velho e porque diante do novo não sei como me situar, as pessoas preferem não correr o risco – e continuam repetindo...

**A repetição é a defesa contra a criação – essência da Neurose.**

Donde se deduz que **todas** as técnicas psicoterapêuticas consistem em perceber e tentar impedir as repetições – de falas, de caras, de gestos, de atitudes.

Na psicanálise, as repetições receberam o nome de transferência e de resistência. "Analisar a resistência" é tentar impedir a repetição à custa de "interpretações" habilidosas, na esperança de restabelecer o fluxo da criação. Mas lá ninguém fala em criação – seria "especulação" e não ciência.

# MESTRE BUDA CONCORDA COMIGO...

A primeira versão dos ensinamentos do Mestre sobre a impermanência (de tudo!)

que chegou a mim, bem tosca e popular, era assim: "O sofrimento humano decorre do desejo. Para deixar de sofrer, é preciso deixar de desejar".

Biólogo demais, eu não conseguia concordar com o Mestre. O engasgo ocorria com a palavra "desejo", noção ampla e vaga demais para ser útil (como, aliás, na psicanálise).

Dei muitas voltas sobre a questão, mas finalmente, em dezembro de 2004, convidado pela TV da Polícia Militar para uma entrevista, a resolvi. Entre outras, me seria perguntado algo sobre os telefones celulares que hoje permitem aos pais localizar a qualquer momento os filhos (o **telefone** dos filhos!).

Então, somando tudo que eu havia aprendido durante mais de meio século, a luz se fez. Surpreendente:

# O "DESEJO" SEMPRE VIVO EM QUASE TODOS É O DE... SEGURANÇA

Que não existe, como podemos verificar a cada momento. (Você concorda? Vai lendo...) E assim a ansiedade da incerteza alimenta o desejo persistente de segurança.

Agora sei o que o Mestre da impermanência estava dizendo:

- em negativo: sofreis por desejar o impossível – a certeza e a segurança;
- em positivo: pois sois criação contínua.

Só a criação é eterna, gerando interminavelmente a incerteza de cada momento. Sou sempre outro e serão sempre outras as circunstâncias.

Não é preciso filosofia: a função primária do ser vivo é crescer e, pois, a cada instante ele é outro e nada pode impedi-lo de crescer; depois, de se reproduzir – e, sempre, de estar adaptado ao ecossistema, ele também imprevisivelmente variado.

**Difícil é compreender como e por que as pessoas conseguem se convencer de que as coisas se repetem e de que elas são sempre as mesmas**.

Apavorados com a vertigem do acontecer, com a visão permanente da mudança externa e interna, os homens se apegaram a três coisas que são uma só: as palavras faladas, as palavras escritas e a língua comum (a cada comunidade).

Se estamos todos dizendo as mesmas palavras, então estamos todos pensando as mesmas coisas, e tudo que dizemos é a verdade, toda a verdade e nada mais que a verdade. (No implícito, a crença seria: **estamos todos na mesma realidade!**)

E, como a língua permanece bastante tempo quase sem sofrer mudanças, então o mesmo acontecerá com a realidade...

E seja amaldiçoado quem disser outras palavras (quem falar de outras realidades).

Se além da fala temos o texto, então a certeza se faz indiscutível: Deus falou (a Bíblia, o Alcorão), quem ousará dizer que Deus (o **meu** Deus) está errado?

(Mas esquecem todos que cada um compreende as palavras "divinas" a seu modo, e que há milhares de interpretações diferentes tanto para a Bíblia quanto para o Alcorão.)

A incerteza nos persegue implacavelmente desde que negamos nossa natureza criativa...

É a criação permanente, experimentada – sofrida? – a cada instante que alimenta o permanente desejo de segurança.

Ainda há quem acredite que a morte é nosso maior temor. Nosso maior medo é o do momento seguinte...

Morremos de medo do "daqui a pouco". Então ligamos o celular e..."Tudo bem?"

# A AUTO-SUGESTÃO CONSCIENTE

Hoje, falar de Émile Coué fora da história da psicoterapia é muito mais estranho do que, no meu tempo (1930), falar em dinossauros.

Falar em auto-sugestão consciente na academia pode significar expulsão da comunidade científica – ou clara exposição ao ridículo.

Depois da sofisticação intelectual da psicanálise, tornou-se imperativo que as explicações psicológicas sejam bastante complicadas – ou serão recebidas com pouco caso, até com desprezo. Serão tidas como conversas de comadres ou, pior, como "alternativas" – no que fica implícito que são supersticiosas, simplórias, "auto-ajuda", ou mesmo feitas para explorar os inocentes, pura charlatanice.

A antiga auto-sugestão consciente passou a se denominar uso terapêutico de afirmações positivas, cujo desenvolvimento encontra-se em Louise Hay (uma mulher bastante inteligente, culta, carismática e bem informada) e em vários estudiosos reunidos em torno do Renascimento (técnica respiratória – voltarei a ela). Destes, tive em mãos uma apostila bastante pormenorizada e inteligente, mas os nomes sumiram...

Começo com alguns exemplos.

"Estou altamente motivado para amar a quem amo e para fazer o que me cabe fazer."

"Tenho sabedoria prática para realizar todos os meus sonhos e ainda permanecer humilde."

"Todos sabem que eu sou entusiasmado, ingênuo e criança – para sempre."

"Eu já visualizo o condomínio transformado em cooperativa e depois em comunidade."

"Eu me perdôo por ter duvidado de minha coragem e de meus ideais."

"Quanto maiores meu entusiasmo, minha ternura e minha coragem, maior meu poder de atração amorosa, erótica e sexual."

"Aperfeiçoando minha capacidade de amar, estarei aperfeiçoando o universo."

"Até mesmo minhas partes mais rebeldes e azedas cooperam na realização de meus desígnios pessoais e coletivos."

"Meus sonhos e desejos de amor pessoal e coletivo aumentam minha vitalidade, minha prosperidade e minha alegria de viver."

"Tenho forças e vigor mais do que suficientes para realizar todos os meus desejos amorosos e minha missão de reformular a família."

Lindos, não?

Já entrevejo em seus lábios o sorriso entre sonhador e cético. Que bom se tudo isso fosse verdade, não é? Se as coisas acontecessem assim, tão facilmente. Bastaria repetir ou escrever as palavras mágicas e tudo começaria a se transformar no melhor dos mundos possíveis.

Leio seu pensamento: parece mentira que pessoas sérias ainda tenham a paciência de ler estas tolices e ainda outras comecem a fazer estas repetições convictas de que elas irão acontecer.

Então considere:

Ave-marias, Padres-nossos, mantras e malas (rosários orientais), rosários ocidentais (católicos), todos repetindo, repetindo, repetindo sempre as mesmas palavras – talvez a fim de impedir maus pensamentos ou apenas outros pensamentos, inúteis, vazios, tolos, sempre os mesmos...

Sempre os mesmos.

Psicanálise é diferente!

Disse o Mestre: quase tudo que não for transferência deve ser resistência, e o que os seres humanos mais desejam fazer é permanecer crianças...

E parece que bem poucos suspeitam que transferência e resistência são repetições, repetições, repetições. E que o problema terapêutico consiste em impedir estas repetições, repetições, repetições!

Traduzindo Freud: somos todos "educados" (condicionados) pela repetição das mesmas frases ditas por mamãe milhares e milhares de vezes. A família é o lugar das repetições. "Já te falei mil vezes!" Oitenta por cento das repetições ouvidas em família têm como centro as palavras "Não", "Não é assim", "Está errado", "O certo é assim" – ou "A culpa é sua" ou "Você devia"...

E parece que, no mundo, quase ninguém se dá conta de estar repetindo para si mesmo, entra dia sai dia, uma dúzia de pensamentos, sempre os mesmos, sempre os mesmos, sempre os mesmos...

Nem mesmo os publicitários se dão conta de que **promover um produto** quer dizer repetir, repetir, repetir – por todos os canais, em todos os pôsteres, em todas as revistas, se possível em todas as ruas.

"Vivo!", "Vivo", "Vivo", "Vivo", "Vivo" – chega? (anúncios de telefone celular em São Paulo).

E agora, José?

Pergunta inteligente: o que NÃO É repetição?

Ousando alcançar nível filosófico ou sociológico: o que mantém a sociedade é a constância das falas (eles dizem: "dos pensamentos") dos cidadãos. É óbvio que a "estrutura social" é feita de repetições não só de palavras, mas de atitudes, poses e caras que acompanham as falas repetidas.

> **Então pergunto: não será mais razoável escolher e ficar repetindo belas frases, ricas de sentido, de sentimento e de humanidade, em vez de ficar gaguejando milhares de vezes as mesmas tolices incongruentes e inoperantes?**

Acresce que, nos casos concretos, quando a técnica é bem compreendida, buscam-se as frases mais bem ajustadas à situação, ao personagem e ao momento.

Hoje ouvimos em muitos lugares o bom conselho: cultive o pensamento positivo.

Estou propondo o modo de cultivar o **pensamento positivo**, hoje muito falado.

## COMO SE FAZ?

Como sempre, escolher o momento de propor a auto-sugestão é o mais importante e o mais difícil.

É essencial, em primeiro lugar, que o terapeuta seja convincente, e ele só será convincente se tiver praticado a técnica e sentido alguns resultados.

Lamentavelmente a técnica não é ensinada nas faculdades de psicologia, o que retira dela a força da aceitação oficial e coletiva. Também a universidade tem suas manias e preconceitos. Preferem repetir outras idéias. Afinal, são gente...

Depois será bom dispor de uma lista de afirmações e examiná-la ao lado do paciente, procurando as que mais o tocam ou modificando outras a fim de que melhor se adaptem ao personagem e à sua circunstância.

(Livros de Louise Hay contêm muitas sugestões.)

É preciso que o paciente repita várias vezes as afirmações no consultório, na presença do terapeuta, lenta e concentradamente. Depois recomendamos que as repita para si mesmo pelo menos cinco minutos três vezes ao dia (uma das vezes antes de dormir).

Não são necessários mais do que dez dias para começar a observar os efeitos; e, se nada acontecer, será preciso pensar em reformular as afirmações ou buscar outras.

Lembrar a lei da sugestão: jamais usar negativas, como: "Não vou fumar mais", "Não vou mais comer chocolates", "Não vou mais brigar com minha mulher"...

Se o paciente se interessar e quiser aperfeiçoar a técnica, o aconselharemos a escrever as afirmações em uma página de caderno e, na face oposta, a escrever as objeções que lhe ocorrerem **contra** a afirmação. Essa página representa o espírito crítico da pessoa; quando ela escrever objeções à afirmação otimista, a aconselharemos e ajudaremos a fazer uma nova afirmação que neutralize sua descrença ou sua crítica.

Exemplo: "Meus sonhos e desejos de amor pessoal e coletivo aumentam minha vitalidade, minha prosperidade e minha alegria de viver".

Na página oposta o paciente pode escrever: "Não sei como meu amor pode aumentar minha prosperidade". Ele mesmo pode acrescentar: "Minha maior vitalidade aumentará minha probabilidade de sucesso como vendedor" ou "ante meu chefe".

Há lugar, nesta técnica, para muita ingenuidade criativa, tanto na formulação dos "bons pensamentos" quanto nas objeções e respostas a eles. Durante o tempo dedicado a essas tarefas, a pessoa estará examinando sua situação de vida, seus desejos e suas frustrações em termos bem diferentes de seus pensamentos habituais – ou mesmo seus reparos na psicoterapia, o que deve ser contado como benefício adicional às repetições.

Para as pessoas que tenham uma boa noção de quanto repetem coisas, sempre as mesmas todos os dias, a técnica será bem-aceita. Para os que se acreditam muito originais, ela parecerá ingênua ou tola.

Se bem compreendida, esta técnica tem bem pouco de ingênua ou simplória, como espero ter demonstrado.

# VIRANDO A MESA

Vale a pena reformular – ou colocar em outras palavras – a questão das repetições de frases e opiniões que passam pela mente das pessoas, ouvidas nos diálogos usuais. Não vou me referir, aqui, às da técnica proposta, mas às de todo dia.

Parte considerável da estrutura de preconceitos atuantes na personalidade de quase todos são esses de que "Eu só penso o que quero", "Eu dirijo meu pensamento", "Só penso no que é importante pensar", "Só sigo meus sentimentos" ou "Só ouço meu coração"...

No limite, alcançamos a definição... definitiva: **"Os homens são seres racionais"**.

Pena que a história não seja... Nem a história da civilização nem a da vida da maioria das pessoas.

Com um mínimo de observação interior, ou ouvindo uma roda de pessoas a falar, logo se conclui que os pensamentos "nos vêm à mente" por força própria e saem dela quando lhes apraz, mesmo quando tidos ou sentidos como desagradáveis. Ao tentar afastá-los da "mente", então podemos perceber como são tenazes. Pode ser igualmente difícil manter a atenção em outro pensamento "de obrigação" – atenção a um livro da escola, por exemplo.

O limite desse fluir "normal" do pensamento é a obsessão, quando a força da repetição se faz intensa demais, desagradável e incontrolável. Pensamento na namorada, no filho, na doença da mãe, na tirania do pai... Mas no pensamento obsessivo – se bem observarmos o fluir de nossos pensamentos – a obsessão é apenas um exagero do que acontece com quase todos.

Vivemos todos fazendo "associações livres" de palavras e imagens, como Freud aconselhava. Mas é preciso "prestar atenção" a estas associações livres e, como você não consegue, você paga o analista: para que **ele** preste atenção a suas associações livres...

O que se faz em psicanálise é falar em voz alta o que já estamos acostumados a falar mentalmente a maior parte do tempo.

As associações livres, que em ampla medida são "os pensamentos" de quase todas as pessoas, são determinadas pelo inconsciente – na verdade, governadas pela inconsciência coletiva sobre a qual falarei bastante.

**Neste contexto, repetir deliberadamente frases favoráveis fica, na verdade, entre o difícil e o desagradável**.

**É ir contra a corrente, é exercitar a vontade em sentido próprio, é mudar de rumo ou "escolher outro caminho"**.

**Por isso a técnica é operante**.

Se você conseguir fazer...

# MUITAS VEZES É CONVENIENTE COMEÇAR COM OS OLHOS

A primeira exposição sobre as funções do olhar, a ser ampliada em vários lugares, tem por fim introduzir desde já o valor das terapias corporais. Muitas delas, quando pretendem ser sistemáticas (nem todas pretendem), começam observando os olhos e de regra tentando mobilizá-los concretamente ("Anel ocular" de Reich).

Imodestamente ou não, acredito ter ampliado e esclarecido consideravelmente o significado dos bloqueios oculares, quanto eles podem nos levar sempre para os mesmos caminhos ou nos impedir de seguir para outras direções...

Tomar consciência dos movimentos oculares e da direção do olhar é o melhor modo de "abrir os olhos" do paciente, de ampliar sua visão, de ampliar seu contexto, tanto interno quanto externo.

De fazê-lo tomar consciência do que o cerca – por fora – e de em qual ou quais direções ele se move ou é movido – por dentro.

De fazê-lo perceber a importância de como olha e de como é olhado pelas pessoas com as quais se encontra.

Essas frases ganharão muito sentido se você, leitor, fizer uma pequena e divertida experiência a dois – de preferência com alguém de altura próxima à sua.

Descreverei a experiência como se estivesse em um grupo instruindo um exercício coletivo.

Formem duplas. Um fica em pé e o companheiro, dois metros adiante, senta-se no chão – ambos frente a frente. Fechem os olhos. Mantenham a face voltada bem para a frente. Quando eu disser: "Abram os olhos", **sem mover a face,** abram os olhos e olhem um para o outro.

> **Desse modo, fica bem caracterizado o que significa e como nos sentimos quando olhamos "de cima para baixo" ou de "baixo para cima".**

Mantenham as posições e fechem os olhos de novo. Quando eu disser: "Abram os olhos", repitam o que fizeram, mas logo depois eu acrescentarei: "Agora o de cima volta a face para baixo, seguindo os olhos".

"Abram os olhos!" Vejam como se sentem (!).

Enfim, "O de baixo volta a face para cima e olha para o de cima. Vejam como se sentem".

> **Quando a face acompanha o olhar, atenuam-se bastante tanto a sensação de humilhação (do de baixo) quanto a de superioridade (do de cima), presentes na experiência anterior.**

Agora, eu gostaria que o companheiro sentado se deslocasse para um dos lados, de um metro e meio a dois metros. O companheiro de pé se mantém no mesmo lugar.

Respirem e relaxem. Fechem os olhos.

Atenção, pois desta vez será um pouco mais complicado. Quando eu disser: "Abram os olhos", vocês olharão um para o outro, mas de novo manterão a face bem

*Meio século de psicoterapia verbal e corporal*

para a frente, nem voltada para um lado nem voltada para cima ou para baixo... Só os olhos olharão para o outro. Obliquamente.

"Abram os olhos."

> **Esse modo de olhar indica desconfiança e reserva. "Quero vê-lo, mas sem lhe dar muita importância e sem que você me veja."**

Respirem e relaxem.

Fechem os olhos. Mantendo-os fechados, voltem a face um para o outro, mas sem abaixá-la (um) nem levantá-la (o outro), e se entreolhem. Agora, abram os olhos e olhem um para o outro.

Percebam o que estão sentindo.

> **A desconfiança dá lugar ao interesse: voltar a face para o outro significa começar a se interessar pelo outro – "quero ver melhor".**

Fechem os olhos. Quando eu disser: "Abram os olhos", vocês:

1 – olhar-se-ão de cima para baixo e de lado – obliquamente;
2 – logo depois, olhar-se-ão voltando a face um para o outro;
3 – olhar-se-ão baixando/levantando o rosto um para o outro;
4 – e, por fim, o de cima voltará **seu corpo inteiro** para o de baixo.
"Abram os olhos."

> **Agora, ambos reconheceram por inteiro a presença e a realidade do outro – quando os olhos se olham sem desvios para os lados nem verticais.**

Claro que o tempo seguinte do exercício será idêntico, mas com os papéis e as posições trocados.

É preciso experimentar as duas posições e ganhar certa prática na movimentação dos olhos e das faces. Uma vez bem executado, porém, o exercício mostra com toda a clareza como pequenas mudanças na direção do olhar, da face ou do corpo podem alterar acentuadamente a relação entre duas pessoas.

O somatório destes exercícios leva as pessoas a experimentar esquematicamente as oito direções pelas quais podemos olhar para alguém ou alguém pode olhar para nós.

Só para exercitar o leitor nesta área importante, mas inusitada: posso olhar para alguém movendo os olhos para a esquerda ou para a direita, na horizontal. Para cima ou para baixo, na vertical. Para a esquerda e para cima ou esquerda para baixo – e o mesmo do lado direito.

É preciso fazer este exercício simples, com calma, não só movendo os olhos, mas percebendo o que acontece quando se olha ou se é olhado em cada uma dessas direções.

Essas direções são importantes porque a direção do olhar marca a direção da ação – se ação houver.

Complementarmente: deixar que o controle da direção dos olhos se faça sempre sem consciência é o melhor modo de seguir sempre o mesmo caminho e de ver sempre as mesmas coisas – do mesmo ângulo e até da mesma distância!

Dedução clínica: ao longo do diálogo terapêutico – ou do silêncio –, é bom "dar uma olhada" de vez em quando para onde o paciente está olhando, se ele está atento e presente ou não. Se ele está "aqui e agora" ou não. Se ele não estiver, é bom chamá-lo...

Leitor, atenção! Ao longo do exercício, algumas vezes sugeri que **certas direções do olhar possuíam certo significado.** Mas na experiência cotidiana ou mesmo na do consultório não será útil ou acertado considerar apenas esse significado. Deve-se atentar para a expressão do rosto todo, dependendo da posição do corpo e da relação espacial entre os participantes, e para a direção do olhar. Dependendo do assunto do diálogo, ambos podem variar bastante e apresentar muitos outros significados.

## EXERCÍCIOS PARA GANHAR CONSCIÊNCIA DOS MOVIMENTOS OCULARES

Primeiro, o mais elaborado, tido como o "mais técnico!" e a meu ver o mais inutilmente complicado: sala com pouca luz e terapeuta passeando por ela, tendo nas mãos uma lanterna de luz forte e quase puntiforme. Solicita-se que o paciente mantenha o olhar na lanterna. Eu nunca fiz assim.

Segundo: paciente e terapeuta sentados frente a frente. Solicita-se que o paciente acompanhe o dedo do terapeuta. Este moverá sua mão de modo o mais variado possível dentro do campo visual do paciente. O terapeuta pode também ficar de pé, mover-se e mover seu dedo, explorando todas **as direções** e todas **as distâncias** dentro do campo visual do paciente. Deve-se ficar sempre vigilante para a atenção do paciente!

Alternativa minha: juntar a ponta dos indicadores das mãos do terapeuta e do paciente, solicitar que ele feche os olhos e **acompanhe mentalmente**, com precisão, os movimentos do ponto de contato entre os dedos. O terapeuta move o dedo – e a mão, é claro – amplamente, fazendo movimentos variados e lentos. Assim se consegue ligar olhar e propriocepção – e ampliar a consciência e o controle da direção do olhar. Pode-se alternar: mão direita de um com a direita do outro, ou mão esquerda e mão direita. A variação é sempre boa, a fim de evitar o tédio e a automatização.

Enfim, o melhor dos exercícios: o terapeuta fica em pé e, sempre olhando para o paciente e solicitando a ele que o siga com os olhos, vai mudando de posição e de altura, de modo bem variado, como já mencionado. Esta técnica é bastante pessoal e pode gerar embaraço (em ambos!) ou riso.

Em grupos, solicitar que formem duplas. Quando todos escolheram seu par, toca-se música levemente dançante, de ritmo lento. A instrução é esta: um dos dois fica de pé e começa a passear em volta do outro, que permanece sentado no chão.

"Passeie de modo a fazer o companheiro sentado segui-lo, olhando em todas as direções e em todas as distâncias."

Depois de uns minutos, faz-se a troca de papéis. Pode-se repetir o processo várias vezes. As pessoas, via de regra, gostam muito da brincadeira e se animam, **na medida em que os olhos vão ganhando mobilidade ao deixar suas posições favoritas.** Basta esse fato para "provar" que as inibições são mantidas pelo olhar dito interior (da mamãe – dos outros). Na verdade, são mantidas pelas restrições nos movimentos oculares da pessoa – mesmo na ausência de qualquer constrangimento externo.

Para o momento, bastam esses modelos para que o leitor improvise outros.

Com o tempo, ganhando liberdade no contato com o paciente, passei a fazer mais um.

Fico sentado em uma poltrona e convido a paciente a sentar-se no chão, entre minhas pernas abertas, de costas e apoiada na poltrona em que estou. A posição é bastante confortável para ambos.

Apóio meu queixo em sua cabeça e levo as duas mãos a seu rosto, cada uma cobrindo os olhos de um lado. Procuro fazer um ajuste delicado e preciso entre os dedos das mãos e as formas da metade superior do rosto da pessoa. Nessa posição das mãos, nós dois podemos sentir com clareza os movimentos dos globos oculares. Permanecemos assim até que eles se aquietem. Depois, em tempos sucessivos, faço pressão forte sobre a fronte com a palma das mãos – a fronte tolera bem tais pressões. Aplico uma pressão forte também sobre as têmporas (regiões parietais), e uma "pressão-carícia", mais moderada, nas maças do rosto.

Importante em todos estes procedimentos é a concentração mental de ambos – o estar presente –, a colocação precisa e cuidadosa das mãos e as pausas de silêncio demoradas, alternadas com massagem prazenteira e estimulante no couro cabeludo e nos cabelos puxados em feixes grandes. Faça o convite/dê permissão para que a pessoa sinta prazer com estes contatos.

Aproveitar para "amassar" ou massagear todas as partes moles do rosto, impondo com as mãos movimentos que, se espontâneos, seriam caretas bem exageradas.

Adiante justifico essas manipulações todas, oculares e faciais, ao estudar a importância do rosto, do qual as pessoas têm pouca ou nenhuma consciência. O rosto tem considerável influência nos diálogos, tanto no falar com outra pessoa quanto no falar sozinho.

Esses contatos, entre fortes e cariciosos, sempre cuidadosos, são a meu ver a melhor maneira de levar a pessoa a perceber suas expressões de rosto – as caras que ela faz nas várias circunstâncias da vida.

Melhor do que esta técnica – mas sem excluí-la – é a gravação da pessoa em vídeo, hoje fácil, e o estudo subseqüente, usando câmera lenta e parada em momentos mais expressivos.

Adiante comento em pormenores tanto as técnicas quanto sua fundamentação.

# O DIFÍCIL DAS TÉCNICAS CORPORAIS (DAS OUTRAS TAMBÉM)

**A maior parte das técnicas corporais é simples. O difícil é saber quando usar esta ou aquela e, mais difícil ainda, saber o que fazer depois que os movimentos ou o contato terminam.**

**Esta dificuldade está presente também nas terapias verbais: quando dizer, o que dizer e por que dizer.**

**Essas duas questões são a essência da psicoterapia, tanto corporal quanto verbal, sempre que nos referimos às intervenções do terapeuta. Ao longo de todo o livro, proporei respostas a estas duas perguntas – que de modo algum permitem soluções genéricas.**

# MUITA BIOLOGIA

Este livro está saturado de biologia, tanto de leituras de textos científicos quanto de centenas de horas de observação da natureza feita... na sala de visitas – Animal Planet, Discovery Channel, National Geographic...

Sonhei ser naturalista, e agora, com tantos documentários de tão boa qualidade, estou me realizando.

Foi assim que aprendi a imensa variedade de formas de vida, os mil truques de sobrevivência, do disfarce, do parasitismo, as mil artes da reprodução, os mil cuidados das fêmeas, a suprema arte da adaptação a quase quaisquer condições geográficas, climáticas ou traumáticas!

Mesmo sabendo que somos uma espécie bastante inteligente, habilidosa, astuta, esperta, sem escrúpulos, cruel, cheia de truques etc., nem assim acreditamos que empregamos quase todo esse arsenal histórico – ou evolutivo – em nosso convívio cotidiano, tanto conosco mesmos quanto com nossos semelhantes.

Foi preciso a denúncia de Freud para que muitos começassem a ver o que está em qualquer página de jornal – ou livro de história.

Ou em qualquer documentário sobre a natureza viva...

Não só as pessoas – os neuróticos – "escondem" coisas feias no inconsciente; os livros de história, a mídia, os poderosos e as conversas de todo dia fazem a mesma coisa.

Maldoso é sempre o outro, o do lado de lá, o do outro apartamento, do outro bairro, cidade, país... **Eu** e "os nossos" somos sempre leais, legais, honestos, boa gente, todos do bem... Se eu não conseguir fazer de conta que acredito nisso, como vou conviver com os demais? Se eu não acreditar, melhor calar a boca, disfarçar, senão...

Gostamos de dizer que somos os animais mais evoluídos ou perfeitos do planeta, mas ao dizê-lo fazemos a reserva mental: os melhores para o bem. Na verdade, somos superiores também para o mal – na mesma medida, quase infinita –, como nos pode mostrar qualquer texto de história ou até mesmo qualquer jornal.

Podemo-nos enganar usando as palavras, mas nossos atos, nossas atitudes e nossas caras mostram o que acreditamos estar escondendo. Seja a cara de cada um, seja a de cada povo, país, estado, cidade ou bairro!

A familiaridade com o comportamento animal que adquiri com a televisão tem me ajudado bastante a perceber as microdicas – os pequenos sinais expressivos – faciais ou corporais que indicam movimentos... animais. Na verdade, indicam intenções inconscientes, não raro negativas: desconfiança, desprezo, raiva, esperteza, astúcia, disfarce, agressão...

## UM QUASE NADA DAS CONCEPÇÕES CIENTÍFICAS DOMINANTES HOJE

A ciência já avançou bastante em caminhos bem divergentes em relação ao velho mecanicismo. Menos e menos se acredita em relações causais simples (lineares), em um mundo feito de objetos e partículas bem individualizadas interagindo de modo rigidamente determinado, gerando a esperança, a ilusão ou a presunção de um dia podermos compreender ou explicar "tudo" – mito do Paraíso e, ao mesmo tempo, da megalomania humana: desejo de controlar tudo e todos!

A ciência existe bem mais para fazer do que para compreender.

Estamos em pleno "panta rei" de Heráclito: tudo está acontecendo, tudo se relaciona com tudo, o universo é uma rede espacial de influências. Objetos e partículas são, eles também, frutos de interferências estáveis (de ondas), sempre dinâmicas, tão densas que às vezes parecem partículas!

Não existem coisas – só existem processos.

# NADA EXISTE E TUDO ESTÁ ACONTECENDO COMO TROCA PERMANENTE DE INFLUÊNCIAS RECÍPROCAS

Para a psicologia, ninguém existe sozinho e cada um de nós é todos nós. Meus pais foram tão "produzidos" pela coletividade quanto eu fui formado por sua influência. Pode ser didático segmentar essas influências, dizer que minha vida foi influenciada por meu pai e ficar por aí. Mas meu pai foi influenciado pelo meu avô, que foi influenciado pelo meu bisavô; querer pôr um limite a essa série será para sempre arbitrário.

O famoso e confuso "ego" é nó de uma rede, existindo apenas como relação e interação. Por isso mesmo é tão equívoco, incerto e elusivo.

Nunca é o mesmo em dois momentos sucessivos.

Por isso mal passa de um "tapa-buraco" usado sempre que não se sabe o que dizer.

O terapeuta é apenas mais uma influência nesta rede que se estende em todas as direções – horizontais (no ambiente atual) e verticais (no passado e no futuro).

Ridículo pensar que alguém ou alguma teoria possa abrangê-la em toda a sua amplitude.

## RIDÍCULO FALAR EM "NORMAL"

Cada "parte", cada intenção positiva ou negativa do inconsciente, é ativada em correspondência com uma influência real do contexto presente. Vamo-nos "curando" gradualmente – na verdade, crescendo – na medida em que percebemos, ou vão nos mostrando, que cada "fantasma" interior ou cada "fantasia inconsciente" está em correspondência, ainda que tortuosa, com uma situação, personagem ou fato exterior.

Toda www e seus "nós", os PCs individuais, marcaram o fim das entidades estáveis e autoritárias – isto é, centros isolados de influência "de cima para baixo" ou "do centro para periferia".

O que dizer, então, do isolamento do analista e da noção de "normalidade" como um estado a alcançar? Apenas mais uma versão do mito do Paraíso, o lugar da segurança absoluta, além do qual nada de mal poderá acontecer – o lugar ou o estado de ausência do inesperado e do incerto, o lugar do não-medo.

O lugar onde nada mais acontece, ou onde tudo se repete.

Talvez não pareça, mas Tanatos é isso, e sob essa luz pode-se considerá-lo um instinto – ou um desejo permanente de todos: desejo de inconsciência, de ausência de conflito, ausência da necessidade de decidir, de escolher, de comprometer-se com o que acontecerá depois em conseqüência da escolha que estou fazendo agora...

"Faço um caminho a cada passo", disse o poeta. E não tenho a menor idéia de onde vou parar.

Neurose é a necessidade de ter certeza.

De se sentir seguro, ignorando que toda proteção é uma prisão...

Por isso Alan Watts, expondo lucidamente idéias do Oriente, escreveu um livro chamado *A sabedoria da insegurança*.

Versão brasileira (minha): "Normal não é ser bem equilibrado. Normal é ser bom equilibrista" (ainda voltarei a essa declaração ancorando-a no corpo – você nem imagina quanto!).

## LIÇÃO NÚMERO DOIS:
## PSICOTERAPIA É UM RELACIONAMENTO PESSOAL

É preciso recordar todas estas coisas para voltar a pensar que a psicoterapia é uma relação e não um distanciamento.

Precisamos aprender a nos envolver, não a nos distanciar. Viemo-nos distanciando desde há muito, e estamos distanciados demais enquanto a vanguarda da biologia, como adiante esclareço, nos mostra que a vida é simbiose progressiva, criação permanente e interação criativa com o meio. E que a própria "matéria" – a antiga... – é transformação/ondulação contínua...

Em hora feliz me ocorreu, inspirado em Jung, que:

**quem não se envolve não se desenvolve.**

E não se trata de uma analogia ou frase de efeito. Ela deve ser entendida literalmente.

É a versão moderna – e científica – do "Amai-vos uns aos outros".

Além de ser certo tipo de relacionamento pessoal, a psicoterapia **vai acontecendo**, e todo esquema fixo, todo método e toda técnica segura, quando servem para alguma coisa, servem apenas para facilitar a emergência do novo.

Na verdade – como adiante procurarei demonstrar –, o cliente nos procura porque suas certezas estão sendo abaladas. Seria descabido tentar substituí-las por outras "certezas". É necessário que ele aprenda a viver sem elas.

Se só me movem certezas, então estarei fazendo sempre as mesmas ações, pois só o passado é certo. Esse é o segredo da famosa transferência.

REPETINDO: **a repetição é a defesa contra a criação.**

Posso traduzir para o psicanalês: tanto a transferência quanto as resistências são repetições, e é preciso muita atenção para que as interpretações, elas também, não sejam repetições!

# ALGUMAS TESTEMUNHAS ILUSTRES

James Lovelock: "A evolução dos organismos vivos está tão estreitamente acoplada com a evolução do seu meio ambiente (o planeta inteiro) que, juntas, elas constituem um único processo evolutivo". Acrescento: o mesmo acontece com os indivíduos e seu ecossistema social. Amplio: tanto o ecossistema influi sobre os seres vivos quanto estes influem sobre o ecossistema.

Fritjof Capra: "Desse modo, nosso foco está se deslocando da evolução darwiniana – 'sobrevivência do mais apto' – para a co-evolução – uma dança em andamento, uma sutil interação entre competição e cooperação, entre criação e mútua adaptação". (As duas citações em *A teia da vida*, de Capra (São Paulo: Cultrix, 1996, p. 182.)

## A VIDA É SIMBIÓTICA E NOSSAS "MÃES" SÃO AS BACTÉRIAS

Lembrar também – ou principalmente! – Lynn Margulis, a bióloga genial da simbiose universal, e sobre a preeminência da vida bacteriana, única no planeta durante dois bilhões de anos. Com sua fantástica versatilidade e rapidez de reprodução (a cada meia hora), com seu DNA em filamentos soltos no citosol, facilmente permutável, as bactérias inventaram quase todos os processos bioquímicos que são nossa vida, e prepararam o planeta (a terra, os mares, a atmosfera) para a emergência e a manutenção da vida multicelular.

É tentadora a analogia entre as bactérias e o "povo", multidão anônima em que tudo começa e da qual pode surgir a revolução – tão esperada! – **que não seja repetição**. Hoje, essa multidão de pessoas "sem importância" vem sendo reunida e de algum modo integrada pela mídia, pela televisão, pela internet, pela telefonia celular e mais dispositivos que levam mensagens verbais, visuais e musicais a qualquer um em qualquer lugar – instantaneamente.

Essa multidão vem formando e desfazendo agrupamentos em torno de meios e personagens – cinema, TV, bandas musicais e cantores, novelas e atores, partidos políticos, ONGs e quanto mais.

Estamos fermentando transformações globais de todo imprevisíveis.

A revolução de hoje – a que está acontecendo – não pode ser prevista nem organizada, pois não poderá se assemelhar a nenhuma já havida. As circunstâncias e os meios são por demais distintos. Ela está se fazendo com o somatório das decisões de cada um e de todos a cada hora...

Ainda redigindo estas reflexões, vem ter às minhas mãos *Procurar emprego nunca mais*, de Marco Rosa (São Paulo: Novo Paradigma, 2003).

Apaixonante e apaixonado. O autor vai mostrando – com números impressionantes, e lembrando insistentemente Vargas Llosa – que, no segundo mundo (América do Sul), a chamada economia informal está se fazendo bem mais volumosa do que a legal!

Este tema fez-me pensar também no império das formigas e das abelhas, que não têm autoridade central, departamentos ou secretarias...

E o que importam estas reflexões para a psicoterapia? Elas nos levam a repetir o que já repetimos (!). Não há a teoria certa, não há a técnica certa, ninguém sabe o que é normal. Somos todos aventureiros – querendo ou sem querer, sabendo ou sem saber!

"A comunicação não é uma transmissão de informações, mas uma **coordenação de comportamentos** entre organismos vivos, por um acoplamento estrutural mútuo" (sempre em Capra, citando Maturana).

Acoplamento estrutural, na nomenclatura de Maturana, pode significar também adaptação recíproca ou bom entendimento. Pode significar até envolvimento!

"Acoplamento estrutural" – não sei se foi expressão literal dos autores – é um nome infeliz. A fim de denominar um processo vivo, plástico e dinâmico, os autores escolheram duas palavras extremamente "rígidas" bem melhores para designar conexões mecânicas do que adaptações vivas recíprocas.

"Acoplamento estrutural" perfeito é uma caixa de câmbio, acoplando estruturalmente a força motriz ao movimento das rodas...

É estranho, fascinante e chega a ser irritante para mim ver grandes nomes de hoje falando continuamente de comunicação ou de "acoplamento estrutural" **sem falar em sua raiz, a comunicação não-verbal**. Este foi, com certeza, o primeiro e o principal meio de comunicação – de "acoplamento estrutural" – entre os animais que vivem em grupo, como entre nós. Adiante desenvolvemos extensamente a idéia.

## OUTRO EXEMPLO DE CIÊNCIA ATUAL CUIDANDO DE RELAÇÕES E INTEGRAÇÃO

Cerca de sessenta a setenta polipeptídios (pequenas moléculas protéicas, com poucos aminoácidos) circulam pelo nosso corpo. São produzidas, atuam e inter-relacionam sistema nervoso, sistema endócrino e sistema imunológico.

Nascido em 1920 e formado pela ciência de então, cheia de "matérias", de especialidades, esquemas e separações, é para mim fascinante ver o quanto os avanços científicos estão destruindo uma a uma todas as barreiras – todas as separações estanques – entre "matérias" do currículo escolar. Entre especialidades, entre órgãos e funções, assim como entre coisas, regiões geográficas e econômicas (globalização).

Fácil dizer que isto se deve à ampliação dos conhecimentos. Mas é preciso acrescentar: ampliação da inteligência também, cada vez mais capaz de organizar esquemas com um número cada vez maior de fatos. É a inteligência ampliando-se sem que as pessoas se dêem conta disso.

É, acima de tudo, a **cooperação** (consciente ou inconsciente, reconhecida ou não) alcançando amplitude sem igual.

# ARQUEOLOGIA DA
# CIÊNCIA E DA PSICOLOGIA

Newton viveu há quatrocentos anos, Galileu um pouco antes. Descartes há duzentos, se não me falha a memória. Darwin um pouco depois.

Freud nasceu em 1856 e morreu em 1933.

De lá para cá, a humanidade entrou em um processo de transformações uniformemente acelerado. É preciso compreender bem a loucura contida nesta frase. Ela marca a distância cronológica rapidamente crescente entre as mudanças coletivas e a duração da vida dos seres humanos (pouco mais de 50 anos, até um passado recente).

Antigamente vivíamos em uma aceleração assaz compatível com as transformações tecno-sociais. Hoje vivemos absurdamente mais devagar do que elas. Antigamente íamos à frente do "progresso"; agora estamos ficando, ao que parece, cada vez mais atrasados em relação a ele.

A explicação é clara: a velocidade com a qual lidam os dispositivos de comunicação está bem próxima da velocidade da luz – o que quer dizer que será bem difícil ultrapassá-las. É igualmente difícil alcançá-la!

No entanto, a psicologia ainda vive na pré-história, digo, na psicanálise. Ainda hoje, no Brasil, ela é a única ideologia ensinada nas escolas de psicologia como fundamento para a psicoterapia. Somente ela e a psicologia experimental, maldosamente apelidada de psicologia de ratos pelos alunos descontentes. Avançam, hesitantes, a comportamental, a reflexológica, a sistêmica e a aristocrática neurociência cognitiva.

Pior: a maior parte dos professores de psicanálise não fez análise didática nem é sócio da Sociedade Psicanalítica – nem sei se leu Freud no original. Por isso ensina simplificações que chegam a ser ridículas, mas conservam os nomes consagrados ("fases" oral, anal, genital...), quase que igualmente ridículos!

São ignoradas mais de uma dezena de contribuições importantes de outras escolas. Além das lembradas linhas acima, recordo ao leitor as que foram citadas no início do livro (todas próximas da psicoterapia), assim como a soma espantosa de transformações sociais.

O psicólogo que só sabe psicologia está fora do mundo. Pior, ignora de todo que o mundo de hoje – que o homem de hoje – tem bem pouco a ver com o ser humano do tempo de Freud, da saudosa Viena das operetas, burguesa típica, fruto de uma industrialização e de um capitalismo nascentes, com colarinho duro (sufocante!), e sua família mais do que típica em processo de esclerose final. Pouco depois ou mesmo então ela começava a morrer – a família clássica (obituário de cronologia difícil, confesso, mas de senescência óbvia).

# UM PROCESSO NEURÓTICO COLETIVO CHAMADO GENERALIZAÇÃO

Esse termo, para minha surpresa, não consta na lista dos "mecanismos neuróticos" usados pelo "ego" (!) a fim de se proteger da angústia despertada pelas paixões desregradas do *id*...

A omissão talvez se deva ao fato de a generalização ser tida como operação fundamental da inteligência.

Um primeiro bom exemplo dos absurdos a que leva a generalização é pensar que os termos "família", "mãe", "pai" e "filho", **só porque as palavras são sempre as mesmas,** têm hoje o mesmo significado que há trinta, oitenta, cem ou duzentos anos; o mesmo significado aqui, nos Estados Unidos, na Europa, na Ásia e o mesmo significado na favela, na classe média ou entre os ricos!

Pensar hoje que esses termos mantêm o mesmo significado em todas estas circunstâncias (generalização é isso) é o mais gritante abuso lógico imaginável, reunião de "coisas" extremamente diferentes sob um mesmo nome, dentro de um mesmo "conceito".

Esse abuso, este "mecanismo neurótico", passa inadvertido, dependendo da mais profunda e tendenciosa **inconsciência coletiva – do mais sofrido desejo de segurança**.

É o apoio integral, inabalável e inconsciente dado a **qualquer** família, sem a menor discriminação.

Freud não gostava de ver as implicações sociais de sua teoria, e quase todas as suas interpretações se limitam a famílias particulares. Àquelas, e apenas àquelas, em que nasceram os clientes do psicanalista. Como se os filhos de todas as demais fossem... "normais" – outra generalização absurda. Isto é, são palavras usadas a todo momento, palavras com mil significados e palavras que ninguém sabe muito bem o que significam, no momento e pela pessoa que está falando, e com que intenção...

· 77 ·

Certa reserva de Freud em relação a Reich teve esta fonte. Mestre Reich percebeu com clareza total que a família é a oficina artesanal de produção de normopatas para o sistema social vigente.

Para isso ela existe, para ser a mais conservadora das instituições sociais. O efeito sobre os indivíduos desse apoio deveras coletivo, não raro radical, parece trazer profunda sensação de segurança: "Somos todos uma grande família", "Somos todos irmãos", "Temos todos a mesma fé nos valores tradicionais", "Falamos todos a mesma língua" (vimos e veremos).

Quando perante qualquer fato ou discurso que conteste, mesmo que de leve, a Sagrada Família (ninguém pergunta qual a família, de quem, de que época, de que lugar...), grande número de cidadãos reage rápida e vivamente como se tivessem ouvido uma ofensa pessoal.

Freud tem razão: Édipo é imortal. (Para quem ainda não percebeu, Édipo significa família e autoritarismo.)

Por isso falo em inconsciência coletiva e neurose coletiva, um "mecanismo" composto de uma generalização categórica: "Todas as famílias são sempre ótimas"; de uma idealização quase delirante: "Toda mãe é perfeita" – o pai também –, e a de que o melhor lugar para educar todos os seres humanos é na família.

Vai junto uma negação (fanática – neurótica) de qualquer imperfeição – a "Santa Mãe" e a "Sagrada Família" são perfeitas desde o momento em que se constituem. Ou desde sempre – e para sempre – amém...

**A pior conseqüência deste fanatismo cego é impedir o desenvolvimento de novas idéias e experiências destinadas a melhorar essa família** – *a meu ver uma das tarefas mais necessárias e urgentes para que comece a existir um Novo Mundo.*

E o pior: falando bonito da família, continuamos a tratar a reprodução e a criança muito mal – como irei mostrando.

# RACIONALIZAÇÃO E PARTICULARIZAÇÃO

Estes dois "mecanismos neuróticos" sempre me deixaram confuso.

Aliás, a particularização tampouco figura na categoria – é uma proposta minha e vou cuidar dela primeiro.

É o desespero dos homens ante a polêmica lógica feminina. Sempre que um homem (note a generalização) enuncia uma verdade geral (outra!), alguma mulher presente imediatamente contrapõe um caso especial no qual a generalização é falsa!

O que é fácil para elas, que tendem a ser específicas, é desesperador para os homens, que são generalistas... Quantas generalizações...

O que fazer com elas? O que fazer sem elas?

(Não com as mulheres! Com as generalizações!)

É atávico. A mulher colhia e cuidava das crianças – e talvez dos idosos. Desenvolveu assim a atenção para o particular, o detalhe, o pequeno de que são feitos quase todos os momentos e quase todos os lugares do cotidiano. O homem, o caçador, olhava longe, fazia longos percursos, fazia planos para a emboscada ou a matança, cuidava da divisão de funções e da hierarquia do grupo... O genérico por excelência.

Claro, de outra parte, que nenhuma generalização é 100% verdadeira.

Ele (justificando-se!): "Os homens são todos assim, meio bagunceiros em casa"...

Ela: "Mas meu cunhado é muito bem organizado, mantém tudo direitinho no lugar"...

Ele: "Macho é assim mesmo, meio grosso de jeito e de palavras".

Ela: "Mas meu genro é uma moça. Precisa ver!"

Nestes esquemas simplórios, tudo é engraçado, mas, generalizando (!), as coisas podem ficar bem desagradáveis, levando a mal-entendidos e eternizando-os, principalmente entre casais.

Nestes casos, torna-se bem claro que o termo "os homens" tem um significado para ele e bem outro para ela. A discussão, portanto, não terá fim – eles não estão falando da mesma coisa.

## SEM FAMÍLIA NÃO HAVERIA PSICANÁLISE – NEM PSICANALISTAS

Grande parte da psicoterapia consiste em levar o cliente a perceber que sua família não foi tão boa assim, e que os sentimentos que ele declara nutrir sobre os personagens familiares tampouco são como ele imagina (ou como todo mundo diz que deveriam ser)... De outra parte, consiste em levá-lo a perceber que a família lhe deu bem mais e bem menos do que ele percebe ou reconhece. Consiste em levar o paciente a uma avaliação mais realista de suas origens familiares, e de quanto sua família teve que ver com a estrutura de sua personalidade e com as dificuldades que o trouxeram para a terapia.

Acreditar – sem crítica – que a família é e sempre foi perfeita é um erro praticamente universal **quando nos referimos às conversas do cotidiano**. Quase a regra mesmo em estudos de sociologia, psicologia e lingüística. Trata-se, repetindo, de um gritante sintoma de repressão coletiva, de todos os que defendem a família a qualquer preço, como instituição única, sagrada e eterna – talvez divina. E como se ela sempre tivesse sido igual!

Em estudos sobre psicopatologia, em congressos de psicoterapia e praticamente na ideologia de quase todas as teorias sobre psicoterapia, esse é o coro unânime: começou na família, começou na infância, começou quase sempre com mamãe.

Mas nunca li em programa algum de congresso um tema central pertinente à família como geradora de neurose, nem propostas de discussão sobre ela.

O leitor a esta altura talvez esteja se aborrecendo com meus comentários intermináveis relativos à família. Trata-se de uma vingança funcional. Ao tempo em que eu lia livros e livros sobre psicoterapia, freqüentava congressos, participava de *workshops* de outros terapeutas, também terminei por ficar saturado de tanta família. Pior do que os meus, os comentários que eu ouvia eram sempre os mesmos, sempre limitados, sempre no pressuposto de que **aquela** família era problemática – e fim!

Se o leitor vem me acompanhando com atenção, deve ter constatado que a **cada grupo de comentários acrescento novos aspectos da questão**. Na verdade, alguns destes aspectos são pouco lembrados, mesmo em estudos que se referem especificamente à família, por pessoas que a têm como seu principal objeto de estudo.

Poucos tentam relacioná-la com outros aspectos da estrutura social, como Reich começou a fazer, inspirando-me.

O curso de psicologia, por exemplo, não tem uma cadeira destinada a examinar criticamente a família, para que os alunos comecem a desconfiar de que é nela que tudo começa. Também a ciência oficial declara, implicitamente, que o neurótico teve o azar de ter nascido em uma família "desestruturada" ou de uma mãe neurótica; mas que, em geral, a família é ótima, graças a Deus – e ao coro coletivo...

# GENERALIZANDO A GENERALIZAÇÃO

Depois de me perder mil vezes neste tema, acabei encontrando a saída. Vale notar de início que abstração e generalização são dois processos conjugados, fazendo parte essencial da inteligência – na lógica tradicional.

"A" inteligência tida, assim, como se fosse alguém que primeiro "abstrai", gerando um conceito ou idéia, e depois "generaliza" (ou universaliza). "Branco", por exemplo. A neve é branca, a cal é branca, a espuma das ondas é branca, o leite é branco. Daí abstraímos o conceito ou a idéia de "branco". Mas "o" branco não existe – note-se desde já. **Todas as palavras**, exceto os nomes próprios, **são conceitos ou idéias**, portanto não correspondem a nada que se veja, se sinta, que se possa pegar, cheirar ou ouvir. Servem apenas para falar...

Palavras só existem na mente de seres humanos e seu significado é sempre "universal" – genérico. São as "Idéias Puras" de Platão. "Os homens", "as mulheres", "as nuvens", "os americanos", "os criminosos", "as aves", "correr", "dormir", "beleza", "justiça", "repressão"...

Todas as palavras só têm sentido se forem acompanhadas pelo gesto de apontar ou seu equivalente – isto, aquilo, estas... Ou se os interlocutores estiverem juntos em um contexto bem definido, audiência de um programa de TV, de um documentário, de um jogo de futebol. E mesmo assim...

**Todas as demais palavras começam a ter sentido somente se forem feitas muitas perguntas logo em seguida.** Exemplo: "Os homens são exibidos e competitivos". Quais homens, quantos homens, de que nacionalidade, de que cor, de que altura, de que época? Em quais circunstâncias? É óbvio que jamais a expressão "os homens" incluirá **todos os homens, de todos os lugares e de todas as épocas**.

Essa brincadeira lógica tem conseqüências incalculáveis.

Estamos sempre falando de nada... Como é possível, então, que uma pessoa entenda o que outra está falando? Pior: jamais uma palavra terá exatamente o mesmo sentido para duas pessoas diferentes. (Só os conceitos matemáticos têm: são seres de razão, são "iguais" por definição e porque a definição foi aceita explicitamente no começo.)

Por isso os orientais – alguns orientais... – nos dizem que o mundo é uma ilusão (Maia).

**O mundo dito pelas palavras é.**

Tudo que **é dito** sobre a realidade é Maia ao modo como estou tentando mostrar. E espero que o leitor não pense que sou muito original ao propor estas idéias.

O mundo não-verbal, (ou sensorial), talvez não seja ilusão – ou seja, um pouco mais... "real". Isso se você se demorar em sentir ou perceber – se não começar a falar precipitadamente sobre as sensações ou emoções.

> É preciso expandir estas reflexões. Chegamos assim a uma técnica verbal excelente: *o interrogatório, destinado a expandir o contexto, sinônimo de "tomar consciência"*. No mesmo ato, o genérico vai sendo especificado – ou definido – a cada pergunta.
>
> Enfim, vão os dois interlocutores chegando, aos poucos, a uma melhor compreensão do que estão dizendo, ou do que pretendem comunicar um ao outro. É ao mesmo tempo um exercício de "prestar atenção" um ao outro.

Adiante retorno – mais de uma vez.

# PALAVRÕES

Chamo de palavrões (!) as palavras usadas pelos políticos, pelos pastores, usadas nas conversas "sérias" e nos noticiários de TV, tais como todos os substantivos abstratos: justiça, liberdade, inteligência, pecado, redenção, culpa, amor, lucro, liberdade, mente, perdão, bem, luz, energia, espírito, caminho, mal, virtude, vício, certo, errado e quantas mais.

**Todas se mostram por demais ambíguas, cada um atribuindo a elas um significado pessoal, possivelmente diferente – bem diferente – do significado atribuído a elas por outra pessoa. Diferente, até, para a mesma pessoa em circunstâncias ou diante de interlocutores diferentes**.

Repetindo: então como conseguimos nos entender?

Primeira resposta: será que nos entendemos?

Segunda: quando presente em pronunciamentos coletivos, é claro e evidente que cada pessoa entenderá o pronunciamento irremediavelmente a seu modo, atribuindo ao palavrão **o que ele significa para ela**! Talvez seja essa capacidade de ser "ônibus" o que dá força a esses palavrões. Neles todos se sentem reunidos, mesmo quando cada um os entenda a seu modo...

Os grandes pronunciamentos bíblicos, que eu conheço melhor, são modelos acabados no uso destas frases. Muito ligados à Bíblia, os sermões, particularmente dos pastores e sacerdotes da TV, seguem o mesmo padrão. Dizem quase nada com grandes palavras ou, abusando delas, acreditam estar dizendo quase tudo. Reforçam as grandes palavras com entonação de voz solene e gestos e faces dramáticas...

Quase todos na audiência mostram-se sérios, concentrados, com cara de quem está entendendo e concordando, o que intensifica as expressões enfáticas do pastor – ou do sacerdote.

Dos sacerdotes um pouco menos do que dos pastores, pois as "verdades" da Igreja Católica são bem mais antigas e as pessoas estão bem mais familiarizadas com elas. Não estou afirmando que sejam as mais verdadeiras, note-se.

O pastor ou o sacerdote de regra estudaram e discutiram bastante as palavras que comentam, e por isso as declaram com certo grau de convicção. Mas os fiéis não fizeram o mesmo.

Enfim, a própria linguagem da Bíblia, um tanto exótica e anacrônica, ajuda a completar o ambiente e o clima.

Ai de quem, nestes momentos, se pusesse a rir.

A noção de que todos estão compreendendo bem pode depender da projeção: cada qual projeta o **seu pensamento** (ou o seu significado ou até sua vida) nas palavras que ouve – ditas pelo outro.

*Meio século de psicoterapia verbal e corporal*

## A DEFESA COMPLEMENTAR:
## A PARTICULARIZAÇÃO – OU O AZAR FOI MEU

A seguir, um modelo de "ampliação do contexto", técnica fundamental à qual retornarei muitas vezes.

Pagamos em particular pelo pecado coletivo que inclusive nós (as vítimas) cometemos.

Ouvi mil vezes no consultório, de marido ou de esposa (em terapia individual), queixas numerosas de um em relação ao outro e vice-versa.

Ao final de horas de críticas, azedume e amarguras sem conta, sobrevinha a melancólica conclusão – sempre a mesma: "É isso aí, Gaiarsa. Casamento e família são ótimos, eu acho. Mas eu não tive sorte. Sabe, minha mulher não é uma boa esposa"...

Diga-me, colega, quantas vezes você ouviu essa frase?

Quantas vezes você disse isso para si mesmo?

Regra geral, marido e mulher dizem exatamente a mesma coisa. Nenhum dos dois ousa pensar que "a culpa" é da instituição. Na verdade, nenhum dos dois se dá conta de saber disso, esquecendo todas as queixas paralelas ouvidas de amigos e parentes.

Nesse contexto, uma boa prática terapêutica (uma boa técnica) consiste em tentar generalizar o particular (!). Exemplificando: (vou inventar um caso e um diálogo, mas ele é típico):

– Família é ótimo, eu acho. Mas eu não tive sorte. Minha mulher não é uma boa esposa...

– (pausa)... Quantas boas famílias você conhece?

– Bem... (embaraço evidente) Meu primo por parte de pai, por exemplo. Eles se dão muito bem.

– Você os visita freqüentemente?

– Bem, às vezes. Eles me convidam para jantar. Sempre fui amigo de meu primo.

– Jantar? Quantas vezes?

– Bem, uma vez por mês, mais ou menos.

– Eles têm filhos?

– Sim, dois. Um garoto de 8 anos e uma menina de 12.

– Eles jantam com vocês?

– Claro!

– O que você acha do garoto?

– Bem... Um pouco parado. Parece meio dependente da mãe.

– E da menina, o que você me diz?

– Meio gorduchinha, quase obesa. A mãe vive tentando controlar o que ela come. O pai é mais complacente... A garota o leva no bico com jeitinho – e ele gosta.

– Quem fala o quê na mesa?

– Meu primo tem opiniões bem definidas em política e exagera um pouco na doutrinação. Fala um pouco demais.

– E ela ouve?

– Acho que sim... Ela fala pouco. É difícil saber o que ela pensa.

– Você acha bonito esse quadro que você foi compondo, sobre a boa família do seu primo?

– É... Não é um paraíso, mas, afinal, ninguém é perfeito, o senhor não acha?

– Acho... Mas vamos além. Que outra boa família você conhece?

– A minha, meu pai e minha mãe.

– Estranho. Você insistiu aqui tantas vezes no autoritarismo de seu pai e na passividade de sua mãe. Você gostaria de estar na pele de seu pai?

– Eu não!

– Então?

– Arre, o senhor parece interessado em destruir a família! O que o senhor tem contra ela?

– De momento estou somente tentando fazer você perceber que você e sua mulher fazem um par não muito diferente de tantos outros. E casamentos ruins, você conhece algum?

– Muitos! O do Carlos, meu melhor amigo, por exemplo. Ele é tímido e ela monta em cima dele. Todo mundo percebe, menos ele! Também o de minha prima Ester. Vivem brigando. Ele acha que ela fala demais e cozinha mal. Ela acha que ele é mandão e não reconhece o que ela faz...

– Agora me diga: será que você teve azar no seu casamento ou será que casamento é difícil para quase todos?

– ...

– A maior parte dos casamentos é difícil, mas em público todo mundo diz que casamento é ótimo. O que você acha? Pense nisso.

Qual o efeito esperado de diálogos desse tipo? Eles tendem a levar a pessoa a perceber a diferença entre a fala pública – inclusive a dele mesmo – e a fala particular. Isto é, tendem a levar a pessoa a perceber, também, quanto a conversa de todos influi sobre nós e quanto o genérico esconde o específico...

A rigor, considero esse fato a essência do superego: a influência dos outros sobre mim, a influência dos outros dentro de mim. O "mecanismo" movido pelo superego é a generalização: Todos dizendo: "Família é ótimo" – em público!

Além disso, tais diálogos ampliam consideravelmente o contexto e, para mim, ampliar a percepção do contexto e o fato de colocá-lo em palavras são sinônimos de "tomar consciência".

A repressão limita a visão e a verbalização. As pessoas terminam por dizer e se referir apenas àquilo que todos dizem e àquilo que estão cansadas de repetir para si mesmas.

O leitor atento e experiente poderia me dizer: "Gaiarsa: você usou, afinal, uma técnica de persuasão lógica e, segundo nossos mestres (e a experiência cotidiana!), demonstrações lógicas, como bons conselhos, pouco ajudam. Aliás, muitas vezes a pessoa já disse coisas assim para ela mesma".

Respondo: "Fato. Minha autoridade profissional (afirmada pela coletividade), mais o diálogo, levantou dúvidas sobre uma convicção incorporada pelo paciente. Isto é, presente na atitude, no rosto e nos tons de voz. (Eram muitos falando nele.) Estas reflexões farão que o marido, ao chegar em casa, se defronte com a esposa com outra cara e outro tom de voz, menos acusadores, menos "a culpa é sua" – e quem sabe aí comece um novo diálogo.

**Os textos sobre psicoterapia tendem a dar importância demasiada ao que acontece – ao que é dito – durante a sessão.** Mas essa toma um tempo bem limitado da vida das pessoas.

Se a mudança havida na compreensão ou na emoção não mudar a expressão não-verbal do paciente quando ele retorna para seu ecossistema habitual, o efeito se apaga, desaparece.

Se a mudança se refletir em mudança de jeito, de cara ou de tom de voz, ela ganhará estabilidade, ao produzir mudanças nos parceiros habituais.

Os textos profissionais têm pouca ou nenhuma consciência dessas respostas não-verbais, mas elas acontecem mesmo assim e terminam produzindo mudanças "incompreensíveis" nos pensamentos e sentimentos das pessoas.

A comunicação não-verbal atua independentemente da vontade e das explicações, e, de outra parte, é sempre o ecossistema (a reação dos demais) que determina a eficácia da adaptação – se a mudança vai se integrar à pessoa ou não, se a mudança permanecerá ou não.

Enfim, o fato de ter recebido uma atenção inteligente e concentrada pode reforçar consideravelmente o efeito do diálogo.

> **Testemunho inesperado mas precioso e incomum. Passei a viver matrimonialmente com três de minhas pacientes (em épocas diferentes!) e posso dizer: o que elas manifestavam no consultório era quase nada do que passei a ver e ouvir quando passamos a viver juntos! Ou seja: o que acontece no consultório pode ser uma amostra bem limitada das reações do cliente...**

## O FUNDAMENTO DO QUESTIONAMENTO

Axioma: **sem contexto não há significado**.

Uma palavra solta em uma página de papel, ou dita sem música emocional nem cenário, não tem sentido algum – ou tem o sentido que quisermos lhe atribuir.

Segundo Einstein, se um objeto estiver situado em um espaço sem sistema de referência, não podemos saber nem a posição, nem a velocidade de seu movimento (se ele estiver em movimento), nem a direção deste movimento.

Se apenas soubermos o nome de uma pessoa, objeto ou evento, nada mais poderemos compreender nem explicar da pessoa, do objeto ou evento. Se a estamos vendo, já podemos saber alguma coisa, mas se ouvirmos palavras sem nenhum acompanhamento gestual, de postura ou facial, então a palavra terá o sentido de dicionário. Atribuiremos a ela o sentido que quisermos.

Enfim e repetindo: **ampliar o contexto é sinônimo de tomar consciência.**

Como se amplia o contexto?

Fazendo perguntas. Os relatos das pessoas costumam ser sumários e parciais. Se questionadas, tendem a repetir o relato quase nos mesmos termos. Vivem repetindo seus relatos inclusive para si mesmas.

Como Freud deu volta à questão? Com as associações livres. Elas iam **ampliando o contexto**, e quando a ampliação do contexto tornava-se suficiente, emergia a interpretação. O questionamento ativo e inteligente se detém a cada pausa do relato do paciente. Mas tanto ao ouvir quanto ao perguntar é preciso que ambos estejam aí, presentes um ao outro.

Como posso perceber se o paciente está aqui e agora ou se está longe ou ausente (distante?).

Olhando para ele e percebendo-o (se eu, terapeuta, estiver aí!).

Duas perguntas preciosas a serem lembradas.

Sempre que o paciente estiver em silêncio muito tempo:

– Onde você está?

Se ele estiver absorvido em um relato ao modo de quem fala consigo mesmo, refletindo, quando ele terminar vale a pena perguntar:

– Com quem você esteve falando?

Diante de cada personagem/diálogo lembrado ou relatado pelo paciente, perguntar, após o relato:

– Em que atitude a outra pessoa estava? Qual seu jeito? Qual o tom da voz? Qual a direção do olhar? E qual o teu jeito? Em que posição você estava? Como você olhava para ele. Olhava? É claro que perguntas desse tipo levarão o paciente, aos poucos, a tomar consciência das próprias atitudes, assim como a se sensibilizar pela comunicação não-verbal diante de qualquer interlocutor.

**Não há muito mais a dizer neste contexto, mas a meu ver estas poucas linhas são por demais importantes, ou são por demais importantes as perguntas e as respostas nesse tipo de diálogo. Referem-se – repetindo – à consciên-**

cia corporal e sua participação no significado dos diálogos, tanto os havidos no consultório quanto aqueles que o paciente mantiver em sua vida!

# DO QUE SOMOS FEITOS – E REFEITOS?

Somos feitos de pó de estrelas. Foi no interior das estrelas mais antigas que as fornalhas atômicas aos poucos foram gerando todos os noventa elementos químicos conhecidos (em número redondo) que se espalharam pelo universo chegando até nós vindo sabe Deus de onde – de quantas estrelas...

Feitos da substância das estrelas, foi preciso que o Sol nos desse a energia para a vida e para tudo que acontece na Terra, para tudo que vive e morre e renasce.

Depois a vida e como ela fez para durar tantos bilhões (três e meio) de anos?

Reciclando: tudo é feito sempre das mesmas coisas, mas sempre diferentes.

Assim somos cada um de nós, feitos substancialmente dos outros e fazendo parte substancial deles. O hidrogênio, o oxigênio, o carbono e o nitrogênio e demais elementos que são minha substância (aqui e agora) apenas passam por mim, não ficam comigo (senão por bem pouco tempo, horas ou dias). Logo passam e vêm outras moléculas, de outros seres vivos ou humanos.

Somos relação permanente, viva e ativa com toda a vida do planeta.

O que significa, então, o "não se envolva", o famoso "ego" que ao "amadurecer" se torna independente? Independente de quem?

Como não ver a sabedoria dos sábios esotéricos e dos meditativos hindus? Eles sabiam e não sabiam de tudo isso – mas disseram tudo isso: que tudo se renova permanecendo sempre o mesmo, que tudo que acontece é novo e é velho, que tudo é igual e tudo é diferente, que nada acontece por acaso, porém tudo acontece por acaso, que tudo é determinado porém tudo é livre – ou espontâneo...

É isso mesmo!

Entre nós, Lavoisier (ou teria sido sua esposa?) disse a mesma coisa, mas pouco se usa o que ele disse – que é tudo que estou dizendo. "Na natureza nada se cria, tudo se transforma." As pessoas gaguejam a frase sem perceber o que estão dizendo, sem que os professores as esclareçam; a frase permanece inerte no texto do livro de química do secundário.

Desde que tudo se recrie sempre igual e sempre diferente, não há certeza nem segurança.

Junte, leitor, esses dizeres, com o que você leu sobre o desejo fundamental dos seres humanos – o de segurança, centro da ansiedade de nossa raça...

Portanto, centro da psicoterapia.

Quanto mais isolado, mais angustiado. Porque o isolamento é uma negação da evidência.

Quanto menos envolvida (quanto mais a pessoa nega seu envolvimento), mais ela se sente desamparada e mais perdida. Mais "sem sentido".

Este é o cardápio. São os nomes e as noções principais a serem desenvolvidos ao correr da pena, como se dizia no meu tempo – nasci em 1920!

# COMEÇANDO COM A PSICOTERAPIA

Portanto, introduzindo agora a psicoterapia: nenhuma teoria pode ser tida como definitiva e nenhuma técnica como única ou sequer a melhor.

O que foi verdade desde sempre tornou-se mais verdadeiro – passe o pleonasmo – a partir dos fins do século XX, quando as transformações sociotecnológicas começaram a alterar o ecossistema humano em velocidade uniformemente acelerada.

Se sempre foi difícil dizer o que é normal, hoje mais do que nunca é preciso afirmar:

> NORMAL é ser capaz de se adaptar continuamente.
>
> NORMAL é estar continuamente aprendendo.
>
> NORMAL é perceber que nunca sou o mesmo (nem o outro – ou a outra...).
>
> NORMAL é perceber que meu contexto muda todo dia.
>
> NORMAL é estar alerta.
>
> NORMAL é perceber que todas estas expressões são sinônimas.

Tais afirmações, aparentemente estranhas, são, na verdade,

**A HISTÓRIA DA VIDA NO PLANETA!**

Aceitava-se até há pouco que o aparecimento de novas espécies dependia do fato de raios cósmicos ou outras radiações "acertarem" **por acaso** degraus do DNA e, além disso, que as alterações resultantes eram mais vezes prejudiciais do que favoráveis.

Os evolucionistas mais didáticos começam acentuando que a vida individual, desde bactérias (meia hora de vida) até tartarugas (80 anos) ou nós (!), é muito curta em relação à idade do planeta (4,5 bilhões de anos). Muito curta, também, em relação ao início da própria vida (bactérias, 3,8 bilhões de anos) e da vida multicelular que existe há 500 milhões e meio de anos – explosão cambriana.

Hoje, com o progresso da teoria simbiótica da vida, as coisas continuam ao sabor do acaso bem aproveitado. Logo, cada um de nós, inclusive cada espécie, é produto de uma "seqüência inconcebivelmente longa" de acasos! Lembra de Gell-Mann?

*Meio século de psicoterapia verbal e corporal*

No famoso relógio arqueológico, nós, *Homo sapiens*, existimos apenas no último segundo (100 mil anos)! Enfim, nossa história assaz bem conhecida tem 10 mil anos, recuando hoje para cerca de 20 mil.

E como se desenvolveu a história – a nossa? À custa de **invenções individuais** que por vezes "pegavam" por imitação; outras vezes não. De novo, puro acaso. É importante dar-se conta de que algumas invenções humanas são funcionais ou claramente úteis, mas outras são apenas exóticas, acentuando-se também desse modo a importância do aleatório quando comparado com o regular, com o "normal", com tudo que segue ou admite padrões. Muitas das invenções humanas passam a fazer parte dos "valores e significados" de alguma sociedade, e passam a ser tidas, então, como permanentes! Exemplos: tanto das funcionais (tecnológicas em geral) quanto das inexplicáveis: gravata, escalpos, tatuagens, enfeites, pezinhos das chinesas, a infibulação das africanas (ainda hoje!), as pinturas corporais dos selvagens, a espantosa (e falsa) "obesidade" produzida pelas roupas exageradamente bufantes que eram moda em certas cidades holandesas medievais, a espantosa obesidade real de tantos americanos que começa a invadir o mundo – e quanto mais.

Para que tantos dados?

Para facilitar a compreensão de que a vida – seus cem bilhões de espécies e zilhões de indivíduos semelhantes (estatística, determinismo) – **se desenvolveu por apenas UM exemplar novo de cada vez – nascido por acaso!**

É claro, igualmente, que todas as culturas humanas surgiram e se desenvolveram do mesmo modo: ao acaso de invenções individuais que eram imitadas – ou não!

Este é o poder, o valor e a fraqueza do indivíduo.

E da liberdade – a liberdade de fazer diferente. O processo gerador de culturas é bem parecido com o que aconteceu com a vida, e essa continuidade não é mera coincidência.

Aí você tem, leitor, a versão concreta e ampliada da afirmação exata, mas difícil, de Gell-Mann.

Essa é para mim uma prova altamente convincente da liberdade. Se nada acontecesse de novo, se ninguém inventasse moda (como se dizia no meu tempo), tudo seria sempre igual (!) ou sempre velho.

Isso é que seria segurança!

A conservação a qualquer preço dos nossos Sagrados Valores Tradicionais (se é que ainda existe algum, se é que algum existiu) é um desejo ou uma esperança que apenas nos cega ante todas as mudanças que estão acontecendo dentro de nós e fora de nós o tempo todo. Apenas nos marginalizam em relação à torrente da História – e de nosso contexto particular. É apenas mais uma forma do desejo de segurança, o qual, se bem compreendido, é a forma real do instinto de morte.

A mais perfeita expressão do instinto de morte é a múmia; o concreto do desejo de conservação – eterna!

# A EVOLUÇÃO DA VIDA E A MARCHA

O ser humano – quase humano – se pôs de pé há cerca de quatro milhões de anos, quando foi passando da marcha quadrúpede para a bípede, deixando braços e mãos livres.

Com isso, as mãos passaram a "não servir para nada". Começaram então a pegar, a examinar de perto as coisas (início da ciência) e depois a brincar com elas, e assim nascia a tecnologia.

Ao acaso...

Foi preciso aos poucos modificar toda a mecânica da postura quadrúpede, até conquistar o difícil equilíbrio do bípede. Mas aí a marcha se fez mais econômica, a posição permitiu a ampliação considerável do campo visual e dos horizontes, refinando a curiosidade e o alerta.

De acordo com documentários do Discovery Channel, hoje se aceita que somos todos filhos da mesma mãe, nascida no interior da África. De lá, como marchar era fácil, como a curiosidade e as necessidades eram ilimitadas, invadimos toda a Terra.

Andando!

Andar, para nós, se tornou assim, **nosso mais poderoso instinto**.

Feldenkrais: "O corpo humano não é feito para ficar parado, mas para andar".

Toda nossa instabilidade de bípedes nos impulsiona para a marcha.

Assim a biologia, a arqueologia e a nossa conseqüente biomecânica confirmam o que se disse e o que se dirá sobre nossa normalidade.

"O Inconsciente faz pressão contínua sobre a Consciência", afirmou mestre Freud.

Claro: antes da marcha, havia o fenômeno fundamental e permanente dos seres vivos: o **crescimento**.

Querendo ou não, sabendo ou não, estamos mudando o tempo todo. O problema não consiste em querer crescer ou aperfeiçoar-se.

**A questão é perceber o que fazemos a fim de continuar a acreditar que somos sempre os mesmos – ou que estamos sempre no mesmo lugar.**

Não é possível permanecer sempre o mesmo, mas é possível se fazer cada vez mais o mesmo – cada vez mais rígido, mais teimoso. Como o tronco das velhas árvores que engrossa e enrijece com o passar dos anos (mas em seu interior a vida continua tenra e líquida)!

Além do crescimento, temos a compulsão da marcha trabalhando na mesma direção e na certa mais próxima da consciência: é preciso andar, mudar.

Por isso mesmo – pela nossa natureza inquieta e mutável – é que se fez tão poderoso nosso desejo de segurança.

**Pela mesma razão fomos criando costumes, preconceitos e limites sociais e induzidos a crer que nossos "Sagrados Valores Tradicionais" são eternos.**

Estes valores são as cercas de arame farpado que tornam tão doloroso continuar a marcha.

## A VIDA ESTÁ SEMPRE POR UM FIO

Além disso, qualquer momento da vida de qualquer animal ilustra essa afirmação. Ele pode encontrar comida ou não, pode ser comido ou não. Pode encontrar parceira ou não. Qualquer filhote pode continuar vivo – ou não. São tão frágeis! Sem falar em secas, terremotos, raios, vulcões, tempestades, caçadores humanos.

Portanto: a vida de qualquer animal depende de cada momento, e ela toda, enquanto ele sobreviver, dependerá de um número indeterminado mas muito grande de fatos imprevisíveis sucedendo-se ao acaso... (Sempre Gell-Mann.)

Nada mais improvável do que a continuidade da vida de qualquer animal.

E a nossa também...

Repito: a nossa também ou a nossa ainda mais. Às incertezas naturais somamos as incertezas sociais.

Daí a segunda força de nosso paradoxo fundamental. Feitos para a mudança, o que mais queremos é a imobilidade pseudodinâmica: a repetição.

Alimentamo-nos do desejo – até necessidade – de uniformidade e da reiteração. São os mais poderosos fundamentos do conservadorismo social (da tradição, da manutenção da estrutura social – e da neurose). A ficção da permanência foi e é aceita coletivamente pelos seres humanos, quase todos fazendo de conta que tudo continuará como sempre foi – e de que todos fazemos como se deve. Todos negando neuroticamente as transformações evidentes que estão acontecendo à nossa volta o tempo todo, buscando a sabedoria dos velhos para nos situarmos ante o novo...

Quase todos vigiando a todos para que ninguém se afaste do rebanho – ou do matadouro periódico. Para que ninguém "prove", em ato, que é possível mudar sem que um raio divino o destrua.

Impossível, portanto, falar em normalidade, em um estado ou um lugar após o qual nada mais acontecerá de novo. É a própria descrição, seja da desejada inconsciência permanente, seja do instinto de morte – desejo deveras universal...

Impossível, também, falar em maturidade, ou em final de um processo gradual de desenvolvimento.

Ou da terapia.

Bom lembrar a curiosa noção de neotenia – a de que permanecemos crianças a vida toda. Isto é, só os indivíduos de nossa espécie podem aprender e mudar a vida toda.

Paradoxo: ao que Freud denominou instinto de morte, eu chamo de mito do Paraíso...

## MOMENTO TERAPÊUTICO: LIÇÃO NÚMERO 2

O momento terapêutico é sempre um momento, mesmo quando seu efeito seja permanente. A psicanálise fala em *insight* – momento de iluminação ou de compreensão súbita. É um momento no qual muitos significados, muitas intenções, muitos fatos se reúnem em uma só perspectiva.

O fato não se limita ao contexto psicanalítico. Corresponde à "vivência do Ah!", da escola de Ach, que estudou com finura o processo de compreensão intelectual, o momento em que se compreende isto ou aquilo.

Mas podemos também dizer o contrário: o momento de *insight* ocorre quando deixamos de perceber as coisas como percebidas até então, ou de compreender as coisas do modo como as estávamos compreendendo até aquele momento.

Einstein declarou o contrário do *insight*: "Difícil é compreender o que quer dizer compreender".

Consultando a etimologia, temos duas surpresas. Em português, compreender tem no centro uma palavra alemã "*hend*", que significa "mão". Portanto, compreender quer dizer: "ter nas mãos", "controlar", "agarrar" (do mesmo dicionário já citado de Carlos Góes). No inglês "*to understand*", o significado é de compreender analisando: "O que está (*stand*) em baixo (*under*)".

*Insight* é o momento em que se compreende o que antes não se compreendia – mas nem Einstein conseguiu esclarecer a mágica desse momento. A etimologia diz um pouco mais: ao compreender, ganho algum controle (do que antes me controlava sem que eu percebesse).

Note-se a presença evidente da motricidade no compreender – "ter nas mãos".

Não sei por que a psicanálise de algum modo se apropriou do termo *insight* pretendendo exclusividade, levando as pessoas a acreditar que o *insight* só poderia ocorrer durante a terapia analítica, ante a magia da "interpretação".

A mesma apropriação indevida ocorreu com o termo "interpretação". Interpretar é o momento correlato ao do *insight*. É a palavra – ou a expressão de rosto, o gesto, o sorriso ou a cara feia – que leva o outro a perceber o que está fazendo, ou o que está acontecendo. O momento no qual ele percebe o que estava aí, mas até então ele não percebia.

A técnica psicanalítica tende a se concentrar nas interpretações que favoreçam o *insight* – o momento da transformação. É o que se diz. Mas na verdade ela se concentra em apontar ou pontuar tudo que se repete (transferência). Quando, depois de muito apontar (*working thru*), em certo momento as pessoas deixam de repetir e então percebem o novo...

Mas interpretar é uma palavra com um sem-número de significados. A todo momento estamos interpretando, explícita ou implicitamente, em especial quando interpretamos as expressões não-verbais dos demais, quando julgamos as pessoas pelas suas declarações ou pelo seu comportamento.

Enfim, o que pretende a ciência senão interpretar a realidade?

Ironias da vida: a psicanálise, que tanto deixou de ver a visão (!) (v.i.), consagrou para sempre o momento da transformação, pondo-a no centro da cura: *insight* = ver dentro.

## "ANÁLISE DA RESISTÊNCIA": LIÇÃO NÚMERO 3

Um dos grandes achados de Freud foi esse. A "técnica" psicoterápica não consiste em mostrar ou em ensinar a pessoa a perceber este ou aquele elemento da situação, mas em denunciar o que impede a visão ou a compreensão desse elemento. Difícil tarefa! O que impede a percepção do novo é invariavelmente uma **repetição**: vendo sempre do mesmo modo (acreditando ser sempre o mesmo), não consigo ver de outro modo.

Outra verdade da sabedoria dos séculos...

A infância se repete interminavelmente, disse o mestre. Os padrões desenvolvidos e as inibições instauradas na infância tendem tenazmente a perdurar. Tendemos a interpretar e a nos comportar de modos bem conhecidos, sempre os mesmos, vendo nas demais pessoas e situações representantes dos personagens e situações infantis.

Transferência é isso.

Mas Freud não assinalou o que os culturalistas – e Reich – desenvolveram. Quase todas as organizações de adultos seguem os padrões familiares, isto é, são essencialmente autoritárias. Ao sair da família, se eu quiser ser considerado "normal", devo constituir outra semelhante. No trabalho, na empresa e até no clube o chefe é o chefe. Conseguir poder, posição ou dinheiro é a esperança de todos, em qualquer idade; o filho deseja substituir o pai...

Grande ilusão coletiva é acreditar que o mundo dos adultos é muito diferente do mundo familiar – ou, sequer, do mundo infantil.

A família é exatamente isso, não é? Preparação para a vida adulta.

Como se faz essa preparação? Pelas lições que os pais dão a seus filhos, reza o catecismo da família perfeita. Na verdade, por imitação e por proibições, como os pais foram obrigados a aprender... Seja bonzinho, obediente e prestativo e você terá bons empregos e será estimado pelos seus chefes... Só assim você será considerado normal – pelos outros e até por você mesmo.

> **Por isso a análise da resistência é tão difícil. Não se trata apenas de deixar ilusões e temores infantis, mas de aprender a viver sem família ou com menos família; de sair do contexto social imediato, de dar início a novas formas de contato e convívio social...**
> **Sem novo ecossistema não há novo comportamento – e vice-versa –, por mais terapia que se fizer.**

Se o leitor está me compreendendo, e se conhecer os fundamentos da psicanálise, perceberá que estou falando insistentemente da **transferência** – fato tido como fundamental e específico da psicanálise (e da vida!).

# RESISTÊNCIA, APEGO E SEGURANÇA

Freud tampouco disse que este processo visa à segurança: se estou me repetindo, sei como é e sei como será, sensação-conhecimento que se acompanha da mais enganadora e da mais profunda sensação de segurança. O futuro permanece determinado e nada poderá me surpreender. (É o sonho de toda a ciência mecanicista e de todos os cientistas que a praticam – o sonho do Paraíso!)

**É a disposição neurobiológica segundo a qual se formam os instintos, isto é, percepções – respostas sempre as mesmas, automáticas, por isso muito mais velozes e seguras do que as improvisações, as ponderações e as hesitações.**

Se pensarmos na situação presa–predador, compreenderemos imediatamente a vantagem de perder amplitude ou finura na percepção, ganhando rapidez na resposta. Ai da presa que hesita, que delibera antes de reagir!

Ai do jogador de futebol que "pensa" antes do chute...

Aliás, esta afirmação pode ser tida **como descrição do processo pelo qual se forma o inconsciente** – entendido como repositório de respostas automáticas, cada uma delas ativada por um sinal específico. Abaixo se pormenoriza o que já foi dito por muitos e de vários modos: reflexos neurológicos, condicionamentos sociais ou pedagógicos, reflexos condicionados, condicionamento operante, automatismos.

Quando formulado em palavras e coletivizado, o automatismo passa à categoria de preconceito, cuja função ideal é garantir que tudo – e todos – continue sendo como o que sempre tem sido, todos dizendo as mesmas palavras, até no mesmo tom de voz... Que durem para sempre nossos "Sagrados Valores Tradicionais" e assim estaremos seguros, teremos certeza ou, complementarmente, não teremos dúvidas nem medo. Estas "certezas" – a repetição das mesmas fórmulas verbais por quase todos – são a essência da estrutura social (da superestrutura, da ideologia, como diria Marx).

Mas o preço desta sensação de segurança é a sensação de eternidade, de prisão, de compulsão e de tédio.

No limite, de fatalidade: "Estava escrito!"

A rigor e paradoxalmente essa é a raiz primária da angústia.

## ESTAR SEGURO É ESTAR SEGURO (PRESO!)

O lugar mais seguro do mundo é a caixa-forte de um banco suíço. É para não perder aceitação e aprovação dos próximos (segurança) que deixo de fazer muito do que desejo. Com isso **limito meus movimentos** (veremos muito mais ao falar do corpo).

> **Ora, animal com movimentos limitados é presa fatal, por isso temerosa. Animal com movimentos limitados é desajeitado, ineficiente – e medroso. A seu modo ele sabe que não está na posse de todos os seus movimentos, e por isso teme (angústia é isso).**

"Manter a compostura", "ter modos", "comportar-se como se deve"... Imagine animais obedecendo a padrões desse tipo! A espécie bem comportada de há muito estaria extinta...

Pode-se dizer que a psicanálise foi o estudo de todos os artifícios ("defesas") que usamos a fim de "fazer de conta" que não sentimos medo (ansiedade, angústia).

Mas Freud não generalizou – como estou fazendo. Os "mecanismos neuróticos" funcionam porque em certa medida ou em certas circunstâncias são usados por todos. Todos temos medo das incertezas do viver e de nossas emoções mais fortes, mas fazemos todos de conta que..."Tudo bem, não é?", "Tudo em paz", "Tudo em ordem"...

## SENTIMENTO DE CULPA

O famoso sentimento de culpa pouco tem a ver com a moral ou os bons costumes. Tem a ver com o medo (não separo medo de angústia). Se faço ou digo de modo não aprovado, estarão todos contra mim, e preciso aplacar sua indignação – preciso pagar minha culpa para ser aceito de novo por "eles", "os outros", "todo mundo", junto dos quais sinto certa espécie de segurança. Troco a firmeza de minha força individual pela ilusão do "somos todos iguais" e portanto "eles", se necessário, me emprestarão sua força, me protegerão...

Não se discute **o preço** desta proteção...

Freud mostrou que nem é preciso **fazer** algo contra os bons costumes aprovados. Basta imaginar, basta desejar. E, como vivemos todos desejando o que não se deve, vivemos todos com medo uns dos outros.

Se os outros não estivessem dentro de mim, como eu poderia ficar angustiado ao ter um mau pensamento? Quem pode saber o que desejei se eu não disse para ninguém?

A psicanálise, que viveu denunciando as defesas contra a angústia, ignora quase de todo essa presença do coletivo. Ela... disfarça (!) os outros, denominando-os de "superego". Esse é tido como algo fundamentalmente interior, esquecendo-se – conforme Gaiarsa (!) – que "todos vigiam a todos para que ninguém faça o que todos gostariam de fazer". Esquecendo – ou negando – que "os outros" são policiais do sistema e que, se você fizer o que não deve, alguém poderá ver, aí as coisas podem se complicar.

O caso-modelo é o adultério. Todos sabem: o medo não está em desejar a próxima, nem em estar com ela, mas em ser descoberto com ela...

É o controle da coletividade que explica, e muito bem, por que a terapia é difícil, por que as resistências são tão tenazes e a explicação da cura (na psicanálise) é tão precária.

Dizia-se: durante a terapia, a pessoa vai percebendo que na infância dependia demais dos outros e por isso tinha de obedecer a eles e permanecer aí, no lar, mesmo quando esse era péssimo. Agora, depois da terapia, a pessoa percebe que é adulta, mais forte e mais independente. Por isso, anima-se a fazer diferente...

De novo a psicanálise ignora os outros. Ignora que os pais foram substituídos por **todos os adultos que cercam a pessoa**, todos dizendo acreditar nas mesmas regras nas quais os pais diziam acreditar – e doutrinavam os filhos para que fizessem "como se deve", "como é o certo"...

Todos policiando todos e todos prisioneiros de todos.

# O REFLEXO DE AGARRAMENTO

Importante componente do apego tanto afetivo quanto intelectual é o "reflexo de agarramento" e seu profundo enraizamento na motricidade. Para nós, bípedes, ficar de pé é complicado – sempre poderemos cair. Se, vivendo nas árvores, estivermos pendurados, é muito mais seguro. Por isso a metáfora do apego é "dependência" – tendência a ficar pendurado a alguém, a alguma coisa (dinheiro, família, trabalho, religião). É tema bastante discutido em psicologia da dependência. Depender significa "estar pendurado".

Recordar que nascemos todos com o reflexo de agarramento. A estimulação da palma da mão provoca reflexamente a contração de todos os dedos em torno do que estiver nela!

É tão funda a tendência que reaparece ao longo de toda a vida, em mil variantes.

É de todo independente dos lábios – ou da sucção (fase oral).

É a raiz neuromotora do "desejo de segurança" (estar seguro é estar segurando – no meu galho! Assim é impossível cair).

O reflexo formou-se na vida arborícola, em que era vital: ai do macaco que erra o pulo e não consegue agarrar-se ao alvo. Hoje sabemos que pode acontecer. Muitos morrem ou ficam aleijados por causa disso.

Gosto de pensar em um equivalente mental sublimado do agarramento – Freud me permita. Trata-se de um processo intelectual básico (não necessariamente verdadeiro, porém): a criação de um agente hipotético assaz poderoso – mas tido como real – capaz de explicar ou justificar fatos incompreensíveis.

Um "galho" mental...

Há livros inteiros nos quais a palavra "mente" "explica" tudo que acontece, como se ela fosse um agente soberano – princípio de tudo e independente de tudo. Um miniDeus todo-poderoso, inexplicável e incompreensível que tudo explica e torna tudo compreensível.

Por mais estranho que possa parecer, a física tem um termo equivalente: "energia". Ninguém sabe o que é a energia, mas ela está no começo, no fim e no meio de todas as frases dos livros de física...

Podemos pensar também na noção de Deus, e como ela está presente e atua na mente dos religiosos não muito sofisticados. Deus, sabemos, explica tudo; tudo é vontade d' Ele e nada escapa a Seu controle. É tudo muito justo, muito certo, é tudo como deveria ser, é tudo indiscutível.

É universal esta exigência de um princípio único no começo de tudo, um princípio explicador inexplicável, incompreensível e acima de qualquer julgamento.

É o complemento necessário – e inevitável – da inquietante frase que deixei atrás: "Tudo acontece por acaso"...

Para fugir do imprevisível, as pessoas criam/inventam um porto seguro, algo poderoso, de algum modo pessoal ao qual possam apelar a fim de reduzir sua ansiedade. Ao qual possam se referir a fim de acreditar que foi vontade de alguém e, portanto, podia não ter acontecido – se Ele não tivesse querido... ou se eu não tivesse pecado!

A isto chamo de um galho espiritual. Ou, ainda melhor, um galho hipotético. Agarrado a ele, sinto-me seguro – mesmo perdendo a liberdade (do bípede).

É estranha a atitude das pessoas ante esse vazio. Reagem como se, invocado o incompreensível, tudo pudesse ser compreendido!

Mistério.

Repito, o mesmo acontece na física. O que pode ser constatado, estudado e medido são transformações, mas a "causa" última das transformações, a energia, é incompreensível como é dito até nos livros – embora na página seguinte o autor fale de novo em "energia" como "a causa" disso ou daquilo...

Portanto, para completar a loucura: compreendemos e/ou explicamos tudo pelo inexplicável.

É o complemento inevitável da outra afirmação: tudo acontece por acaso.

Resumo esses reparos exóticos lembrando outras palavras usadas e abusadas nas mesmas circunstâncias: espírito, o invisível que explica tudo que não é compreensível, nem visível, nem sensível, nem audível...

Podia ser também a alma...

## UMA EXPERIÊNCIA PESSOAL ELUCIDATIVA

Tenho, aos 86 anos, bem desenvolvida a técnica da introspecção – ou da meditação –, e consigo muitas vezes permanecer longos minutos bem relaxado, deitado, sem nenhuma palavra e nenhuma imagem em mente (mente!).

Muitas vezes me propus perceber onde e/ou como se inicia um movimento.

Em primeiro lugar, é bem difícil saber se estou de fato e de todo relaxado.

Digamos que sim.

Então me proponho, não sei como: "Vou fazer a flexão do indicador da mão direita". Não falo todas as palavras, mas não posso garantir que não diga nenhuma. Se houver alguma imagem, mal a percebo, mas, de novo, é difícil acreditar que não haja nenhuma!

"Ele" se move!

Frase preciosa: meu dedo **se** move, move a si mesmo.

A sensação de fundo é bem essa: ele se move, não sei como. Não sei o que ou quem o moveu.

Quase inevitável, neste contexto, é "inventar" uma "vontade" que moveu meu dedo. Mas é disso mesmo que estou falando: o que é essa vontade, intenção, desejo ou como se queira denominá-lo?

Baseado no mais fino de minha percepção, tenho a dizer: as coisas se passam como se o movimento surgisse do nada – e esse é o ponto. Não sei de onde, nem de quem, por que ou como ele se fez.

Na verdade, algum mestre poderia me dizer que estou alcançando a consciência do vazio que se confunde, paradoxalmente, com a consciência do criador sem nome que moveu meu dedo, que gerou misteriosamente, do nada, aquele movimento!

Acredito que esse pensamento/sensação desperte protesto na mente (!) de quase todos. Do nada, nada pode surgir. Esta é a voz do coro cósmico. Em vez de perceber que é assim, a inteligência, a lógica, a consciência ou "todo mundo", ou seja lá quem for, **precisa gerar um agente definido**, sem o qual não haveria para quem apelar, de quem reclamar, a quem acusar – ou adorar...

E esse é o ponto.

Que tudo surge do nada é a resposta perfeita para "tudo acontece por acaso", mais "tudo é criação contínua".

Se você está me compreendendo bem, criação contínua é isso, e por isso a iluminação é difícil.

**A iluminação é um acontecer sem saber.**

# OUTROS PENSARAM A MESMA COISA

Ao dar valor fundamental à transferência, Freud repete a noção hindu da "roda" (samsara): a eterna repetição de tudo.

Sair da roda é a iluminação.

É também a solidão – absoluta.

É a experiência concreta da individualidade. "Não há nem haverá jamais nada igual a mim. Esta é minha glória e minha condenação!"

"Não há nem haverá jamais um momento igual a este."

Mas "sair da roda" não é um momento, e sim uma soma interminável de momentos. É o processo de individualização. A boa imagem auxiliar seria a transformação gradual e interminável do círculo em uma espiral.

Mais profundamente, Buda – e outros hindus – nos falaram de Maia, a Ilusão. Tudo que consideramos realidade não existe porque só consideramos realidade o que permanece, isto é, o que se repete, tudo aquilo em que podemos confiar, acreditar que estará sempre aí e será sempre assim, sempre igual. Tudo ao que podemos dar um nome. Mas, como nada é igual a nada e nenhum momento é igual ao anterior ou ao seguinte, toda a realidade, no sentido acima, não existe.

Creio seja esse o ensinamento básico do budismo.

Se um dia experimentarmos a sensação de estar acontecendo, todas as repetições desaparecem e o mundo se faz outro a cada momento.

É o momento da iluminação.

A realidade é criação contínua. A questão é perceber que ela é assim – ou isso. O momento em que percebermos isso será divino e apavorante – ausência de qualquer certeza e de qualquer segurança...

Inclusive ausência de qualquer coisa à qual se possa dar o nome de eu, de ego ou mesmo de centro...

Iluminação!

Luz – e mais nada!

Nós somos sempre assim (criação contínua), mas desenvolvemos múltiplos dispositivos pessoais e coletivos – defesas – para continuar acreditando que tudo permanece como sempre foi...

Que eu sou eu...

## MOMENTO TERAPÊUTICO

Momento terapêutico é a percepção de que, naquele momento, a relação entre nós está mudando. Isto é, ele está se fazendo outro – e eu também!

Quase todas as falas preconceituosas, todas as milhares de frases feitas, de declarações de fé no comportamento estável, meu e dos outros (pai, mãe, filho, chefe, presidente, profissionais, rei, papa), são mil defesas sociais – coletivas – que pretendem garantir essa ilusão de permanência para todos.

Tudo se repete – diz a inconsciência coletiva.

Nada se repete – diz a realidade...

É preciso fazer com que tudo se repita – diz o medo coletivo. Por isso, ai do que faz diferente – ele é inimigo de todos.

Mas "panta rei", diz Demócrito, o Satanás grego: "Tudo flui".

Coincidência ou não, Mac Luhan diz o mesmo: "A realidade é um acontecer global e contínuo"...

Escolha.

# A TRAGÉDIA DA SEGURANÇA

A cibernética nos ensinou o que é uma retroalimentação (RA) – o *feedback*. Até então predominava no pensamento científico e filosófico a seqüência causa e efeito, relação linear e fatal. Aristóteles e São Tomás teriam um ataque se alguém lhes dissesse que o efeito pode agir sobre a causa. Seria como fazer o tempo andar para trás. Hoje a noção aplica-se a grande parte da informática, da eletrônica, aos armamentos inteligentes, à bioquímica (e à autopoiese dos seres vivos), às relações pessoais e sociais.

O DNA determina a formação das proteínas e sua organização em ribossomos. Daí em diante os ribossomos produzem proteínas – sempre com o molde fornecido pelo DNA. Mais adiante os ribossomos produzem DNA...

"Amar ao próximo", hoje, quer dizer: se você quer ser bem tratado, trate bem ao outro (inteligência emocional). Não é mais questão de virtude ou bondade. É uma questão de sensatez e um reconhecimento de que os outros nos percebem e respondem a nossos modos, atitude, tons de voz. Se não está dando certo, é porque você não tem noção da cara, nem do gesto, nem do tom de voz que está usando. Para ser amado de volta, é preciso amar de ida (ou junto!), mesmo que em escala modesta. É preciso também fazer a cara certa, o gesto certo e o tom de voz correto... Ou, no mínimo, perceber quando você está com má cara, olhar desconfiado, tom de acusação na voz...

Espero não precisar dizer o quanto esses bons conselhos são essenciais na psicoterapia – em relação à cara e ao jeito do terapeuta quando diante do paciente. Não esqueça nunca que ele está te "filmando" o tempo todo, mesmo quando nem ele sabe disso (inconscientemente).

Querendo ou não, você é um guia para ele. Muito da "contratransferência" que "não deve" existir está ligada às caras, aos modos e à voz do terapeuta.

Ele se afirma como igual ao paciente, mas sua atitude é de superioridade...

Brigas de casal e, em geral, brigas de família são retroalimentadas e por isso difíceis de impedir. Basta um pequeno sinal de um dos contendores – aquele olhar, aquele tom de voz – e o outro **é tomado** pela atitude complementar antagônica, e começa a milésima repetição da mesma briga, das mesmas palavras, das mesmas caras. Tudo igual, menos a amargura e o desespero, que vão aumentando durante a paz armada até o próximo *round* – o milésimo?

A "causa" da eternização da briga está muito mais nas caras de pouco caso, de distração, de acusação silenciosa, de raiva contida, de desconfiança, do que nas palavras, nos fatos e argumentos sempre iguais.

Além disso, a briga de casal é sustentada pela opinião coletiva. Ao se falar nestas brigas em público (e longe da verdade), as pessoas põem um ar complacente, sorriem e comentam: "Casamento é assim" ou "Família é assim mesmo, logo passa".

Não passa, sabemos. Vai calejando a alma. Nada vivo permanece o mesmo. Ou se transforma ou enrijece mais. Ou fica diferente ou fica mais ainda como já era...

Esse mecanismo, tanto coletivo quanto pessoal (a psicanálise não o considera), poderia ser denominado de **minimização de problemas**. Poderia ser chamado também de "como fazer pouco" do que é importante, ou de como "fazer de conta de que o importante não é importante". Como acontece com todos os demais processos neuróticos, esse tampouco funcionaria sem a cumplicidade coletiva, sem que os outros façam de conta que acreditam ou que é mesmo assim.

Se somarmos todas as brigas de família que ocorrem no mundo em um ano, teremos uma massa de sofrimento maior do que a da Segunda Guerra Mundial. E trata-se de uma espécie de sofrimento muito íntimo e profundo, pois acontece entre pessoas que vivem juntas – e que de regra continuarão vivendo e de alguma forma se amam.

Prisioneiros na mesma cela. Na verdade, seria bom se essa soma de sofrimento levasse as pessoas a uma visão crítica da família e as abrisse à consideração de alternativas.

Digamos, a uma Escola de Família sem cujo certificado não fosse permitido o casamento.

Também uma Escola de Educação de Filhos seria imperativa e, de novo, um certificado de formatura exigido sempre que um casal manifestasse seu desejo de ter um filho. Essas escolas teriam plantões noturnos em creches, hospitais, jardins-de-infância, convivência com casais ou famílias com filhos...

Nossa espécie é absurdamente irresponsável em relação à procriação e ao modo de desconsiderar as crianças, sempre dizendo que elas são muito importantes. Em parte essa irresponsabilidade se deve à minimização dos gravíssimos problemas familiares, sem dúvida a maior fonte de sofrimento das pessoas, da geração de teorias sobre a personalidade e de manutenção dos psicoterapeutas...

As "causas": a minimização dos problemas e a idealização da família.

O que a briga em família tem a ver com o *feedback*? Muito mais do que aparece à primeira vista.

Falou família e as pessoas se fecham dentro da própria – considerando-a falsamente perfeita –, ignorando que ela é mesmo a *celula mater* da sociedade, isto é, que ela está ligada, influindo e sendo influída por todas as demais famílias – as do mundo todo, unidas pela mídia, pelo cinema, pela novela, pela idealização cósmica e pela fofoca!

Sim. Do mundo todo, pois é universal entre os civilizados o elogio incondicional a ela, tanto e tão favorável que gera em todos a noção-sensação: **só a família pode me dar a segurança de que tanto preciso**. (Ou me livrar da sensação oposta – **a de "estou sozinho".**)

Como derivados: só posso confiar nos meus, os meus merecem muito e o melhor, não posso confiar ou é bom desconfiar dos estranhos, os estranhos podem me fazer muito mal, são inescrupulosos, falsos, sempre dispostos a me explorar.

Junte as coisas, leitor: como todo mal vem dos de fora, pago minha ilusão de segurança em família, com a sensação de estar cercado de inimigos – percebe, leitor? Há muito mais gente "má" fora e em volta de minha fortaleza, do que aliados e protetores dentro!

Meu desejo de segurança aumenta o número de meus "inimigos" – os estranhos ameaçadores e inescrupulosos.

*Feedback* perfeito!

Sem contar com outros lados da questão. "Tenho de cuidar dos meus filhos" é um excelente argumento interior para atenuar dores de consciência por pequenas e até mesmo grandes safadezas.

De novo, a segurança de minha família promovendo a insegurança das demais. Ao ser inescrupuloso ou ganancioso em meus negócios ou profissão, reforço nos demais o sentimento de desconfiança diante de estranhos. O estranho me explora. Implicitamente: alguém que fosse de minha família jamais faria isso comigo (essa é boa, não é, leitor?). E se eu faço uma safadeza, cochicha meu demônio interior, por que "eles" não fariam? Claro que farão, conclui ele, brilhantemente. Portanto, estou absolvido e posso continuar – acho até que devo. Afinal, é para o bem de minha família!

Mais alças de *feedback* em família: já assinalei uma péssima conseqüência da idealização familiar sobre as crianças ante os maus-tratos sofridos em casa. Na América do Sul, no ano de 1999, morreram oitenta mil crianças em conseqüência de maus-tratos familiares (Unicef). Os que não morrem ficam presos em dúvida dolorosa: "Estou vendo minha mãe furiosa, me xingando, me batendo, mas todos me dizem que ela me ama. Em quem vou acreditar?" Com o tempo, alguns se fazem descrentes de tudo. Outros, convictos de que só em família poderão ter segurança, se vêem forçados a concluir: o errado devo ser eu, devo estar "vendo errado" (!) – vendo o que quase todos os outros dizem que não existe.

Tem mais. Um dos achados de Freud foi a amnésia infantil. A maior parte das pessoas lembra bem pouco da infância, e durante muito tempo considerava-se essencial, na terapia analítica, conseguir fazer que a pessoa recordasse muito das circunstâncias de sua formação – ou deformação.

Bergson diria melhor: será preciso transformar a memória de movimento em memória visual, fórmula que usarei ao falar das terapias corporais. Reich, sem se referir a Bergson, aprofundou e expandiu clinicamente essa fórmula – isto é, fazer com que as atitudes corporais defensivas contem sua história.

A amnésia é inegável e por vezes impressionante. Há infâncias terríveis e, não obstante, a pessoa mal se recorda dos horrores que sofreu. Estão no inconsciente, diz a fórmula teórica. Isto é, não sei onde, uma vez que inconsciente é isso mesmo: ninguém sabe o que é, como é ou onde está.

Está no aparelho locomotor, como Reich demonstrou e adiante pormenorizarei.

Mas de momento quero acrescentar a pressão coletiva. A idealização da família faz a pessoa negar a si mesma todas as recordações penosas da infância. É todo o peso da falação coletiva e mentirosa. São os outros, aos milhares, dizendo e repetindo: "Imagine se seu pai ou sua mãe seriam capazes de fazer estas coisas horríveis. Nunca!"

Parafraseando Nietzsche: "Minha memória diz: fizeram isso comigo e foi terrível, mas todos os que me cercam repetem e repetem: impossível! Impossível!" Os outros vencem – quase sempre.

Somando-se à idealização da família, alimenta-se o mito da infância feliz, sem perceber que a felicidade infantil é do tempo anterior à socialização – anterior à "educação".

> Não é só a "censura inconsciente" do indivíduo que atua. A psicanálise pouco e nada fala destes multiplicadores externos da motivação. De outra parte, são eles que explicam a força poderosa do superego – da inconsciência coletiva.
>
> Vencer as imposições do superego é vencer multidões inumeráveis. É vencer o coro da tragédia grega.

# GENERALIZANDO A TRAGÉDIA – ATÉ A GUERRA

Vou ensaiar descrever alguns *feedbacks* universais baseados no desejo-necessidade de segurança.

Nenhum ser humano consegue viver sozinho – parece indiscutível. Mas com a vida social acontece algo bem parecido com o que acabei de descrever em relação à família. Bem ou mal, viver em sociedade nos proporciona alguma espécie ou alguma medida de segurança e algumas vantagens evidentes. Mas, ao mesmo tempo, nos constrange e limita com mil proibições.

Esse constrangimento, a meu ver, é a raiz primária da agressão que reside nas pessoas. Mesmo quando tento fazer o que desejo, se devo respeitar ao mesmo tempo as regras locais, faço menos do que desejo, demoro mais para fazer, fico frustrado com a demora. Claro que em sociedade não posso fazer o que me dá na cabeça a qualquer momento, nem do modo como me veio do coração. Muito do que desejo depende dos demais e não é fácil lidar com eles.

Aí vão as raízes da agressividade inevitável quando se vive em grupo. Essa agressividade se exprime nas brigas de casal, nas encrencas com os filhos, entre filhos, entre parentes e com os vizinhos. Exprime-se também na luta pela sobrevivência e na luta para subir na escala socioeconômica.

Note-se o quanto a culpa individual é pouco individual.

Ou quão pouco o indivíduo é culpado!

Vamos além. Já dizia Maquiavel ao Príncipe: "Se o povo está inquieto, declare guerra ao estado vizinho" e todos se unirão no descontentamento coletivo, voltando-se contra o inimigo. Ao "inimigo" posso agredir e quanto mais melhor... Até devo! Questão de patriotismo! Além disso, eles são péssimos. O pior é que eles se tornam péssimos – mesmo. A guerra desata o pior das pessoas, e os relatos de horrores praticados por pequenos grupos vão muito além, em crueldade, do que as manobras e destruições propriamente militares – coletivas. Fazemos com o inimigo tudo que desejamos fazer com os conterrâneos, enquanto eles – todos eles, todos juntos! – são obstáculos a nossos desejos. A famosa agressão reprimida de mestre Freud é isso.

Assim como, em família, "os meus" são bons e posso confiar neles, durante as guerras meus conterrâneos são ótimos, e todo o mal vem daqueles do lado de lá.

A agressão de todos nós é reforçada pela injustiça social. Hoje, mais do que nunca, os de baixo – cada vez em maior número – sabem o que os de cima – cada vez menos numerosos – possuem. Sabem também, pela TV, quantas coisas boas e bonitas existem. Crescem assim a inveja, o ódio e o desespero, cresce a violência coletiva, a real e a latente. Isto é, enquanto todos buscam "legitimamente" (!) conseguir mais do que têm, intensifica-se a tensão na pirâmide de poder.

É sempre o desejo de segurança reforçado pela insegurança...

O limite desta espiral de ódio é o terrorismo, que, irônica ou tragicamente, reforça a posição dos poderosos. Ameaçados, sentem-se cada vez mais justificados em multiplicar as armas e ampliar a guerrilha mundial beneficiando a própria economia. Falo principalmente dos Estados Unidos e seu poderoso complexo militar-industrial.

Enfim, na pirâmide de poder (político, industrial, financeiro, até doméstico), a regra coletiva estabelecida é a autorização da opressão dos de cima contra os de baixo, e assim vai crescendo mais e mais o potencial agressivo – o ódio – entre as classes sociais.

Mais um passo – o penúltimo: os sintomas de psicose coletiva me parecem mais do que evidentes. O melhor negócio do mundo é a invenção, produção, venda e contrabando de armas. Isto é, o melhor negócio do mundo é matar gente. O segundo são as drogas, mas, se somarmos às ilegais o álcool e os psicotrópicos, é bem capaz que elas superem a "vantagem" financeira das armas.

Tanta droga só pode ter um significado: as pessoas estão por demais descontentes ou assustadas com o mundo em que vivem. O que se segue confirma: nos países desenvolvidos (!) a causa de morte número um é a morte cardíaca. A obesidade cresce assustadoramente, assim como o "triângulo das bermudas da psicopatologia": a depressão, o pânico e as moléstias psicossomáticas. As pessoas passam quase um terço do dia em frente da TV, **ao mesmo tempo** alienadas e se envenenando (assustando!) com o noticiário, as catástrofes, a criminalidade e os filmes violentos.

Note, leitor. Estou falando de um insuspeito *feedback*: enquanto se alienam assistindo à TV, as pessoas estão absorvendo muito veneno, estão sendo informadas de tudo aquilo que – supõem-se – estão tentando fazer de conta que não está acontecendo!

Depois o neurofisiologista diz que as crises de pânico se devem a uma produção excessiva de catecolaminas pelo cérebro de "certos" pacientes – sabe-se lá por quê.

É porque, entre outras razões, a poderosa indústria de medicamentos financia suas pesquisas sobre o cérebro – principalmente se permitirem a criação de comprimidos...

Abaixo voltamos aos psicotrópicos.

> Enfim, resumindo estes tantos ciclos de retroalimentação (muitos outros existem), e repetindo o que é importante, chegamos à trágica ironia: buscando e inventando mais e mais dispositivos, mais e mais modos de "garantir" maior segurança, terminamos criando e vivendo no mundo mais perigoso que a humanidade já conheceu!

# O PREÇO DA SEGURANÇA É O TÉDIO – E O SONAMBULISMO

Pouco a acrescentar ao título. Apenas que o tédio é a forma mais comum de depressão, de vida vazia e sem sentido – algo que, tragédia das tragédias, é tido como normal. O tédio se acompanha de um estado de acentuada inconsciência e do predomínio dos automatismos motores, do sonambulismo, do fazer sem pensar nem perceber, do "ir vivendo".

E comendo...

Tudo na vida social faz pressão nessa direção, gerando assim a normopatia.

"Estrutura social" significa, precisamente: "Tudo em ordem. Tudo funcionando sempre do mesmo modo, todos fazendo o que devem".

Em outros tempos – pré-industriais – a vida era um pouco mais variada. Mas a produção industrial acentuou a repetição, a inconsciência e o automatismo (produção em série). E o tédio.

Desenvolveram-se complementarmente diversões de dois tipos: o alienado da TV, parado, passivo, comendo pipoca! E as diversões ou lazeres frenéticos, as danceterias, os grandes *shows* de *rock* e as boates com mil reflexos acende-e-apaga, música a cem decibéis e agitação descontrolada – talvez terapêutica. Dançar livremente é um modo de atenuar regularidades, repetições. Não se usa mais dançar a dois nem segundo ritmos conhecidos.

Enfim, os esportes radicais e as competições esportivas das quais a maior parte das pessoas participa... Passivamente.

Agitação frenética ou movimentação sonambúlica...

Bem no fundo, e sem que as pessoas se dêem conta, isso se torna um campo para a formação de novos esquemas motores e novas formas de relacionamentos.

# ONDE FICA A PSICOTERAPIA?

Agora o colega impaciente questiona: "Tudo bem, Gaiarsa, mas o que tudo isso tem que ver com meu consultório, com minha técnica e com meu paciente?"

Começo com uma frase já citada, para mim evidente e iluminadora (é minha).

**Tomar consciência é sinônimo de ampliar o contexto.**

*Meio século de psicoterapia verbal e corporal*

Preciso demonstrar? Neurose é viver estreito, é estar convencido de que tudo que eu sinto tem que ver com minha profissão e meu emprego, com minha mulher e meus dois filhos (talvez minha irmã e meu pai), com minha conta bancária (se eu tiver uma), com meu carro, talvez com meu cachorro, com a violência em meu bairro e com meu time de futebol.

Qualquer emoção ou pensamento espremido nessa forma pequena adquire uma intensidade – uma pressão – intolerável!

Qualquer balanço nesse equilíbrio mais do que precário produz um susto, uma onda de ansiedade.

A pergunta oportuna é: como você foi parar nesta fôrma minúscula e como você consegue acreditar que pode caber nela?

Pela educação – é claro. Primeiro os mil "nãos" da infância: "Não faça assim!", "Não grite!", "Não corra!", "Não pule!", "Não ria!", "Não suba aí!", "Não diga isso!","Cuidado!", "Cuidado!", "Cuidado!", "Não mexa aí!"... Sobretudo: "Não mexa aí!"

Depois, a vigilância materna e paterna, as repreensões, os castigos, quem sabe as surras. Tudo por amor e proteção da criança, tão ignorante, coitadinha...

Depois o curso complementar de paralisação corporal – o primário: fique sentado e quieto duas horas e depois mais duas. Ouvindo e decorando o que pouco te interessa. Assim você estará se preparando para a linha de montagem e para o escritório; com sorte, talvez até para o computador...

Claro?

Como pode esse coitado respirar e se mover nesse campo cheio de minas invisíveis? Por que será que tantos psicopatas poderosos encheram **concretamente** tantos lugares da terra com minas?

Simbolização – inconsciente, é claro – do que haviam experimentado?

E você, senhor terapeuta? Você também sofreu uma compressão semelhante. Quantos graus de liberdade você conseguiu depois? Quanto ampliou seus horizontes? Quanto desapertou seu coração? Quanto conseguiu ampliar sua respiração? Quanto abriu sua cabeça? Com que firmeza você pára em pé? Com que leveza você consegue dançar? Quantos passos você consegue dar sozinho?

Já falei um pouco e irei dizendo mais sobre o que fui descobrindo para aliviar meu sufoco, sempre com a ajuda dos meus pacientes.

De quem mais, senão deles?

# AS TÉCNICAS PERIGOSAS

Conselhos da sabedoria acadêmica: cuidado com a técnica tal e tal. Ela é perigosa! Você tem certeza de poder controlar o que ela pode desatar? Ela é segura?

Tudo que é eficaz ou poderoso é inseguro. Em todos os caminhos há momentos de incerteza. Ou você pula, ou recua. Se você recuar para poder saltar mais longe, tudo bem; mas, se você desiste, não vai se perdoar nunca mais – nem ter outra oportunidade igual. **Aquele** caminho se fechou para você, e caminhos fechados são nossa maldição – a maldição daqueles que são andarilhos por instinto.

Fazer como sempre se faz (usar uma técnica!) para levar alguém (o paciente) a fazer como ele nunca fez...

Isso é lógico, é seguro ou é idiota?

Não será até imoral?

É espantoso o aparato montado pela ciência e pela sociedade para garantir segurança. Quanto mais seguros, menos conscientes, menos atentos – e mais predispostos a... acidentes!

Só essa segurança é... real. Esteja alerta! Esteja presente!

O sonambulismo coletivo foi consagrado pela Prefeitura de São Paulo ao exigir que, ao lado de todos os elevadores da cidade, fosse afixado um aviso dizendo algo do tipo: "Antes de entrar no elevador veja se ele está aí".

Espanto adicional – se fosse possível: será que o distraído vai ler o aviso?...

Não é o máximo?

O pior dos perigos é estar distraído – ou fascinado (hipnotizado)!

O ser humano é o único que pode se dar ao luxo de ficar distraído. Na natureza, todos os distraídos foram comidos e não deixaram descendência.

Renunciamos à nossa liberdade – "o preço da liberdade é a eterna vigilância" – e acreditamos na falsa segurança de todos e do que está estabelecido. Se todos dizem assim, se todos dizem fazer assim, e se todos dizem que fazer assim é o certo, então essa é a realidade. Basta entrar no coro com eles e estaremos seguros – e poderemos esquecer todas as diferenças.

Inclusive, poderemos deixar de ver que bem poucos dos que dizem assim fazem assim...

Quanto mais distraídos ou presos a nossos pensamentos habituais, mais funcionamos em automático, menos consciência temos, mais próximos estaremos dos sonâmbulos e dos hipnotizados. Do normopata – e do poço do elevador!

Mais seremos sistema e menos seremos indivíduos.

Por isso, aliás, é tão fácil hipnotizar as pessoas, e bem poucos resistem.

Por isso a iluminação consiste em estar atento – mais nada.

É voltar ao alerta do animal e começar a perceber que até o mesmo caminho nunca é o mesmo caminho – ou que crio um caminho a cada passo –, como já foi dito por alguém que estava acordado.

**Aqui temos um ótimo critério de melhora do paciente. Ao longo do trabalho, ele começou a se mostrar mais atento? Mais presente?**

Como checar a melhora? Pelo interrogatório.

Repetindo o que é importante (e não é falado). Ante qualquer descrição do paciente sobre sua esposa, seu patrão ou seu subalterno, pergunte sistematicamente: com que cara ele disse isso? Com que tom de voz? Em que atitude? Estava olhando diretamente para você? Ou te olhava de cima para baixo? Ela estava com aquele sorriso de pouco caso que te incomoda ou estava falando a sério?

E você? (Repetir as perguntas acima.)

Levar o paciente a tomar consciência – a perceber – o não-verbal dos seus interlocutores (o contexto) está sempre na ordem do dia, é sempre uma boa técnica e o principal do aqui e agora.

O não-verbal é precisamente o que nos permite perceber se o interlocutor está presente ao que está dizendo – ou não!

Se ele está envolvido em seu pronunciamento – ou não!

Se ele está me ouvindo – ou não!

Se ele está ouvindo a si mesmo – ou não!

Permite, ainda, saber se você, terapeuta, está presente ou não! Se você está ouvindo apenas por treinamento profissional, é pouco...

Ele pode estar apenas falando...

Nem aí...

Nenhum dos dois...

# E OS PSICOTRÓPICOS, A NEUROCIÊNCIA E OS MEDIADORES

De um lado, Deus abençoe os psicotrópicos. Trazem alívio para muita infelicidade, certa paz para muito medo (e fortunas para os laboratórios, não esquecer) e facilitam a vida dos médicos.

De outro, é impossível imaginar o mal que podem estar fazendo.

São sempre facas de dois gumes.

Caso típico: depressão ligada a uma triste vida matrimonial. É bom ou é ruim receitar um antidepressivo?

Esquematicamente – só para discutir. Receitá-lo é favorecer a continuação de uma situação desfavorável, a manutenção de um ecossistema tóxico. Não receitá-lo é favorecer pesquisas e tentativas de melhorar a situação.

Você decide!

Claro: a decisão é sempre a favor da receita. Assim se mantém o cidadão no seu posto, agüentando as injustiças sociais e reforçando o sistema que o fez infeliz!

O ideal, mas pouco realizado, seria a combinação: antidepressivo para melhora rápida e depois o aproveitamento da melhora a fim de conseguir modificações favoráveis na situação, capazes de consolidá-la em bases mais saudáveis. Para conseguir desde um melhor entendimento até uma separação amistosa, conforme o caso.

Este é o caso especial – muito especial! – de pessoas com recursos e tempo para fazer psicoterapia, alguma cultura, alguma sensibilidade e um relacionamento pessoal de certo valor.

De cada cem pessoas com dificuldades matrimoniais, nem cinco, na minha estimativa, reúnem tais condições. As 95 restantes ficarão no antidepressivo e na lenta corrosão psicossomática própria das situações de estresse crônico, como são a maioria dos matrimônios.

Separação é solução? Só se o casamento tem menos de 5 anos e não tiver filhos (o número é apenas para fixar idéias). Se mais e se houver filhos, a separação é sempre muito traumática ao contrariar um dos preconceitos mais profundos (repetidos!) desde que nascemos: casamento é para sempre.

Não temos a menor preparação social para **separações – quaisquer** que elas sejam.

A pressão coletiva – **exterior e interior** – é tão poderosa como em tudo mais que se refere à família.

Onde pretendo chegar?

A duas questões.

A primeira é defender o cérebro! A noção corrente entre cientistas e leigos, no que se refere à depressão ou à ansiedade, é que "de repente" ele começa a variar – o louco. A amídala (aquela neurótica!) começa a produzir catecolaminas demais ou serotonina de menos e a pessoa entra em crises de pânico ou em depressão.

Tudo muito simples e muito claro. É só dar comprimidos e tudo se normaliza. Para que esquentar mais a cabeça?

**Mas acontece que o cérebro é nosso principal órgão de adaptação ao aqui e agora**.

**Ele não começará a variar caprichosamente de função se o ecossistema não apresentar situações insolúveis ou por demais ameaçadoras.**

A segunda já foi descrita: começar com antidepressivo mas tentar ao mesmo tempo acertar um pouco melhor a convivência.

# NOSSO INCONSCIENTE OU NOSSO ANIMAL?

Quem reage ao ecossistema opressivo é o nosso animal – ou nosso inconsciente, se você preferir (mas falar em nosso animal é melhor, é muito mais claro). Seu animal sabe, bem melhor do que você, quando as coisas estão ficando pretas. Você – seu famoso ego – pode se iludir, pode ficar dando explicações e desculpas, mas sempre que se trata de ameaças vitais, de espaços que vão se fechando ou de tempo que vai se esgotando, seu animal se agita, grita, se assusta, procura te avisar de todos os modos que ele conhece. E são muitos. Ele foi feito para sobreviver e sobreviveu a condições e perigos que você jamais imaginou.

Dar levianamente comprimidos ao nosso animal é equivalente a dar um anestésico ao veadinho para facilitar a vida do leão...

Dos leões...

Sabe do que estou falando? De todos os leões que aparecem (estes são mais fachada do que leões) e dos que não aparecem e são muito mais perigosos. São eles que mantêm a desigualdade socioeconômica, a rede de opressão e exploração que nos amarra e ameaça.

Eles alimentam e preservam cuidadosamente nossa fé e nosso respeito pelas nossas sagradas tradições – feitas por eles e para eles...

Pensando assim, desaparece a diferença entre tóxicos ilegais e legais.

Dos viciados em drogas (ilegais) – os adolescentes em particular – costuma-se dizer que estão fugindo da realidade (sempre ela!).

Primeiro seria bom perguntar se essa tal realidade – a nossa, a comum – é tão boa que dê vontade de ficar nela.

Dá?

Estou sugerindo, depois, que os tóxicos da farmácia exercem efeito semelhante aos ilegais – em quem consegue a receita e os reais (não é muito difícil).

Enfim, o álcool – uísque escocês de 20 anos no Ocidente, vodca na Rússia e pinga no terceiro e quarto mundos (nós) – faz o mesmo efeito. Faz o miserável esquecer de sua miséria ou faz o poderoso esquecer de seus crimes.

Somos ou não somos todos da mesma família?

Agora complete o circuito e dê a volta por baixo: lembra-se de minha descrição do mundo maravilhoso em que todos vivemos? Alguém consegue viver nessa realidade sem algum tóxico?

O mais usado é a TV – tóxico ambíguo: ao mesmo tempo que contribui poderosamente para a alienação, envenena o alienado com todas as desgraças do mundo!

Não é claríssimo, então, por que os tóxicos – se somarmos todos eles – são o melhor negócio do mundo?

# VOLTANDO AO NOSSO ANIMAL

Prefiro dizer "nosso animal" a "nosso inconsciente". É mais claro e mais convincente para quase todas as pessoas. Nenhum animal – e nenhuma espécie – sobreviveria se usasse os mecanismos neuróticos que nós usamos.

Estes mecanismos só podem existir devido ao uso, gozo e apoio da coletividade.

Todo mecanismo neurótico é um "faz-de-conta" que quase todos fazem, e quem não faz corre o risco de ser marginalizado. Já dei mil exemplos sobre credulidades – o termo é esse – da maioria. A querida Pátria amada, o alto espírito cívico de nossos políticos, a coragem de nossos generais, o interesse da Petrobras pelos seus acionistas, o profundo amor dos juízes pela justiça, o amor dos sacerdotes pelos fiéis (!)...

Mundo maravilhoso!

O ponto é importante demais e o terapeuta desavisado pode, sem perceber, estar reforçando as grades da prisão de seu paciente, pois a questão nada tem de individual.

A família é sempre o melhor exemplo de preconceito. Uma criança pode acreditar que mamãe está lhe dando umas palmadas para seu bem (como tantos lhe dizem), mas um bichinho jamais entrará nessa.

Terapeuta tem tantos problemas familiares quanto seu paciente. Todos prisioneiros da mesma prisão de... Segurança máxima.

Isto é, todos absolutamente seguros – presos. E todos se segurando (segurando uns aos outros).

E então?

Será que a famosa análise didática, mesmo sendo boa coisa, resolve o impasse? Ou o analista didático não tem problemas com seus familiares? Será que a exigência feita aos analistas para que não falem de si na terapia e não mantenham relações sociais com os pacientes não é uma defesa inventada por Freud (e herdada pelos descendentes), com o propósito de manter no paciente a ilusão de que seu analista é perfeitamente resolvido? Que ele não briga com a esposa? Que seu filho é ótimo?

Não, leitor. Não é vingança de terapeuta não analisado. É uma suspeita mais do que razoável – se você parar um pouco para pensar e não se deixar engolir pela idealização que envolve os grandes nomes, os profissionais e as teorias famosas.

Veja bem: não estou exigindo nem esperando que todo terapeuta seja modelo de humanidade. Estou esperando que ele não faça tanta força para disfarçar suas deficiências e seus problemas. Afinal, é dito que a psicoterapia consiste essencialmente em desmascarar as pessoas, não é? Como pode o terapeuta ser apenas mais um mascarado?

*Meio século de psicoterapia verbal e corporal*

"Mas se eu deixar que apareçam carências minhas, será que manterei meu poder terapêutico?"

Você decide!

Escondendo-se, você se falsifica e só enganará os muito desesperados que precisam acreditar de qualquer jeito. Se você for mais razoável e mais imperfeito, talvez estabeleça vínculos mais saudáveis, até mais eficazes. Você terá sempre a seu favor sua autoridade (e formação) de especialista – que te é conferida pela sociedade, por "todos", e é tão indestrutível quanto o poder da mãe...

E não esqueça: disfarçar é muito difícil.

# MOMENTO TERAPÊUTICO – REVISITADO

> **Será terapêutico todo o momento no qual duas (ou mais) pessoas saem ao mesmo tempo da repetição e se encontram como dois desconhecidos, sentindo sua relação, naquele momento, como um acontecimento diferente de tudo que experimentaram antes.**

É o momento no qual a estrutura da personalidade se modifica, assim como todas as suas relações pessoais.

É o momento crítico dos sistemas complexos auto-adaptativos e autopoiéticos – como é a personalidade humana.

**Os dois ao mesmo tempo** – como nos disse mestre Jung: "Se ao longo de uma terapia o terapeuta não experimenta mudança alguma, o paciente tampouco experimentará".

Além da transferência financeira (!), nada mais aconteceu, nem para um nem para o outro. Estiveram ambos percebendo-se muito mal – e falando sozinhos.

Poucos parecem ter compreendido que a "mania" de Jung de estudar alquimia tinha como desejo profundo compreender melhor como **se combinam** duas personalidades – e não duas substâncias químicas. As combinações químicas seriam um símbolo das combinações pessoais. Não foi à toa que um de seus textos fundamentais – e obscuríssimo – recebeu o título de "Símbolos de conjunção".

O mesmo se diga da peculiar ligação entre mestre e discípulo, conforme elaborada pelos orientais. Não se trata de alguém que dá ou ensina (o mestre) e de alguém que recebe ou aprende (o discípulo), mas de uma troca absolutamente recíproca. Se o discípulo não tiver o que dar, tampouco terá o que receber.

No dizer de Confúcio: em qualquer relacionamento humano, se não há reciprocidade, há exploração (Marx não foi tão original assim)...

Enfim, a noção de *insight*, tão falada. Repetindo: não sei se o momento ocorre quando algo novo acontece, ou se ocorre quando algo velho deixa de atuar.

Ou se não é a combinação desses dois processos, que só as palavras separam.

# ÉTICA AUTORITÁRIA

## (Nada em comum com Max Weber...)

Não posso deixar a questão sem criticar duramente o procedimento vigente em psicanálise: se o terapeuta sente que está "se envolvendo", jamais "confessará" sua "culpa" ao paciente, mas correrá para seu confessor particular – seu analista – a fim de se purificar de seu "pecado".

Isso é a presença e atuação da mais radical pirâmide de dominação.

Diante do paciente, o terapeuta é "normal" (e o paciente "neurótico"); diante de seu analista, o terapeuta é "neurótico" (deixou-se "envolver!") e seu analista é normal. Até chegarmos a Freud, o único "normal" na pirâmide autoritária, porque ele não teve analista para quem transferir a... neurose.

Talvez tenha morrido pelo peso desta culpa – a de negar relacionamentos interpessoais. Se a infância é eterna ou se tudo é transferência (sinônimos!), como ele disse, então não existe nada pessoal nas relações pessoais...

Os "superiores" sempre são perfeitos, e tudo que de mal possa acontecer terá sido feito, sem dúvida, por alguém inferior – e o problema será descobrir o "culpado"...

No entanto, a psicanálise acredita estar "analisando" (atenuando) o superego do paciente, mas encena diante dele a infalibilidade deste mesmo superego e, ao mesmo tempo, **nega sua relação com o paciente**.

Confuso, não é?

"Você não me toca... Você diz sentir isto e aquilo por mim, mas tudo que você diz sentir é ilusão (projeção). Não é comigo, é com um personagem imaginário de seu mundo inconsciente."

Conclusão óbvia jamais explicitada: **nem eu nem você estamos aqui**!

O terapeuta é apenas a famosa "tela em branco" na qual o infeliz neurótico projeta seus fantasmas, assim como seu terapeuta projetou os seus em seu analista didático até o penúltimo – que projetou em Freud!

Portanto, a história da psicanálise é uma sucessão interminável de fantasias individuais aleatoriamente encadeadas, em que ninguém é ele mesmo...

No entanto, em relatos clínicos é fácil ler: o paciente estava fora da realidade... A ser verdadeira a frase anterior, jamais se poderá saber, dentro da própria psicanálise e com seus próprios critérios, da realidade de quem ou de qual realidade estamos falando...

# AS VIRTUDES IMPOSSÍVEIS DO TERAPEUTA

"Não se envolva", "Jamais julgue qualquer fato relatado pelo paciente", "Não mostre suas emoções" (se você estiver face a face com ele!). "Nunca dê conselhos" e, implicitamente, "Nunca faça perguntas".

Primeira frase dita por um professor para uma classe de psicólogos na primeira aula sobre psicoterapia (em São Paulo): "O mais difícil para o terapeuta é disfarçar as próprias emoções"...

Nunca vi nem li nada, nunca ouvi discussões em grupo de estudos ou em aulas de psicoterapia sobre o que significa "envolver-se". Nunca fui tão perfeito em minha profissão, nem tão profundamente analisado em minha personalidade, a ponto de conseguir negar – ou não ter – qualquer resposta emocional (não-verbal!) a meu paciente.

Note meus parênteses na frase acima, leitor, sobre comunicação não-verbal. A psicanálise omitiu ou negou, desde muito cedo, a existência dos olhos e do que eles vêem, **seja do terapeuta que vê o paciente, seja do paciente que vê o terapeuta** – e isso faz uma diferença incalculável em toda a teoria e em toda a prática.

Isto é, em todo relacionamento pessoal, qualquer que ele seja.

Em vez da proibição do envolvimento (na certa mais moralista do que científica), melhor seria começar a estudar o que significa ou o que acontece no envolvimento. Começar a distinguir tipos de envolvimento – estudar por que este cientista se fez arqueólogo (envolveu-se com a arqueologia), aquele biólogo e o outro astrofísico. Claro que envolver-se, desde sempre, não se refere apenas ao que pode acontecer entre duas ou mais pessoas. Refere-se também ao relacionamento de pessoas com diferentes áreas de conhecimento, lazeres, profissão, negócios e mais.

Acabaríamos assim com essa tolice cósmica segundo a qual o cientista é "objetivo". Na verdade, é ausente ou inexistente em seu laboratório como ação, como escolha e como história.

Melhor ainda acabar com o ridículo "não se envolva" da psicoterapia.

A psicanálise parece ter sido a sistematização da distância entre as pessoas, de proteção aos vínculos socialmente aprovados – e exclusão de outros que poderiam se formar.

Esse é um grave pensamento se considerarmos o quanto a sociedade na qual Freud viveu, se desenvolveu e atuou era de longe mais rígida, puritana e preconceituosa do que a de hoje.

O superego de então era na certa muito mais rígido e mais severo do que o de hoje.

O implícito do "não se envolva" é: "Não se enamore facilmente", "Não se envolva com o estranho" (o não da família). Sobretudo, não deseje sua cliente – não termine a análise na cama. Preserve tanto a impessoalidade profissional como o matrimônio monogâmico e indissolúvel – se você, ela ou ambos forem casados.

Em segundo nível (ou primeiro?), veja quando, quanto e com quem você se relaciona sexualmente.

A distância visuocutânea proposta pela psicanálise destina-se com certeza a preservar a estrutura social autoritária. Seguindo Reich e muitos outros (Montagu!), podemos dizer que o envolvimento – o relacionamento – com o outro é a principal maneira de experimentar – ou "sofrer" – mudanças de... caráter, de se fazer diferente, de sair das posições e atitudes "normais". De sair das regras sociais estabelecidas (sempre a ilusória segurança coletiva acima de toda a realidade)...

Fiel ao que dizem eles mesmos, toda a psicanálise clínica consiste em negar autenticidade a todos os sentimentos e emoções declarados pelo paciente em relação a seu analista.

Estranho – **muito estranho!** – que tenha Freud postulado – inconscientemente! – a invisibilidade do inconsciente! Na verdade, a invisibilidade do paciente – posto lá – no divã.

Notar o quanto todo o meu livro fala da individualidade concreta – expressiva, visível – **contra** todas as generalizações dos preconceitos, dos papéis sociais, das teorias, dos bons conselhos de mamãe e papai, das falas coletivas sobre o certo e o errado.

Em suma, do apego e da valorização absurda da comunicação verbal (do monopólio da comunicação verbal) e da cegueira em relação à comunicação não-verbal – ou visual.

**Enfim, repito, para encerrar o mais difícil capítulo da psicoterapia: está na hora e é imperativo começar a pensar e a aprender a distinguir as muitas formas de relacionamento possíveis em vez de achar que o único relacionamento entre as pessoas é amoroso e/ou sexual.**

# NÃO QUERO TE VER E NÃO QUERO QUE VOCÊ ME VEJA...

Freud inaugurou o ritual do divã, segundo o qual o paciente se situa fora do campo visual do terapeuta.

Posso dizer, também, **que ele se negou ao relacionamento inevitavelmente recíproco – e envolvente – da visão.**

É espantoso o quanto esse fato é omitido em toda a área da psicologia.

**Sem o olhar, foi eliminada toda a comunicação não-verbal** – tudo que face, gesto, atitude e posição mostram – ou "dizem". Basta mudar um pouco, bem pouco, a posição da face ou a direção dos olhos para mudar de todo **o significado** da comunicação – ou da relação.

É incrível o quanto os mestres do inconsciente são inconscientes do óbvio.

O que é negado retorna, diz o mestre – e os mestres esotéricos também: no lugar de "comunicação não-verbal" surgiu e difundiu-se o termo "psicomotricidade", como se alguma motricidade – passe a frase – não fosse psíquica (sem intenção nem propósito) e como se tudo que é psíquico não fosse motor.

É ridículo, mas preciso recordar: falar é um ato motor mais do que complexo... Mesmo quando falo comigo!

## O "NÃO SE ENVOLVA" E A "OBJETIVIDADE CIENTÍFICA" – GÊMEOS UNIVITELINOS

Mas ninguém erra sozinho. Inventar erros originais é difícil...

Quero dizer que esta tolice da psicanálise (da objetividade e/ou neutralidade absoluta) é exigência "normal" em ciência, e nela tampouco alguém pergunta se pode existir essa objetividade – o que de fato ela significa – e como se faz para consegui-la.

Nenhum cientista pode estar presente ao que está fazendo, e toda a ciência surge e se faz, misteriosamente, por força do invisível e do inexistente.

Força do espírito!

Como pode a veneranda ciência acreditar que é possível, talvez até fácil, suprimir a individualidade e a subjetividade de seus cultores? Como podem eles acreditar que conseguem?

Como não se detêm nem um instante antes de afirmar essa impossibilidade?

Veja, leitor, critico, mas também compreendo a psicanálise. Ela também foi vítima dos preconceitos de seu tempo, como é inevitável. A ciência era, então, mais sacrossanta que hoje. Além disso, o risco (!) de envolvimento pessoal é grande na psicoterapia.

Mas até mesmo os preconceitos mudam, assim como as modas. Seria bom atualizar tanto as da psicologia quanto as da própria ciência. A ciência está começando a fazê-lo, a aceitar que o cientista faz parte e pode influir nos resultados da experiência. Mas foi preciso que os sacerdotes da enigmática e esotérica física quântica chegassem lá matematicamente para que – a custo – o fato, **evidente desde sempre**, começasse a ser aceito pela sacrossanta comunidade científica.

Já disse bastante a esse respeito e não perderei a oportunidade de falar mais, sempre que oportuno – ou mesmo que inoportuno...

## SE ESTIVER FICANDO INTERESSANTE, MANDE PARA OUTRO

A obediência cega a regras estabelecidas pode gerar anedotas. Supervisionei duas psicólogas amadurecidas tanto na idade quanto na profissão. Periodicamente, procuravam supervisão. As duas ouviram, de dois supervisores diferentes, o mesmo sábio conselho. Quando o supervisor percebia um interesse especial da terapeuta por esse ou aquele paciente, recomendava incontinente fosse ele enviado a outro terapeuta!

Qual a graça? Se envio para um colega as pessoas que mais me interessam, termino ficando com as que não me dizem nada, as que me entediam...

Não é uma graça?

Ou uma desgraça? Como posso exercer alguma influência benéfica sobre alguém que não me interessa?

Siga em frente e vá juntando.

Outra virtude excelsa exigida do terapeuta é uma resistência deveras sobrenatural ao tédio (ao sono!). Há pacientes capazes de repetir relatos interminavelmente se o terapeuta, seguindo o conselho de seus maiores, se dispuser a ouvir muito e falar pouco.

Ouvi de Victor Frankel, o psicanalista do sentido da vida, em palestra, o quanto se precisa (o quanto ele precisava) de paciência para se manter ouvindo, ouvindo, ouvindo... *"C'est une ascese..."* ("É uma ascese!"). Perguntei a ele (**três vezes**!) o quanto esta ascese custaria a ele, terapeuta – mas a pergunta não foi compreendida!

Esquecem estes terapeutas, como os pedagogos aliás, que **sem interesse espontâneo nada acontece entre duas pessoas e sem interesse ninguém aprende nada**, a não ser uma decoração insossa – a repetição mecânica de uma gravação.

O paciente repete suas queixas e o terapeuta repete suas interpretações...

Esquecem também que prestar atenção ao outro durante várias horas por dia é uma tarefa muito exigente – é verdadeiramente uma ascese – se você aceitar as condições atualmente esperadas da relação paciente-terapeuta: ouça muito e fale pouco. Este é o resumo da tragédia.

E não se envolva!

Daí as muitas anedotas sobre o psicanalista adormecido.

Lacan resolveu a questão com elegância francesa: se o paciente começar a **repetir** é porque não está nem aí. A sessão acabou. Aliás, nem ocorreu – mas deve ser paga, assim ele aprenderá a estar aqui e agora. Aprenderá a não fazer o terapeuta perder tempo. Pouco sei de Lacan, mas tenho meio século de experiência e minha interpretação baseia-se nela.

Pergunta adicional: será que tédio (das repetições) adianta alguma coisa para alguém? Afora, como sempre, o taxímetro funcionando...

Nunca ouvi a questão do tédio discutida nem em aulas, nem em livros, nem em grupos de estudos.

*Meio século de psicoterapia verbal e corporal*

Pena. Suspeito que essa discussão – se houvesse – poderia levar a conclusões surpreendentes.

O que fazer nessa situação?

Aqui vai uma sugestão do tipo "como eu faço". Procuro ouvir umas tantas vezes com atenção, compreender, interpretar e/ou discutir bem o assunto. Deixo assim bem claro, para o paciente, meu interesse por ele.

Após ouvir bem, retorno: "Você já me disse isso várias vezes, e para mim torna-se difícil continuar prestando atenção ao que se repete. Nem sei se **você** está prestando atenção a essas repetições (ele não está!). Estamos ambos perdendo tempo e você está perdendo dinheiro, não é? Então, quando você começar a repetir, eu farei um sinal e espero que você pare. Não faz mal se permanecermos em silêncio algum tempo. Esperamos que você retorne com outra questão – ou preocupação".

Todos repetimos demais certo número de preocupações ou de pensamentos e, ante uma introspecção honesta, faz-se claro que, ao repetir, estamos em automático, estamos bem pouco presentes ao que acreditamos ser "nosso" pensamento. Na verdade, e apesar da estranheza da frase, estamos sendo pensados, não raro contra nossa vontade. O superego é o coro da multidão interior.

Daí a técnica proposta (uma delas) diante das repetições do paciente.

Técnica de longe preferível, mas dificílima, consiste em perceber que cada repetição não é uma repetição. Muda o tom, muda a música, a hora é outra, o tempo passou. Portanto, a intenção não é a mesma, nem a expectativa de resposta. Mas captar com finura as diferenças entre afirmações verbalmente idênticas é uma arte sobremodo difícil, e o melhor do psicanalista excepcional.

Teimando em prestar atenção, alguns terapeutas, para se proteger do tédio, não resistem à tentação de se tornar professores, e podem começar a dar aulas – de regra repetidas elas também, repetidas diante do mesmo paciente ou repetidas até diante de pacientes diferentes!...

Os famosos "Você devia" ou "Você não devia...".

Outros ficam irritados e começam a cobrar atitudes e decisões dos pacientes, terminando com a clássica conclusão: "Você não quer se curar!" Para os colegas dirão: resistências!

Adiante enuncio, amplio e contextualizo o princípio geral de atuação do terapeuta, que é precisamente esse – o de lidar com repetições. E o da neurose, que é, precisamente, repetir, repetir, repetir...

Neurose é rigidez de pensamento e de comportamento – falta de flexibilidade, de sensibilidade e de iniciativa.

# E MARX – NADA A ENSINAR
## AOS PSICOTERAPEUTAS?

Nunca ouvi discutida, nos lugares e textos de ensino, a influência dos honorários na técnica.

É só comparar um terapeuta que tenha três clientes com outro que tenha duas dezenas – mais uma lista de espera. Farão os dois a mesma coisa? Usarão a mesma "técnica"? Apresentar-se-ão na mesma atitude? Terão os mesmos modos?

Responda, leitor!

É possível que a técnica seja a mesma quando os terapeutas se vêem sob pressões tão desiguais?

Temos depois a saída brilhante de Freud (acho até que não foi dele): o pagamento é uma alavanca poderosa para vencer resistências! Portanto: cobre caro e não faça camaradagem!

Cita-se a resposta de um velho terapeuta quando interrogado sobre quando termina o tratamento: "Quando o dinheiro do cliente terminar"...

Depois a noção agora coletiva de que psicoterapia demora, podendo levar muitos anos... Tudo isso é excelente para o psicanalista, mas não sei se é tão bom para os clientes.

O que me importa, de momento, é examinar as influências da prática (da infra-estrutura econômica) sobre a teoria.

Enfim, se há um terreno confuso na psicanálise, é este: de que modo a terapia cura a neurose?

Número dois: quando termina?

Número três: o que o paciente está pagando?

Logo voltaremos.

## DISFARÇAR OU NÃO?

Enfim, como disfarçar minhas reações não-verbais ante o paciente, se ele estiver face a face comigo? "Devo" disfarçar? Será que **consigo** disfarçar? Será **possível** disfarçar? É o caso da "atitude neutra", da pura objetividade (isto é, "seja um objeto")...

É difícil tanto deixar de perceber quanto não responder às mensagens não-verbais do interlocutor – como adiante se comenta extensamente.

Deixo a resposta a estas questões ao leitor. Como se verá, em meu modo de proceder estas perguntas não têm cabimento, pois fundamento a maior parte de meu trabalho **precisamente** no envolvimento emocional e na comunicação não-verbal – recíproca!

Para encerrar a análise marxista da psicanálise e de sua influência na teoria, passo a examinar a organização da sociedade mais autoritária da Terra – estranhamente aquela que promete garantir a seus afiliados e a seus clientes a mais completa liberdade.

# A SOCIEDADE INTERNACIONAL DE PSICANÁLISE S/A

Em uma sociedade capitalista como a nossa, certo aspecto pecuniário da Sociedade Internacional de Psicanálise (e de suas afiliadas nacionais) precisa ser bem exposto e bem compreendido, a fim de se poder separar a teoria da prática.

A análise didática (três horas semanais durante quatro a cinco anos), mais as muitas horas de supervisão e as reuniões do grupo de estudos (semanais), significa, em números redondos, centenas de horas **muito bem pagas pelo neófito**, um apreciável investimento de tempo, atenção e dinheiro.

Depois de todo esse tempo e dinheiro, o candidato a guru tem todo o direito de esperar algum retorno. A sociedade, qual mãe zelosa, passa a enviar para ele clientes e/ou a recomendá-lo, e assim o capital empenhado vai se amortizando... Bastam poucos clientes, levando-se em conta quanto custa uma sessão com os especialistas formados pela Sociedade.

É preciso somar a duração da terapia (até anos) e o número de sessões semanais (até três).

Pouco se fala desse circuito econômico, limitando-se as pessoas a discutir o sexo dos anjos, de todo esquecidas do outro gênio – Marx, o analista da inconsciência coletiva do capitalismo.

# O QUE QUER DIZER PSICANÁLISE?

Depois de Marx volto à psicologia. Não teria cabimento um texto sobre psicoterapia que não se referisse explicitamente e de vários modos à vetusta e respeitável instituição psicanalítica já mais do que centenária.

Como só ela é ensinada nas faculdades brasileiras, tornou-se referência coletiva. Pelo menos sua nomenclatura se tornou referência universal na área. Infelizmente, pois seria difícil imaginar nomenclatura mais exótica e mais imprecisa. "Dependência oral", "voracidade", "analidade"...

Por ser tão antiga e ter surgido como pioneira – e escandalosa! –, tornou-se conhecida demais. Até letras de samba, textos astrológicos e personagens de novela falam em Complexo de Édipo! Portanto, seu nome de batismo se fez, ele também, confuso demais.

Quase todos os alunos de secundário sabem do ego, do superego e até do *id*! Muitos têm idéia das fases do desenvolvimento libidinoso (oral, anal e genital). Os termos "repressão", "identificação", "projeção", "negação", "idealização", "interpretação", "racionalização" e "transferência" já fazem parte da mídia e da cultura da classe média e dos universitários.

(Já descrevi mais alguns: generalização, particularização, cientificação, simplificação e mais.)

Vou ignorar os defensores fanáticos da psicanálise, assim como os críticos radicais – não preciso dizer por quê.

Quero apenas propor uma separação entre dois significados deveras distintos e distantes do termo: a **psicanálise** teórica e a clínica (ou **terapia**) psicanalítica. Ambas usam as mesmas palavras, mas em um e no outro contexto têm significados por demais diferentes. Aceitá-las como sinônimos traz confusões insanáveis.

A teoria se refere ao que ficou dito nos primeiros parágrafos, à existência do inconsciente, às fases do desenvolvimento, aos mecanismos neuróticos e aos elementos estruturais do inconsciente – ou da personalidade.

Segundo Reich e outros analistas, é por demais frouxa a ligação entre a teoria e a prática, e nas terapias bem conduzidas – na voz dos próprios analistas – os termos bem conhecidos de todos nem são usados.

A análise bem conduzida limita-se ao aqui e agora da transferência e da resistência – definição consagrada da terapia psicanalítica.

De outra parte, os requisitos práticos para a formação do terapeuta são rigorosos, como resumi acima. Aqui examino outros aspectos do mesmo tema.

O candidato se sujeita à análise didática, três a quatro sessões de uma hora por semana (45 minutos de cronômetro!), durante quatro, cinco ou mais anos. Estimativamente, cerca de quinhentas horas de meditação, solilóquio introspectivo e confissão. De exame de consciência... e da inconsciência!

Para a mentalidade tosca do ocidental no que se refere ao campo mental, **essa experiência se faz indelével**, assim como se faz eterna a ligação entre o candidato e seu mestre (pouco adianta tentar fugir ou atenuar o termo. O fato é esse).

**E essa ligação pouco tem a ver com a teoria.**

É preciso recordar Carl Rogers e sua escuta simpática – **sem interpretação alguma**.

Conheci Rogers em Arcozelos, e era curioso vê-lo diante de um auditório amplo ao ar livre. Quando alguém propunha uma pergunta, Rogers, em vez de voltar os olhos para a pessoa, voltava o ouvido que estava mais de jeito e fazia com a mão do mesmo lado uma concha acústica! Escuta rogeriana!

*Meio século de psicoterapia verbal e corporal*

Confronte o que ficou dito com o seguinte.

Dedicar 45 minutos por dia para falar em voz alta – de preferência gravando – durante muitos meses, ouvindo de volta de vez em quando, exerceria efeitos apreciáveis sobre qualquer pessoa. De novo, independentemente de qualquer teoria, explicação ou interpretação.

**Uma escuta simpática e atenta pode intensificar bastante a experiência.**

Se for simpática e atenta!

**Além disso, se as pessoas estiverem face a face, a atitude e as expressões do ouvinte de algum modo "respondem" a quem está falando e podem mudar seu modo de compreender o que está dizendo.**

O reparo impertinente – "se for simpático e atento"– cabe quando se sabe que o terapeuta, se bem-sucedido, pode ter de ouvir várias pessoas por dia – e não é nada fácil estar atento várias horas por dia a tantas falas bem pouco relacionadas com os interesses do terapeuta.

Voltando à Sociedade de Psicanálise. À profunda ligação pessoal com um dos sócios da Sociedade (seu analista didático e supervisor), some-se a quantia considerável de dinheiro paga a ele e à Sociedade, mais as centenas ou milhares de horas de estudo, reflexão, supervisão e diálogo sobre os textos do Iluminado (Freud) e ter-se-á a mais radical lavagem cerebral imaginável.

De outra parte, é a mais completa formação profissional que se pode desejar – ou sofrer – com o único defeito de ser limitada às lições de mestre Freud (mais as de poucos discípulos ortodoxos, reconhecidos e aprovados por essa mesma sociedade).

Claro, assim, que ela seja a sociedade mais autoritária imaginável – mais radical, fanática e feroz do que a Inquisição.

É preciso considerar também o oposto – **tudo que fica rigorosamente excluído nessa formação. Todas as demais abordagens psicoterápicas, científicas e filosóficas passam a ser tidas como "superficiais" – ou como "heréticas"!**

Razoável seria dizer: apenas diferentes.

## QUAL REALIDADE? OU REALIDADE DE QUEM?

Forma-se assim uma sociedade com linguagem própria, pouco e nada acessível aos não-eleitos, o que estreita o laço entre os sócios e aumenta seu isolamento do mundo...

Gera, na certa, determinada noção de "realidade" merecedora de comentários especiais.

Mil vezes me senti indignado ao ler uma expressão freqüente nos relatos: "O paciente estava fora da realidade". É indesculpável esta frase ridícula em intelectuais. Sabemos todos que a palavra "realidade" foi, é e será um tema eternamente polêmico, incerto e confuso. Como posso eu, terapeuta, julgar meu paciente e declará-lo fora da realidade? De que realidade? Da minha? Da que se declara nas reuniões da Sociedade de Psicanálise? Da dos textos de Lacan?

Mais especificamente: em qual realidade vive o paciente? Será preciso julgá-lo em função de seu contexto, e não em função de noções teóricas sobre o que seria "normalidade", qual sua "fase" de desenvolvimento e as noções de realidade discutidas nas reuniões do grupo psicanalítico – ou outros...

Aqui vão exemplos da "realidade" discutida nos círculos psicanalíticos – os trechos foram tirados da obra *Semiologia psicanalítica*, de Mari C. Gear e Ernesto C. Liendo (Rio de Janeiro: Imago, 1975, p. 126-7).

> Até então, o equilíbrio manifesto dessa união era tal que o homem – de caráter contrafóbico – o que lhe permitia um grande entusiasmo nos negócios, apesar de seu fundo melancólico – mantinha materialmente a casa. Nesse domínio ele desenvolvia uma atividade matricial quanto ao objeto idealizado, já que, identificado projetivamente com uma mãe interna idealizada e muito ativa, continha os aspectos idealizados do ego de sua mulher.
>
> O ego narcísico da mulher, no domínio social e econômico, desenvolvia então uma atividade matricial quanto ao objeto parcial persecutório, já que ela preenchia o papel de continente persecutório dos aspectos sofredores do ego contrafóbico de seu marido.
>
> Em suma, no pacto narcísico subjacente do casal, o ego narcísico do marido desenvolvia uma atividade matricial: continente idealizado, sob o aspecto econômico, e continente persecutório, sob o aspecto genital. O ego narcísico da mulher desenvolvia uma atividade matricial complementar quanto à do marido, ou seja, idealizada no genital e persecutória no não-genital.
>
> Do ponto de vista da atividade fálica, o ego narcísico do marido era conteúdo idealizado no genital e conteúdo sofredor no não-genital. Sob esse último aspecto, acontecia de a mulher não compreendê-lo manifestamente, embora – devido ao fato de ser, como já dissemos, continente persecutório – ela assumisse a angústia produzida pelos traços contrafóbicos do marido.

A intelectualidade do mundo que me perdoe, mas ao ler esses parágrafos meu primeiro movimento foi de riso incontrolável. Como é possível falar de uma briga de casal – ou de um... pacto matrimonial – nestes termos?

De outra parte, estou cometendo um crime intelectual citando três ou quatro parágrafos de um livro de 380 páginas, mas tal crime é comum e aceito pela comunidade acadêmica, diga-se. Já sofri desse crime e ele é doloroso. É como levar um capuz de pele de urso de esquimó para um índio da Amazônia.

Mas o trecho citado refere-se a um dos capítulos do livro – apenas. Folheei todo o livro e posso dizer que os autores usam o tempo todo uma linguagem parecida, extremamente "técnica", "exata" e dificílima de ser compreendida, embora estejam falando de pessoas, de casos clínicos, de casais...

Estranha realidade, deveras.

Devo ser psicótico, pois estou completamente fora dessa realidade...

A bem da justiça, cito a seguir uma psicóloga acadêmica, CRP 15-1599, Juliana M. de O. Lins, de Maceió. Seu texto seria aceito com poucos reparos em várias cadeiras do curso de psicologia oficial.

Na revista *Satirista*, social e humorística, ano 1, número 3, editada em Maceió, ela ao mesmo tempo oferece ou anuncia seu trabalho e descreve o que seria a psicoterapia. O texto foi reproduzido ao pé da letra. A apresentação gráfica da revista é ótima e as poucas páginas (14) não são numeradas.

> A psicoterapia é um processo de crescimento e expansão da consciência, é uma busca de autonomia do indivíduo enquanto pessoa no mundo.
>
> Quando uma pessoa procura um atendimento psicológico, na maioria das vezes, é seu desejo livrar-se do incômodo de sentir a dor dos seus conflitos, é a única coisa que importa, faz-se necessário facilitar esta escuta e deixar este cliente verbalizar seus pensamentos, sensações e sentimentos.
>
> Cabe ao psicoterapeuta, que é o interlocutor, que realmente está centrado, não apenas sobre o conteúdo do que é relatado, mas principalmente sobre "como o cliente se narra", visando perceber toda a estrutura que este cliente apresenta; fazendo-se necessário que o terapeuta intervenha em toda a sua vida pregressa, pois é importante investigar, ou seja, buscar onde está o nó de sua doença somática e/ou conflito instalado. Fazer terapia é saber que podemos enquanto pessoas desatar o nó de nossos conflitos.

Mais um... paradigma. No livro *Psicanálise e quantum*, de Antonio Carlos Farjani (São Paulo: Plêiade, 1995). O autor escreve, na p. 79: "O paciente somente poderá ser diagnosticado e tratado enquanto estiver se vinculando a um objeto, que no consultório será representado pelo próprio analista".

Não pretendo comentar esta opinião. Ela me parece, apenas, expressão extremamente remota e abstrata de um relacionamento pessoal – "vinculado a um objeto" (o terapeuta!).

Tal opinião figura aqui apenas pelo comentário feito a ela, pelo autor, em rodapé.

> Pode-se verificar um equivalente desta noção na teoria lacaniana no esquema L,

que dispõe o circuito da palavra a partir do Grande Outro. O sujeito S não está na origem, mas no percurso da cadeia significante, que percorre um eixo simbólico A-S e um eixo imaginário entre o eu e a imagem do outro. O inconsciente, como "discurso do outro", atravessa filtro imaginário a-a' antes de chegar ao sujeito.

Notar: no livro, esta é a citação de tudo que o autor comentou – sem eliminação de contexto algum.

Você escolhe, leitor, entre psicanálise ortodoxa, psicologia oficial, Carlos Farjani, Lacan – e eu!

Em todos os comentários deste apartado não estou me referindo, é claro, a psicoses declaradas, com alucinações e delírios. A psicoterapia das psicoses é um capítulo limitado e bastante discutido em psicanálise e em outros campos. Os reparos acima se referem apenas a neuroses ou até às pessoas "normais" – salvo seja...

# A PSICANÁLISE COMO TERAPIA

O centro da minha discussão ao falar de psicanálise, porém, não é apenas nem principalmente a veracidade da teoria, mas sua possível utilidade como terapia – e aí reina a mais completa incerteza. Dada a formação exigida, seria plausível esperar que fosse ela a mais completa, radical e, de certo modo, infalível terapia da neurose – para cuja cura ela foi elaborada e por força da qual nasceu.

O que está longe de ser verdade.

Sem contar com o calcanhar-de-aquiles da questão: mesmo que fosse infalível, a psicanálise, pela sua duração e preço excessivos, jamais poderia ser solução viável para a neurose coletiva.

Sem contar com a noção altamente incerta de chegar – ou não – à "normalidade" psíquica, após vários anos de conversas. Alguém pode garantir a alguém a estabilidade mental e emocional permanente? E, dada essa duração, como impedir o desenvolvimento de uma "dependência terapêutica"?

Além disso, pelo que adiante se dirá, há muitas outras maneiras, fatos e argumentos que nos permitem colocar a psicanálise como **apenas mais uma prática útil para a terapia, entre pelo menos uma dezena de outras**. Ótima para alguns e inútil para outros – como todas as demais.

Temos nela apenas mais uma teoria meio tosca sobre a natureza humana, aceita por uns, consagrada pela mídia e pela universidade, e criticada por muitos outros.

Não esqueça, leitor: ao ler a palavra "psicanálise", aqui ou em qualquer outro lugar do livro, pergunte sempre a si mesmo: trata-se da veracidade de uma teoria venerável e "definitiva" sobre a personalidade humana, ou trata-se da posição pessoal, ao mesmo tempo sofrida, cara, profunda e restrita de quem foi formado – ou deformado – e aprovado pela Sociedade Internacional de Psicanálise ao longo de dez anos e muitos milhares de reais de confissões e arrependimentos?

Seria ótimo não confundir a teoria e a prática – diria meu avô.

# O QUE FREUD NÃO PERCEBEU NEM DISSE

Ao longo do texto, o leitor bem informado notará quanto e de quantos modos uso, aceito e até amplio muitas das noções da psicanálise. Minha crítica, pois, nada tem de radical ou fanática.

**Elas se referem muito mais ao que ela omitiu, ignorou ou negou**.

Quase pioneiro, Freud avançou certo número de noções fundamentais tanto para a compreensão da personalidade quanto para a compreensão das doenças psicossomáticas.

A saber: as funções psicológicas manifestam certa semelhança de forma com as funções fisiológicas correspondentes – como é patente nas "fases" do desenvolvimento libidinal.

Mas é preciso dizer logo em seguida que "semelhança de forma" entre funções fisiológicas e funções psicológicas não é uma afirmação muito clara – nem fácil.

Levando a sério os fundamentos da teoria, concluiremos que o ser freudiano tem apenas aparelho digestivo (equivalente psicológico: fases oral e anal) e aparelho genital (equivalente fisiológico: fase fálico-narcisista e depois fase edipiana)!

Repetindo: o homem freudiano tem apenas aparelho digestivo e sexual – mais nenhum outro!

Tem família, também! Principalmente mãe.

Ainda bem que a prática psicanalítica tem pouco a ver com a teoria!

O que falta ao homem freudiano? **O homem freudiano não tem tórax**. Portanto, não respira, não sei como vive, como pode sentir angústia e como consegue falar – isto é, usar o único instrumento de comunicação aceito pelo exclusivismo psicanalítico.

Nem tem coração. Como pode, então, emocionar-se?

O coração começa a pulsar na quarta semana de vida fetal – primeiro núcleo da individualidade. "Eu (!) controlo a circulação da vida em mim!", diria o feto – se pudesse dizer alguma coisa. Nada o impede de **sentir** essa coisa.

**O recém-nascido é inteiramente dependente – dizem a psicanálise e o povo.**

Falso: o neonato não precisa de ninguém para respirar. Respirar é o primeiro ato de independência de sua vida. Ele o realiza sem auxílio de ninguém – à custa das próprias forças.

Fase esquizoparanóide, diz Melanie Klein, falando do neonato: "Eu sou Deus", diria ele – se falasse. Mas é verdade! "Respirando, dou vida a mim mesmo", diria ele, se falasse, "e para me dar vida eu não preciso de ninguém".

Lembrar que a respiração é feita por músculos voluntários, o que faz dela a primeira mestra da vontade – da futura capacidade de se mover "por querer". Mover-se por querer parece ser o limite da independência.

A circulação e a respiração podem ser consideradas as raízes tanto da independência quanto da individualidade – como Buda entendeu muito bem!

Ele disse que o caminho mais direto para a iluminação é a permanente consciência da respiração.

Muito mais sobre a respiração o leitor encontrará bem adiante, em particular sua ligação estreita com a angústia – e com o espírito!

# A CRIANÇA PSICANALÍTICA NÃO SE MEXE

Freud, sem se dar conta, confirmou com várias de suas idéias a noção popular dominante: o recém-nascido é inteiramente dependente – pressuposto profundo do autoritarismo. "Sem alguém (que me ajude) não sou ninguém." Crescer – ser educado – dentro dessa perspectiva é importante para manter toda a organização autoritária da sociedade.

Esta é a noção corrente: a criança pequena não sabe nem pode nada, e a missão – missão! – dos adultos é formar sua personalidade segundo os nossos Sagrados Valores Tradicionais...

Claro que isso é quase de todo verdade para o recém-nascido, mas passo a mostrar que não lhe damos várias condições importantes para fazer coisas que ele já pode fazer – acentuando assim sua dependência. Ou seja, cultivamos sua dependência por omissão, e a teoria freudiana de vários modos reafirma essa prática.

Já falei do coração (e da circulação) e da respiração, que nem sequer figuram nas "fases" do desenvolvimento.

Nos trechos a seguir, alternarei as noções freudianas sobre a criança e o que se poderia fazer para reduzir sua dependência desde muito cedo, criando novas **"fases" de desenvolvimento** capazes de equilibrar sua dependência.

Retomo com a terceira manifestação de independência: o movimento. O feto começa a aprender a se mexer "por querer", por iniciativa própria, desde o segundo mês da gestação! Não mais **está** no mundo, passivamente, mas **se põe** no mundo e até reage contra ele. Hoje a ultra-sonografia mostra essas coisas com total e fascinante clareza.

Já dissemos um pouco sobre isso: o feto move-se de mil maneiras, e de maneiras cada vez mais complexas ao longo da gestação.

*Meio século de psicoterapia verbal e corporal*

Ao nascer, nossos costumes irrefletidos nos levam a deixá-lo no berço a maior parte do tempo – de costas! – e até poucos anos atrás ele era enfaixado como uma pequena múmia!

A "instrução" implícita é: "Não se mexa"...

Periodicamente, alguém passeia um pouco com o nenê no colo. Observando com atenção como ele se comporta nessa situação, será fácil perceber **seu interesse e sua concentração visual em tudo que aparece à sua frente**. A maior parte das pessoas mal percebe ou não dá importância a este fato.

Criança não sabe nada...

Uma comissão médica enviada a Uganda a fim de estudar o parto e a primeira infância entre os nativos constatou o seguinte: logo após o parto, que a mãe faz sozinha, ela põe a criança em contato consigo de vários modos, conforme o momento, e assim permanecem, juntas, 24 horas por dia até um ano e meio ou dois anos de idade. Mesmo durante o sono – na rede. Aliás, esse é também o comportamento da mãe e do filhote de chipanzé. Os observadores notaram que, ao fim **de três ou quatro dias**, a criança que acompanhava a mãe em todas as suas andanças e afazeres mostrava-se muito atenta a tudo que a cercava, ria facilmente, chorava pouco e mamava quando queria. Verificou-se ainda e também que os hormônios do estresse (aumentados no final da gravidez) voltavam ao nível normal em **três a quatro dias**. (Em bebês civilizados, eles demoram dois ou três meses para desaparecer.)

Portanto, nosso modo de lidar com o recém-nascido está errado. Passeando no colo de alguém, a criança começará a ter as primeiras experiências das relações entre imagens e movimentos, fundamentos tanto para desenvolver a visão quanto para organizar as noções de espaço, distância, direção, velocidade. Começa, em suma, **a estruturar o espaço em função do movimento, base da motricidade**.

Considerando quanto diremos sobre o cérebro, que é acima de tudo imitação, poderia ser divertido e útil brincar de fazer caretas quando o nenê estivesse bem acordado. Há demonstração fotográfica de que recém-nascidos humanos exibem excepcional capacidade de imitar as expressões de quem olha para eles com atenção. Faça caretas diante de um deles e verifique.

Nem preciso dizer o quanto estas imitações entre adultos e nenês **ampliariam a comunicação entre eles**.

Muitos de nossos modos de tratar crianças pequenas só podem levá-las a sentir que elas não estão aí – ou que não é com elas.

# O REFLEXO DE AGARRAMENTO

Já vi em muitos lugares fotografias de recém-nascidos agarrados a dedos de adultos e pendurados no ar, **pelas próprias forças**. Ninguém pensa em cultivar essa capacidade do bebê, a força contida no "reflexo de agarramento", essencial na vida arborícola e continuamente exercitado desde o nascimento. Filhotes de macacos vivem agarrados à mãe.

Não sei de quem tenha pensado em cultivar esta aptidão no filhote humano. Usando a mãe roupas bem felpudas, o bebê poderia dispensar muito tempo de colo e de berço, onde seu comportamento é de todo passivo.

## DE COSTAS OU DE BRUÇOS NO BERÇO?

Segundo a experiência e o conselho de Doman e Delacato, estudiosos de crianças com lesões cerebrais variadas, seria muito bom manter a criança **de bruços sempre que estiver no berço**. Algumas experiências desses autores demonstram que nessas condições o recém-nascido começa a rastejar com dois meses de idade.

A explicação dada por eles é óbvia: uma criança de costas no berço tem os quatro membros se mexendo sem resistência e sem fazer nada que tenha algum sentido – bobas! De bruços, a criança terá imediatamente a noção da função dos membros.

O cuidado único consiste em não usar nem colchão nem travesseiro muito fofos; estes poderiam se fazer sufocantes.

## O MOVIMENTO E O SONHO

Ao descrever pormenorizadamente as funções cerebrais motoras e visuais, tornar-se-á claro o quanto os sonhos retratam exatamente estas funções predominantes do cérebro.

Enquanto um adulto sonha quatro vezes por noite, num total de duas a duas horas e meia, o recém-nascido sonha o dobro, pois dorme o dobro do tempo.

A ultra-sonografia de fetos demonstra que estes começam a sonhar **a cada hora e meia** desde o sétimo mês da vida intra-uterina, transitando depois, muito lentamente, para o ritmo adulto acima citado. Ao mesmo tempo que sonham, manifestam ereção (a menina se molha a cada hora e meia – logo depois de nascer.)

**Claro, para mim, que esse sonhar tem a ver com o desenvolvimento da ação e coordenação motora.**

## NADANDO CONTRA A CORRENTE...

Não há a menor dúvida de que o recém-nascido humano sabe nadar, bastando para isso alguns pequenos cuidados iniciais por parte de adultos.

E uma piscina, é claro. Poderia ser até uma de quintal.

Além disso, é de conhecimento geral que crianças pequenas, de regra, adoram tomar banho.

É muito fácil compreender estes fatos. Nascemos na água (líquido amniótico), e esta estimula a pele inteira.

## OS PRIMÓRDIOS DO HOMEM NOVO

A psicanálise, repetindo, dedicou-se demais a acentuar a dependência humana, reforçando nossos padrões sociais autoritários. Bem mais adiante, mostrarei a continuação deste modo de proceder. O que chamamos de educação é muito mais um processo de limitação contínua de movimentos (repressão) do que uma soma de processos destinados a **desenvolver ao máximo todas as aptidões do ser humano**, como é dito nos textos de pedagogia. Não só limitamos os movimentos como estimulamos intensamente a verbalização, a capacidade de falar... sem se mexer!

Desde muito cedo, a criança bem-comportada que sabe falar é (era?) a figura ideal do filho bem-educado.

**Estranhamente, a lei da educação é a mesma do *setting* psicanalítico: fale o que você quiser, mas não faça – nada!**

Estou esboçando medidas pedagógicas destinadas à criação do homem novo – absolutamente necessárias ante as inovações tecno-sociais do terceiro milênio.

Ao mesmo tempo, critico toda a psicanálise em sua função pedagógica, de todo favorável ao autoritarismo – principalmente na Sociedade Internacional de Psicanálise!

Mesmo que esta diga o contrário.

## O HOMEM FREUDIANO NÃO TEM PELE – NÃO TEM CONTATO

No útero, o feto sente toda a pele em contato com as paredes internas do útero, separada delas por uma fina camada líquida e pela fina membrana do saco amniótico. Contato total, macio e quente.

Ao nascer, uma das primeiras sensações desagradáveis do bebê é certamente a de frio, já que durante toda sua existência uterina ele viveu a 37, 38º C. Além do frio, o recém-nascido sente-se completamente indefeso em relação a ele, porque o seu sistema termorregulador nunca fora exercitado. Se um bebê for exposto a, digamos, uma temperatura de 20º C ou menos, ele pode morrer de frio por ser incapaz de ativar seu metabolismo ou de reduzir a circulação sangüínea da pele. Esses dois processos são as reações comuns das pessoas quando seu sistema regulador de temperatura está funcionando.

Também por isso, entre chipanzés e povos primitivos, o recém-nascido é mantido estreita e permanentemente junto da mãe – que é quente!

Desta situação, nasce a sinonímia universal entre as palavras (e as coisas) "calor" e "amor".

Também por isso, mas não só por isso, o contato de pele com pele, entre o recém-nascido e a mãe – e com outras pessoas –, é vital para os bebês.

Na famosa experiência com filhotes de chipanzés recém-nascidos separados da mãe e criados em laboratório, os bichinhos ficavam 99% do tempo (cronometrados!) junto à armação de arame envolvida num pano peludo e macio. Dedicavam **apenas 1% do tempo** para ir mamar apressadamente em uma das mamadeiras presas a outra armação que pretendia imitar a mãe... nutritiva!

A surpreendente conclusão do cientista foi esta: para os chipanzés recém-nascidos (e com mais razão para os seres humanos), **o contato macio e quente de corpo inteiro é mais importante do que a alimentação**.

Pense, leitor, na séria restrição que estes fatos põem em toda a questão da "**fase oral**".

Freud não falou em uma fase cutânea...

Estes fatos e estas reflexões nos levam a uma conclusão ao mesmo tempo óbvia e surpreendente: a necessidade mais premente e mais freqüente do ser humano é a de contato cálido e macio de pele com pele.

Excluindo os dois primeiros anos da vida, e ampliando-se a cada ano que passa, mais e mais este contato é socialmente proibido, gerando um substituto mentiroso: as pessoas dizem sentir falta de contato afetivo ou emocional.

**Na verdade, elas sentem falta de contato de pele, sem o qual as palavras "afetivo" e "emocional" têm bem pouco sentido**.

No entanto, poucas interações entre pessoas são mais proibidas em nosso mundo do que as que envolvem contato de pele. São permitidos contatos entre adultos somente nos gestos formais ou em períodos bem determinados: namoro, ficar com, marido e mulher e em certa medida no relacionamento com crianças.

Mas olhe lá. Até esses estão sendo seriamente confundidos com "assédio sexual a menores".

Sorte dos cachorros. Estes animais de estimação – incluindo os gatos domésticos – estão absorvendo todos os gestos de contato e carícia que as pessoas gostariam de fazer entre si, mas não fazem!

Mesmo neste caso, ocorre uma sutil inversão de intenções. Seria muito bom se as pessoas **aprendessem a se relacionar de acordo com o modelo ca-**

**nino**. Os cães são efetivamente mestres de amor incondicional. Perdoam todos os esquecimentos e os maus-tratos no momento em que os proprietários lhes estendem a mão ou lhes dão atenção.

Grande número de homens se sentiriam felizes se as suas queridas esposas se comportassem do mesmo modo!

O preconceito refere-se mais a eles – os homens: "Macho não tem destas fraquezas". Mas é claro que se refere também – e muito mais – a suas legítimas esposas em suas expectativas em relação aos maridos.

Estranha ironia e estranha verdade: seríamos muito mais felizes se nos tratássemos como os cães nos tratam.

Cada vez se usa mais em psicoterapia o termo "acolhida", cujo fundamento é este que estamos examinando: o contato – **de pele, o colo**. Mas sempre que ouço esta palavra ela é apenas palavra, acompanhada de uma cara especial, a qual, sem o contato de pele, parece uma máscara, uma expressão vazia vagamente maternal.

É a falta deste contato, assim como sua redução rápida e gradual na infância, que gera nas pessoas a incapacidade de perceber os próprios limites.

**O mais fundamental limite do "eu" é a pele**. O que está "dentro" da pele sou eu ou é meu, e o que está fora da pele é não-eu, é mundo, é outra coisa.

Também podemos dizer: o que me toca (o que toca na minha pele) me toca; o que não me toca (o que não toca na minha pele) não me toca.

Gosto de pensar que os mecanismos neuróticos de confusão do eu (projeção, identificação) decorrem deste fato: **as pessoas não conhecem os próprios limites – estritamente ligados à pele.**

# O HOMEM FREUDIANO NÃO TEM OLHOS

**A psicanálise, assim como a psicologia acadêmica, ignora tenaz e inexplicavelmente o valor dos olhos para as pessoas e para as relações interpessoais.**

Com o paciente no divã, fora do seu campo visual, Freud não pôde estudar a maior parte da comunicação não-verbal, sublinhando-se que essa comunicação é extremamente importante para a... comunicação, como foi e será dito de mil maneiras ao longo deste livro.

No entanto, a palavra mágica da psicanálise – o alvo da análise clínica – é... *insight*, isto é, "ver dentro" (!). A consciência tem olhos para ver dentro, mas a pessoa não tem olhos para ver fora, para ver o outro.

Sob essa negação, há outra, tão grave quanto: a negação da individualidade. Se solicitarmos de três pessoas que nos digam **a mesma** frase, teremos três músicas vocais diferentes e três atitudes/gestos/faces distintas. A rigor, **três significados diferentes**.

**O significado preciso da palavra depende de seu acompanhamento não-verbal**.

Ou seja: como já se fez lugar-comum, cada um é ele mesmo e mais ninguém. Esta afirmação pode ser tida como filosófica, mas **também pode a qualquer momento ser constatada se estivermos olhando – e vendo! – nossos interlocutores enquanto dialogamos**.

As palavras podem ser "as mesmas", mas as expressões não-verbais jamais serão.

**Para os olhos, só existem indivíduos – todos diferentes mesmo quando parados, sem fazer nem dizer nada...**

Basta olhar – e ver.

Quando a figura do interlocutor e sua comunicação não-verbal são bem-vistas, a individualidade não pode mais ser negada ou ignorada. Se ignorada, toda a comunicação se torna equívoca. A pessoa se torna um tipo, um diagnóstico ou um número em uma estatística, "um caso típico de neurose obsessiva" – jamais o Carlos ou a Carmem.

> **O que leva ao pior dos absurdos psicanalíticos: tudo é transferência. Para quem não saiba ou não lembra: transferência é repetição de comportamentos. Mas, se vejo a pessoa bem-vista, talvez conclua o contrário: a transferência não existe. Ninguém é igual a ninguém (e isto é visível), e ninguém tem a mesma voz que o outro (e isso é audível). Enfim, ninguém se repete, mesmo quando acredita – ou parece – estar se repetindo.**

O terapeuta **escolhe**, consciente ou inconscientemente, entre procurar e perceber semelhanças (transferência) ou se dar conta das diferenças (relação pessoal).

Mas é preciso lembrar que, em toda nossa tradição intelectual, inteligência consiste em encontrar semelhanças entre situações, pessoas, palavras. Estamos literalmente viciados em perceber semelhanças. Além do mais, perceber diferenças é mais complicado, pois exige respostas novas.

Esta afirmação vale tanto na observação de um paciente quanto na busca, entre vários clientes, de formatos diagnósticos, quadros clínicos, tipos de personalidade.

O paciente, por sua vez, tende a contracenar com o terapeuta e, se a relação é de semelhanças para semelhanças (de repetição para repetição, de terapeuta para neurótico, como reza e exige o catecismo psicanalítico), **os dois** estão em transferência.

Nenhum dos dois está aí!

# A INFÂNCIA E O OLHAR

A omissão do olhar tem outras conseqüências, ainda mais significativas.

A psicanálise fez da infância seu domínio favorito, de certo modo exclusivo. Tudo começa na infância (o que é óbvio), mas, segundo ela, a infância continua presente ao longo de toda a vida das pessoas – transferência é isto.

Parece que nem Freud, nem psicanalista algum, jamais olhou para crianças, pois basta olhar para uma delas e perceber que toda a vida do infante transparece viva e claramente em seu olhar curioso e brilhante e em suas mãozinhas inquietas. Se os olhos perderam o brilho, e se a criança, parada, olha desatenta para o que a cerca, é certo que não está bem.

Encontrar semelhanças de comportamento em uma criança é uma tarefa quase impossível. Nada mais próximo da "criação contínua" do que uma garotinha de 3 anos em suas andanças pelo mundo. A paralisia começa com as palavras, estas sim bem parecidas, desde os 3 anos – ou menos...

# OS INSTRUMENTOS DA INDEPENDÊNCIA

Além de ignorar a pele, o olhar, a respiração e o movimento, Freud ignorou outros instrumentos corporais capazes de nos garantir independência.

Foi vítima de seu tempo, da visão e da educação autoritária que inconscientemente apoiou e na certa sofreu. Sublinhou todas as carências e incapacidades da criança.

Depois seguiu a tradição de denominar de "infantil" tudo que no adulto era neurótico. Isto é, precário, limitado, desajeitado, repetido, "bem-comportado"...

Fico indignado com essa degradação da infância. O "infantil" neurótico é uma degeneração pedagógica e não uma criança saudável.

Acima descrevemos de quantos modos nós desencorajamos ou impedimos a criança de fazer coisas para as quais ela é de todo capaz.

Mas é preciso acrescentar: logo que a criança começa a se mover com alguma aparência de intenção (de desejo, diria Freud) – nem que seja a mãozinha hesitante querendo agarrar o penduricalho sobre o berço –, ela já está começando a desenvolver a mais vital de suas aptidões: os reflexos visuomotores, a ligação primordial entre o ver, o desejar e o fazer.

A ligação entre olhos e mãos.

Esses movimentos começam cedo e experimentarão uma elaboração exaustiva e permanente durante a vida toda. Portanto, não constituirão uma "fase", não passarão com o tempo.

As mãos do infante psicanalítico não servem para nada, não fazem coisa nenhuma, não fazem parte de nenhuma "fase" de seu desenvolvimento.

No entanto, já no segundo mês de existência, o petiz começa a mover insistentemente as mãos em frente dos olhos que as contemplam fascinados. No correr de um dia, podem fazer assim várias vezes despertando perplexidade nos adultos.

A criança está construindo o espaço de manipulação (mani-pular = fazer com as mãos), criando o espaço nos quais as mãos logo farão mil coisas sob a atenção vigilante dos olhos.

Está ampliando sua habilidade no lugar onde é exercitado o fazer, com os instrumentos apropriados, onde é criada a tecnologia com a qual ampliamos nossa independência e nosso poder sobre o ecossistema.

**Na verdade, estas horas inúteis fazem toda a diferença entre nós, de um lado, e todos os animais, de outro.**

Dada a omissão sistemática do corpo e dos movimentos, somos levados a crer que o infante psicanalítico é um paralítico.

Coitadinho! Precisamos fazer tudo por ele. Como nós somos importantes!

# SONHOS E FANTASIAS INCONSCIENTES

Na psicanálise, os olhos se fazem presentes nos sonhos e nas hipotéticas "fantasias inconscientes".

Não compreendo esta última expressão, muito usada por Freud. Ela equivale a dizer que eu vejo imagens que não estão na consciência, que eu imagino sem imagens.

Como pode?

Mestre Jung deu um sentido plausível a essa afirmação sem sentido: as fantasias **se formam** espontaneamente na consciência – se aprendermos a permitir que elas se formem. Os desejos (as intenções), quando poderosos, tendem a formar na consciência as imagens dos objetos correspondentes e até a propor os meios para alcançá-los.

Sabemos: o cérebro é primariamente motor e visual (veremos), e diante destes dados básicos a frase anterior se torna muito mais compreensível. E muito mais significativa.

Os sonhos foram importantes para introduzir a psicanálise na vida sociocientífica e cultural de seu tempo. O livro *Análise dos sonhos* ganhou prestígio, despertou curiosidade, críticas e admiração desde o começo.

A ciência tentando compreender os sonhos!

A conclusão de Freud de um lado foi genial e de outro frustrante – ou amesquinhante: "O sonho é a realização alucinatória e 'disfarçada' de desejos reprimidos", de regra sexuais, agressivos ou infantis.

O sonho pode ser isso, mas é claro que ele é muito mais – como Jung mostrou e como todos os mitos demonstram (os mitos são sonhos coletivos), assim como a existência de todos os "sonhadores" da humanidade – geradores de invenções e transformações.

É fascinante comparar os sonhos do próprio Freud no livro citado com os sonhos de Jung em seu *Memórias, sonhos e reflexões*. Os de Jung são cinematográficos, curiosos, bonitos, grandiosos, bem organizados. Os de Freud são comezinhos, cotidianos, familiares...

Não se podem separar as teorias de seus criadores. Teorias nascem de pessoas que vêem o mundo a seu modo, e ninguém é capaz de fazer do mundo uma descrição válida para todos. Por isso falo dos sonhos de Freud. Também teorias são "pontos de vista" que alguns aceitam como verdade ou adotam – e formam escolas.

Outros não.

É muito estranha a negação do visual em Freud, junto com a omissão da respiração.

Ele negou a luz e o espírito.

Talvez por isso seus sonhos sejam tão pobres.

Se os homens não respirassem, não teriam inventado nem a noção de espírito nem a religião...

O grande espírito é a atmosfera.

Meus pulmões – meu peito – são o templo de meu pequeno espírito, do invisível que me dá vida.

Que me inspira!

## OLHAR (IMAGENS) E AÇÃO

Jung seguiu caminho inverso. Ele nos disse que a função mais importante da "psique" – ele gostava dessa palavra – é gerar imagens, as do sonho, da fantasia e da arte.

Está implícito: sem imagens não há movimentos, sem imagens nada tem sentido, pois a raiz última – ou primeira! – da palavra "sentido" ou "significado" é "na direção de". Sua representação mais perfeita é a flecha – o vetor.

Os arquétipos são grandes conjuntos motores primários que organizam todas as atitudes. Quase digo que os arquétipos são imagens do extrapiramidal – ou as raízes da postura. As imagens são geradas a fim de organizar a ação (a motricidade). Elas estimularão a organização e a reorganização das atitudes e dos movimentos, sempre que houver um crescimento ou sempre que o ecossistema exigir readaptações.

Exatamente como no cotidiano: guiados pelos olhos, seguimos nosso caminho e fazemos quase tudo que fazemos – quase sem prestar atenção!

# PURO ESPÍRITO OU ALMA PENADA?

Continuando com as omissões do Mestre, posso dizer, alternativamente, que o homem freudiano tampouco tem cara, ou corpo, ou atitudes, ou gestos...

Ele só tem palavras.

De novo, assim fica fácil dizer que tudo é transferência, que tudo se repete e tudo está no inconsciente. Todas as diferenças foram excluídas!

O homem freudiano, não tendo corpo, não pode ter movimento nem expressão – afora o texto verbal e a música da voz.

Tudo que o paciente **faça** será tido como *acting out* (atuação), será apenas mais um "símbolo" para intenções inconscientes, será mais um fazer que é um negar... do fazer! Um fazer no qual só existe, como única realidade, o falar. Até um fazer que é um desfazer: "O que estou fazendo não é o que estou fazendo – é outra coisa" (sempre a transferência)...

Se Freud tivesse seguido a intuição derivada **da observação** da atuação, teria ido bem mais longe do que foi. Esteve bem perto dela ao dizer: "O ego controla a motricidade". Deixou esse campo (do óbvio) para seu discípulo não muito querido – Reich –, que começou a olhar para o paciente e deu corpo ao inconsciente, ou mostrou que o inconsciente governa e se exprime nas posições e nos movimentos corporais.

Ambos deixaram para mim seus achados, que reuni na Técnica do Exorcismo, adiante descrita em pormenores.

**O que estava expresso no rosto e no corpo – e não foi visto – foi atribuído ao "inconsciente", quando mais verdadeiro seria dizer: "Estava aí e eu não vi, porque não estava olhando!"**

Eu não vi ou não quis ver?

Omissão ou negação?

Negação da relação – como venho mostrando.

Enfim, o homem freudiano não tem pele. Seria inconcebível para um psicanalista "puro" (!) tocar em seu paciente. Muitos nem o cumprimentam na chegada (já ouvi relatos).

No entanto, a pele é o limite do ego...

**Em nós, o mais profundo é a pele.**

**O que me toca me toca, e o que não me toca não me toca...**

**A pele define os limites do eu – já disse e repito porque não apenas Freud omitiu ou negou esse fato; todos os nossos preconceitos reafirmam essa ligação ao edificar contra ela mil proibições e regulamentos.**

*"Noli me tangere"* – "Não me toque", disse Jesus **depois** de ressuscitar.

Desde sempre foi assim, mas depois que se estabeleceram todas as proibições contra o prazer e a necessidade de contato o toque passou a ser limitado pela moral e se fez, pela negação, até mais importante do que era por natureza.

E os seres humanos passaram a existir como puros espíritos que se comunicam apenas pelas palavras!

(O tato foi o primeiro dos sentidos a se desenvolver na substância viva. Protistas "sentem" obstáculos em seu caminho – e desviam-se deles; os cílios são tanto órgãos motores quanto indicadores de contato.)

Para o recém-nascido humano, bem mais importante do que a mamada é o aconchego-calor do corpo e do colo materno. Desde bem antes de nascer, ele já dispõe de numerosas sensações táteis, obviamente as "mais íntimas"... de todo "superficiais" (!).

Ainda hoje difícil, no tempo de Freud o contato de pele era algo inimaginável fora de condições sociais estritas (matrimônio e infância). Talvez por isso ele nem tenha se dado conta do fato – da carência vital do contato. Ou talvez temesse acentuar sua importância – se o tivesse feito, podemos ter certeza de que teria sido muito mais combatido do que foi...

Ironia dos costumes e dos preconceitos.

Acredita-se que Freud tenha sido malfalado por se referir à mamada, à defecação, ao desejo "sexual" do garoto pela mãe e mais coisas escabrosas como estas.

No entanto, se ele tivesse falado **da necessidade de contato de pele, teria sido muito mais criticado**!

Em grupos de terapia corporal, quando alguém está completamente fora de si, as pessoas o cercam e o tocam por inteiro, como que delimitando a pele toda, ou como que convidando-o para que volte a ocupar seu espaço próprio; volte para dentro da pele...

Portanto e em resumo, para a psicanálise o inconsciente é uma "coisa" deveras estranhíssima, presumivelmente semelhante a um ser humano que fala – graças a Deus! Fala das profundezas do vazio primitivo e então só a mágica "escuta analítica" pode compreendê-lo...

Saravá!

Alguém já disse, com toda a propriedade e sem vislumbre de crítica, que a situação analítica é um excelente método de análise lingüística – de tudo que as pessoas **não dizem** quando acreditam **estar dizendo tudo que pensam, e de tudo que dizem sem perceber que estão dizendo...**

Por isso precisam de um intérprete.

Gosto muito desta interpretação, e ela me parece mais convincente do que a maior parte das explicações usuais sobre a interpretação psicanalítica.

# O TOM DA VOZ
## – OUTRO AUSENTE NA PSICANÁLISE

Mais mistério. Os psicanalistas se preocupam bastante com as possíveis respostas às duas seguintes questões: quando interpretar? Qual a interpretação mais oportuna? O consenso está próximo de dois conselhos de Freud: a atenção flutuante e a intuição, favorecida por essa mesma... falta de atenção! De novo me espanta demais a omissão do óbvio, isto é, do não-verbal. No caso, **a omissão da música da voz**, novo pecado mortal contra a respiração.

A música da voz faz parte da comunicação não-verbal (pense bem...) e retrata a cada instante o que nos vai pelo peito – nossa emoção atual. Atentos a essa música, podemos saber a qualquer momento o que seria mais oportuno dizer – ou não dizer. A música muda não só facilmente como denuncia, ao mudar, o quanto o assunto tratado toca ou não toca a pessoa – naquele momento. Mesmo buscando com atenção, não me foi dado ler em nenhum relato de caso clínico a menor referência a esses fatos tão... audientes (em paralelo com evidentes). Sempre a famosa atenção flutuante guiando a mágica da oportunidade!

Pergunto-me, ainda e enfim, o quanto a música da voz – inconsciente para o terapeuta – induz nele essa ou aquela emoção, favorável ou desfavorável à relação momentânea dos dois.

E o quanto a música de sua voz – do terapeuta – influi no paciente.

De pessoa longamente analisada, ouvi: "O que mais exercia influência sobre mim era a voz da analista".

## UMA VOZ (DA CONSCIÊNCIA) OU MUITAS?

Em relação às variações do tom de voz, cada variação pode ser tida como a voz de um personagem interior diferente. De uma "identificação" inconsciente.

É como o teatro grego, com vários personagens típicos (arquetípicos) e o coro (a massa, "eles", "os outros", "todo mundo" – o superego).

## A NEGAÇÃO DA VISÃO NA PSICANÁLISE E O SÉCULO XX – O SÉCULO DA IMAGEM

O século XX pode ser chamado de o século da imagem – isto é, da visão. A fotografia começou com ele; pouco depois, o cinema e seu sucesso explosivo. Por volta de 1960, chega a loucura mundial da televisão, que culmina, enfim, com os programas tipo *Big Brother* e as muitas pessoas que se exibem na www. Além disso,

*Meio século de psicoterapia verbal e corporal*

a câmera de gravação estende-se para mil recantos de mil lugares – mil olhos vigiando a todos em todos os lugares.

Deus onipresente...

**As pessoas querem se ver e se mostrar.**

Agora é possível.

Talvez queiram se conhecer pessoalmente, se ver face a face em vez de se tratarem como atores no palco social, cada qual com seu traje bem definido e seu papel bem delimitado – pelo traje, pela "posição", pelo "enredo", pelas atitudes.

A palavra fácil para esses fatos, bastante usada na psicanálise, é "exibicionismo"/ "voyeurismo" – ou "narcisismo" (do qual logo cuidarei).

Prefiro dizer que as pessoas não querem mais ser apenas um nome ou um papel social. Querem ser aceitas como elas mesmas, inteiras, indivíduos, e não categorias ou classes.

Toda a produção industrial está sofrendo o mesmo processo – como nos mostra Toffler. Para a velha linha de montagem, a uniformidade do produto era essencial, e modificá-lo era complicado – e caro. Hoje, o controle eletrônico da automação permite gerar variedade com facilidade e multiplicam-se os produtos *customized* (personalizados ao gosto de cada um).

Mostrei acima o quanto minha imagem é muito mais eu do que meu nome ou minhas palavras. As palavras são as mesmas para todos, mas minha figura e meus movimentos, o personagem que eu mostro, são únicos.

Espero que logo mais as pessoas comecem a atentar mais para a música da voz, tão inconfundível quanto a imagem e, paradoxalmente, parte importante da comunicação não-verbal!

Gosto de pensar, em suma, que as pessoas estão desejando e aprendendo a perceber umas às outras cada vez melhor, como indivíduos e não como papéis sociais.

Ou então estão aprendendo a ignorar os papéis e modelos sociais e, com eles, todas as falas e todas as poses que literalmente "dão corpo" às atitudes e aos discursos preconceituosos – sempre os mesmos.

# GENERALIZAÇÃO E ESTATÍSTICAS

Complementando a questão: há tempos venho pensando que a generalização é um processo espontâneo de fazer estatística. Isto é, os antigos filósofos – que não usavam estatísticas – descreviam o processo de generalização como complemento da abstração e ambos como a essência do pensamento. Estava implícito que a generalização era uma espécie de avaliação quantitativa: quais (ou quantos) objetos apresentam tal ou qual qualidade (abstração). Quais – ou quantos – objetos podem ser incluídos em tal conceito.

Daí a primeira lei da lógica: a extensão de um conceito é inversamente proporcional à sua compreensão. Quanto mais pormenores descrevermos em um conceito, a menos objetos ele se aplica.

Logo mais retorno.

## A MAIS ESTRANHA E TENAZ OMISSÃO DA PSICOLOGIA – OU NARCISO REVISITADO

Narciso tem sido interpretado de modo superficial e até vulgar, como se fosse fofoca. O rapaz era mais vaidoso do que imaginava, e ao se ver refletido na água, fascinado com sua beleza, não pôde mais se afastar da sua bela imagem.

Mas ao morrer de inanição, em vez do esperado castigo pelo seu... narcisismo (!), ele foi transformado em uma belíssima flor! O que já é mais do que estranho: que belo "castigo" para seu "pecado"! (Sugestão de Bachir Aidar Jorge, em conversa particular.)

Parece que, ao falar dele, ninguém tenta experimentar a situação descrita no mito. Em um mundo sem espelhos, o jovem se debruça sobre a água e vê pela **primeira vez** refletida uma figura estranha, um desconhecido! A imagem segue todos os seus movimentos, e portanto, conclusão inevitável, é a imagem de seu rosto. (Além disso, toda sua experiência anterior era a de identificar as pessoas pela visão de suas faces, claro. Mas não a própria!)

Portanto: "Aquele sou eu", mas "ele" é um desconhecido para mim! "Não sei, não compreendo e mal posso acreditar que seja eu. **Não consigo combinar essa face e suas expressões com o que eu sei, sinto e percebo de mim." Somos dois – ou sou dois: um que eu sei e sinto e outro que só os outros vêem (que só os outros conhecem)...**

E o belo jovem não pode mais deixar de... refletir (reflexão – água – espelho!) sobre a disparidade entre seu... reflexo e sua percepção consciente de si mesmo.

> **Narciso é o mito da perplexidade humana ante as duas figuras de si mesmo: a que eu sinto diretamente (o famoso e obscuro ego, ou "eu") e a resposta dos outros a mim – a meu rosto/voz/atitude –, resposta tão diferente, tantas vezes, da que eu imagino ou espero. Espero a resposta do outro em função do que penso, sinto ou imagino de mim, e não em função de minha expressão corporal e facial que ele está vendo e ouvindo (no meu tom de voz). E eu não!**

Não me sinto seguro ao dizer, mas acredito que estas... reflexões (!) têm muito que ver com Lacan, que eu não tive paciência de ler.

Esquecem todos – TODOS – que entre o meu eu e o eu do outro existem duas faces – a minha e a dele. A minha, que eu mal conheço; e a dele, que ele também desconhece.

**Logo, em todo diálogo existem pelo menos quatro participantes.**

Eu conheço minha intenção-desejo (subjetivo) e **vejo** seu rosto/voz/jeito (que ele não conhece). Ele sabe de sua intenção e **vê** meu rosto/voz/jeito (que eu não conheço).

> Acreditamos que a comunicação se faz pela palavra – **mas só o não-verbal esclarece e modula o significado**. A mesma frase dita em vários tons de voz, com várias caras e jeitos, tem sentidos bem diferentes. A mesma frase dita por pessoas diferentes tem não só significados distintos, como acompanhamentos não-verbais próprios de cada uma, diferentes de uma para outra e diferentes conforme as circunstâncias.

É tudo tão óbvio e é tudo tão omitido, seja no cotidiano, seja na psicoterapia, na própria psicologia ou na filosofia.

Qual o mistério que se esconde atrás dessa pseudo-ignorância do óbvio presente em quase todos?

A solução coletiva para o impasse – a desculpa de mau pagador – foi a aceitação do famoso dito popular: "Quem vê cara não vê coração".

Melhor seria dizer: não sei o que significam as expressões faciais que vejo no outro, e por isso prefiro fazer de conta que não as vejo ou que elas não têm sentido – **e tenho apoio coletivo tácito para isso**. Inclusive porque estas expressões são muitas e mudam a todo instante. "Não têm lógica..."

Reforçando esses julgamentos em relação às expressões não-verbais, temos uma opinião de todos e uma objeção tida como científica.

A opinião é esta: cada um me diz uma coisa sobre mim, ou me vê de um jeito, que não concorda com o que eu "sei" de mim. Alguns exageram: não sou nada disso – não concordo com muitas destas opiniões.

As pessoas não se dão conta de que os demais estão vendo-as "por fora" e que elas estão se percebendo ou imaginando (ou os dois) por **dentro**.

O cientista, como lhe compete, não consegue fazer estatísticas válidas – um dicionário – sobre as expressões não-verbais, tão individuais quanto as impressões digitais.

A face de cada um é tão única que atualmente, a fim de evitar entradas não permitidas onde não convém, estuda-se, para identificação, o uso de retratos de precisão dos usuários legítimos! É melhor do que impressões digitais ou até mesmo melhor do que o desenho da íris.

"Não é possível fazer ciência sobre o que é único ou sobre o que acontece uma só vez" – lembra-se?

Isso não quer dizer que a coisa não existe, que ela não tem sentido ou não tem importância.

Quer dizer que não é possível fazer ciência com isso...

Enfim, o pior: **não só as expressões corporais são próprias de cada um, como as interpretação que cada um faz das expressões dos outros são igualmente variadas.**

Verifique: pergunte ou ouça o parecer de várias pessoas sobre um amigo comum, uma atriz ou ator de novela, de cinema, de um personagem político...

Esse é o drama: a insolvência e a vantagem das expressões não-verbais. Elas são de um para um – aqui e agora – biindividuais (passe o termo). Por isso o olhar, que vê a expressão não-verbal, pode compreender mensagens "secretas" de um para um, mesmo em um grupo grande de pessoas, sem que mais ninguém capte a mensagem...

Como constraste, pense no robô. Ele não faz caras nem modula a voz. Ele fala como... uma máquina! Ele fala com ninguém – é uma estatística realizada.

## AFINAL, CARA TEM QUE VER COM A CONVERSA – OU NÃO?

As expressões corporais influem ou não no significado das mensagens, no sentido da comunicação, no desenvolvimento da relação – ou nas complicações da relação?

Influem ou não no receptor?

Mesmo acreditando na sua falta de sentido, nos diálogos efetivos você tem certeza de não estar sofrendo a influência delas?

O que você acha, leitor?

Revivendo o drama de Narciso, e considerando o número de filmadoras domésticas do mercado, pergunto: você já se viu em uma gravação? O que lhe pareceu? Aquele era você? Ou era um desconhecido, ainda que vagamente familiar? Não vale a filmagem familiar de aniversário na qual você aparece apenas em alguns momentos. Você precisa ser filmado durante alguns minutos, dialogando, e depois precisa se ver com calma, usando inclusive câmera lenta e paradas da fita.

Faça isso e surpreenda-se cada vez mais. Enquanto você fica perplexo, com o... desconhecido, seus amigos ficam rindo. Aquele "desconhecido" é quase tudo que eles conhecem de você.

Atenção, leitor: aparentemente vou mudar de tema, mas, se você pensar bem, vou chegar ao fundo dos relacionamentos pessoais.

*Meio século de psicoterapia verbal e corporal*

# SÓ POSSO CRESCER AMANDO AO PRÓXIMO

Li há pouco, não sei onde, de um mestre indiano, não sei qual, algo assim: as únicas ações **reais** são as que você faz em relação ao outro – ou na relação com o outro.

Foi o último lampejo da seqüência. De longa data, outros lampejos vinham se acumulando, tendo no fundo o "amai-vos uns aos outros", mas não como virtude ou dedicação pessoal afim de ganhar méritos aos olhos de Deus, mas **como única maneira de se realizar**! De se desenvolver.

Dos 12 aos 26 anos, fui cristão consciente e praticante. Gostava dos filósofos aristotélico-tomistas antigos e modernos (Jacques Maritain, por exemplo, nosso Alceu de Amoroso Lima e o padre Lionel de Franca), gostava do ritual e da liturgia e convivia quase amistosamente com Jesus Cristo. Com o tempo, nos fizemos amigos de verdade, e o que menos importava era sua origem divina. Meu amigo Jesus era o homem dos Evangelhos – e nada mais.

Ao mesmo tempo, e estranhamente ou nem tanto, meu amor se nutriu da mulher, tida muito mais como deusa e inspiração do que como fêmea.

As crianças permaneciam um tanto na sombra, mas também exerciam uma influência poderosa.

Depois me fiz psicoterapeuta (por que seria?) e logo no primeiro ano profissional (e primeiro ano de casado) deixei por completo todo o meu cristianismo, sem mágoa nem escrúpulos, ficando somente com meu amigo J. C.

Durante muito tempo, refleti sobre esse desaparecimento, ao mesmo tempo total, rápido e sem dor! Achei uma resposta que me parecia um tanto arranjada, mas aos poucos ela foi se revelando verdadeira. Eu não precisava mais aprender a amar a meu próximo com ninguém. Para tanto bastava meu consultório e meus clientes.

Pra que mais?

Era quase um laboratório para estudar experimentalmente o amor ao próximo! Perfeito para estudar a alquimia das combinações pessoais, aprendendo com o alquimista maior – mestre Carl Gustav Jung e tantos outros –, até que chegou a frase do mestre desconhecido acima citada.

"As únicas ações reais são as que você realiza na relação com o outro."

Crescer é inevitável: todos os seres vivos crescem o tempo todo, mas a forma do crescimento só pode ser dada pela relação. Fora da relação só existe a repetição...

Inspirado por Jung, já havia aprendido que quem não se envolve não se desenvolve – como mencionei. Somando com Narciso, as gravações de clientes em vídeo e mais coisas que eu não sei me deram a chave de minha vida e revelaram o precioso segredo do amor ao próximo.

As chaves são simples – são duas.

> **É mais fácil compreender o outro do que a si mesmo.**
> **É mais fácil cuidar do outro do que de si mesmo.**

Eu comigo sou uma confusão. Sei até bastante do que era preciso fazer, mas não consigo fazer o que é preciso.

Com o outro, é tantas vezes tão claro tudo que ele precisa fazer...

Porque a ele eu vejo por fora – e ele não. Quando fala, ouço suas palavras e vejo seu jeito, e assim sei dele bem mais do que ele sabe. Suas palavras têm mais significado para mim do que para ele – que não ouve sua voz! É mais fácil então perceber onde estão e como são as suas dificuldades. Boa parte delas está onde ele não vê e não sabe: nos seus gestos, caras e voz – que ele desconhece, mas são no mínimo a metade dele, a de fora.

São suas identificações – seus servos e seus senhores.

De si mesmo, ele só conhece a confusão do de dentro. Seu eu de fora está mais alerta, é mais vivo, mais astuto – mais esperto! É aí, fora, que estão os recursos para resolver a confusão do de dentro, sonambúlico e repetitivo, um gago...

Quando ele fala, eu o vejo e o compreendo muito melhor do que ele, como mais inteiro do que ele se vê e se sabe.

Vejo os dois ao mesmo tempo: o de dentro que fala – tantas vezes um chato que repete interminavelmente os mesmos pensamentos – e o de fora – que procura, que teme, que olha, que acredita estar escondendo seus desejos mais seus. Na verdade, escondendo sua força, lutando contra ela.

Agora vamos virar a mesa: ele me vê e pode fazer comigo, e melhor do que eu, tudo que eu disse que poderia fazer por ele.

**Sem ele, vivo me repetindo. Ele é minha variação.**

O tema é por demais importante e vou comentá-lo de vários ângulos.

# CUIDADO COM O PRIMEIRO MANDAMENTO!

Convidado em novembro de 2004 a participar da 7ª semana dedicada a Reich no Sedes Sapientiae (Pontifícia Universidade Católica de São Paulo), com certo desejo de vingança ligado a coisas passadas, meu moleque sugeriu como tema da palestra: "Jamais ame seu irmão como você ama a si mesmo" (meu amigo J. C. gostou da tirada!).

Se você fizer assim, acontecerá como foi até agora com seus amores, pois só podemos amar ao modo como fomos amados ou ao modo como vamos aprendendo a amar. Pouquíssimas pessoas tiveram, na vida, a sorte de ter sido bem-amadas.

Aliás, a expressão "amor-próprio" é de todo infeliz. Esse "amor" não passa de certa suscetibilidade que facilmente se transforma em indignação ante qualquer oposição ou crítica, suscetibilidade devida ao fato de a maior parte das pessoas estar bem pouco segura ou convicta do que pensa, do que acredita e do que faz (ou, ao contrário, sobreestima estas coisas – pelo mesmo motivo! – para que ninguém ouse duvidar).

Diga o que você vê na pessoa e ganhe inimigos onde quer que vá. Fale sobre o jeito dela, sua atitude ou expressão de seu rosto: "Seu sorriso é de pouco caso", "Você é arredia", ou "tímida", ou "orgulhosa", ou "desconfiada", "Você carrega mal o peso da vida"(nos ombros) – em suma, descreva o que você vê nas pessoas. Claro, estamos no tema da Couraça Muscular do Caráter – tudo que a pessoa mostra, tudo que sofre, mas não vê nem quer saber.

Mas, se ela mostra querer me amar, não posso deixar de ver estas coisas (eu a vejo por fora...), ou vou vê-las depois, mesmo que eu não queira – quinze dias depois do primeiro encontro maravilhoso, depois da primeira briga...

Quando dizem ou acreditam amar a si mesmas, as pessoas só reconhecem como próprios seus pensamentos e sentimentos conscientes, mas, como sempre, pouco sabem de sua aparência (de tudo que mostram) e de tudo que negam em si mesmas.

Ouvi muitas vezes: você só pode amar ao outro se você ama a si mesmo. Eu não sei como amar a mim mesmo e penso o contrário – como disse: só consigo amar como fui amado. Não sei o que pode significar ou como se faz para "criar amor" dentro de mim...

Só posso aprender a amar ao outro começando do jeito que der, e depois, com sorte e cuidado – dos dois –, se formos aprendendo-ensinando um ao outro.

Isto é, se estivermos dispostos a aprender a dançar juntos, reacertando o passo a cada pisão...

"Amar sozinho" e "dar amor" são frases sem sentido. Amor só existe entre dois – ou mais –, e então ou é cultivado com muita atenção e cuidado ou começa a murchar mais depressa que uma rosa...

"Começar do jeito que der" pode ser dito com um pouco mais de clareza; em um primeiro encontro, se os dois se olharem nos olhos – e com atenção –, seus corpos esboçarão alguma espécie de combinação, de dança – digamos, a dança do encontro.

Desenvolverei bastante a análise do primeiro encontro em vários pontos do livro.

Gosto muito de pensar que o amor, tão difícil de definir, se reconhece e se avalia exatamente por isso, pelas transformações que produz – e só assim.

Nos dois!

O que vale também para o encontro psicoterápico!

Adiante, ao falar da atenção na terapia, várias destas noções retornarão, em contexto... profissional!

## SEMPRE MAIS, MAIS...

Outra alternativa quando falta amor, quando tudo se repete, é o acumular (outra repetição)! Sentindo o mundo como inimigo, devido à sua incapacidade em estabelecer relações amorosas e experimentar as transformações que renovam a vida, a pessoa acredita estar se protegendo se acumular muito – muita riqueza. O mal não está em ser rico, mas em querer "sempre mais" – um dos piores aspectos do ser humano. Falar em paranóia cabe, mas pouco adianta. Falar em capitalismo também ajuda.

Negação dos outros diz mais e melhor. "Eu fanático por segurança" diz melhor. "Eu contra todos" diz melhor ainda.

E, como sempre, a profecia acontece: ninguém é mais invejado, temido, odiado e visto como alguém a ser explorado do que o rico muito rico...

Portanto, ele está certo; está cercado de inimigos e precisa acumular mais...

Caras feias fazem muito mal, principalmente se estão sempre aí – em todos os lugares, em todos os circunstantes, as disfarçadas são ainda piores do que as manifestas. No motorista, no mordomo, no chefe do escritório, na secretária, no jardineiro, no tratador de cavalos, no *caddy* dos tacos de golfe – quem sabe até na digníssima senhora...

## O QUE A VIDA MAIS DESEJA

Classicamente, ela deseja, como dizia Jeová para Adão, que tudo cresça e se multiplique. Mas esse é o desejo do Velho Patriarca.

J. C., o profeta do amor, foi bem mais longe: que tudo se diversifique a fim de que cada ser possa se fazer diferente de todos os seus... semelhantes – por força de muitos amores.

Os ecossistemas sobrevivem na monotonia – tudo se repetindo periodicamente, com a regularidade do sol. Maravilhosa para nós, a vida dos animais é, para eles, extremamente monótona. Leões dormem alguns dias seguidos depois do banquete, comem o que as leoas caçaram e voltam a dormir... Bovídeos vivem mastigando dia e noite, e das formigas nem é bom falar...

A sociedade humana tende ela também para a uniformidade e a repetição, como já falei e continuarei falando. O principal elemento a garantir a repetição é a língua – são as palavras. Elas mudam bem lentamente em relação aos costumes e à tecnologia.

É para garantir essa segurança da mesmice que aprendemos a não ver. A diversidade existe nos indivíduos e, segundo parece, é muito mais presente nos seres humanos, ou somente em nós ela pode se fazer experiência consciente. Só eu posso ter consciência do milagre que sou, assim como do milagre que é sempre tudo que me cerca – "Nada é mais improvável do que tudo que está acontecendo aqui e agora".

Isso se eu conseguir perceber que sou criação contínua, como tudo que me cerca. Mas então vivo uma vertigem de insegurança. Não posso contar com nada nem confiar em nada e em ninguém, porque nada se repete – nem as pessoas.

# O ENCONTRO: PREÂMBULO À DANÇA DO DIÁLOGO

O encontro – assim, sem maior qualificação – já foi moda quando se começava a falar em psicoterapia de grupo – lá pelos idos de 1950 e 1960 em São Paulo.

Falava-se do encontro de gente e só de gente, e gente nunca é – nem era – animal.

Mas eu gosto de aprender com eles – com os bichos. De regra, são ou estão bem mais presentes ao momento do que a imensa maioria dos seres humanos.

Existem no aqui e agora – e ai deles se se distraírem! Ao contrário de nós, não têm futuro nem passado, a não ser como respostas condicionadas.

Como é o encontro entre eles?

Sejam da mesma espécie (mas desconhecidos) ou de espécies diferentes, **todos apresentam um alerta específico do encontro**. Estacam, tentam se pôr ou voltar-se de frente para o estranho e esperam, atentos. Logo depois, se nada acontece entre os dois – se nenhum dos dois se define pelos movimentos –, então continuam o que estavam fazendo.

No encontro presa–predador, as coisas acontecem de modo bem diferente. Eles não se encontram, pois o predador tenta sempre surpreender a presa. Durante a corrida, o predador conta basicamente com seus olhos para se dirigir, mas após o contato os olhos de pouco servem e aí temos uma dança rápida, feita por inteiro de tentativas e erros, toda ela baseada na sensibilidade tátil e cinestésica (ou proprioceptiva), até a morte da presa – ou o ferimento grave do predador (acontece)...

Mas mesmo neste campo há surpresas. Vi no Animal Planet um leopardo adulto completamente confuso diante de um filhote de porco-do-mato que o enfrentava decidida e teimosamente. O filhote na certa jamais havia estado frente a frente com um leopardo, e ainda não havia desenvolvido a reação de fuga. Isso deixava o leopardo confuso, pois essa reação é tudo que o predador espera. Ela funciona como estímulo para que a caçada continue.

O oposto desse truque, fácil de ver, é o dos animais que se fazem de mortos e também assim enganam os predadores.

Sabemos: as vítimas dos contos-do-vigário são os distraídos, os pasmados...

No encontro de luta, bem desenhado nas artes marciais, é olho no olho, um verdadeiro perceber em um décimo de segundo a intenção – o micromovimento – do oponente, e ai dele se desviar a atenção mesmo que só por um instante.

Nas lutas matrimoniais não é bem assim, sinal de que são menos pessoais do que as palavras dão a entender. Há muitas vezes certo falar para um tribunal invisível. De regra, os contendores falam pouco olhando um para o outro, ou dão uma olhada – furiosa – e logo saem, agitados, em monólogo indignado, "provando" a um tribunal invisível que estão (ambos!) com a razão. Que estão certos, e que a culpa é do outro.

O olhar inquieto busca os juízes deste tribunal como se eles estivessem à volta dos dois (talvez estejam – ou as coisas se passam como se estivessem)...

Não é diferente entre nós, mesmo nas brigas em que não há quase movimentos – quando se encontram, por exemplo, dois chefões de grandes empresas para negociar, dois chefes mafiosos.

Voltemos ao encontro não agressivo. **Os animais se avaliam, atentamente, em uma atitude de prontidão**, prontos para fazer os movimentos necessários ante o menor sinal de ameaça. Logo se desarmam, ao se certificarem de que a atitude e os movimentos do outro não são ameaçadores.

> **Agora com gente. Nós também, ao sermos apresentados a um desconhecido que interessa, seja a que título for, experimentamos esse alerta, ainda quando, entre civilizados, o costume é fazer de conta que não...**

A mentira do relacionamento começa aí – no começo. Ninguém tem más intenções...

Crianças saudáveis cuidam bem da direção do olhar e não se achegam facilmente a qualquer adulto. Muitas se encostam e tendem a se esconder atrás da mãe – saudável lição do passado, quando o estranho bem podia ser um predador!

Esse momento do primeiro encontro é importante no consultório, prolongando-se ao longo de toda a primeira entrevista. Há então uma avaliação recíproca, vaga mas ampla, que tende a ser **apagada** pela convenção da relação profissional.

Passam-se as coisas como se todos os clientes e todos os profissionais se comportassem de modos bem parecidos – o que tende a despersonalizar a relação.

Em vez do Sr. **Paulo** e do Dr. **Pedro**, há somente o **Sr.** e o **Dr.**...

Será ótimo se for diferente, pois nessa primeira presença e nesse primeiro cruzar de olhos moram pressentimentos numerosos.

Pressentimentos – "pré-sentimentos" – isto é, antevisões do que poderá acontecer depois.

*Meio século de psicoterapia verbal e corporal*

Examinemos então o que acontece com faces e modos no primeiro encontro e, depois, nos encontros sucessivos – se ocorrerem.

Estamos literalmente viciados em prestar atenção às palavras e a mal perceber – ou perceber mal! – rostos, gestos e atitudes.

Mas o nosso animal percebe essas coisas que influenciam a continuação do diálogo e o desenvolvimento da relação.

Vou descrever alguns exemplos esquemáticos e cristalizados de *feedback* ligados à expressão não-verbal, a fim de facilitar a compreensão e aceitação de fatos semelhantes – mais fugazes – nos encontros iniciais.

Insisto: são esquemáticos e servem apenas para transmitir uma idéia. De tão esquemáticos, despertam a reação que temos diante de caricaturas – e com razão. Caricaturas são isso mesmo: traços típicos (que se repetem) de um personagem, apresentados com exagero.

Assim com a esposa tagarela e o marido quietarrão. Quanto mais ela fala, menos ele ouve, e quanto menos ele ouve, mais ela fala.

O caso do marido prepotente e da esposa submissa nos aproxima do que pretendo dizer. Neste caso é fácil perceber que se trata de interação entre duas atitudes, duas caras e dois tons de voz. O conteúdo verbal pode variar, mas o eixo da relação é visual e, em parte, devido ao tom de voz (não às palavras).

O que pretendo acentuar é o quanto esse *feedback* pode gerar verdadeiras caricaturas quando se estende por muitos anos – e o quanto pode ir se refinando. Após anos, basta um olhar dele e ela se encolhe.

No caso da esposa tagarela, há também uma combinação de caras e jeitos, mais difícil de ver, porém. Pessoas ávidas para falar – existem muitas – têm uma expressão bem clara, algo como um predador buscando uma presa, com olhos ávidos e atentos prontos para perceber o primeiro par incauto de ouvidos disponíveis. E marido, afinal, tem a obrigação de ouvir sua cara metade... Também nítida é a cara de tédio/raiva do marido quando ela começa sua falação, seu apertar de queixo para não dizer tudo que está pensando – início de sua vingança... silenciosa!

Darei muitos exemplos dessa ordem ao longo do livro. De momento, quero sublinhar quanto a cara e o jeito levam as pessoas a se aproximar ou afastar, a simpatizar ou antipatizar, independentemente das palavras que estão sendo ditas.

Tudo óbvio demais, bem sei. Mas tudo omitido quando se fala em primeira entrevista psicoterápica.

O encontro é como o antigo convite que o cavalheiro fazia à dama para dançar. Era o começo do baile. Logo nos primeiros passos, tornava-se claro se a dança seria uma delícia ou um tormento. Eu sei. Sou do tempo em que se "tirava a dama para dançar"...

## MERGULHANDO NA LUZ DA CEGUEIRA COLETIVA

Agora convido você a pensar **o contrário** da frase "Quem vê cara não vê coração". Isto é: **"Ver a cara é ver o coração"**, é ver as intenções, os desejos, os temores, é ver a raiva, o ciúme, a inveja, a ambição, o orgulho, a crueldade, o amor, o despeito, a intenção de enganar – quer mais?

É necessário fazer com que todos acreditem nessa de que "quem vê cara não vê coração".

Toda a estrutura social ficaria seriamente abalada se as pessoas se tornassem transparentes, não é?

(Mas é disso que a mídia e até os políticos estão falando no início do terceiro milênio: transparência! Falando – apenas...)

Então, pelo amor de Deus! Vamos continuar a acreditar em nossos Sagrados Valores (e papéis) Tradicionais e, sobretudo, a acreditar que meu íntimo é só meu, que ninguém sabe de meus desejos mais profundos, nem de meus temores, de meus amores e meus ódios. Só meu psicanalista...

Saber de tudo isso seria por demais perturbador – principalmente ao constatar que você, ele, nós, vós e eles somos tão parecidos...

Esse íntimo tão pessoal é quase coletivo, pois todos se formaram – e deformaram – na família, e sob a mesma pressão coletiva a exigir comportamentos bem determinados – o que "explica" as repressões semelhantes. Explica o "íntimo" tão parecido das pessoas, a semelhança dos desejos, das intenções, dos temores, das invejas, das ambições, das tristezas...

E as repressões de tudo isso!

Explica, pensando bem, por que existem teorias psicológicas! Afinal, teorias são conjuntos de afirmações referentes às semelhanças entre as pessoas...

Por isso não me olhe nos olhos – sentirei esse olhar como invasão de minha privacidade (por isso ninguém olha para ninguém no elevador)... Na Inglaterra, me dizem amigos, "encarar" alguém é tido explicitamente como invasão de privacidade – é um crime!

Avançando até o limite, eu poderia dizer que não existe "minha privacidade"...

Mas isso fica para depois.

## TEORIFICANDO A COMUNICAÇÃO NÃO-VERBAL

Depois deste exame de consciência ao qual te convidei (e deste susto!), passo a usar da autoridade de minha experiência e do quanto construí sobre as observações iniciais de Reich e seu conceito básico, a Couraça Muscular do Caráter.

Seu fundamento é simples: todas as "identificações" da infância (quase toda a patologia da neurose, quase todo o "mistério" das entidades ou dos complexos inconscientes) **são imitações, feitas de conjuntos de contrações musculares habituais ou de ativação eletiva de grupos musculares – ativação ligada às circunstâncias e/ou ao interlocutor.**

> O inconsciente (melhor dizer: as intenções inconscientes) está "por fora", é visível nos gestos, nas faces, nas atitudes que **são** a substância de toda a comunicação não-verbal, a moduladora do significado das palavras.

Mas então podemos dizer: **o inconsciente é visível e você mostra o tempo todo tudo que acredita estar escondendo ou disfarçando (ou reprimindo).**

Não é terrível? Pense em tudo que Freud nos disse sobre nossos inconfessáveis impulsos e desejos inconscientes e imagine isso: são todos visíveis – tanto em você como nos demais. Estamos todos nus e, bem pensadas as coisas, toda a hipocrisia do palco social se compõe de fantasias nas quais ninguém acredita de todo, ou das quais sempre desconfiamos não serem bem o que parecem...

Hoje mais do que nunca, dada a denúncia sistemática da mídia sobre todos os personagens famosos, o cidadão comum anima-se a ver melhor e a ver através das máscaras...

Considere também o cinema e a novela, ambos com *closes* freqüentes e bons atores mostrando no rosto, em circunstâncias bem variadas, as muitas faces de todos nós.

Fala-se e exige-se cada vez mais transparência...

A história do Reizinho Vaidoso que saiu nu na rua acreditando-se regiamente vestido, tida como história infantil exótica, resume tudo que estou dizendo.

Como a comunicação não-verbal foi meu tema favorito de pesquisa e estudo, e como dou a ela papel fundamental na relação psicoterápica, ampliarei o tema.

# A LINGUAGEM VERBAL E A COMUNICAÇÃO NÃO-VERBAL – UM CONFRONTO

O falar é tido como o ápice da capacidade humana de comunicação, fundamento da maior parte da organização social, e, depois da escrita (ou mesmo antes), se tornou sagrado – com os dizeres e as instruções de todos os Livros Sagrados e de todas as Leis petrificados "para sempre".

É deveras espantosa a força dos "textos antigos" em manter organizações sociais por séculos e até milênios.

Mas desde já convém lembrar: a cada época, sábios intérpretes da Lei Eterna "ajustam" os velhos textos, dando-lhes novos significados mais condizentes com os novos tempos.

Mesmo que com certo atraso...

Tanto em direito como em psicologia, mal se considera a comunicação não-verbal, tida como por demais incerta, ambígua, caprichosa, "subjetiva" na origem e na interpretação...

Pare, leitor, e participe de meu pasmo. Comece a perceber, como eu, o quanto a Lei Eterna – codificada nos Livros Sagrados – se prestou a um milhão de interpretações numerosas, das mais sensatas às mais psicóticas, inspiração para a santidade de alguns e para as Guerras Santas de outros, para a opressão e os abusos de tantos contra tantos, da invasão do Islã, da Inquisição à comunidade científica ao complexo militar industrial dos Estados Unidos.

O texto é "o mesmo", mas cada leitor lê a seu modo – como Lutero teve a sensatez de afirmar, e como os apologistas da palavra esquecem a cada linha...

Como podemos depois disso dizer que a linguagem é clara, específica, explícita, precisa?

Nem lembrei, ainda, os bons dicionários, nos quais a cada verbete são acrescentados dois, três, sete, oito... Nem sei quantos significados a mais da "mesma" palavra.

É preciso lembrar, depois, a sempre comentada incapacidade da palavra em dizer tantas coisas importantes, e como é difícil criar uma boa definição ou descrição mesmo de fatos simples.

É notória a dificuldade de pôr em palavras a maior parte das emoções e dos sentimentos, assim como a descrição de expressões faciais, de atitudes e gestos.

É bom comparar o que se fala com o que se vê. Quanto o olhar é abrangente e quanto a palavra é analítica. Isto é, posso ter de usar dezenas de palavras para descrever uma expressão de rosto, um gesto ou um tom de voz acontecido em poucos segundos.

Pior: pequenas diferenças na descrição e a cena final (a comunicada) pode ser muito diferente da que foi descrita em outras palavras por outra pessoa – e quem poderá dizer qual a "verdadeira"?

Apelo para a psicanálise no que ela tem de melhor, como laboratório de lingüística. No famoso divã, ninguém acredita de todo no que está dizendo (como no cotidiano), sempre diz muito mais do que pretende, diz muito do que não pretendia dizer, diz muito do que julga estar escondendo...

**A interpretação psicanalítica é o produto de um contínuo esforço de compreender o sentido de uma palavra que está sendo dita aqui e agora, diante de toda a infinita ambigüidade das palavras.**

*Meio século de psicoterapia verbal e corporal*

> Ensaiando uma analogia entre a lingüística e a física quântica, pode-se dizer que os **significados** e as **palavras** se comportam, na consciência, como **ondas e par-tículas. Quando vários significados se aproximam, cristaliza-se uma palavra na consciência.** Desde sempre, significados e palavras alternam-se na consciência e se combinam de mil modos diferentes – a cada época, a cada moda, a cada teoria... Até a cada instante!

Segundo Chomsky, "Sempre será possível dizer uma frase que jamais foi dita antes".

Há meses redigi um ensaio sobre o tema e vou reproduzi-lo aqui, com alguns acréscimos.

# AS PALAVRAS IMOBILIZAM A REALIDADE

Sabe Deus por que – acho até que Ele sabe – releio a história da geografia do planeta, em relação às mudanças na forma e posição dos continentes e mares, às glaciações e degelos, às mudanças de clima, à sucessão das formas vivas. Porque então, aqui ou lá, tudo acontece segundo uma coordenação sinfônica do tempo geológico, da composição da atmosfera, da forma do espaço terrestre (deriva dos continentes), das variedades de superfícies da Terra, da sucessão – no tempo – das espécies animais.

De há muito eu me aborrecia com o número excessivo (para mim) de nomes intermináveis de eras geológicas, de datas, de grupos animais. Preocupado em repeti-los (achando que isso era compreender), mal guardava um ou outro e concluía minhas andanças com uma penosa sensação de ignorância – e de desordem quanto à história da Terra e da vida.

Agora li o texto resumido, praticamente ignorando as palavras e datas e seguindo os movimentos e as numerosas formas (figuras) desenhadas ao longo dele. Não tinha mais a obrigação de guardar o que lia. Fiquei estarrecido com a grandiosa ordem da sucessão de movimentos, de tempos e de formas de continentes e animais sucedendo-se em um desfile grandioso e imensamente variado.

Antes eu até falaria bonito sobre estas coisas, mas pouco seguro, tropeçando e aborrecendo tanto aos ouvintes quanto a mim mesmo – pela total falta de unidade na exposição, pela soma de pedaços (frases) com nomes difíceis e tempos isolados.

Na escola, espera-se e exige-se que o aluno decore esses nomes e essas datas. Isso é "aprender" o assunto. Mas, atenta às palavras, a pessoa, aluno ou professor, mal se dá conta da sucessão – **do movimento que as palavras em sua seqüên-cia estão descrevendo**. De que as palavras são descritivas – referem-se à visão.

Perceber esse tempo do acontecer descrito pelas palavras nada tem que ver com a sucessão das palavras. São dois movimentos diferentes na forma e na velocidade. A palavra – a frase – implica um grande número de interrupções (palavra-pausa-palavra-pausa); o movimento (descrito pelas palavras) é contínuo, mesmo quando se ramifica, quando muda de direção ou de velocidade.

Parece-me que a inteligência está mais na percepção do movimento do que na compreensão (repetição?) das palavras. Estas funcionariam como tabuleta com flechas indicando a direção.

A direção do olhar?

Enfim, neste contexto correlacionam-se a direção dos movimentos, mudanças nas relações entre massas continentais e o aparecimento ou desaparecimento de grupos animais.

Essa questão é assaz sutil, e não tenho a ilusão nem a presunção de tê-la esclarecido de modo satisfatório. O que se segue complementa o que falta...

## AS PALAVRAS E AS COISAS

O tema é famoso.

Se não fosse tão longo, eu daria a esse tópico o seguinte título:

"As palavras e as coisas – Muitas das coisas ditas pelas palavras não existem, não são bem assim ou ninguém sabe como são ou como foram. Muitas vezes nem mesmo quem está falando sabe do que está falando, e 'saber o nome não é saber a coisa'." (Fritjof Capra)

Acredito na necessidade deste exame dada a importância até hoje atribuída às palavras, tanto na vida comum quanto na erudita e – principalmente! – na psicoterapia.

A tese é de que as palavras mais têm servido aos seres humanos para se desentenderem do que para se harmonizarem ou cooperarem. Para se desentenderem tanto entre si quanto consigo mesmos – individual e coletivamente!

Ao longo do texto, ficará cada vez mais claro que as palavras são ou se ligam às principais amarras ou inibições neuróticas, todas elas mantidas pelas falas coletivas, esquematicamente resumidas nas palavras "devia" e "culpa" ou seus cognatos, "o" certo, "o" errado e "o" normal.

Se entendi um pouco da psicanálise, acho que ela descobriu exatamente isso, mas nem de longe falou desse jeito – note-se. Isto é, que as palavras têm muitos sentidos e que as pessoas se embaraçam por causa disso.

Acho que você não sabe, mas uma das muitas terapias existentes, pouco falada, é denominada de "Semântica", ao longo da qual você aprende **a dizer somente o que tem sentido bem definido para você** – primeiro – e depois para o outro.

Como pano de fundo ao tema, repito o que falei sobre o número infinito de coisas que existem e são sabidas, tantas que a ninguém é dado "saber tudo". Note: só posso falar das que são sabidas, isto é, das que têm nome, acrescentando que a cada novo dia novas coisas e situações vão sendo descobertas segundo um processo que parece ilimitado, tanto no tempo quanto no espaço. À variedade de coisas com nome, some-se a quantidade sempre pequena do que **cada um** conhece deste conjunto.

> **A competência quase infinita da palavra para significar é seu pior defeito. A gradação de significados da mesma palavra é tão ampla que jamais poderemos ter certeza de estar compreendendo exatamente o que alguém está falando – primeira fonte de confusão, de ambigüidade ou de erro.**

Até os dicionários reconhecem o fato, dando à maior parte das palavras vários significados possíveis.

Exemplo concreto: no *Grande dicionário de sinônimos e antônimos* de Osmar Barbosa (Rio de Janeiro: Ediouro, 2001), estão listados 34 significados para o termo "extremo" e 29 para o termo "ficar".

Pode-se afirmar: sem contexto não pode haver significado...

Para o físico, a fórmula passa a ser: sem sistema de referência, **não podemos saber nada** sobre um objeto, nem sua posição, nem seu trajeto, nem sua velocidade...

Para lingüistas, a fórmula se torna: uma palavra isolada não diz nada...

Considerando meu tema, a expressão não-verbal, então podemos acrescentar: sem tom de voz, sem expressão facial, sem gesto e sem atitude, uma palavra não pode ter significado aqui e agora – nesta situação – ante este interlocutor.

Corolário: se digo **as mesmas** palavras para outra pessoa, com outra cara e com outra espécie de interesse, com outro tom de voz, as palavras terão outro significado.

Levando ao extremo esta afirmação, então diremos que as palavras têm um número infinito de significados, um a cada vez em que são ditas...

Mais e pior (ou melhor): é por isso que a conversa entre poucos ou entre duas pessoas que se conhecem pode ser mais clara – porque estamos face a face. Porque conhecemos não só as idéias do outro como também sua face – seu "jeito", sua posição...

Aí, em certos momentos felizes, dá até para ter certeza de estarmos nos entendendo, isto é, dando o mesmo significado às mesmas palavras.

É o que pode acontecer entre velhos amigos ou mesmo, em casos felizes, entre marido e mulher.

Enfim – surpresa (lembrada por Vygotsky): posso me entender bem falando comigo mesmo – no diálogo interno.

Ou não!

Ou às vezes sim e às vezes não!

# INFLUÊNCIA DA HISTÓRIA VIVIDA SOBRE O SIGNIFICADO DAS PALAVRAS

Temos depois, atuando sobre o significado das palavras, a influência prévia da vida e do ambiente pessoal e cultural das pessoas, seu longo convívio familiar, suas escolas, seu grupo de convivência, seu dialeto, suas leituras, suas músicas, seus programas de televisão, cada um com seus termos especiais...

Enfim, é preciso levar em conta, ao considerar o sentido das palavras, a amplitude da experiência de quem está falando, se é um habitante da pequena cidade ou aldeia (com TV ou sem TV!), até o cosmopolita da megalópole, o professor universitário, o favelado...

Se você está me acompanhando, a esta altura talvez esteja se perguntando, com certo pasmo: como, depois de todas estas diferenças, ainda conseguimos nos entender?

E mais: como podemos tão leviana ou irrefletidamente dizer que, "se estamos dizendo as mesmas palavras, então estamos dizendo a mesma coisa, pensando o mesmo pensamento – ou nos referindo à mesma realidade?"

Todo o direito e todas as leis se baseiam nesta afirmação!!!

# SEMPRE A GENERALIZAÇÃO

A maior parte destas diferenças está presente – e ao mesmo tempo desaparece! – na amplitude das generalizações. "Os americanos", "as mulheres", "as crianças", "os brasileiros" e até "os cavalos", "os cães" são palavras extremamente ambíguas, pois é claro ante o menor exame que entre "os americanos" temos gradações quase infinitas de altos e baixos, homens e mulheres, bonitos e feios, magros e gordos, boas pessoas e péssimas pessoas, inteligentes e nem tanto, ricos e miseráveis, mais louros ou mais morenos – até negros! – e quanto mais.

De quais americanos você está falando? De quantos americanos? Americanos de onde? De que estado? De que nível cultural? De que cor? De que época?

Chega?

O significado da palavra no dicionário é produto de uma estatística ao mesmo tempo única e múltipla, de um sentido dito ou tido como "o mais freqüente", o mais usado pela maioria e – de novo – sem especificar quantas minorias ou exceções o termo inclui ou exclui.

*Meio século de psicoterapia verbal e corporal*

A generalização "justifica" quase todos os juízos e julgamentos emitidos pelas pessoas, perante elas mesmas! Para cada uma, o significado do que ela está dizendo é claríssimo para ela (acredita-se)...

As generalizações vêm servindo de longa data como pretexto para nossos piores crimes, "transformando-os" – imagine se isso é possível – em virtudes.

Se você fosse um "cristão" (nas Cruzadas) e matasse um "infiel", ganhava com isso o perdão de todos os seus pecados e a garantia de ir para o céu quando chegasse sua hora. O mesmo aconteceria se você fosse "muçulmano" e matasse um "cristão". Se matasse vários, melhor ainda, mais huris você teria – só para você! – no Paraíso de Delícias prometido por Alá (para os homens!)...

E se no Oriente você falasse que as mulheres, geradoras de mais servidores do Profeta, também mereciam um Paraíso cheio de homens maravilhosos, lindos, amorosos e dedicados, você seria apedrejado!

Claro que queimar bruxas, torturar prisioneiros, roubar tudo que fosse possível (em uma "guerra justa", veja bem!) e estuprar quantas "inimigas" fosse possível faria você ficar rico e famoso na terra e garantiria sua entrada no Paraíso.

Vou lembrar mais algumas coisas muito ruins que foram e continuam a ser feitas pelas pessoas no mundo todo. Minha intenção não é despertar mais horror, culpa ou indignação do que você já está sentindo. Neste trecho de meu livro, estou pretendendo mostrar – com força! – **que as palavras podem ter bem pouco que ver com as coisas.**

Documentário sobre o interior do Afeganistão. Homem faz o que quer com a mulher, de surras a mutilações brutais, ante o menor mau pensamento que **ele** possa ter, ante a mais frágil "evidência" de que ela olhou para outro homem. Mutilações horríveis coletivamente aceitas. Mulher estuprada é tida como culpada!

Exceção? Antes fosse. Em todos os lugares pobres (e ricos também), os homens (e as mulheres), infelizes com a vida estúpida, vazia e sofrida que levam, buscam um bode expiatório a fim de desabafar seu ressentimento, sua impotência e seu desespero. Além das péssimas condições em que vivem, ainda têm de fazer de conta que Alá ou o Pai do Céu fez tudo com perfeição, os ama, cuida deles e os protege... do mal!

Então é um cortejo interminável de agressões, desde a simples palmada no traseiro de uma criança até as mutilações seríssimas de prisioneiros ou de qualquer um – quando o clima é de guerra.

Inclusive – ou principalmente – em família. Hoje, em boa hora, multiplicam-se os protestos contra as agressões familiares, na medida em que a mídia e as pesquisas vão revelando que o lar é o lugar mais perigoso do mundo – é onde ocorre a maioria das agressões havidas no planeta.

**Quase sem restrição legal.**

· 159 ·

A cada agressão, espancamento, mutilação pessoal ou ritual, acrescenta-se uma "explicação" (palavras!). São frases feitas, aparentemente aceitas pela coletividade como motivo legítimo ou explicação "lógica" para as atrocidades.

- Tenho de defender minha honra! (macho afegão – ou nordestino – ou sulino – ou paulista)
- Ela é minha mulher! (macho afegão e macho mundial – da favela ou do Jardim Paulista)
- Mas ele é um infiel! (religiosos de outras denominações)
- Mas eu sou Coronel do Exército!
- Mas é meu filho!
- Mas é meu aluno! (escolas inglesas do século XIX, escola ensinando sobre o Alcorão, escola primária)
- Mas ele é candidato a doutorado!
- Mas ele é do partido KFR!
- Mas a empresa dele é minha concorrente!
- Mas é um inimigo!

**O que têm que ver essas palavras com esses atos?**

Que espécie de "lógica" os reúne a não ser o mugido da boiada cega ou os zurros da tropa?

E o final feliz: quase todos aceitam ou dizem aceitar esses mugidos (ou zurros) como explicações e justificativa suficiente para absolver o criminoso – de qualquer crime.

É a lógica da aceitação coletiva: é assim que se faz, todos fazem assim, sempre se fez assim.

Logo... O natural – o "normal" e o "certo" – é fazer assim...

Sabe, companheiro, essas loucuras cruéis são quase um resumo da história da humanidade, e podemos vê-las em todos os lugares e em todas as épocas.

É onde a solidariedade humana alcança seu aspecto satânico.

Eu disse em algum lugar deste livro: é melhor fazer de conta que acredito e cometer o erro de todos do que fazer o mais acertado para mim – naquele momento.

É muito perigoso divergir da inconsciência coletiva – da boiada.

Esta divergência – a presença da individualidade em ato – é sentida invariavelmente, ao longo de toda a História e em todos os lugares, como uma ofensa mortal à solidariedade coletiva expressa naquelas "razões" maravilhosas para aquelas ações maravilhosas.

Os textos sagrados são os piores, ao serem tomados como de inspiração divina: todos eles glorificam um Deus tão guerreiro e tão mortífero quanto o do lado de lá.

Todas as guerras foram feitas sob a proteção de meu Deus e para destruir todas as crenças absurdas e os costumes abomináveis dos do lado de lá, os quais – haja coincidências neste mundo! – pensavam a mesmíssima coisa dos do lado de cá, só que davam outro nome a seu Deus.

A seu Deus ou à sua agressão?

Harmonia preestabelecida – como queria Schopenhauer.

Ou desarmonia inevitável.

Logo mais retorno, com Skinner.

## SERÁ QUE AS PALAVRAS TÊM QUE VER COM AS COISAS?

Depois disso – e poderia lembrar muito mais –, volto a perguntar: o que as palavras têm que ver com estas realidades terríveis?

A pergunta que há cinqüenta anos faço a mim mesmo é essa: por que tanta mentira, tanta enrolação e tanta pose para tentar esconder o que todos sabem que não é nada disso?

Tudo isso faz parte da História da civilização, e é deveras muito anterior e muito mais coletivo do que Freud disse dos horrores do inconsciente de cada um de nós – principalmente dos infelizes neuróticos –, bodes expiatórios da inconsciência coletiva.

No meu tempo (1930), quando se sabia bem pouco do que acontecia nos "altos círculos", esse discurso empolado e falso ainda tinha algum cabimento. O povo ignorante e crédulo levava a sério estas injustificativas (isso mesmo: injustificativas, isto é, justificativas para a injustiça), chegando até a repeti-las convictamente. Mas hoje – com TV, internet e mídia invasora, indiscreta e até verdadeira – nada disso tem cabimento, e os "grandes" aparecem a meus olhos ingênuos como grandes palhaços ou fantoches, a falar frases solenes bem pouco ligadas aos fatos.

De outro lado, cúmplices bem pouco inconscientes em todas as tramas que mantêm as escandalosas desigualdades sociais e as guerras eternas entre os habitantes deste maravilhoso e infeliz planeta.

Mas não parece que eles, todos maiores de idade (não de juízo), se dão conta do ridículo de suas falas e do demoníaco de suas andanças. Não sei – de parte dos ouvintes – quem e quantos levam a sério as palavras que eles dizem naquele tom de oráculos da História.

Além disso, discursos sobre defesa da democracia não têm mais sentido. Porque:

**A DEMOCRACIA JÁ ESTÁ ACONTECENDO.**

Atualmente, a democracia está acontecendo, cada vez mais ampla e cada vez mais rapidamente, na forma de centenas de plebiscitos (consultas a ibopes) **a cada 24 horas ou menos**. Pesquisas sobre tudo e sobre todos, de sabonetes a camisinhas, sobre modas e danças, sobre cervejas, calvície, obesidade, aparelhos para aplainar a barriga, popularidade deste ou daquele governante, qual a mulher mais gostosa, qual o ator de novela mais galante (essa é de meu tempo), quais os dez mais (músicas, filmes, DVDs, *games*), qual o programa com mais expectadores.

Quando não é uma pesquisa específica (ibope) ou acadêmica, então são estatísticas feitas por mercadólogos.

Todas elas trazem a público, minuto a minuto, a vontade da maioria, e essa vontade vai, minuto a minuto, dirigindo a produção – a industrial, a cultural, a militar, a política e outras.

> **Cada um de nós, a cada decisão – mesmo que seja apenas apertando um botão de controle remoto –, está influindo sobre o curso da História, para o bem ou para o mal! É você que decide. Depois não se queixe!**

Os políticos precisam de boa fama (pública) para serem eleitos ou reeleitos, e por isso terminarão fazendo algumas das coisas que a maioria espera deles, mesmo que a contragosto e mesmo que, na contramão, façam outros negócios.

Os donos da mídia precisam garantir audiência, ou o número dos compradores do jornal e da revista diminuirá; por isso farão, eles também, o que a maioria deseja – até os desejos mais escondidos das pessoas. Publicarão até a verdade – se ela der um bom título.

> **No ibope e na escolha de compras, o voto é sempre secreto, e por isso pode ser sincero.** Jamais houve – **e jamais poderá haver** – democracia mais verdadeira, para o bem ou para o mal...

(Posso ser tão enfático – "jamais poderá haver" – porque a velocidade da luz é o limite da velocidade possível – ou Einstein e quase toda a física estão errados. A velocidade da mídia (rádio, TV, internet) é quase igual à da luz: sete voltas e meia ao planeta em um segundo!)

A democracia está alcançando a velocidade da luz...

Sempre cabe a pergunta acadêmica: é a opinião pública que determina o conteúdo da mídia ou é o conteúdo da mídia que determina a opinião pública?

Você está decidindo, a cada segundo, sabendo ou sem saber – ou sem querer saber...

Bom usar a palavra mágica: "dialética" (no tempo de Marx) – ou *feedback* (no tempo da cibernética).

A mídia influi sobre as pessoas que influem sobre a mídia.

Simbiose – só pode ser.

O Deus eletromagnético está nos ensinando a nos tornarmos responsáveis pelo que decidimos.

Depois dessa diatribe (lembra dessa palavra? Depois desse discurso agressivo), pergunto o quanto a psicologia permanece isolada na academia qual bela adormecida, tomando o neurótico, o depressivo, o ansioso e o paciente psicossomático como seu meio de vida e como seu bode expiatório ante todas essas calamidades coletivas, coletivas, coletivas...

De quem será a culpa?

Quem devia fazer melhor?

## O QUE SOBRA DO DIÁLOGO?

De outra parte, é óbvio que usando as palavras em alguma medida nos entendemos. Como saber, de cada vez, se sim ou se não?

Pelo princípio de Vygotsky: qualquer palavra será compreendida sem possibilidade de engano sempre que acompanhada do gesto de apontar com o dedo para o objeto, ou do uso de um dos adjetivos equivalentes: este, aquele, isto, aquilo...

A Lei ainda permanece, atenuada, sempre que falamos de **objetos** simples (coisas), familiares a dois ou mais interlocutores. A maioria dos substantivos concretos está nesta categoria. Já é menos segura, mas ainda aceitável se estivermos nos referindo a situações comuns, uma das últimas notícias do jornal ou da TV, o último jogo de meu time, o último crime aparatoso ocorrido na cidade, meu *hobby* (no caso de o interlocutor também se dedicar a ele) e pouco mais.

Em se tratando de conversas que usam substantivos abstratos, é melhor seguir o conselho dos escolásticos: comece tentando definir o que significam para você as palavras-chave de tema (os "palavrões", lembra?) ou você vai passar o resto da noite no bar querendo convencer seu interlocutor, ficando irritado e no limite perdendo o amigo.

Ao princípio de Vygotsky acrescento o meu: ao falar com as pessoas, se a fala é importante, **fale olhando** para o outro camarada. **Vendo** as caras, o sentido de algumas palavras fica mais claro – já disse.

Bem adiante reformulo o princípio de Vygotsky – e será uma surpresa. Aguarde!

## O POTENCIAL MOTOR DAS PALAVRAS

Também poderia dizer: as palavras como sinais condicionados, capazes de desatar ações como se fossem uma campainha para os cães de Pavlov ou uma quirera de milho para os pombos de Skinner. Quero ampliar o estudo dos malefícios da palavra, tentando mostrar o quanto e de quantos modos ela se liga à ação (coletiva!), contribuindo poderosamente para aquelas iniqüidades previamente denunciadas – quanto são dadas "justificativas" descabidas a ações revoltantes.

Bastará um exemplo bem analisado.

"Negro não presta." Esta frase já "justificou" milhões de ações agressivas, individuais e coletivas, atitudes de desprezo, desconfianças sem conta, "certezas" de inculpação e condenações, inclusive torturas e mortes. Justificou até a existência dos navios negreiros – abençoados pelo bispo antes de sua partida das praias da África.

O movimento da frase (seu potencial motor) é de desnível – ou descida: "lá em baixo" está o negro, e qualquer movimento "na direção dele" (contra ele) "é certo" – nem precisa de mais explicações. E muitos concordam achando até "natural" ou mesmo "lógico"! Parece uma lei de física: dado o desnível, só é possível descer – é natural, ora.

Vamos qualificar: justifica-se com esse processo verbomotor na certa inconsciente, mas poderoso, qualquer movimento agressivo, de desprezo ou de humilhação contra o negro.

Agora um pouco de reflexão, de "parada" sobre a frase, a fim de perceber seu contexto.

Primeiro o que veio primeiro no tempo: a ação dos brancos contra os negros na escravização. Os brancos se mostraram então, coletivamente, muito piores do que quaisquer negros.

Depois a pergunta sartreana: quanto da maldade dos negros se deveu ao péssimo tratamento dado a eles pelos brancos? Quanto se deveu no passado e quanto continua a se dever no presente?

Aqui o movimento se detém – e a posição fica incômoda! O movimento de descida fica horizontal, desequilibra (o corpo – que estava pronto para descer) e logo depois o imobiliza em posição incômoda.

Para que lado vou agora?

Agora temos o *yin* e o *yang* integrado: negro não presta e branco não presta.

E então o que eu faço?

Bem compreendidas estas reflexões, torna-se clara a participação das palavras nos "mecanismos inconscientes".

A fim de exprimir agressão – a fim de aliviar descontentamento, sensação de opressão, mal-estar ligado a situações desagradáveis, pressão hostil –, é preciso que haja uma "descida": um inimigo.

Mas se eu ampliar a percepção da situação e sua formulação, inclusive de minha participação nela, não poderei "desabafar" e crescerá em mim a sensação de ansiedade.

Estarei "pronto para", mas não há ação possível – ou permitida. Estarei preparado para agir, mas não terei motivo coletivamente aprovado para agredir.

Portanto, todas as generalizações relativas a certo e errado – também a "verdade" e "mentira" (a "minha" verdade e a "tua" verdade") – são vertentes verbais criadas para a "descida" da agressão.

Conclusão: a generalização, mais vezes sim do que não, existe a serviço da agressão.

Assim acredito ter demonstrado o quanto o processo tido como lógico e inteligente da generalização é muito mais um "mecanismo" neurótico coletivamente criado e aceito para permitir agressão sem culpa. Criado, além disso, para separar grupos – sempre com a vantagem (se for vantagem) de justificar pública, jurídica ou subjetivamente as divergências pessoais, grupais, as revoluções e as guerras.

O significado lógico ou intelectual das generalizações pouco importa. Não são conceitos, são bandeiras, uniformes (mesmos trajes), e funcionam como sinais condicionados. Se presentes, a agressão pode se realizar. O uniforme garante que é um inimigo, independentemente de quem esteja dentro dele.

Lembre-se, leitor: toda a motivação das guerras citadas na mídia é em sua maior parte fachada (justificativa para o povo), omitindo forças e motivos secretos, invariavelmente econômicos e em proveito dos poderosos.

# GENERALIZANDO (!) O MECANISMO PSICÓTICO COLETIVAMENTE ACEITO

Resta saber por que esse mecanismo foi criado (ou se criou naturalmente) – a bem do quê, a bem de quem, em função do quê.

A resposta é tão clara que deixou de ser vista – como tantas outras... luzes!

A vida social, desde seus primórdios até hoje, sempre envolveu, com o correr do tempo, em grau crescente, desigualdades cada vez mais acentuadas de qualidade de vida (de níveis econômicos) entre seus membros.

E, com o correr da História, essa desigualdade ia se fazendo cada vez mais evidente – visível para todos – à medida que populações se faziam cada vez maiores e as pessoas viviam cada vez mais próximas.

Hoje esses fatos se tornaram "universais" – pela TV.

> **Nasciam assim – e crescia continuamente – a inveja coletiva, a sensação de opressão e de injustiça, o ódio dos inferiores contra os superiores, o medo de todos ante esses sentimentos explosivos (de todos!), esse acúmulo de uma energia poderosa, de uma disposição crescente a "fazer alguma coisa" (qualquer coisa), fosse lá o que fosse, para reduzir a ansiedade e a injustiça.**

Em sentido descendente, ocorria o aumento da miséria, do desespero ou da depressão, levando à apatia, à alienação, às drogas (ao álcool, tradicionalmente) e à violência doméstica, em relação à qual não havia punição – **justamente por causa disso**. Ela limitava a agressão anti-social ao lar – à família. Em vez de fazer revolução ou passeata, o marido espancava a esposa e esta espancava os filhos. A fim de "educá-los".

Era imperativo criar dispositivos ou "mecanismos" capazes de aliviar estas pressões perigosamente crescentes, tanto maiores quanto maior o volume da população (quanto maior a cidade) e maiores as diferenças econômicas entre as classes sociais.

Assim nascia a lógica da agressão: agrida o inimigo, o estranho, o cidadão do outro bairro, o torcedor do outro clube. Mas era importante saber a quem agredir e a quem não agredir – quem era "amigo" e quem era "inimigo".

Impor alguma ordem no caos!

Assim nascia a generalização!

Desde *West side story* (o bando do outro bairro) até a Segunda Guerra Mundial (os nazistas e os aliados), passando pelas centenas ou milhares de classificações (generalizações) usadas cotidianamente pelas pessoas, reunindo "inimigos" em grupos – os do Brás, da Penha, do Morumbi, ou os cariocas, os nordestinos, os baianos –, classificando os torcedores pelo seu time – corintianos, são-paulinos, palmeirenses; as religiões também servem, por mais estranho que seja – católicos, protestantes, muçulmanos, espíritas.

Em suma, as generalizações funcionam exatamente como uniformes em campo de batalha – ou em campo esportivo. Se ele está com o uniforme do outro lado (com outro nome genérico), posso criticar, desprezar, atacar, pisar, maltratar.

As generalizações organizam, em suma, a agressão social, na mesma medida em que a absorvem ou neutralizam.

Serve, pois, como um gigantesco mecanismo homeostático capaz de conter o caos da agressão de todos contra todos, ou de qualquer um contra qualquer outro.

Acho que o homem do comportamentalismo disse algo bem parecido: as palavras são sinais desencadeantes de comportamentos automáticos.

Não li seu livro *Verbal behavior*, mas é fácil para mim aceitar que as generalizações são "estímulos sonoros" capazes de desencadear comportamentos instintivos ou previamente condicionados – pela educação, pela coletividade, por aquilo que "todos dizem que é assim".

Note, leitor, Skinner acha, e eu também, que o significado daquelas generalizações dos exemplos pouco tem que ver com a realidade, com o pensamento ou com a inteligência.

De outra parte, não sei se Skinner se deteve na motivação apontada por mim – como se forma entre os seres humanos o potencial agressivo que o "sinal" desencadeia. A motivação depende das desigualdades sociais e dos maus sentimentos que ela gera em quase todos.

## O SEGUNDO FATOR SOCIAL A ALIMENTAR AS GENERALIZAÇÕES (O ÓDIO DE TODOS CONTRA TODOS)

Há duas outras fontes inesgotáveis de descontentamento, de frustração, de ressentimento (de agressividade) nos cidadãos, pelo simples fato de existirem em sociedade.

A primeira é constituída pelos milhares de "nãos" que compõem a chamada educação, cada "não" uma experiência frustrada, um desejo insatisfeito, uma lição não aprendida (boa ou má), uma aptidão não desenvolvida. Tudo sem que a criança consiga entender nenhuma das "sábias" razões dos adultos.

Essas razões são uma só: "Se eu aprendi assim, devo esquecer o que me custou e devo fazer o mesmo com meus filhos. Esse sofrimento – segundo se diz – é salutar, faz bem. É o certo. Preciso educá-lo"...

> **E assim, dos cem bilhões de neurônios com os quais nascemos, metade morre até os dez anos – por falta de função. Essa é a mais terrível conclusão dos estudos atuais sobre esse cérebro tido como maravilhoso.**

Maravilhoso deveras. Apesar de reduzido à metade, ainda consegue chegar à Lua.

Imagine se acolhêssemos as crianças como se deve – mesmo! – mantendo seu cérebro inteiro!

Nenhuma criança recebeu, até hoje, todos os cuidados que seriam necessários para que ela conseguisse, como diz a mentirosa definição da pedagogia, "apoio total ao desenvolvimento de todas as suas potencialidades".

Não basta a família para isso. É preciso muito mais.

O que **efetivamente se faz** sob o nome de educação é **o oposto** do que está declarado na sábia definição dos pedagogos. A menos que dizer uma centena de "nãos" por dia contribua misteriosamente para o desenvolvimento de todas as aptidões da criança. Contribui, na verdade, para mumificá-la ou robotizá-la.

Todas as falas maravilhosas sobre educação familiar e escolar que ouvimos em todos os lugares nos cegam ante a realidade do que realmente foi feito conosco e do que fazemos com nossos filhos.

A pergunta que importa é: essa mutilação será percebida pelos adultos? Será que ela desperta de fato ressentimento e ódio pelo que foi feito não só comigo, mas com todos nós? Feito com a aprovação e até com o financiamento da coletividade?

Estou dizendo que você é cúmplice nesses crimes.

O segundo grande fator coletivo de repressão, capaz de gerar muita frustração e ressentimento em quase todos, predispondo-nos à agressão contra "inimigos invisíveis" (todos os outros), é a repressão do corpo, de todas as alegrias e prazeres que ele pode nos proporcionar.

O corpo é o maior *playground* conhecido do universo. Temos dois metros quadrados de pele com quinhentos mil pontos sensíveis e um aparelho locomotor de força e precisão inigualáveis (adiante o descrevo em pormenores), e nossas proibições coletivas não nos permitem usar, estimativamente, mais do que 10% desta riqueza que nos é dada apenas por termos nascido seres humanos – com pele e músculos!

Uma coisa é não ter dinheiro para comprar coisas interessantes, e bem outra a incapacidade de apreciar e desfrutar de tudo que somos e de tudo que nos cerca. Desse tudo, o mais precioso talvez caiba nessa palavra difícil, "amor", com tudo que ela contém de prazer, de felicidade e de dificuldade! Nada é mais regulamentado e limitado em nosso mundo do que ele, apesar de, como sempre, ser cantado dia e noite em mil canções mentirosas.

De que modo as generalizações intervêm nestas duas desgraças? Intervêm nisso que todas são feitas em nome de todos contra cada um – quase sem reflexão – e não raro com bastante sofrimento inclusive de quem proíbe, sem que ele ligue seu sofrimento às proibições de que sofreu e que transmite linha abaixo...

Emfim, e em suma: acredito estar descrevendo as origens de toda a "agressão reprimida" do cidadão normal de qualquer sociedade. Pondo em dúvida, ao mesmo tempo, todas as supostas raízes instintivas de nossa agressividade.

Nenhum animal agride gratuitamente. Movimentos agressivos custam muita energia...

Descrevendo, também, o aspecto mais dramático destas origens: todos são agentes e vítimas do que acreditam ser suas convicções mais queridas e respeitáveis. Somos todos construtores de nossas prisões mais fechadas e agentes de nossos tormentos mais doloridos.

*Homo sapiens...*

# E OS MILHÕES DE ANOS DO BANDO CAÇADOR?

Não podem ser esquecidos. Favoreceram o desenvolvimento, em nós – homens, machos –, de toda a competência que nos fez (o bando caçador) os mais eficientes predadores do planeta.

Ficamos acostumados a nos apropriar de qualquer ser vivo, a qualquer preço de astúcia e de crueldade, baseados na mais legítima das razões e no motivo mais legítimo de orgulho: alimento para o bando todo e vitória sobre inimigos poderosos.

Aprendemos a cooperar (os homens!), a agir em concerto, a imaginar planos, a distribuir e coordenar tarefas, a identificar – e a admirar – aptidões específicas, a reconhecer a unidade da ação, independentemente de quem a executasse, e obedecer-lhe. Todas eram necessárias.

Em suma, desenvolvemos o instinto empresarial!

Mas é bom saber que a caçada nunca pode garantir a alimentação do bando. Era por demais incerta – tanto a caça como a caçada. Li, nem lembro onde, que a alimentação do bando contava mais com a colheita feminina, mais segura e respondendo por mais de 60% dos alimentos do bando...

Fácil ver, nestes fatos, tanto nossa disposição agressiva, nossa crueldade, nossa sensação de "ter razão" e nossa outra sensação, tão apreciada, de dominação e vitória sobre nossos inimigos.

Se eu fosse psicanalista, veria nesta história a mais evidente "prova" da existência da "fase oral"...

## GENERALIZANDO AS GENERALIZAÇÕES...

É bem mais tranqüilizador acreditar que, entre nós, algumas pessoas são bem mais agressivas do que outras, seja pelo seu DNA, seja pelo azar de um ambiente infantil muito desfavorável, seja pelas más companhias.

É a defesa da particularização – outro "mecanismo neurótico" esquecido pela psicanálise. "Alguns" são agressivos. Eu não, nem os meus...

Mas basta folhear textos sobre a história e a pré-história – na verdade, basta folhear um jornal – para ver a agressão de cada grupo contra os outros grupos, todos descontentes com sua situação, todos cheios de justificativas "objetivas" para sua agressão aos outros grupos (ou famílias!), todos denunciando incansável e inutilmente a culpa de quem e quem devia.

É assim que se manifesta a agressão que contenho quando junto de meus próximos.

Essa agressão condensa-se nos "grandes conquistadores" que assumem o desejo coletivo e, ao mesmo tempo, são por ele consagrados.

Vão nos libertar – e dominar nossos inimigos...

Até mais: Jared Diamond, antropólogo já citado, com sabedoria e ironia, classificou de **cleptocracias** a **todas** as formas de governo, desde as mais primitivas até as atuais. Diz ele: é preciso um grau sumo de santidade para assumir desinteressadamente a tarefa ingente de organizar, distribuir e controlar os desejos, as paixões, o trabalho e as propriedades de centenas de milhares ou milhões de pessoas...

Humanamente impossível resistir à tentação de "salvar o meu"...

Enfim, leitor, espero que você saiba: esse estudo das origens sociais das "paixões" humanas como forças que determinam a história não tem nada de original.

Minha originalidade consiste em trazer essas convicções para o consultório de psicoterapia, para a compreensão psicológica dos conflitos individuais – e para a explicação da neurose.

E para a absolvição do neurótico, tão vítima quanto eu e você destes processos coletivos que nenhum de nós controla – e todos sustentam.

Bom se você conseguir, como Buda aconselha, não se identificar com estas paixões.

Bonito dizer, difícil fazer.

# PROPOSTAS DE SOLUÇÃO SOCIAL

Estão sendo estudados dois grupos de chipanzés que vivem em uma e outra das margens de um grande rio. Um dos bandos exibe comportamentos tão ou mais agressivos do que os nossos. Os do lado de lá – os bonobos ou chipanzés-pigmeus – são de fato a favor de paz e amor. Fazem sexo a toda hora, de todos os modos e em todas as combinações, a partir de um ano de idade, e muito além de tudo que seria necessário para a continuação da espécie. No entanto, a diferença genética entre as duas espécies é mínima. As diferenças entre os ecossistemas dos dois bandos, encontradas pelos pesquisadores, foram duas: os bonobos dispõem de alimentação mais fácil e entre eles há uma **forte união das fêmeas entre si**, capaz de conter quaisquer arroubos de valentia dos machos.

Os fatos são mais complicados do que isso e mais pormenores podem ser encontrados em meu livro *Sexo: tudo que ninguém fala sobre o tema* (São Paulo: Ágora, 2005).

Leve-se em consideração que, na certa, os seres humanos estão mais interessados em relações amorosas e sexuais do que as permitidas pela moral e pelos bons costumes... E muito além do que seria necessário para a conservação da espécie.

Quanto essa liberdade contribuiria para favorecer nossa solidariedade e nossa cooperação? Quanto ela favoreceria o desenvolvimento de uma sexualidade mais amorosa e menos... "animal"?

Ou seja: quantos dos piores aspectos de nossa sexualidade são resultantes das proibições que os transformam em "atos proibidos", realizados sempre com uma boa dose de ansiedade?

Reunirmo-nos no amor e no prazer não é bem o pensamento tradicional, mas

*Meio século de psicoterapia verbal e corporal*

estou dizendo a cada página que a tradição – hoje – é boa para nos mostrar tudo que não convém mais fazer.

As sociedades – as culturas – gozam de certa unidade funcional, segundo a qual todos os "pode" e todos os "não pode" estão relacionados. Isto é, quanto do pior de nossa sexualidade se deve à sociedade autoritária e suas proibições?

Veja um exemplo flagrante destas contradições. O casamento é a autorização legal, pública e religiosa para que duas pessoas possam manter relações sexuais e ter filhos. No entanto, o pior da repressão sexual pode ser encontrado... na família, em que ninguém tem sequer órgãos sexuais... Mãe não tem... vulva!

É uma perversão – ou não?

## OUTRA SOLUÇÃO

É o sonho de todos nós – menos dos que se beneficiam dela: uma redução drástica nas diferenças entre os mais abastados e os mais destituídos.

Única maneira, além do mais, de terminar com o terrorismo no planeta.

O ideal, enfim, seria uma revisão radical do que chamamos educação, seja ela familiar (uma "Escola de Família" pelo menos) e algo nos moldes que proponho próximo ao final deste livro. Sem prejuízo de outras propostas – como as contidas em *Growing up digital*, de Don Tapscott (Nova York: McGraw-Hill, 1997). Ou *Sobre uma escola para o novo homem*, de minha autoria (São Paulo: Ágora, 2006).

## AS CRUZADAS: OUTRA INTERPRETAÇÃO

Os livros de história nos dizem que, excitadas pelos discursos inflamados do frade (Pedro?), multidões começaram a se reunir e se mover na direção de Jerusalém, animados pelo sonho heróico de reconquistar para o Ocidente os lugares onde Cristo viveu e morreu – então sob o poder dos muçulmanos.

Mas a História não nos fala das condições humilhantes e miseráveis destas mesmas multidões, e de sua impossibilidade de melhorá-las.

A pergunta é esta: as multidões animadas de fervor religioso estavam ansiosas para libertar os lugares sagrados ou estavam ansiosas para **sair de suas condições de miserabilidade**, para "sair pelo mundo" em liberdade, apropriando-se do que encontrassem no caminho, reunidas em uma multidão de apoio capaz de varrer qualquer escrúpulo de consciência pelo que quer que viessem a fazer? E tendo no fim da viagem uma promessa não apenas santa, mas rica?

Claro que não estou pretendendo explicar as Cruzadas. Estou apenas explicitando mais uma das forças determinantes do movimento – e não lidas nos livros de

· 171 ·

história. Neles predomina a visão heróica ou religiosa ou as manobras de poder, e omite-se esta visão sociopsicológica.

Repressão social – inconsciência coletiva.

O que moveu as multidões não foi o desejo de ir para lá – reconquistar Jerusalém. Foi o desejo de sair daqui – da servidão miserável e sem esperança.

Pense um pouco, leitor: quanto vale esse desejo para você também?

Não, não estou insinuando que você desejou ser um Cruzado. Estou falando de sua situação atual e real, aqui e agora! De seu desejo de "melhorar de vida"! De sair de onde você está!

# A CORRENTE DA CONSCIÊNCIA (WILLIAM JAMES)

Se nos detivermos sobre o mundo interior, subjetivo, sobre uma possível definição ou descrição da "consciência" (talvez até dessa coisa mais do que confusa chamada "mente"), todos concordam, acredito, que ela não é geométrica nem mecânica, não é feita de "partes" nem de "estruturas", de nada fixo, rígido, estável.

Será preciso aceitar a boa, velha e tradicional descrição de W. James: "torrente" ou "corrente" da consciência.

A consciência não é. Ela flui. Ela vai acontecendo. Como a realidade – segundo Mac Luhan e Demócrito.

Basta percebê-la com atenção (tomar consciência da consciência!) e concluir que nós somos... criação (variação) contínua, como de há muito nos foi dito pelos iluminados do Oriente, pelos místicos do Ocidente e no século XX pelos físicos...

A questão é de... técnica! Como "sair" da torrente a fim de poder percebê-la como se estivéssemos fora dela?

De novo os iluminados: como identificar-se com "O observador" interior – aquele que apenas vê ou sente – sem se deixar arrastar em momento algum pelo que vai pela consciência, **sem se identificar** ou se confundir com o que está passando nela ou por ela naquele momento?

Como se pôr à margem do rio?

Algo me diz que esse observador tem muito a ver com os olhos, com determinada posição deles, talvez com a que se vê em certos iogues – os olhos convergindo para o sobrecenho – ou talvez tenha a ver (!), apenas, com a imobilidade dos globos oculares – o que faz o "pensamento" parar o fluxo da consciência. Os neurolingüistas nos dizem que se fixarmos os olhos não conseguiremos pensar. Eu concordo e adiante retorno. Lembro que uma das técnicas para induzir o estado hipnótico é convidar o sujeito a fixar o olhar.

Como regra, ou na maior parte do tempo, somos tomados por uma "onda" – como se fôssemos surfistas – e somos por ela levados, arrastados ou possuídos. As ondas podem de fato, a meu ver, nos mover de vários modos. A possessão costuma durar pouco, segundos. Mas as ondas da consciência refluem – o "pensamento" retorna – muitas vezes com uma tenacidade desesperadora. Deve haver, "no fundo" deste refluxo, uma rocha! Mas também as rochas do fundo são... fluidas, formam-se e pouco depois (ou muito depois) se fundem, sendo substituídas por outras. Só podemos "tomar consciência" das rochas "vendo" – na verdade, sentindo – a confluência das ondas em certo ponto: as repetições.

Freud teria dito que a rocha é o centro de um "complexo" – noção difícil e confusa!

E as palavras?

Aí está o segredo de sua força. Sem elas, é preciso desenvolver suma habilidade a fim de poder surfar nas ondas, ou boiar confiantemente sobre elas, sem se identificar com esse ou aquele pensamento; melhor, com essa ou aquela intenção. Porque as ondas tendem a "nos levar", são forças fluidas, sempre ondas mas sempre forças. Por isso, talvez, Freud preferiu falar em "desejos" e não em "intenções". Por isso, também, se popularizou entre os psicólogos a expressão confusa "pulsão".

Como se ligam as ondas com direções ("sentidos")? Ondas têm direção, mas as direções das ondas são bem diferentes de vetores.

As ondas na certa estão ligadas a emoções; percebo a natureza da onda como evidente no momento em que acontecem.

Como se transforma uma onda em um vetor? Um desejo em uma intenção?

O desejo (a onda) é uma alteração visceral ou vegetativa, mas sua realização tem de passar fatalmente pela motricidade – adquirir forma mecânica para poder se realizar no campo gravitacional da Terra...

Adiante descrevo a complexidade e a finura de nosso aparelho locomotor, assim como as dificuldades de nosso equilíbrio de bípedes, e então será mais fácil aceitar que as ondas só podem ter "sentido" ao se transformarem em intenções!

Voltando: e as palavras?

As palavras são... "O caminho das pedras", segundo a anedota ímpia bem conhecida.

Se você não a ouviu, a reconto: comentando o trecho do Evangelho no qual se diz que Cristo caminhou na direção do barco de Pedro andando sobre as ondas, diz-se que Pedro, convidado a fazer o mesmo, hesitou (faltou-lhe fé!) e quase se afogou. Um cínico descrente – sempre há algum – complementou o relato bíblico dizendo que Cristo sabia a posição de pedras superficiais sob as ondas – o caminho das pedras, exatamente – e que o milagre não foi milagre.

Daí nasceu a expressão popular: difícil é conhecer "o caminho das pedras", e importante é ter quem o conheça – e nos ensine.

Se não, morremos afogados – angustiados. O relato, a anedota, a heresia ou seja o que for, me serve demais, depois de tanto ter falado sobre o cunho líquido da consciência.

As palavras são, de fato, como pedras sob as ondas, e as pessoas ao "andar" sobre elas ou seguindo seu "sentido" (significado) têm a ilusão de segurança, pois a descrição fluida da consciência é muito vertiginosa.

É estar de pé sobre uma piroga.

As pessoas não só "andam" sobre as pedras verbais, mas agarram-se a elas ao menor balanço produzido pelas ondas dos desejos – intenções – que são o acontecer.

É literalmente verdade que as ondas da corrente da consciência jamais se repetem, sendo iguais a fluidos em movimento. As palavras nos dão a ilusão de que as ondas... têm nome! Que a qualquer momento, dizendo as palavras "certas", estou sobre uma onda conhecida e seguro de não estar sendo arrastado para não sei onde.

Posso sentir, também, que muitos outros sabem do que estou falando – que estamos todos na mesma direção, ou seguindo a mesma onda. Quiçá, até **fazendo** a onda – ou reforçando-a.

Se em vez de falar/pensar palavras nos déssemos conta de estar flutuando em um mar de significados, de direções, seria muito melhor – e muito pior. Estaríamos acontecendo sem saber aonde iríamos parar.

Depois desta descrição, volto a perguntar qual é a famosa "certeza" e "clareza" das palavras ante a comunicação não-verbal. Esta é obviamente fluida desde o começo, desde sempre e para sempre... Portanto, ótima para... andar sobre as ondas!

A comunicação não-verbal, muito mais rápida e múltipla, retrata **a cada momento** muitas das ondas da consciência de quem fala – naquele momento. Retrata em várias dimensões – em várias expressões faciais, gestuais, corporais e vocais – coisas que a palavra jamais conseguirá fazer! E só assim a palavra ganha sentido, **um** sentido, no aqui e agora.

Diante do outro, estamos ante algo bem parecido com o que podemos ver/sentir diante de nossa própria corrente de consciência.

O outro não é meu retrato. É meu complemento.

Diante do outro – e atentos – estamos sempre dançando.

# GENERALIZAÇÃO E NEUROSE

Aos poucos vim tentando mostrar que a maior parte da lógica tradicional, em especial a abstração e a generalização, podem ser tidas como defesas neuróticas coletivas. Defesas feitas para manter a estrutura social – qualquer que ela seja.

Desde já, só para dar exemplos: "os negros" (todos os negros) não prestam, "os judeus" (todos os judeus) só pensam em dinheiro (o tempo todo), as "mães" (todas as mães) amam (por igual) seus filhos (todos os seus filhos), as mães (todas as mães) são compreensivas e amorosas (em todas as circunstâncias), os "pais" (todos os pais) sabem (sempre) o que fazem, são todos conscientes e responsáveis (o tempo todo)...

Aí temos o que os lógicos denominam de premissas maiores – do tipo presente em todos os tratados de lógica (o silogismo: "Todos os homens são mortais"...) –, fundamentos do pensar de quase todos.

Na verdade, o pressuposto de qualquer afirmação significativa.

Frente **à observação**, ao caso concreto, todas estas afirmações categóricas se mostram mais do que precárias.

Enfim, a maior das mágicas – e a pior safadeza – da comunicação verbal: tudo que se diz de sua clareza e perfeição é dito por elas mesmas, pelas palavras de todos os que se encantam com sua... exatidão (!) e pelo poder que elas teriam de comunicar a mais pura verdade!

Todo o elogio feito às palavras é feito com palavras.

Fala-se e falou-se demais de quanto a palavra foi e é importante para as sociedades humanas, de todos os benefícios que ela nos trouxe, mas pouco e nada se diz de todo o malefício que ela fez e continua fazendo.

Ao comentar acima "as palavras e as coisas", creio ter deixado claras as funções psicopatológicas das generalizações...

É justamente a ambigüidade da palavra que torna difíceis a tomada de consciência e o fato – neurótico – de as pessoas se apegarem a um ou outro de seus significados e ignorarem, negarem ou não perceberem outros.

A raiz do fanatismo é esta: o agarrar-se a **uma** interpretação da realidade como se ela fosse a única.

A palavra é analítica. Fala, de cada vez, só de "partes" ou "pedaços" de uma situação, das coisas, pessoas e ações. A visão é sempre panorâmica, abrangente; mostra tudo de uma só vez – se você for capaz de ver...

O mesmo se pode dizer da expressão não-verbal à qual bem se pode aplicar o que o querido Wilhelm Stekel dizia da "polifonia" do pensamento. Isto é, o pensamento – na verdade, a palavra – tem sempre muitos sentidos e, de sua parte, as expressões corporais são sempre múltiplas, "dizem" várias coisas ao mesmo tempo.

Compõem uma dança e não um discurso.

E, para encerrar essa crítica à perfeição das palavras, recordo e resumo o essencial e sempre esquecido que se pode – deve? – dizer sobre elas: **é o acompanhamento não-verbal das palavras que de regra determina seu sentido aqui e agora**!

Para compreender depressa muitas dessas afirmações, pense na linguagem do robô, de todo destituída de qualquer inflexão, gesto, sorriso, lágrima...

A palavra digital.

O modo universal de não se envolver!

Retorno como biólogo: se o comportamento expressivo (motor) fosse tão equívoco quanto a palavra, a espécie desapareceria. O não-verbal está no centro da caçada e da organização dos grupos animais, e por isso deve ser bem definido. É a linguagem não só das emoções (como se aceita), mas principalmente das intenções – das **preparações para a ação**.

# O OLHAR DA CONSCIÊNCIA

Não parece que James nem outros estudiosos ocidentais tenham se dado conta de que, além de fluxos e refluxos, há algo estável na consciência – e acima lembramos esse fato.

Os hindus nos dizem algo a esse respeito.

Fala-se demais na "voz de consciência", mas nada se diz do "olhar da consciência", muito mais arguto, muito mais rápido e muito mais abrangente. E bem pouco percebido, justamente porque pode ser muito rápido.

Ainda e também: muito mais implacável.

Em condições naturais – na selva –, o olhar não pode se enganar, e muitas vezes não tem tempo para se enganar. Quando o olhar da presa se engana, o animal morre. Quando o predador se engana, não come...

Por isso o olhar não julga, nem hesita, nem "pensa", nem duvida – mesmo quando se engana!

Isso porque está ligado indissoluvelmente aos movimentos.

Na selva, é ver-fazer – para sobreviver. Ou é ver-fazer – para aprender – depressa!

Sem intermediários.

Conexão direta.

Em nós também. Por que iríamos perder esse "mecanismo"? Por que iríamos desativá-lo se ele é o mais rápido no encontro e, pois, o mais essencial à sobrevivência?

Ele não se deixa levar pelas ondas sonoras das palavras...

Por isso, a fim de não se deixar levar pelo movimento das ondas, é preciso morar nos olhos – no "observador" – como nos disseram os introspectivos sábios orientais.

A mais fundamental das repressões é a do olhar. Uma vez estabelecida – "Não acredite no que você está vendo" –, todas as outras falsificações sociais, baseadas nas palavras, se tornam fáceis. É só fazer de conta que acreditamos nelas, repetin-

*Meio século de psicoterapia verbal e corporal*

do incansavelmente as mesmas afirmações e ficando indignados – ou perturbados – quando alguém diz que não é bem assim...

Algumas intuições freudianas vão muito além da psicanálise e do próprio Freud! Ela não falou do olhar mas, usando uma de suas fórmulas bem conhecidas, direi que, ao reprimir socialmente o olhar, ele se sublima.

Deveras, se torna sublime (!).

"Deus te vê" – Deus TV!

Deus te vê – onde quer que você esteja!

Isto é: onde quer que você esteja, sempre haverá alguém – ou poderá haver alguém – que verá o que você está fazendo. Alguém que sabe, até, se estiver atento, o que você está pensando, desejando, planejando...

Todos vigiam a todos, lembra-se, leitor? E você vigia a si mesmo. Não sei se é você ou se são os outros dentro de você... Ou se é mamãe...

A fim de salvar-se, você precisa **encontrar o caminho**, que só pode ser encontrado se você estiver vendo!

Dizer "Deus é luz" ou "Deus é o olhar" são sinônimos.

Enfim, sinal dos tempos: por que inventamos a televisão no meio do século XX? Por que ela se tornou o que é a partir da Segunda Grande Guerra?

Resumindo quanto podemos considerá-la o olhar de Deus, pode-se dizer sobre a TV: todos podem ver todos, todos podem ser vistos por todos, tanto coletiva quanto individualmente (câmeras "secretas"), todos podem mostrar-se, em público ou em particular (programas tipo *Big Brother* e exibição na internet).

Cada vez se fala mais em "transparência" nos relacionamentos, negócios e políticas e em "visibilidade" no cortejo das celebridades.

A cada página de texto científico, encontra-se pelo menos uma vez a palavra "evidência" (isto é: "o que se vê", "o que estamos vendo", "o que alguém viu")...

Cada vez que repito estes argumentos... Não acredito no que estou dizendo. Como é possível ter de repetir tantas vezes e de tantos modos o que desde o começo e desde sempre é tão claro quanto a luz do sol?

# O PECADO CONTRA O ESPÍRITO SANTO

Então vou ameaçar os incrédulos com o Inferno. Diz a teologia moral da santa Igreja Católica, Apostólica e Romana que existe um pecado – o único – que Deus não perdoa: o pecado contra o Espírito Santo.

Sua definição dogmática: "Pecar contra o Espírito Santo é negar a evidência reconhecida como tal". Dá para compreender? O que é "evidência"? Claro (!): é o que se vê. Portanto, pecar contra o Espírito Santo é negar o que estou vendo; na verdade, é negar a própria visão ou não acreditar em nada do que estou vendo.

· 177 ·

Pecado estúpido? Incompreensível?

Nem a Igreja sabia estar condenando a base de todas as mentiras sociais – inclusive as propaladas por ela. A formulação deste pecado, medieval, baseava-se nisso: a Igreja estava tão convencida do que pregava, de que sua doutrina era a própria e indiscutível palavra divina, que definiu o pecado para evitar a emergência de outras doutrinas (heresias).

Mal se dava conta de que esse pecado – definição da cegueira coletiva compulsória – é a raiz de todas as estruturas e convenções sociais e de todos os desmandos individuais, como venho dizendo e vou continuar dizendo ao longo deste livro todo.

A psicologia é um pecado contra o Espírito Santo, nega a evidência da evidência: nega o olhar...

# SOCIOBIOLOGIA DA PALAVRA – OU SE OS ANIMAIS FALASSEM...

Se os animais falassem – como se diz em algumas histórias infantis –, o dicionário de cada espécie seria coisa de poucas páginas e poucas dezenas de palavras. Já pensou nisso?

A comunicação sonora entre eles (guinchos, trinados, rugidos, cacarejos, rosnados) parece já ter alcançado o limite, ou parece já ser suficiente para garantir a sobrevivência, a convivência, a reprodução e a educação da espécie.

O ponto é este: eles não conseguiram criar organização nem tecnologia aptas a acelerar o desenvolvimento, seja no espaço seja no tempo. Não progridem e por isso seu mundo, sempre o mesmo, pode ser designado por umas poucas "palavras" – sempre as mesmas.

Eles não se mostraram capazes de **criar significados** – essa é a questão e por isso estou tentando compará-los conosco.

**Significados são criados por movimentos**, e esse é o ponto que mais me interessa. São criados por desejos, logo mais organizados em intenções, em seguida manipulações, apoiadas na postura – e surgem novos objetos, novas técnicas e novos objetos, ou ferramentas.

Significados (simbólicos) podem nascer também – e determinar rituais – ligados à dança social, ao cerimonial. O cerimonial é uma dança lenta cujos passos e gestos são rigorosamente determinados, todos eles carregados de... significados mágicos ou até divinos.

Na verdade, o poder dos rituais provém do número de pessoas presentes reunidas a fim de realizá-los ou de assisti-los. Usos e costumes seguem o mesmo padrão do ritual e têm valor social comparável, ainda quando se refiram, mais modestamente, às relações pessoais do cotidiano. Ao mesmo tempo, organizam e reforçam

*Meio século de psicoterapia verbal e corporal*

os papéis sociais, sejam eles familiares (mãe, pai, filho, parentes), profissionais, políticos ou econômicos (classes sociais).

Veja-se como são criados significados, cada qual exigindo uma palavra, mais suas variações de gênero, número, tempo, pessoa...

Os animais não têm nada a fazer com tudo isso. São ao mesmo tempo mais livres e mais prisioneiros de categorias de ação, de longe mais simples e mais rígidas do que as nossas.

Pensemos um pouco mais na tecnologia e como ela cria ações novas, objetos novos, usos novos, condicionando ao mesmo tempo a invenção de tecnologias derivadas e mudanças sociais em uma seqüência que se tem revelado interminável – na verdade, cada vez mais acelerada e cada vez mais ampla.

Foi assim desde o controle do fogo – e dos cães! –, desde o primeiro cacete e logo depois da primeira pedra lascada e desta, em sucessão, a primeira ponta aguda (a lança), a primeira "faca"...

Novos desejos gerando novos objetos que geram novos usos, que geram novas ações, que geram novos objetos, que geram novos usos. A cada passo surge a necessidade de mais palavras...

De mais um modo geramos significados. Desde longa data havia "especialistas" (de início, artesãos – até feiticeiros) e incipientes cientistas e naturalistas, todos porfiando em ampliar o conhecimento, visando sempre maior poder, maior segurança, melhor posição, ou simplesmente satisfazendo a curiosidade! Cada qual ampliando seu âmbito de observação e análise, aumentando indefinidamente o número de palavras necessárias para designar seu sempre crescente número de objetos, qualidades e relações contidas em seu campo de interesse.

Conclusão: nossos dicionários contêm mais de cem mil palavras, na certa produtos dessa diversidade de criação.

Paradoxalmente se diz que cinco ou seis centenas de palavras bastam para viver e sobreviver em qualquer lugar...

Notar, porém, que inúmeras palavras pouco e nada significam para grupos consideráveis de pessoas (dialetos, especialidades).

Portanto e em conclusão – a que me importa neste livro –: cuidado ao falar em palavras e ao referir-se à comunicação verbal.

Não sei o quanto ela nos liberta e o quanto ela nos aprisiona – como venho comentando.

Tampouco sei se a psicanálise não é ou não foi uma tentativa para conseguirmos livrar-nos da escravidão da palavra – sobretudo dos dizeres coletivos, das frases feitas, dos preconceitos.

Freud perguntou-se um dia se a análise teria fim ou não. Podemos responder com certeza: não pode ter.

Pelo seguinte, lembrando Chomsky, o mestre da lingüística: "O discurso é in-terminável" (quem não sabe disso?), e "sempre será possível dizer uma frase que nunca foi dita antes". Dois modos diferentes de afirmar o mesmo fato.

O que dizer, depois disso, das "fases" do desenvolvimento infantil, da supera-ção do Édipo, da normalidade, da maturidade?

Da duração da análise?

Note, leitor, o quanto essas ambigüidades favorecem finalidades outras, sobre-tudo financeiras, para os psicanalistas.

As "profundezas do inconsciente" talvez sejam apenas nossa capacidade ilimi-tada de criação.

Apenas...

"Tudo" pode vir de lá – mas na certa vêm algumas coisas por vez, conforme as pressões dos ecossistemas, naturais e sociais.

E tudo nasce, com certeza, da experiência não-verbal.

Nasce "do nada" e esse é o milagre.

Sem fim.

## OS REFLEXOS VISUOMOTORES (O NÃO-VERBAL) E O PENSAMENTO VERBAL

"Os reflexos visuomotores são constituídos por todas as ações automáticas que seguem ou respondem ao que os olhos estão vendo em certo momento." *Kinds of minds*, de Daniel C. Dennet (Nova York: Basic Books, 1996).

Na p. 121, o autor relata o caso bem conhecido de aves que fazem ninhos ao rés-do-chão, facilmente acessíveis, e, em se aproximando um predador, afastam-se aparatosamente do local do ninho, como se estivessem assustadas, e imitam uma ave com a asa quebrada, o que leva o predador para ela. Quando ele se aproxima, elas saem voando, salvando assim a prole.

O autor, imitando Dawkin (em outro contexto), tenta pôr o comportamento da ave em palavras, como se ela estivesse falando consigo.

"Sou uma ave que faz ninho ao rés-do-chão, e por isso meus filhotes estão muito expostos a predadores. Aquele predador errante está prestes a chegar perto demais de meu ninho, e, a menos que eu chame sua atenção, ele comerá meus filhotes. Posso distraí-lo avivando seu desejo de me caçar e comer, mas somente se ele sentir uma probabilidade apreciável de me atacar! Ele seguirá essa intenção se eu o convencer de que estou tendo dificuldades em sair voando. Que tal fazer de conta de que quebrei uma asa?"

Veja-se quantas intenções e pressupostos passariam pela cabeça da ave – se ela falasse. Mas cada um de seus "pensamentos" é determinado pelo fato de ela estar vendo o predador e sua aproximação do ninho e pelo desejo de desviá-lo dele. Ela está ao mesmo tempo calculando distâncias o tempo todo, distância do predador em relação ao ninho, dela em relação ao predador, dela em relação ao ninho. Cada movimento dele determina uma nova intenção nela, e ao final podemos dizer que estão ambos executando uma dança combinada na qual o movimento de cada um determina o movimento seguinte do outro. A seqüência de "pensamentos" da ave apenas põe em palavras o que ela está vendo e, ao mesmo tempo, o que ela pretende fazer no momento seguinte, conforme o movimento do predador em relação ao ninho – e a ela!

Por que dar tantas voltas?

O que hoje sei estudando a comunicação não-verbal me diz que quando duas pessoas dialogam, além do fluxo verbal – e co-determinando-o –, vão os movimentos de cada um, de suas faces, gestos, tons de voz, movimentos, posições...

Eu me pergunto se a conhecida expressão "o que há por trás disso" não significa exatamente o que estou descrevendo: o não-verbal, o motor, as intenções (em tensões) que determinam o que não está sendo declarado – e transparece nos sinais não-verbais.

Em resumo: se em vez de relatar ou apenas "pensar" no que o outro está dizendo prestarmos atenção às suas reações faciais enquanto acontecem, chegaremos sempre à mesma conclusão: cada frase está em correspondência com uma direção do olhar e um movimento do rosto ou do corpo (ou de ambos), que podem – e devem – ser denominados de "intenções".

As famosas e enigmáticas "intenções inconscientes" de Freud podem, se você estiver olhando, fazer-se perfeitamente evidentes – cinematografáveis.

São, pois, inconscientes para o agente, mas não para o observador. Se a pessoa for filmada, poderá ver suas "intenções inconscientes". Se, depois, ele conseguir imitá-la, ele não apenas terá conseguido "tomar consciência do inconsciente" como também terá **adquirido controle** de suas "obscuras forças inconscientes".

Se – perfeição máxima! – você se deixar levar e perceber seus próprios micromovimentos durante o diálogo, terá em você mesmo o "negativo" das intenções do outro. Esta é a base da intuição. É como se você estivesse dançando corpo-a-corpo com ele, e como se a cada frase ele estivesse levando a dança (o cavalheiro) e você seguindo-o (a dama)! E trocando de papel na resposta.

# A COMUNICAÇÃO NÃO-VERBAL – PESQUISADA A FUNDO

Passo a descrever onde e como aprendi e estudei comunicação não-verbal (CNV).

Primeiro, da leitura atenta e repetida de Reich. Depois, do procurar sentir em mim o que estudava e, diariamente, durante milhares de horas, da **observação** quase obsessiva dos pacientes (e dos demais). Mais tarde, os neurolingüistas me ensinaram mais ainda.

Além de tudo isso – e principalmente –, em grupos de estudo, ao longo de mais de quatrocentas horas, com auxílio de videoteipe. Gravávamos um dos companheiros durante cerca de oito a dez minutos. Andando para longe da câmera e voltando, gravando de frente, de costas e nos dois perfis do corpo. Depois, em plano americano, cinco a seis minutos de perguntas relativas à família, própria ou de ascendentes, à profissão, à opinião sobre si mesmo, defeitos e qualidades de mãe, pai, esposa, filhos, pedido para dar notas sobre o próprio casamento, formação profissional, aceitação e desempenho profissional. Ao final, gravávamos o rosto, as duas metades (esquerda e direita), a metade de cima (olhos) e a de baixo (lábios e queixo).

Depois víamos a fita inteira, quase sem comentários. Eu perguntava depois a impressão do sujeito sobre o que havia visto. Invariavelmente, estranheza, perplexidade em graus variados. Em seguida, voltávamos à fita e havíamos convencionado entre nós a mais completa liberdade, de todos, de comentar o que viam e de fazer qualquer pergunta ao sujeito sobre fatos de sua vida.

Depois passávamos a fita em câmera lenta, uma e mais vezes, fazendo paradas sempre que oportuno – quando havia uma mudança clara nas expressões da pessoa ou quando eu formulava uma nova pergunta –, paradas essas marcadas por mim ou por algum companheiro. Em casos felizes, esse estudo, de aproximadamente uma hora, rendia biografias quase completas sobre identificações principais, momentos mais críticos ou mais influentes de vida, principais temores e principais amores e ódios, atitudes dominantes, relações pessoais mais significativas, sua história familiar-infantil e seus modos típicos de se exprimir (suas "defesas").

Notar: **considero básica a presença de vários espectadores**, pois cada um vê o que outros nem sempre vêem. Passando a fita várias vezes, conseguíamos todos ver o que cada um havia visto, e o retrato final era surpreendentemente fiel e abrangente – uma biografia quase completa.

A técnica despertava perguntas sem-fim do sujeito, revisões de posições, não raro sustos, emoções intensas – e mudanças apreciáveis de atitudes e de vida em pouco tempo.

Esta situação permite compreender algumas dificuldades importantes no que se refere à CNV.

## NINGUÉM VÊ TUDO DO OUTRO – NEM DE UMA SÓ VEZ

Disse acima que todos mostram tudo a todos, e agora qualifico a generalização. Melhor dizer: todas as identificações estão de algum modo integradas na postura, mas cada uma delas só se torna mais aparente, só se acentua – só se ativa – ante um inter-locutor/personagem específico, em alguma medida semelhante, na forma ou na expressão, momentânea ou estável a alguém significativo do passado.

Ainda e também, no que se refere ao observador, ele verá apenas em função de atitudes complementares, e verá ainda mais se uma delas se ativar pela presença do outro.

Mas preciso insistir: o fato de a pessoa **ver** suas expressões (fita) é de longe mais atuante do que se elas fossem apenas descritas ou percebidas subjetivamente, em função de uma interpretação ou descrição oportuna.

Exemplos múltiplos.

Se o paciente me vê com certo receio, é porque, sem que eu me dê conta, estou mostrando a ele uma cara e uma atitude de severidade (profissional?) – paralela à de seu pai autoritário, por exemplo.

Se ele relaxa e se abre, pode estar mostrando a atitude confiante desenvolvida diante de uma mãe compreensiva – que no momento está sendo aparente em mim, terapeuta, quer eu saiba disso quer não.

Se ele se mostra reticente e desconfiado, é porque eu estou com cara, jeito, ou ambos, de cientista ou de policial com suspeitas.

Se ele se mostra confuso e contraditório é porque, de novo, estou com cara do especialista que sabe. Ou como um juiz – por menos que minha intenção consciente seja julgá-lo.

Se ele se mostra ansioso, assustado, é líquido e certo que estou mostrando a ele alguma espécie de julgamento, condenação ou rejeição, em minha cara ou em meu jeito.

Note, leitor. Hoje estas coisas estão começando a ser mostradas em filme. Filman-do com uma câmera para o terapeuta e outra para o paciente, se projetarmos depois as duas imagens sincronizadas, lado a lado, poderemos observar claramente a corre-lação entre as danças expressivas de um e de outro.

Claro: em psicanálise estes reparos mal têm sentido desde que estão ambos fora do campo visual um do outro. No caso de estar frente a frente, o terapeuta se esforça ao máximo para se manter impassível ("atitude neutra"– cara de nada – cara parada – "você não me toca"), o que pode deixar o paciente muito confuso. Muito do que em psicanálise se declara como "tentativas de seduzir ou enganar ao terapeuta" provém daí: esforço inconsciente do paciente para fazer com que o terapeuta... mostre sua cara (!). Na verdade, a cara de nada pode ser tida como útil para a terapia, em certas circunstâncias. Ela força o paciente a se desdobrar, a fim de mobilizar o terapeuta, para comovê-lo, irritá-lo, humilhá-lo, enganá-lo e mais. Ele fará como qualquer inferior em uma empresa faz quando diante de um superior impassível.

Pessoalmente, não gosto dessa técnica. Primeiro porque gosto de ter minhas caras; segundo porque não gosto de ficar controlando minha cara o tempo inteiro – é irritante e cansativo, absorvendo muito de minha atenção –; terceiro porque, exceto no caso de superior impassível, em nenhuma outra situação o paciente terá de realizar manobras diante do terapeuta. Na terapia ele não está, pois, aprendendo a adaptar-se à realidade comum, na qual as pessoas fazem caras e gestos o tempo todo (menos os anglo-saxões, os psicanalistas, os banqueiros e os diretores de multinacionais).

Enfim, vale sublinhar: a impassibilidade do terapeuta marca uma posição clara de superioridade e controle. Diante dela, qualquer ensaio de "analisar" ou "interpretar" o superego torna-se contraditória – inoperante: o terapeuta **está sendo** o superego... Ele teria de descer do trono (profissional) sempre que pretendesse atenuar as inibições do paciente, finalidade precípua da terapia.

É também boa, às vezes, a técnica de divã na qual descubro que as intenções do outro são as minhas, atribuídas a ele (projetadas). Mas com isso esvazio meu universo relacional e fico só no deserto, o que certamente não é saudável.

Narcisismo terapêutico: só eu existo...

O que sou eu sozinho?

O que provavelmente acontece é que os analisandos – sobretudo se forem sócios da Sociedade de Psicanálise ou pacientes psicanalizados – "transferirão" seus apegos aos outros membros da Sociedade, fechando-se para sempre para o mundo... Isso certamente acontece com os mais fanáticos.

## A COMUNICAÇÃO NÃO-VERBAL É POR DEMAIS SIMPLÓRIA – OU COMPLEXA?

Prossigamos estudando a CNV (recordo: comunicação não-verbal).

Reparo fundamental: **ver, todos vêem,** e melhor ainda se for apontado. Mas **dar nome** a expressões de rosto ou a atitudes corporais não é fácil, exige vocabulário amplo que poucos têm e, pior, vocabulário que sofre de repressão. Não costumamos descrever caras e jeitos das pessoas **para as pessoas**. Na verdade, o fato é mal recebido. Diga para alguém: "Você está olhando para mim com um ar muito severo, parece um juiz" ou "com cara de pouco caso", ou "com uma expressão de enjôo".

Esse é um poderoso fator adicional à dificuldade de designar faces e gestos. Apontar para expressões estáveis ou freqüentes pode ser um bom começo para analisar a Couraça Muscular do Caráter, segundo recomendação do próprio Reich. E as pessoas de regra resistem – prova adicional de que a expressão deve ter sentidos ocultos (mas evidentes!).

Alguém poderia pensar que as expressões faciais e corporais são por demais simplórias ou, ao contrário, por demais complexas.

O que me leva a discutir o tema de vários ângulos.

Em vez de pulsão ou "complexo" inconsciente, de "forças ou tendências interiores", prefiro uma expressão contraditória de Freud, usada e abusada por Melanie Klein: "fantasias inconscientes".

Não sei como uma fantasia – obviamente visual – pode ser inconsciente!

Mas fico com a noção e lembro de Moreno e do psicodrama. Por vezes Moreno cercava o paciente de vários "egos-auxiliares", cada um representando um personagem do passado, incluindo ao mesmo tempo uma atitude, uma proibição, uma tentação e mais.

Portanto, uma "fantasia" concretizada.

Gosto dessa representação por estar convencido de que é impossível "falar sozinho". A palavra é tão essencialmente comunicação que, havendo um só, ela não tem sentido!

Há muito tempo, ao me perguntar com quem estou falando quando falo sozinho, encontrei uma resposta surpreendente: falo com minha cara... Ao monologar, meu rosto muitas vezes entra no diálogo, fazendo avaliações do que está... ouvindo – como se fosse o interlocutor de meu monólogo (que não é monólogo). Mas é preciso acrescentar: meu rosto nem é muito meu, nem é um só – claramente, não é um só.

O rosto humano é tão importante que temos no cérebro certa região dedicada exclusivamente à identificação de faces – sabia? Nem é tão surpreendente, não? Para o cotidiano e em relação aos próximos, é fácil e essencial reconhecê-los. Lembro de novo os animais que vivem em grupos. Eles também se reconhecem facilmente. E ai do animal que não reconhece o predador! Ou o superior!

Por tudo isso, prefiro dizer que, ao falar sozinho, estou falando com outros dentro de mim, ou personagens de minha história, ou a "voz do povo", de regra reduzida a frases feitas, frases que resumem o que "todo mundo" diz ante certas circunstâncias. Nesse caso poderíamos falar na "voz do coro" (teatro grego) ou do próprio superego.

O psicodrama... dramatiza estas reflexões, e a Gestalt faz o mesmo ao solicitar do paciente que assuma personagens de sonho ou personagens da infância.

Ainda e sempre: cada voz interior ou tem cara própria, ou fala com caras determinadas – as máscaras do teatro grego.

Pessoas muito expressivas ou, no limite, o psicótico que pode ser visto na rua "falando (enfaticamente!) sozinho" demonstram com clareza o quanto estão falando com várias pessoas. Por vezes, o infeliz chega a trocar de posição e de voz ao encenar personagens de seu drama (dito "interior")!

Penso depois nos mil personagens de nossos sonhos: quantos deles são nossos interlocutores durante o dia?

Penso depois em outra técnica da Gestalt: "Dê nome e encene seus personagens interiores". Faça assim para que eles se definam e o multilóquio interior ganhe clareza.

Enfim, passando das vozes aos corpos: será que as vozes interiores não têm corpo? Não será possível ver esses personagens interiores na aparência da pessoa? Lembre-se da pessoa expressiva há pouco lembrada – ela não parece muitos?

Reparando bem, podemos ver, sim. **A maior parte das pessoas tem aparência diferente em circunstâncias diferentes, ou diante de personagens distintos**. Refinando a observação, podemos, se houver interesse, ver várias pessoas em uma só durante um só diálogo, em função do tema e das emoções. Podemos ver várias expressões de rosto, vários gestos, várias mudanças de atitude, várias mudanças na posição da cabeça, variações na direção do olhar, vários modos de sorrir, de "fechar a cara" – certo?

E então? **Será que esse número considerável de movimentos nada significa – não tem função alguma?**

Se nada significam, por que os fazemos?

Ou "é melhor fazer de conta que eu não estou vendo"...?

Há depois o contrário – as pessoas pouco e nada expressivas, rígidas, impassíveis, duras. Elas nos paralisam! Existem também expressões crônicas do rosto ou do corpo todo, peculiaridades das quais vivem os caricaturistas. Sorriso cético ou de pouco caso, ar de espanto crônico, lábios finos (apertados, "contidos"), olhar de viés, olhar de cima para baixo, encolher de ombros, ar distante, sorriso automático, inclinação reverente do tronco (japoneses!), cenho franzido (preocupação) e quantas mais. Para os americanos "de baixo" (nós, sulinos) somos absurdamente dramáticos ao falar. Para nós, os do Norte são caras-de-pau, duros, rígidos – John Wayne, eleito o americano ideal...

## A MÚSICA E OS TONS DA VOZ

Depois, os tons de voz: autoritário, choroso, acusador, monótono, sempre baixo ou sempre alto e mais.

De novo, será que nada significam?

Pois na psicologia, até hoje, como entre as comadres, só existe o "aí eu disse" e "aí ele disse". Nunca se pergunta: ele disse com que cara? Em que tom de voz? Em que atitude? Pior: entre as comadres, cada uma delas **imita** o modo como a frase escandalosa ou chocante foi dita. O povo – e minha mãe! – sabia esta técnica de Gestalt: **imite o jeito de quem falou** e a comunicação se torna imediatamente muito mais clara. Mas entre profissionais, em uma supervisão, não fica bem fazer assim! Imagine! Imitar o paciente! Fazer caretas...

No entanto, uma das técnicas recomendadas por mestre Reich era exatamente esta: se for preciso persuadir o paciente de que ele apresenta com freqüência esta ou aquela expressão, descreva, insista e, se você for capaz, imite. Hoje podemos mostrar em vídeo a expressão em questão. Adiante, ao nos estendermos sobre Reich e o vídeo, retornaremos a esse ponto.

## O QUE EU FIZ PARA ELE FAZER ASSIM?

Quando se comentam as expressões do interlocutor, não se pergunta: o que eu fiz para ele fazer assim? Qual a **minha** expressão enquanto a dele é essa ou aquela?

Só para esclarecer: o psicanalista, se lidasse com o não-verbal, diria: qual a minha contratransferência expressa em meu rosto e jeito?

Fez furor lá por volta de 1950 a explicação dada por Gregory Bateson para o desenvolvimento da esquizofrenia: a dupla mensagem emitida pela mãe, acolhedora nos lábios e implacável no olhar, por exemplo.

Estou mostrando: **a dupla mensagem não é só dupla como múltipla, e presente em qualquer diálogo, respondendo pela imensa maioria dos desentendimentos entre as pessoas. Basta mudar a entonação, o sorriso ou o olhar e as frases têm seu sentido modificado – e a discussão que então se inicia não terá fim, pois não depende das palavras que foram ditas, mas da cara com que foram ditas** – ou do tom da voz...

As pessoas não gostam de se sentir confusas ante a ambigüidade do outro e então optam (inconscientemente) por responder a **uma** ou poucas das expressões do outro, ignorando as demais. Esta escolha já diz muito e esclarece por que um mesmo indivíduo pode despertar impressões e opiniões tão diferentes em várias pessoas. Claro que ele deve mostrar expressões diferentes diante de cada um.

Será que não há correspondência alguma entre nossa CNV? Será que nossas expressões são sempre as mesmas, seja qual for o interlocutor, sejam quais forem as circunstâncias? Será que as expressões dos nossos interlocutores são, elas também, sempre as mesmas ou sempre iguais?

Basta formular com clareza estas perguntas para que as respostas surjam sozinhas e sejam todas um enfático "**não!**"

**Por que, então, fizemos um *striptease* da palavra, ficando apenas com elas (o texto) e eliminando todo o seu acompanhamento NV?**

Dir-se-ia que só nos é permitido "ler" o diálogo falado, como se ele fosse um texto – **escrito** – entre dois personagens de um livro.

A antítese deste absurdo – isto é, o absurdo oposto – temos em nossa adoração ante os textos tidos como sagrados, que chega a ser ridícula, ou os textos dos grandes homens, todos divididos e numerados em capítulos e versículos, com sábios e numerosos comentários dos estudiosos sobre cada vírgula de cada parágrafo...

O *Yoga sutra* de Patañjali tem trinta páginas; o primeiro comentarista escreveu trezentas e o segundo, mil e duzentas...

Da Bíblia e do Alcorão nem é bom falar.

> Nem se percebe, nestes casos, que um texto será para sempre equívoco ou ambíguo, justamente porque nele não constam nem as circunstâncias de sua origem nem a experiência vital do autor, responsável pelo sentido pessoal de seu texto; jamais saberemos, além disso, o tom da voz, a cara, o gesto e a atitude do autor nos momentos em que o pensamento se formava em sua mente – ou na hora em que ele redigia o texto.

# OS INGLESES, OS PODEROSOS – E OS GORILAS!

Como já mencionei, amigos residentes na Inglaterra dizem que, lá, olhar fixamente para alguém – ou "encarar", como dizemos – é tido implicitamente como "invasão de privacidade"!

Parece que lá tudo que estou dizendo é tido como óbvio (!). Quem olha vê. Vê mais do que habitualmente se admite, vê muito mais do que um rosto, vê intenções, disfarces – vê o escondido. Vê, de fato, o mais íntimo da pessoa – vê sua intimidade!

Sabedoria popular, discrição inglesa ou hipocrisia social elevada ao limite?

Convém lembrar em seguida que em inúmeras civilizações era proibido olhar para Sua Majestade – sob penas terríveis.

Creio que atuavam aí dois motivos: proibido perceber que Sua Majestade era extremamente parecida com todo mundo, apesar de sua fama de divindade. Segundo, como no caso dos ingleses, olhando se vê que Sua Majestade tem e pode estar mostrando maus sentimentos e péssimas intenções, a exemplo de qualquer mortal.

Enfim, como é notório, as cortes reais, o Planalto e o Vaticano, a Casa Branca (os centros de poder) são ninhos de intrigas, traições e negociatas de toda ordem. Por isso a hipocrisia se torna, aí, a mais refinada das artes... Tenho certeza de que nesses antros os mais bem-sucedidos são especialistas em leitura corporal e em controle de expressões faciais...

Enfim, uma lembrança ancestral. Li sobre gorilas, sobre seu bom gênio apesar da má fama histórica e da aparência assustadora. Mas li também que não convém olhar para o chefão olhos nos olhos. O fato será tido por ele como desafio de possível concorrente à chefia do bando.

## PROBLEMAS COM A COMUNICAÇÃO NÃO-VERBAL

A CNV pode durar e/ou variar muito e rapidamente – menos de um décimo de segundo (já foi medido). Pense nas mudanças na direção do olhar, nos ligeiros giros da face, em um sorriso. Cada um desses movimentos muda a relação da pessoa com ela mesma (com seus pensamentos, com suas emoções), com o interlocutor ou com ambos.

Daqui a pouco retorno, combinando as coisas.

Lembro de novo a caçada, na qual uma fração de segundo pode ser a diferença entre a vida e a morte. Lembro em seguida olhares assassinos, olhares de medo, de desprezo, faces de desconfiança, ou de antipatia. Todas elas podem ser bem rápidas, mas, se vistas, podem mudar radicalmente um relacionamento – em um instante!

A CNV pode ser complexa, isto é, emitir várias mensagens simultaneamente – inclusive contraditórias.

A convicção corrente é a de que as expressões corpofaciais mostram coerência e unidade, como bem exemplificado nas estátuas dos heróis da pátria ou nos atores clássicos. Mas isso pode não ser verdade. Caras de raiva, de desprezo, de superioridade, acredita-se, são unitárias, inteiras. No entanto, um ríctus de ódio nos lábios pode estar acompanhado de uma expressão de medo nos olhos e de uma ligeira rotação (início de fuga) da cabeça. Um rosto depressivo, tristonho, pode estar acompanhado de uma atitude de arrogância no tórax. Uma declaração de respeito pode mal disfarçar um sorriso de pouco caso.

Em suma: todos os "complexos" inconscientes e várias emoções ou desejos reprimidos **podem estar se manifestando ao mesmo tempo** na CNV.

Problema: será que o terapeuta consegue ver todas essas manifestações?

Pouco provável.

Ou ele perceberá mais umas que outras?

Creio seja este o caso.

Mais: ele perceberá mais esta ou aquela expressão em função da sua própria expressão e de sua atitude – ou de seus próprios problemas, se quisermos. Ainda e também, em função de seu momento emocional e do momento da terapia.

Para cientistas "puros", essa diversidade de leitura exclui a CNV da área da ciência, agravada pelo fato de ser impossível fazer um "dicionário" de expressões não-verbais. Impossível ou inútil. Ninguém vai consultar esse dicionário a fim de saber o que aquela cara quis dizer – naquele momento!

> **Mas em psicoterapia e em todos os momentos importantes da vida, os dois personagens estão presentes e visíveis um para o outro, pouco importando padrões universais. Ele está me percebendo aqui e agora e vice-versa, e essa percepção recíproca é essencial para a compreensão do momento e para a determinação do que será feito por nós ou do que acontecerá entre nós. Certas ou erradas, as interpretações dadas por um e por outro às expressões de um e do outro são elementos essenciais para o momento. É bem pouco provável que esse momento se repita tal qual está acontecendo agora – com duas CNVs exatamente iguais e simultâneas.**
>
> **Essa é a ameaça e a promessa do aqui e agora da entrevista clínica.**
>
> **Na certa, o momento é único se o terapeuta não estiver limitado pela expectativa ligada ao diagnóstico, à tipologia ou à teoria – isto é, pelo desejo de "ter certeza" – ou movido pelo temor de "estar errado".**

O mesmo pode ser dito da maior parte dos diálogos. Eles também envolvem, além das palavras (e tons de voz), expressões faciais e gestos que na certa influem tanto de um sobre o outro quanto do outro sobre o um... Hoje, quando os dois interlocutores de um diálogo são gravados simultaneamente, essa influência recíproca pode ser mostrada.

> **Se entre os dois não houver um mínimo de complementaridade, não haverá comunicação entre ambos. As palavras serão vazias, vãs. Quem não sabe disso?**

Após considerar a filogenia da CNV, reunirei estas questões em um todo algo mais compreensível.

# FILOGÊNESE DA COMUNICAÇÃO NÃO-VERBAL

Os dois elementos mais evidentes da CNV são **o tom da voz e as formas da face e do corpo** – isto é, o que os **olhos vêem** no outro.

Arraias e tubarões percebem campos eletromagnéticos, mas nós não. Isto é, têm um meio de comunicação de que não dispomos.

Morcegos, golfinhos e o boto-cor-de-rosa emitem e "compreendem" ultra-sons, mas nós não... Idem.

Abelhas percebem a luz polarizada, mas nós não... Idem.

Contentemo-nos, pois, com o que nos cabe. Mas a lista vale para recordar a infinita variedade de truques e artimanhas que a natureza inventou na eterna caçada, que é a essência da vida e da morte; na infinita variedade de sensações e respostas motoras capazes de aproximar ou afastar cada ser vivo de outro ser vivo; na infinita capacidade de adaptação recíproca entre seres vivos entre si e entre cada um deles e seu ecossistema.

Ao falar do "encontro", nos limitamos ao encontro humano e idealizado, mas o encontro original era e é o da caçada, **talvez o principal modelador de nossa estrutura expressiva, motora e corporal – neurológica, em suma**.

**Perceber-reagir em tempo – e o indivíduo sobrevive ou não!**

Entre os sons, temos todos os emitidos pelos animais e pela voz humana – mais as palavras.

Os sons emitidos pelos animais são poucos para cada espécie, e seu significado, hoje sabemos, é bem codificado. Cada som tem **um** significado bem determinado. A linguagem animal é por demais restrita quando comparada com a versatilidade das nossas palavras.

Quanto à dos golfinhos, baleias e orcas, podem ser bem mais versáteis do que se supunha! Será necessário entrevistá-los!

*Meio século de psicoterapia verbal e corporal*

Mas a versatilidade (e a ambigüidade) da palavra, insisto e repito, deve-se à atuação simultânea de seis fontes ou componentes:

- o significado da palavra (dicionário);
- o tom de voz com que a palavra é dita;
- seu acompanhamento não-verbal – facial, gestual, postural;
- o contexto ou a situação;
- a ação ou o tema;
- o interlocutor e seu momento emocional, isto é, expressivo – seu jeito.

Esta complexidade permite compreender muito bem todas as sutilezas que o psicanalista competente e sensível pode captar na comunicação "apenas" verbal de seu paciente...

**Mas esclarece também o quanto há de complexidade na própria língua, independentemente de quem fala, de seus problemas, de sua história ou de seu momento emocional.**

A desvantagem da comunicação entre olhares é que obstáculos podem impedi-la.

O som é útil para a comunicação coletiva e para a comunicação a distância, mesmo quando há obstáculos entre o emissor e o receptor.

A comunicação visual, olhos nos olhos, pode ser rigorosamente de um para um, mesmo que os dois estejam em grupo.

Após essa digressão sobre o óbvio da comunicação, passo a mostrar por que a comunicação é importante para os seres vivos superiores.

Você pode pensar que vou dizer o óbvio – como até agora –, mas não vou. Continue comigo que adiante tudo se conecta...

## QUANTO DURA O AQUI E AGORA

Um dia eu me fiz esta pergunta inteligente e a resposta foi surgindo, pouco a pouco, de leituras, reflexões, assistindo a mil documentários sobre a vida (e a morte) dos animais – hoje fáceis de ver na TV. Pode durar de centésimos a milésimos de segundo, se o predador for um camaleão e sua língua-projétil, ou a larva da libélula, ou o ataque do louva-a-deus, ou o mergulho do martim-pescador, ou uma flechada, ou um tiro de arma de fogo, ou o calor e a onda de choque de uma bomba termonuclear – ou mesmo de uma bomba de plástico.

Pode durar tanto quanto uma olhada rápida – um décimo de segundo, ou menos – de amor ou de ódio.

Pode durar muitos segundos a até alguns minutos no caso de grandes carnívoros – ou dos enamorados! Ou horas (de espera) para a emboscada ou a busca.

Para os seres humanos, pode durar dias, semanas ou meses, no caso de assaltos longamente planejados (os criminosos e os legais...), de empregos monótonos, de casamentos estagnados.

Pode durar a vida toda para certas pessoas cujo sentido de vida é a vingança ou o ódio. Ou a busca a terroristas – ou aos próprios terroristas.

Há na natureza e na civilização alguns aqui e agora duráveis, todos os que se referem à manutenção contínua (fome – sobrevivência), a hierarquias ou posições sociais (níveis na pirâmide de poder), a sexo e reprodução, muito mais demorados para as fêmeas e seus rebentos, bem mais rápidos para os machos.

Por que tal digressão tão ampla e aparentemente tão fora de propósito?

Vou responder com um exemplo inventado, quase caricatural, no qual poderemos ver atuando muito do que se descreveu até agora e muitas das variedades das CNVs.

## A REUNIÃO SOCIAL

Consideremos um grupo de sete ou oito pessoas, homens e mulheres, sentados em torno de uma mesa, ou sentados em um círculo pequeno, de forma a permitir que todos possam, com facilidade, ver a todos a qualquer momento.

Alguém está falando – o protagonista, fatalmente com certo exagero de gestos como se fosse um ator no palco –, como de fato está sendo no momento. O momento o veste (toma conta dele) com a atitude do ator – daquele que está sendo visto e ouvido por todos. É o "superior", o "chefe", o centro das atenções. À sua volta há um ou dois na espreita (quase na emboscada!), aguardando o momento de assumir o centro (roubar o papel), um mais decidido, outro mais tímido. Outros estão ouvindo, com expressões variadas, de apoio, de dúvida, de tédio, de descrença, até de indignação.

É a corte à volta do poder e o afã de todos de subir – e seu receio de subir; de fazer alianças, mostrar cumplicidades, avançar para o centro, para a visibilidade. Mas há um homem que bem disfarçadamente (é o que ele acredita) tenta atrair a atenção de certa senhora – que percebe faz tempo sua aproximação (!) e faz de conta que não. Ele já está desinteressado do discurso e ela, entrando na onda, começa a se distanciar também do grupo e entrar na dupla. Mas uma "amiga" se dá conta das intenções escusas dos dois e passa a exercer uma discreta mas tenaz vigilância policial sobre ambos, a fim de perceber até onde os dois podem ou querem chegar. Talvez invejando o poder de atração da outra, seu traje ou seus modos sedutores. Em certo momento o falador faz uma pausa – talvez para "chegar" ao aqui e agora (sair do papel de líder, descer das alturas) e verificar o efeito de seu discurso. Relaxa e se envaidece ao se dar conta de quantos no grupo o estavam ouvindo e, aparentemente, concordando com ele, tanto apoiando sua fala quanto admirando sua atitude. Dificilmente terá olhos para os críticos. O primeiro na fila da emboscada aproveita a deixa e assume o poder com um "Olha, tudo bem, mas"... O segundo se encolhe – de inveja e de humilhação. Perdeu a vez!

A dupla amorosa, na mudança de cena e reorganização do grupo, volta rapidamente a suas atitudes respeitosas, interrompendo o romance incipiente, e a espiã perde sua função e desarma sua atitude de vigilância.

Só falta examinar o que acontece com a terceira mulher. Está em atitude de superioridade, distância e certo desprezo pela luta dos machos entre si (pelo poder), como pela luta do macho pela sua fêmea e a vergonhosa resposta desta.

Mas, ainda que nas alturas, vai se sensibilizando pelo segundo de tocaia – mais tímido –, e portanto um bom candidato a adorador de sua graça (de sua Graça...). Um marido perfeito!

Gostou de minha cena, leitor?

Quer que eu continue?

Não. Agora vou explicar.

> **Se houvesse oito câmeras escondidas de gravação, uma para cada personagem, tudo – absolutamente tudo que descrevi – poderia ser visto e mostrado para quem quisesse ver.**

Em câmera lenta, seria deveras um *show*. (Durante o acontecimento ninguém poderia ver tudo porque o olhar só vê claro em uma direção por vez.)

Já imaginou o que sentiriam os "artistas" da cena se a vissem? Melhor ainda se em câmera lenta.

Envergonhados? Indignados? Traídos? Putos da vida?

Você sabe disso tudo, não é?

Todos sabem, não é?

Por que então ninguém fala disso?

Por que a psicanálise nunca falou disso?

Agora imagine que o diálogo verbal de minha cena também tenha sido gravado, mas desligado do vídeo – só palavras.

Qual das duas gravações é a mais fiel aos fatos? Uma será mais fiel do que a outra? Ambas são verdadeiras, mas independentes? São complementares? Se contrapõem?

Complique: considere as palavras – como se escritas, sem voz – e depois as mesmas palavras, mas com a entonação que tiveram no momento em que foram ditas.

Freud ficou com o áudio apenas, sem **a música** da voz.

# EXPANDINDO A REDE

Mais alguns reparos devem ser feitos dentro do tema.

O primeiro, já esboçado no começo: considerando a teia da vida, é espantosa a variedade de artifícios, de disfarces (mimetismo), estratagemas e ardis empregados pelos seres vivos – inclusive os vegetais e seus venenos, as flores carnívoras, as árvores estranguladoras...

Chegando a nós, seres humanos e sociais, é preciso somar mais a esperteza, a lábia, a astúcia, a fraude, os enganos, as tramas, a sagacidade, a sutileza, a habilidade...

A esse emaranhado somem-se outros fios, ainda mais complexos, que são planejados e exercidos (quase sempre ocultos do público) pelas cúpulas do poder – político, militar, financeiro, industrial...

Considere também as ligações entre os poderosos, de união ou competição.

Veja filmes de terrorismo e de espionagem, por exemplo. Lembre-se da Parmalat e do último escândalo brasileiro (o da semana passada, por exemplo)...

De regra, os animais são especialistas em matéria de caçada. Desenvolvem ao máximo um meio de conseguir a presa e se atêm a ele, quase como um comportamento instintivo.

Em nós também existe esta tendência à especialização e esse tema tem muito que ver com Couraça Muscular: quais técnicas a pessoa usa para conseguir o que deseja e evitar o que não gosta. Perceber, isolar e descrever essas técnicas para o paciente pode constituir um passo central na terapia.

# O ASTUCIOSO NEURÓTICO

Se você é um profissional – psicoterapeuta –, com certeza já leu antigos casos clínicos de psicanálise publicados, digamos, nas primeiras décadas do século XX. Naqueles relatos era fantástico o que se dizia da habilidade do inconsciente (ou do neurótico) em envolver, seduzir, desprezar, diminuir, atraiçoar, mentir, disfarçar-se diante do terapeuta sempre vigilante. Uma refinadíssima e autêntica aventura policial. Acreditava-se então que a maior parte dessa esperteza não se devia ao ego, mas ao inconsciente – isto é, ao animal em nós, compreende?

Você percebe a semelhança com a teia da vida? Somos os animais mais complexos do universo até agora conhecido, e temos uma vida social riquíssima se comparada à dos demais animais. Logo, é plausível acreditar que usamos todos os truques da vida biológica e da vida social em nossas relações pessoais e sociais – em nosso aqui e agora.

Por isso gosto de falar em meu animal e não em meu inconsciente.

Mas entre nós as exigências da vida em comum foram pouco a pouco restringindo ou remodelando nossos desejos, nossos temores, nossa ambição, nosso exibicionismo e competitividade. Tudo isso, todas essas tentativas de contenção dessa esperteza coletiva, foi proibido nas Tábuas da Lei e está presente e atuante no "Você deve", "Não é normal", "Isso não se faz", "Quem é o culpado?" e mais frases ditas milhões de vezes a cada dia – no mundo todo.

Mas ao lado da inócua falação coletiva, escapando por todas as frestas de nossa respeitabilidade, nosso espertíssimo animal ainda consegue fazer bastante do que lhe parece melhor. Esse animal astuto e dotado de recursos inesgotáveis aparece na CNV, muito mais veloz, sutil e complexamente significativo do que o falador e sua fala. A CNV enfeita a arenga verbal solene com uma guirlanda de arabescos encantadores – para quem se dedique a percebê-los, a encantar-se com eles e a compreendê-los. E a proteger-se das ameaças que eles prenunciam...

É o concreto da fábula da lebre e da tartaruga. A lebre é nosso animal esperto – até mesmo quando parece bobo – mostrando-se em nossa CNV; a tartaruga são as palavras, as longas e eternas justificativas e explicações para tudo que eu não faço, mas deveria fazer, justificativas nas quais só quem as diz acredita nelas, e que só servem para fazer o outro duvidar mais ainda do que estou ouvindo!

# AGRESSIVIDADE – O QUE SIGNIFICA?

Enfim, terceira e última lição aprendida com os animais: agressividade – o que é isso?

Busquei anos a fio por alguma clareza sobre esta palavra muito usada em psicanálise, na qual, esquematicamente, se diz que só há dois conteúdos no inconsciente: sexo e agressão! Claro, tudo aquilo que não pode ser claramente falado ou mostrado nas sociedades ditas civilizadas.

A teia da vida previamente descrita esclareceu bastante a questão, assim como a diferença entre expressão verbal e CNV, esta mostrando tudo que a outra... não diz (tudo que à outra não se permite dizer). Por isso ela não diz em palavras, mas pode dizer de muitas outras maneiras – até inconscientes para quem mostrou.

"Mas eu não disse nada!"

Depois veio a etimologia do termo: "grad", passo, andadura. Corrompe-se em "gress", dando progresso, transgressão, agressão... (*Dicionário etimológico da língua portuguesa*, de Carlos Góis, p. 116).

Logo, "agressão" significa "andar, seguir seu caminho" e, supõe-se, lutar contra o que tende a me desviar ou impedir de seguir em frente. Lembre quanto você leu, acima, sobre nossa marcha.

Depois aprendi qual seria a forma deveras madura de agressão, outro tema muito enrolado em psicologia.

"Que o vosso dizer seja sim, sim e não, não." Jesus Cristo, Evangelho segundo Mateus, século I da era cristã (não sei qual a página nem o versículo)...

Só.

Se há um aprendizado fundamental em relação à agressão é este: deixar de dar mil desculpas ou fazer mil acusações, de dizer mil vezes quem devia e de quem é a culpa, e simplesmente dizer "sim" ou "não" – conforme o momento.

Como fazer isso sem que pareça apenas bom conselho?

No consultório, dando o exemplo, denunciando sem acusar, cobrando veracidade sem exigir (e sendo veraz)...

Reconhecendo o envolvimento, o desagrado, o tédio...

Na relação entre agressão e CMC é preciso acrescentar as descrições de Lorentz sobre a agressividade dos animais. Também entre eles as brigas são muito mais de faz-de-conta do que de golpes severos, mortais. São passos, poses, "caras", rosnados. Caretas. Lembre-se das brigas de garotos nos velhos tempos... "Risca a linha para ver se ele passa..." Em nossos diálogos cotidianos, fazemos em pequeno grau toda essa encenação ao manifestar nosso desagrado, desaprovação, acusação, crítica, condenação, indignação, ódio, desprezo...

## TÉCNICA VERBAL FUNDAMENTAL

Esta técnica nasceu de minha prática e de minha personalidade porque eu não conseguia ser o terapeuta tido como o "certo" em minha época de formação (1945-1955).

"Ouça muito e fale pouco" era o refrão mais ouvido.

O padrão psicanalítico, único na época, implicava várias entrevistas por semana durante anos! A teoria completava o quadro, deixando claro que era importante ficar esperando que as coisas acontecessem, na convicção de que era assim mesmo, de que as transformações de personalidade eram inerentemente lentas e que apressá-las poderia até ser perigoso.

Nos primórdios chegou-se a falar em um contrato, no qual o paciente se comprometia a **não fazer nenhuma mudança** significativa em sua vida enquanto durasse a terapia!!!

As maiores virtudes do terapeuta eram, então, a paciência e a capacidade de ouvir repetições intermináveis. Mas nunca se discutia o tédio e o sono resultantes desse estado de coisas, agravado pelo uso do divã que afastava o terapeuta da vigilância do paciente e vice-versa.

Nem então nem em época ou lugar algum ouvi discussões sobre se as "exigências técnicas" estavam ao alcance de qualquer terapeuta. Na verdade, sobre se as excelsas virtudes do silêncio, da atenção mantida e da dedicação sem limites estavam ao alcance do comum dos mortais, entre os quais os terapeutas.

*Meio século de psicoterapia verbal e corporal*

"O terapeuta tem de" – sem discussão, sem contestação, sem comprovação. Ninguém se preocupava em saber "como se faz" para alcançar esta competência deveras sublime!

Como em muitas outras áreas, poucos eram os capazes, mas todos se acobertavam sob o título profissional – bastava ter o título para ter o reconhecimento da competência...

Ninguém contestava.

Muito menos os clientes!

Parecia demais com as exigências morais da religião, uma espécie de santidade do terapeuta...

Note-se que já então, em São Paulo, onde cliniquei a vida toda, duas consultas por semana eram tidas como suficientes, e a duração total da terapia ficava entre um e dois anos. Isso para as chamadas terapias breves...

Ouvi o quanto pude, mas aos poucos fui cansando de lutar contra o tédio e o sono, e insensivelmente fui me fazendo professor, explicando coisas para o paciente – para minha satisfação (ao explicar, ia compreendendo...) – com pouco proveito terapêutico.

Inventei mil teorias engenhosas apenas para não ter de ficar ouvindo sempre as mesmas queixas. Mostraram-se pouco úteis. Eu me cansava, mas a resposta da maior parte dos clientes era limitada. Respondiam à minha atenção e ao meu interesse em ser útil, mas o texto da entrevista estava longe de ser do meu agrado. Essa atenção e esse interesse mostravam-se suficientes, porém, para manter e até ampliar a clientela!

Nada que ver com teoria nem com técnica.

Ao mesmo tempo, acumulava-se em mim o descontentamento com o trabalho e, sem me dar conta, elaborava-se em mim um primeiro remédio para meu tédio e meios de ampliação de minha eficiência.

Em vez de ouvir 95% do tempo, passei a ouvir de 40% a 60% e a passar o restante do tempo **fazendo perguntas sobre os relatos prévios**.

Tornei-me um interrogador excepcional, e só bem mais tarde entendi o que fazia. Auxiliava o paciente a "ampliar o contexto", para mim sinônimo de "tomar consciência". A ampliar e aprofundar ativamente a consciência do aqui, do agora e de si mesmo, assim como a percepção dos personagens envolvidos em cada situação.

Questão inicial básica: "interrogatório" é uma palavra antipática. Leva as pessoas a pensar em interrogatório policial, jurídico ou de prisioneiros, soma de perguntas tendentes a levar o interrogado a "confessar" crimes ou culpas, a delatar ou a trair!

**O que separa o meu interrogatório destes outros é o jeito e o tom de simpatia, de interesse em auxiliar a esclarecer – de trabalhar junto.**

Minha boa disposição provém, dentre outras fontes, de fazer perguntas. Assim, posso participar ativamente do diálogo (e da vida do paciente), combato meu tédio, mantenho-me interessado e sinto-me estimulado a pensar junto e a pensar sobre.

· 197 ·

Sem perceber, fui me fazendo socrático: fazer perguntas é bem mais difícil e muito mais útil do que dar explicações ou respostas. Ou permanecer com a já comentada "atenção flutuante". Qualquer pergunta desperta, em algum grau, o interesse da pessoa, e tem grande probabilidade de fazê-la mudar de rumo mental – de entrar por um rumo diferente daquele em que estava.

A maior parte das pessoas, na maior parte do tempo, fala com bem pouca atenção ao que está dizendo. Repete quase sem perceber, inúmeras vezes, as mesmas frases e as mesmas histórias. Para fora, para os outros; e para dentro, para si mesma. Ao repetir, não se dão conta de tudo que **não disseram sobre o contexto do relato primário**. Ou seja, tendem a repetir palavra por palavra o que já disseram, com poucos ou nenhum acréscimo.

Perceba, leitor, estou falando mil vezes (até parece família!), repetindo incansavelmente que quase tudo, em qualquer lugar, é repetição. Por isso a psicoterapia consiste, acima de tudo, em tentar interromper esse círculo de ferro. A repetição é a expressão direta, ao mesmo tempo causa e efeito, da prisão neurótica.

Pessoas entediadas não estão nem aí (nem o paciente nem o terapeuta!). Nada está acontecendo entre elas.

Quando o paciente se estende em repetições e explicações – sempre as mesmas –, começa-se ouvindo atentamente umas poucas vezes, solicitando algum esclarecimento quando for o caso. Não interromper a pessoa se ela está muito tomada pelo assunto, pois aí ela está obviamente presente – de algum modo.

A pessoa, se estiver tranqüila, pode estar falando de si mesma, descrevendo o que outros disseram para ela ou fizeram com ela.

Quando ocorrer uma pausa, entrar com uma pergunta de cada vez e uma pausa entre elas:

"Será que esse é seu pensamento?"

"Você acha mesmo?"

"Você não estará repetindo o que todo mundo diz, o que as pessoas acham que é certo ou errado?"

Se for o caso, convém retornar aos esclarecimentos prestados previamente e fazer as mesmas perguntas em relação a cada uma delas.

Isto é, em suma: **fazer o cliente pensar – refletir – sobre o que disse**.

Ou, na nomenclatura clássica: **fazer que ele tome consciência do que está dizendo**.

Ou que tome consciência de seu pensamento.

Uma coisa é falar para um ouvinte indeterminado, e outra é falar para alguém bem definido – e interessado. Falar para ouvinte indeterminado pode levar alguém a falar muito sem saber muito bem o que está dizendo. Apesar da estranheza da declaração, é na verdade o que mais acontece com as pessoas.

Principalmente quando "estão pensando".

*Meio século de psicoterapia verbal e corporal*

## CONSCIÊNCIA DA COMUNICAÇÃO NÃO-VERBAL

Complemento fundamental ao interrogatório, já a caminho das terapias corporais, é a solicitação paciente e persistente:

"Com que cara ele disse?"

"Em que tom de voz?"

"Estava olhando diretamente para você?"

"Com que expressão?"

"E você, como estava?

"O que você estava sentindo?"

"Que cara você acha que estava fazendo?"

"De que modo você estava olhando pra ele? (De cima para baixo? De baixo para cima? Obliquamente – com desconfiança? Com desprezo? Com atenção? Com raiva?)

Ante qualquer relato de diálogo feito pelo paciente (com o marido, a mãe, o filho, o chefe), repetir pacientemente perguntas parecidas

"Tomar consciência do aqui e agora" é exatamente isso, e talvez não seja nada mais do que isso. Tomar consciência **de todo o aqui e agora é perceber que muito desse aqui e agora está nas expressões não-verbais**.

Estou dizendo de muitos modos, desde o começo, que uma das principais funções do terapeuta é levar o paciente a perceber suas repetições, a atenuar sua verbalização interna (seu "falar sozinho"), a se apropriar de seu pensamento, a perceber suas atitudes, caras e tons de voz. Em suma:

## A PENSAR ANTES DE FALAR.

Ou, no limite: dizer-sentir-mostrar exatamente o que está pensando, sentindo e mostrando (na voz, no rosto e na atitude).

Esse "pensar antes" dá à pessoa o tempo necessário para **sentir** o que pretende falar, permite ligar o pensar e o sentir e avaliar as conseqüências de seu pronunciamento naquele momento e naquele contexto.

Sabemos: **podemos variar a fala com grande rapidez, mas a emoção não pode ser acelerada ou retardada. É uma onda dotada de certa inércia. Ou ela é percebida e acompanhada ou ela é negada.**

Em suma e outra vez: é sempre legítimo e de regra útil levar o paciente a tomar consciência ampla do que está afirmando (inclusive do não-verbal) e da situação na qual se encontra.

Periodicamente, perguntar de sua percepção da atitude do terapeuta naquele momento: o que ele está achando de você? Como ele está se sentindo diante de você? O que ele acha de seu tom de voz?

Outra conseqüência destas freqüentes tomadas de consciência no aqui e agora (incluindo o corpo): ele permite à pessoa **assumir** e manter posição perante o que afirma.

Assumir o personagem e não apenas repetir o texto.

Permite a ela, enfim, **integrar a música verbal à respiração**.

Permite a ela integrar-se – simplesmente: tornar-se inteira, nem que seja por momentos. Aos poucos ela poderá ir estendendo essa **sensação de inteireza**, e, se existe algo que seja "normal", é existir assim.

Tranqüilamente alerta e inteiro.

Não é normal.

É ótimo! E muito raro!

## FINAL DA TERAPIA (normalidade)

Podemos considerar a estabilidade dessa sensação de inteireza como um dos finais ideais da terapia. Nem é preciso que dure o tempo todo, basta que seja bem clara e tenha sido experimentada um bom número de vezes.

Os sinais externos desse falar "bem pensado" – suas características não-verbais – são evidentes: fala mais pausada (respiração bem sintonizada com a música da fala) ou o tom de voz mais bem empostado e mais ligado ao que está sendo dito; um número menor de variações da expressão facial, ou expressão facial mais concentrada, menos gestos, certa imobilidade corporal durante cada período.

Essa descrição significa, em outros termos, que o número de personagens interiores (identificações) diminuiu bastante, que a pessoa está menos dividida, com um número bem menor de conflitos e conflitos menos tensos.

**O falar vai se integrando à respiração, à expressão corporal e facial.**

A pessoa vai se concentrando no aqui e agora – e com você, terapeuta.

Só então podemos – ela pode – dizer que se assumiu, que responde por si, que é um *swami*, "senhor de si".

Falta um quase nada para completar o quadro do diálogo terapêutico, para completar as microtécnicas verbais.

Estar bem atento à presença ou ausência do paciente. Perguntar "Onde você está?" quando o paciente fala sem rumo, fala para ninguém ou para qualquer um, fala com **olhar errático** de quem está olhando para lugar algum ou para nada.

Buscando ou perdido!

De outra parte, é essencial ouvi-lo como espectador de teatro envolvido pelo espetáculo nas ocasiões em que ele está tomado por um relato, episódio ou emoção – **e deixar-se emocionar junto**, sem disfarçar! Quando em sintonia emocional, é fácil sentir o que o outro está sentindo e chorar junto (como rir junto); isso pode ser uma excelente "técnica".

Tudo depende do momento da relação.

# OUTROS FINAIS DE TERAPIA

A psicanálise, independentemente da teoria, foi estabelecendo, sem que se saiba muito bem como, padrões de psicoterapia que, infelizmente, passaram a ser tidos como os únicos, os melhores ou os "certos" – ou os únicos certos...

Ela implica anos e anos com duas, três ou mais sessões semanais e, a mais, preço de alto especialista pago por hora. Daí o "infelizmente" assinalado acima.

Pelo seu preço/duração, é claramente uma atividade de luxo.

Ótimo para o terapeuta bem-sucedido e para os sócios da Sociedade Internacional de Psicanálise, como acima deixei claro.

Talvez bom para gente endinheirada disposta a pagar tal preço para ser "analisada" (dito com aquele ar bem conhecido de superioridade dos privilegiados).

E não sei para quem mais.

Como não podia deixar de acontecer, no mínimo por razões de sobrevivência dos terapeutas, as sessões passaram a uma – raramente duas por semana. Os preços se socializaram – em certa medida...

Mas persiste, mesmo entre pessoas do povo, a noção de que psicoterapia tem de durar muito, no mínimo muitos meses ou alguns anos – com sessões semanais –, o que afasta um número considerável de clientes potenciais.

## O QUE EU ACHO... OU CONSELHOS A ALGUÉM QUE ESTÁ PENSANDO EM FAZER OU ESTÁ FAZENDO PSICOTERAPIA

Após meio século como psicoterapeuta (bem-sucedido, isto é, tendo tido um número considerável de pacientes), tendo estudado e praticado pelo menos um pouco de uma dezena das principais teorias da área, conhecedor profundo de Reich e Jung e cultor de técnicas corporais, meio desprendido em matéria de honorários, digo a seguir o que restou dessa experiência.

> **Só existe efeito terapêutico quando e enquanto terapeuta e cliente estiverem interessados e atentos um ao outro.**

Cuidado com terapeutas que mantêm uma atitude profissional muito rígida. Sem algum contato (gosto de dizer "sem alguma dança"), não há transformação.

Cuide de seu dinheiro. Se após um mês de terapia nada parece estar acontecendo com você nem com sua vida, e, pior, se você vai à consulta movido apenas por certo senso de obrigação, não vá mais.

Nenhum terapeuta é bom para qualquer paciente. Se o primeiro (ou o segundo, ou o terceiro...) não te serviu, procure um que te veja com outros olhos ou com o qual você consiga estabelecer um relacionamento mais interessante, mais vivo. Alguém que você sinta prazer em rever – e continue a rever enquanto o prazer durar. Nestas condições, as mudanças ocorrerão "sozinhas", isto é, mesmo que não sejam muito explicadas ou mesmo se forem incompreensíveis.

Terapia não é casamento, e, na verdade, a terapia **termina** quando se transforma em casamento: isto é, quando nenhum dos dois está mais interessado no outro, quando as consultas se tornam apenas obrigação e as conversas, de um e do outro, começam a se repetir, repetir, repetir...

De novo, isso não quer dizer que você "está curado". Quer dizer apenas que a troca viva com aquele personagem acabou, e se você ainda sentir falta de alguém reinicie a busca: procure outro/a.

Mas, se daí a algum tempo você sentir saudade do antigo terapeuta, se possível volte para ele; novas mudanças poderão ocorrer.

Aliás, uma boa terapia pode ocorrer exatamente assim: um período de encontro e trocas vivas e depois uma ou outra visita eventual ao terapeuta, quando novas dificuldades forem surgindo ao longo da vida.

Um amigo especializado em você (e você nele).

# SAGRADA FAMÍLIA – ALTERNATIVAS

A essência da família: o recém-nascido humano é pouco mais do que um feto e precisa de outros "úteros" até dois anos, pelo menos. Por isso é essencial que se cuide dele, mas a família-padrão (se existir!) não é o único modo de fazer isso. Está mais do que na hora de começar a pensar em alternativas.

Uma mãe para um filho é demais para os dois.

A única maneira de favorecer o desenvolvimento afetivo é conviver com várias pessoas. Por isso seria ótimo que a criança humana fosse cuidada por vários adultos, de preferência com aqueles que se dão bem com ela, parentes ou não...

Logo surge a noção de que a criança precisa de... segurança, e isso quer dizer que ela "prefere" sempre a mesma ou sempre poucas pessoas.

Isso é verdade quando a sociedade é estável, conservadora. Caso contrário, como está acontecendo hoje, pode ser que melhor seja o contrário!

Os dois piores elementos da família:

- pouca gente morando em espaço restrito por longo tempo. *Entre quatro paredes* e *Navalha na carne...*

- ideologia (falação coletiva) repetida automaticamente milhões de vezes, idealista (isto é, mãe e pai elevados ao nível da santidade) e moralista (o certo e o errado).

Denomino esses fatos, inspirado em Jung, de "inconsciência coletiva".

- A raiz destes exageros parece clara: imprimir para sempre na alma da criança o amor-temor aos superiores – raiz do autoritarismo, que assim se eterniza.
- A defesa dos psicoterapeutas (e dos demais): esta ou aquela família, infelizmente, não é ou não foi "como devia" (particularização – o oposto da generalização –, outra "defesa"); mas "a" família é ótima. Inclusive, sustenta 90% dos psicoterapeutas...

É o que nos sustenta, e também a nós convém a idealização; e é certo que a cultivamos... inconscientemente! Já mostrei como.

# A PRIMEIRA INFÂNCIA
# E O QUE FREUD NÃO PERCEBEU

Recordando e ampliando o que já foi dito.

Mãe e filho não são apenas, **nem principalmente**, seio e boca (fase oral).

Mãe é um contexto muito maior, tanto individual quanto coletivo.

Recordo, para começar, a experiência mundialmente comentada, a dos filhotes de chipanzés separados da mãe logo após o nascimento. A conclusão do experimentador foi estarrecedora: para filhotes (de primatas, e certamente para os nossos) **colo macio, cálido e acolhedor é de longe mais importante do a que alimentação!** Os bichinhos passavam 99% do tempo agarrados ao paninho macio e quente, e apenas 1% do tempo (um por cento!) de... "fase oral" (amamentação).

Depois, o calor: na vida intra-uterina, a temperatura do... ecossistema (!) é constante. Ao nascer, se a temperatura ambiente for de apenas alguns graus abaixo dos 36° C ou 37° C, a criança, mesmo agasalhada, pode morrer de frio. Ela não consegue ainda **produzir calor** suficiente nem impedir sua irradiação para o ambiente. Razão das mais poderosas para o aconchego, a proximidade, o... envolvimento.

(O envolvimento é tudo que a psicanálise e a maternidade – hospital – vêem e proíbem como pecado, seguindo nisso, aliás, nossos Sagrados Valores Tradicionais. Não encoste! Gente dá choque! Carícias, sabeis, podem levar a coisas eróticas – até sexuais. Que horror!)

Distância – cada vez maior.

# A NECESSIDADE DA MÃE MÁ

Pouco se fala da associação estreita entre **maternidade e capacidade agressiva**. A natureza benigna vive de ovos, larvas e filhotes, sempre que possível – ou sempre que não haja uma mãe vigilante por perto. Daí que, se as mães não fossem dotadas de poderosa competência agressiva, a maior parte das espécies – na verdade, as mais elaboradas – desapareceria.

Entre mamíferos não existem órfãos. São todos comidos – e depressa.

Nossa imagem **coletiva** mitificada da mãe nos leva a negar essa competência. Mãe? Agressiva? Impossível!

E aí as mães não sabem o que fazer quando ficam com raiva. Reprimem – claro – e se envenenam. Ou acham pretexto no comportamento infantil e o "educam" com castigos e palmadas, quando não chegam a coisas bem piores (sempre com aprovação coletiva). Fora as mil proibições, os mil "nãos". Mãe precisa ensinar educação... (todos cúmplices no crime, como sempre). Estudos de campo mostram que o infanticídio praticado pela mãe não é raro na natureza. Na vida civilizada, sabe-se – mas pouco se fala – de sua alta freqüência. Abortos.

Claro: um filhote dá um trabalho enorme durante anos e consome mil coisas que muitos não têm – e poucos ajudam.

É tão fácil a fecundação! Ainda no começo do século XX, na China, podiam-se encontrar neonatos femininos em latas de lixo.

Fazemos uma propaganda sem fim a favor da criança maravilhosa, de "meu filhinho", e nada se diz sobre as mil e uma dificuldades e sofrimentos ligados à maternidade, ao tempo que dura e à ausência de orientação e apoio.

É como o casamento, do qual só se mostram a cerimônia, o vestido de noiva, o ramalhete de flores e a Marcha Nupcial.

Pior ainda: todas as críticas sobre as dificuldades do casamento e da maternidade são tidas como azar pessoal, e a maioria das pessoas protesta com força quando se generaliza, como já disse em vários contextos. É tal a propaganda a favor de "meu filhinho" e "Como? Casados há dois anos e ainda não têm filhos?" que muitas mulheres sentem-se infelizes a vida toda por não tê-los.

Pouco se diz sobre as mil dificuldades em ter e criar um filho, desde os incômodos da gravidez, as dificuldades do parto, o risco de vida e, depois, os muitos anos de preocupação, de incerteza, de pesada noção de obrigação, de culpa pelo que é feito ou pelo que se deixa de fazer. Ao lado, casamentos pouco expressivos, tédio matrimonial, noites maldormidas, dificuldades financeiras, maridos pouco cooperativos, ou exigentes, indiferentes, rudes – ou alcoólatras.

É preciso ser mais do que Nossa Senhora para suportar tudo isso e para as mulheres ainda acharem que a maternidade é uma bênção divina. Há, em tudo isso, razão de sobra para ativar e alimentar mil sentimentos péssimos, de estar sendo injustiçada, desamparada, oprimida, abusada. Some-se o peso das obrigações impossíveis da mãe, impossíveis mas cobradas por todos. Fácil imaginar, quando se tem noção dos limites do humano, o quanto as mães podem ser movidas a se vingar de todos esses sofrimentos nos filhos, gerando neuroses vitalícias.

É muito estranho o quanto boas intenções podem gerar péssimas conseqüências!

Em suma, o poder da mãe, que é imenso, não difere muito do poder dos poderosos, exercidos em âmbitos muito diferentes, mas ambos por demais ambíguos. Em um caso como no outro, só os lados favoráveis são falados, elogiados – até glorificados.

Freud falava em idealização, mas não sei se estendeu o conceito para a coletividade, nem para a família – menos ainda para a mãe.

# O COMPLEXO DE ÉDIPO

Primeiro considere, leitor: tudo que terminei de escrever está no âmbito desse complexo, mas, ao lembrar de Édipo, pouco e nada se fala destes elementos da família.

Além disso o complexo de Édipo começa com uma parcialidade de doer – contra a criança. O pequeno perverso deseja a mãe.

Mas não se diz que à mãe ninguém permite que ame mais ninguém.

Ela só pode amar ao marido e ao filho, e isso é péssimo para os três – e não foi invenção de nenhum deles. Difícil saber quanto há de instinto nessa ligação e quanto há de exigência social.

Tenho para mim, seguindo modelos animais, que o instinto materno dura, forte, até três a cinco anos de idade, e daí para a frente é cada vez menos instinto e cada vez mais exigência coletiva.

A proibição amorosa é radical: mãe não tem xoxota. Consideramos bárbara a infibulação (retirada do clitóris e dos pequenos lábios), ainda hoje praticada em centenas de milhares de africanas. Somos mais elegantes. Reprimir é menos cruento e não deixa cicatrizes no corpo. Mas não é menos eficaz. A mãe foi, ela sim, castrada desde que teve um filho, no mínimo.

Então, como fica a relação tida como erótica entre filho e mãe?

Desejo eternamente insatisfeito do garoto?

Amor "espiritual" ou "afetivo" só o amor de mãe que não pode se "sujar" com sexo. Isto é, amor de mãe é da cintura para cima: nutrição, acolhida, calor e colo – envolvimento! Da cintura para baixo existem a fêmea animal, desvairada (na fantasia masculina), a carne, o pecado, a degradação...

O mal maior da exigência coletiva em relação à mãe é esse: exigência sem auxílio, sem apoio, sem esclarecimento.

Só cobrança: mãe deve, sempre, quase tudo. Jamais se considera sua capacidade efetiva. Exige-se dela o que se exigia do escravo. Pior: além de escrava, ela deve sentir-se orgulhosa de sua escravidão... A família é de fato essencial para a estabilidade e a continuidade da estrutura social, e assim isso tem de ser feito, doa a quem doer e custe o que custar.

Mas pouco e nada se discute sobre se essa estrutura social é satisfatória – boa para a maioria, deveras saudável.

Criança dá tanto trabalho que absorve a maior parte das energias da mãe. Hoje de um jeito, antigamente de outro – quando a moda era ter dez, até vinte filhos.

Desconfio que a mitificação da mãe foi, entre outras coisas, uma invenção masculina para garantir a ausência feminina na área social, cultural e política.

Na Grécia, por exemplo, originou-se a antropocracia (e não a democracia), o poder político exclusivamente masculino. Na Alemanha nazista havia algo de bem parecido. Nos dois casos, a mulher era de todo excluída da área política, isto é, sem direito algum de legislar ou sequer de decidir em causa própria.

Há textos que assinalam sabiamente: o paciente não conseguia unir o amor afetivo ao sexo...

Depois do que você leu nesta última página, pergunto: alguém consegue?

Por que "mãe só existe uma" e por que "só o amor de mãe é verdadeiro"? Por ser compulsoriamente assexuado. Todos os outros, portanto, são inferiores por envolver sexo.

# A PERSEGUIÇÃO À CRIANÇA

A perseguição à criança, iniciada na família, continua ao longo de toda a teoria. O conceito psicanalítico sobre a criança é péssimo, e infelizmente foi se generalizando, reforçando a noção popular. "Infantil", tanto em psicanálise quanto popularmente, quer dizer "imaturo", sem senso de realidade, lindinho mas bobinho, perverso (sente prazer de qualquer jeito), isto é, "fixado em fases pré-genitais da libido". Não sabe nem falar...

Em oposição a esse infeliz, temos o psicanalista e seu cliente bem analisado, o glorioso adulto "normal", vencedor de todas as etapas do desenvolvimento libidinal, realizado, íntegro, plenamente consciente e responsável.

Não sei quem é mais infantil nessa história.

Leitor, tente ir além da ironia e veja mais aspectos da neurose coletiva. A psicanálise é duplamente idealizada por quase todos os que a conhecem por alto, pela mídia. A teoria é tida por muitos como definitiva e como a melhor de todas para explicar o ser humano. A análise é maravilhosa (dá ao analisando um *status* altamente aristocrático!), todos os seus sacerdotes são perfeitos, assim como todos os analisados.

Eu sei, Freud tem bem pouco a ver com isso. Não vou atribuir a ele o que acontece a todo instituído.

# CREPÚSCULO DOS DEUSES

Meu interesse pelo coletivo não é apenas visão crítica. Todo revolucionário, quando passa a ser institucionalizado, sofre esse processo de mumificação e inversão de influência.

Passa de revolucionário a conservador.

Esquecem, quase todos, que ele se tornou famoso exatamente por ter lutado contra as "verdades" estabelecidas de seu tempo. Todo gênio inovador foi tido como terrorista em seu tempo, perturbador da ordem estabelecida ou maluco.

Inclusive Jesus Cristo.

Mas parece que precisamos de deuses, e quando matamos um logo elegemos outro.

O rei morreu. Viva o rei!

Por isso penso que matar deuses é o essencial do processo de individualização. "Matar deuses" quer dizer: começar – tentar – a ver as coisas com os olhos em vez de ouvir.

Em hora feliz me ocorreu: **"Sem transgressão não há individualização"**.

Transgredir é sinônimo de matar os deuses reinantes, ou ao menos um deles, e ficar perdido.

Mas individualidade é um conceito e uma realidade sutil, que facilmente se presta a mal-entendidos. Popularmente se acredita que haja em mim uma espécie de projeto ideal de mim mesmo, e que a tarefa consiste em "descobrir meu eu autêntico" (salvo seja). É parecido com o que os antigos pensavam da semente. Ela conteria uma minúscula arvorezinha dentro de si e a árvore adulta proviria do crescimento dessa miniatura.

A individualidade não preexiste nem se revela de uma vez ou em certo momento histórico.

Ela **vai sendo criada, cultivada (ou negada) a cada escolha que faço**.

Se faço como se costuma fazer, continuo no rebanho, reforçando ao mesmo tempo a estrutura social – seu arcabouço preconceituoso e as grades da minha prisão.

Se tento fazer de outro jeito, do jeito que "me deu na cabeça"; se me oponho ao estabelecido ou me afasto dele, daquilo que é tido como "o" certo, nesse momento corro o risco e sinto o medo de ter todos contra mim. A recompensa pode ser tanto uma inovação valiosa como um martírio.

Ou os dois!

De onde pode vir a inspiração para a transgressão a não ser do meu DNA único? De minha **liberdade inevitável**, como estou procurando mostrar a cada capítulo! O que pode me dar força para me opor ao rebanho senão meu destino de inovador – que eu não escolhi e não sei explicar? Na verdade, destino que eu sofro. Fui escolhido pelo acaso das sacolas dos cromossomos de meu pai e de minha mãe em um momento de amor – ou até sem amor algum...

Sem essa força interior compulsória, ninguém ousaria divergir do coletivo todo-poderoso. Ninguém se agüentaria contra tanta oposição, principalmente dos próximos, da mãe, do pai, da esposa, da família... "Como você está diferente", "Você não era assim", "Está ficando louco?"

Vou criando, em suma, muitas espécies de mim mesmo a cada decisão, e na certa não existe a última. Porque também o contexto muda e por isso nenhuma "perfeição" pode durar para sempre, pois só pode ser avaliada em função desse contexto mutável.

**É a lei (por enquanto...): o DNA propõe e o ecossistema dispõe...**

Espero que o leitor perceba o quanto essas reflexões são pertinentes em relação à terapia e ao embasamento de teorias.

Acredito estar reformulando muitos princípios do existencialismo e reformulando ao mesmo tempo a noção de inconsciente coletivo de Jung. Venho dizendo para mim mesmo que, além do inconsciente coletivo (os arquétipos, complexos motores, raízes atuantes dos preconceitos) e tão poderoso quanto ele, existe a **inconsciência coletiva**, cujo poder coercitivo ainda é mal reconhecido, mal compreendido e pouco usado no consultório e nas teorias da psicoterapia.

Nestas, a família individual ainda é o ponto final da busca para as dificuldades do cliente, omitindo-se o apoio maciço da coletividade à família idealizada. A força do superego não é a de meu pai. É a de todos os que dizem, sérios e aparentemente convictos: "Pai é pai"...

Esse drama está presente o tempo todo no consultório, tanto na pessoa do "neurótico" (preso à inconsciência coletiva) quanto na do terapeuta – nele também –, se não estiver permanentemente atento ao que faz e a como se põe.

Todo o coletivo ficou na sociologia, e essa divisão, de todo ridícula, se fez preconceito aceito pela comunidade científica.

Por que ridícula? Porque é mais do que evidente: não é possível compreender (nem estudar) o indivíduo ignorando seu ecossistema social, como é impossível estudar ou compreender a sociedade ignorando o indivíduo.

No entanto, os primitivos ainda presentes nos cientistas atuais chegam a brigar feio porque isso é do psicólogo e aquilo é do sociólogo...

Briga de tribos...

Tudo porque nossa agressividade contida nos obriga a nomear inimigos... legítimos, aos quais é permitido agredir.

*Meio século de psicoterapia verbal e corporal*

# QUANDO E ONDE
# COMEÇA A CEGUEIRA COLETIVA

(Vou usar nos dois apartados seguintes um artifício de diagramação inusitado. Se não fosse usado, você poderia passar por ele sem perceber muito bem o essencial... Não estranhe nem se ofenda, leitor: é difícil perceber os fatos quando se lêem frases feitas muito repetidas.)

Caracterizo a seguir uma pressão social poderosa exercida na família, que é o começo da cegueira socialmente induzida. O fato é muito comum; apesar disso, pouco e nada falado na teoria nem na prática das psicoterapias.

É também fonte de sofrimentos indizíveis para as crianças, deixando cicatrizes na alma (ou no inconsciente) de quase todos – cicatrizes que doem até o fim da vida.

**Trata-se da contradição entre o que a criança OUVE milhares de vezes – de milhares de pessoas que não concordam com sua experiência vivida – e o que ela VÊ e sofre.**

Crianças, inicialmente, VÊEM os pais com ampla lucidez, pois ainda não foram de todo condicionadas – verbalmente – para idealizá-los, e precisam vitalmente deles para sobreviver. Elas VÊEM muito bem – e sofrem! – as deficiências, as dificuldades, a insegurança, o medo, o sofrimento, a agressividade dos pais.

Mas OUVEM de todos e em todos os lugares que mãe é só amor, que pai é só sabedoria e que lar é só paz.

Há muitos casos dolorosos de péssimos pais que maltratam demais os filhos, e estes, além de sofrer os maus-tratos, ainda terminam convictos de serem os culpados, porque os pais – todos DIZEM – são perfeitos.

Conseqüência social devastadora: nestes casos – quase a regra, ainda que em graus diferentes –, **a criança passa a descrer do que VÊ, pois todos DIZEM que ela está VENDO o que não existe: a imperfeição – inclusive a crueldade – dos pais.**

É ou não é um treinamento pedagógico capaz de induzir em quase todos a cegueira dita histérica?

Em velhos tempos, ao ler sobre uma cegueira tida como própria de certas histéricas, eu não conseguia imaginar como seria possível estar vendo e estar convencido de não estar vendo.

A solução do mistério é esta que estou elucidando, e desafio quem quer que acredite em outra origem para tão exótico fenômeno: não estou vendo o que estou vendo!

Ou só EU estou VENDO o que ninguém mais DIZ estar VENDO.

De um bom amigo ouvi uma definição de minha pessoa que muito me agradou:

– Gaiarsa, você é o mestre do óbvio!

Ao final de palestras – muitas – ouço dos mais interessados: "Nós já sabíamos de tudo que você DISSE, Gaiarsa, mas não é bom DIZER o que todos estão VENDO..."

Acrescento: é melhor FALAR do que ninguém VÊ... Do que não existe.

Fabricação em série de neuróticos cuja condição essencial para a socialização é a cegueira condicionada desse modo.

Na mentira nos encontramos, nos unimos – e até nos admiramos!

Paradoxo dos paradoxos: nas mentiras comuns nos fortalecemos...

Ou nos degradamos?

# ANGÚSTIA E LIBERDADE

"O nascimento, [...] fornecendo o padrão de todas as situações posteriores de angústia, marca as primeiras relações do bebê com o mundo exterior." S. Freud, na *Semiologia psicanalítica* (p. 57) já citada.

Em *workshop*, Marcos me ensinou muito mais.

De pé, no centro de um círculo de pessoas sentadas no chão, Marcos seguia as instruções dadas por mim: "Respire ampla, profunda, lenta e continuamente. Faça todos os movimentos que seu corpo quiser fazer". Após poucos minutos, em seu rosto começou a se esboçar uma expressão de dor que foi se intensificando. Com as duas mãos, ele envolveu as superfícies laterais da cabeça e foi pressionando-a cada vez mais com intensa expressão de sofrimento. Depois as mãos desceram devagar, sempre pressionando, e ao passar pelo pescoço seu corpo ondulou ligeiramente.

A expressão de dor foi se atenuando, as mãos despregaram-se de onde haviam estado, mas, em vez de relaxar e descer, as mãos, levadas pelos braços, começaram a subir e ir para fora. Seu rosto, agora, mostrava curiosa expressão de alívio, perplexidade, e aos poucos parecia estar ouvindo uma revelação. Seus braços se mantiveram abertos e no alto, na posição clássica do escravo que rompe as cadeias, e agora ele parecia iluminado.

Deixamos Marcos em paz até que voltasse para nós, e então ele começou:

"Nunca senti tal sensação de liberdade" – e todo ele ilustrava a declaração. Estava meio longe, como que sonhando, fascinado.

Depois de um tempo ele contou o que – pela metade – já era óbvio. Ele havia experimentado a situação de parto – como feto. A dor expressa pelo rosto estava em correspondência com a constrição do anel ósseo da pelve sobre a cabeça do feto (que ele imitava com as mãos). Até aí, tudo claro. A experiência de nascimento não é rara quando se usa a técnica do exorcismo – adiante pormenorizada.

*Meio século de psicoterapia verbal e corporal*

Estranhei demais a expressão final de liberdade, mas logo tive – eu! – a revelação. O parto é tido sempre, por todos, como um momento por demais angustioso. O *Trauma do nascimento* (Otto Rank) é um livro clássico continuamente lembrado.

Mas eu não lembrava – e parece que ninguém lembra – que nas últimas semanas da gestação o feto, cada vez maior, tem seus movimentos cada vez mais restringidos pelo útero, e tenho poucas dúvidas sobre seu desejo profundo e crescente de se expandir.

Nesse sentido, o nascimento é deveras uma experiência fundamental de liberdade – a primeira! Liberdade total: movimentos possíveis em todas as direções, enquanto os praticados até então pelo feto eram bem limitados quer na variedade quer na amplitude.

Logo depois ocorre a segunda liberdade – a expansão compulsória do tórax nos primeiros e surpreendentes movimentos respiratórios. Uma força poderosa, claramente **interior**, o obriga a se expandir e, na certa, o alivia da angústia da primeira asfixia.

"Estou me expandindo!" e, ao mesmo tempo, "Estou sendo expandido!"

"Posso me mexer e posso me dar vida" – é tão verdade para o neonato quanto a angústia da passagem pelo canal de parto ("angústia" quer dizer "estreito" em latim), a pressão das contrações uterinas e a imensa mudança de ecossistema, de dentro do útero para o mundo.

Enfim, a experiência da não menos estranha compulsão de se expandir – de respirar, vindo imperativamente "de dentro" e aliviando-o da primeira baixa da taxa sangüínea de oxigênio, da primeira crise de angústia.

Foi isso que Marcos nos ensinou.

Basta acrescentar: a sensação de angústia é idêntica à de *excitement*, de excitação. A diferença: na angústia, o contexto e a expectativa são de fechamento, opressão, ameaça. Mas, se estou esperando uma festa, um encontro amoroso, um prêmio, **sinto a mesma alteração visceral da angústia, mas percebida como algo totalmente diferente**.

Expectativa! *Ex-pecto* – está no peito.

"O melhor da festa é estar esperando por ela."

Lembro de um dia em que me senti imensamente feliz, e no ápice da felicidade senti um medo muito real de... explodir! De que a felicidade não caberia em meu peito!

Esse é o limite da excitação, e já ouvi relatos semelhantes de outras pessoas.

Espero que o leitor saiba avaliar a importância da lição que nos foi dada por Marcos.

**O nascimento é o pior e o melhor momento da vida...**

Como todos os momentos de transformação.

# O VEGETATIVO E O MOTOR

(Claro: vou cuidar do Sistema Nervoso Vegetativo de um lado e do Aparelho Estato-locomotor Muscular de outro.)

Desde que me iniciei nas técnicas corporais (1960 em diante, com Reich) e quase sem pensar, não dei muita atenção aos bloqueios vegetativos, bastante falados nesta área.

Intuitivamente me parecia não ser necessário cuidar do vegetativo; bastaria organizar a motricidade e o vegetativo seguiria. Dito de outro modo: não seria necessário cuidar de desbloquear diretamente o vegetativo (se isso fosse possível)!

Em boa parte, essa atitude – ou essa escolha – dependia de minha formação escolástica, na qual o papel da lógica e da vontade era relevante, ao contrário das psicologias derivadas de Freud, nas quais o racional aparecia quase que de todo governado e limitado por forças inconscientes, e a liberdade era negada a favor das determinações inconscientes.

Exagerava-se, por exemplo, a noção de racionalização, "mecanismo neurótico", incluindo nela quase que qualquer argumento, justificativa ou explicação do paciente.

Ignorava-se – paradoxo – que o proceder terapêutico pretendia, ele também, ser lógico, científico, racional...

Não tenho lembrança de alguém que tentasse estabelecer as diferenças entre racionalização e racionalidade.

Afinal, com as restrições que se queira, nossa vida é determinada por escolhas. Livres ou não, a sensação de escolha é bem clara, e não raro penosa, cercada de hesitações, de dúvidas. São as escolhas que, bem ou mal, resolvem os conflitos. Ou abrimos portas para o inesperado, ou continuam as repetições.

É o somatório das escolhas de cada um e de todos nós que determina o curso da História – é bom pensar nisso quando se discute teoricamente o famoso livre-arbítrio...

Somos todos culpados ou somos todos irresponsáveis?

Ou só alguns são responsáveis?

Quem? Quais? Quantos?

Em suma: eu estava sendo levado pela esperança de que a liberdade esclarecida poderia resolver problemas pessoais e até os coletivos.

Essa era a determinação inconsciente a me fechar os olhos para o vegetativo...

Havia então, bem enraizada na fisiologia, a convicção de que o vegetativo estava fora do alcance da vontade – era inteiramente automático. Toda a fisiologia de meu tempo (até 1950 aqui no Ocidente) dizia que era assim. Ninguém conseguiria modificar "por querer" a freqüência cardíaca, a secreção gástrica ou o débito urinário, por exemplo.

No entanto, já não era verdade – mesmo naquele tempo. A técnica dos reflexos condicionados já mostrava ser possível conseguir estas mudanças não de modo direto, mas usando o artifício da simultaneidade entre estímulo aleatório (potencialmente voluntário) e estímulo reflexo. Era o caso da famosa campainha de Pavlov, capaz de estimular a secreção de saliva no cão. E em nós também, se em seres humanos fossem usados métodos semelhantes.

Pavlov não pensou nisso, mas o desenvolvimento da questão veio mostrar que algum processo interior consciente podia alterar funções vegetativas.

A demonstração definitiva surgiu por volta de 1960, com os primeiros estudos sobre *biofeedback* (*New mind new body – Biofeedback*, de Barbara B. Brown, Nova York: Harper & Row, 1974). Se posso **ver** continuamente meu eletrocardiograma e se me "concentrar" (**mentalmente**) **em fazer com que a freqüência cardíaca diminua**, ela diminui! Ninguém sabe em que consiste esse "querer", mas a maior parte das pessoas consegue realizar o feito – e a função vegetativa muda!

Praticamente qualquer função vegetativa pode ser mudada "voluntariamente" se o sujeito tiver um sinal sensorial analógico e simultâneo desta função.

Ondas cerebrais e luzes coloridas, por exemplo. Cada luz ligada a um tipo de onda. Basta "pensar" na luz e a onda especificada aparece – no cérebro. Já apareceu na TV a própria Barbara Brown fazendo um trenzinho elétrico andar ou parar... por querer!

Tenho para mim que os hindus de longa data haviam descoberto esse fato, e o usavam para controlar suas funções vegetativas. Não por "força de vontade!" nem usando registros eletrônicos. Usando **imagens internas vívidas** que substituiriam os indicadores objetivos dos laboratórios de *biofeedback*.

Logo adiante, ao falar das visualizações e da imaginação em psicoterapia, citarei mais fatos corroborando essas reflexões.

# OS TRÊS ESTADOS FUNCIONAIS DO SISTEMA NEUROVEGETATIVO

O Sistema Nervoso Neurovegetativo tem a função de organizar e manter a homeostasia – de coordenar respiração, circulação, secreções glandulares, digestão, eliminação, metabolismo, temperatura e sexualidade, fazendo que nenhuma delas assuma o controle exclusivo e cada uma entre em função seguindo a conveniência do conjunto.

O Sistema Nervoso Vegetativo supervisiona continuamente o complexo processo de unificação das numerosas funções orgânicas.

Bem simples: o Parassimpático predomina durante os estados de relaxamento (e prazer, quando há entrega), de repouso, o sono, a digestão, o coração tranqüilo.

Seu mediador químico é a acetilcolina. Essa mesma substância controla as contrações musculares e a própria comunicação dentro do sistema simpático (as vias pré-ganglionares).

O Simpático rege os estados de alerta, de preparação para a ação: a caçada, a luta ou a fuga. Responde às emergências acelerando todas as funções orgânicas necessárias para sustentar os momentos de urgência, de risco, de perigo ou de promessa (caçada).

É o principal agente do estresse, sempre que se mantém ativo durante muito tempo (ao falar da ansiedade, voltaremos a ele).

Seus hormônios – semelhantes, mas não idênticos – são a adrenalina e a noradrenalina (as catecolaminas).

É preciso sair das condições simplificadas e isoladas do laboratório e situar todos os vários estados de excitação do SNV em seus contextos a fim de compreender o que pretendo esclarecer.

Ninguém dorme durante um bombardeio e ninguém fica excitado diante de um pôr-do-sol ou a uma noite estrelada.

Jamais se compreenderá o que quer que seja do vivo se o retiramos de seu contexto (de seu ecossistema) e de seu momento.

Essa declaração – essência da biologia – precisa ser continuamente reafirmada, pois tanto a medicina quanto a psicologia tendem a considerar o indivíduo como se ele existisse isoladamente e a ignorar ou subestimar seu mundo e seu momento.

A psicanálise fala bastante do momento transferencial (relação paciente-terapeuta aqui e agora), mas de regra ignora ou minimiza o mundo vital do paciente (sua vida fora do consultório).

Ora, a relação organismo-momento, ou organismo-contexto, é função específica da motricidade (da senso-motricidade), do perceber-reagir. Se o momento exige muita ação – muita energia –, o SNV acelera todas as funções capazes de fornecê-la. Excitado, o Simpático acelera todos os processos bioquímicos catabólicos, de decomposição de reservas e liberação de energia.

A função do Parassimpático, após a aceleração visceral exigida pelo momento de ameaça ou de promessa, é restabelecer as reservas, relaxando, gozando desse repouso, da paz, da vitória conseguida, do prazer sentido.

É o regente primário dos processos bioquímicos anabólicos – restauradores da homeostasia.

É a motricidade que aciona o SNV. Quando há emoção forte, bem definida, podemos ter certeza de que há inibição da motricidade (de que o desejo está sendo reprimido), de que a pessoa não está fazendo o que desejava ou o que era preciso – naquelas circunstâncias, naquele momento.

*Meio século de psicoterapia verbal e corporal*

Em suma: o acoplamento **ser vivo-momento presente** é e só pode ser estabelecido pela motricidade.

Por isso acredito: se conseguirmos atenuar as inibições motoras (as repressões presentes sob a forma de tensões crônicas ou de repetições automáticas), as emoções começarão a fluir na medida em que as intenções começarem a se realizar.

O que está bloqueado não é o Sistema Nervoso Vegetativo, é o aparelho motor – e este sempre esteve, em alguma medida, sob o controle da consciência (propriocepção), seja para conter-se, seja para soltar-se.

**Como** nós "reprimimos" impulsos ou desejos? O fato essencial da repressão é uma inibição motora complexa – um "segurar-se" de algum modo voluntário, ainda que imposto pelas circunstâncias. A "instância repressora" é, inicialmente, sempre exterior ao indivíduo, e faz parte de seu ecossistema e de seu momento-circunstância. Sempre que aconteceu o "trauma", o indivíduo respondeu com uma ação que era um "mal menor" naquelas circunstâncias. Tentando ser mais claro: ele "escolheu" reprimir-se (conter-se) porque era o "menos pior" naquelas circunstâncias.

A repressão ou a contenção são **defensivas** – é o termo consagrado. Defensivo declara a finalidade, mas não o processo, que é sempre o mesmo: inibição da ação.

Inibição motora, portanto.

Incidentalmente: o termo "defesa", tão usado, é infeliz. A defesa é invariavelmente uma contenção, uma inibição motora, um encolher-se. Ora, a soma de nossas "defesas" tende a formar um envoltório rígido, sufocante, **gerador** de angústia!

Paradoxo: a "defesa" **gera** aquilo em defesa do que se instalou! Ou seja, a defesa gera angústia – o que Freud compreendeu muito bem.

A outra defesa – maníaca – é um agitar-se descontrolado e ineficiente. Se estivéssemos na selva, a "defesa" facilitaria demais a ação de um eventual agressor!

A terceira defesa é o relaxamento total – a imobilidade frouxa: "Não estou nem aí". Seu limite é a depressão.

Por que, então, o termo "defesa", um dos mais usados nas teorias psicodinâmicas?

É péssimo.

Apenas "respostas" seria preferível.

## NASCEMOS PARA TRANSFORMAR – NÃO PARA COMPREENDER

Os seres humanos fizeram muitas coisas antes de compreender ou explicar o que faziam. Sabiam que "dava certo" – e nada mais. O exemplo mais gritante de que disponho refere-se ao cobre. O primeiro livro (teoria) publicado sobre o metal cobre apareceu por volta do século XIV, mas os seres humanos o usavam de muitos modos há mais de três mil anos...

É sabido que a primeira "máquina a vapor" foi inventada por um grego, Hero, cento e cinqüenta anos antes de Cristo! Era um brinquedo, o *Aerolipylo* – "furo de ar"... Ninguém desconfiou de nada.

Em sentido contrário, sabemos que os gregos dispunham de todos os materiais e de toda a inteligência necessária para fazer um planador capaz de voar, mas limitaram-se a sonhar com o fato – Ícaro!

Diamond esclarece: para que uma descoberta ganhe notoriedade, ela exige contexto. Caso contrário, desaparece até sem registro.

Depois, quem não conhece esta experiência? Dada uma nova tarefa, fazemos tentativas e de repente – é sempre de repente – "achamos o jeito", sempre acompanhado do "Há!" (momento da compreensão segundo Ach! – o estudioso da psicologia da inteligência).

Qual a diferença entre "consegui!" e "compreendi!"?

"Aprendizado por tentativas e erros" – quem não conhece esta expressão? Mas nosso orgulho de animais superiores nos leva à falsa conclusão de que só os animais aprendem assim... Nós vamos para a escola e são os mestres que nos ensinam, falando dos mestres que falaram dos mestres...

**Nosso destino não é compreender a realidade, mas transformá-la.**

A inteligência ou a racionalidade de há muito é tida como a função mais alta do ser humano, dessa coisa mais do que obscura chamada "mente".

Conhecer a verdade e/ou explicar a natureza e o universo seriam nossa maior glória, e ainda hoje há quem acredite que um dia, com o progresso da ciência, compreenderemos "tudo" – há físicos famosos discutindo essa possibilidade.

Mesmo sabendo, os estudiosos (historiadores, antropólogos, naturalistas) mal assinalam que a cada nova descoberta segue-se uma nova tecnologia que modifica a estrutura funcional do ecossistema e, depois, a noção aceita de realidade. Além disso, a sociedade na qual a nova tecnologia aconteceu oferece clima ou ambiente para novas concepções – e novas tecnologias.

O exemplo clássico é o da máquina a vapor, "motor " da Revolução Industrial. Acontece assim:

- seja porque a nova tecnologia revela realidades novas à custa de equipamentos que ampliam a percepção (microscópios, telescópios – simples ou acoplados a outros dispositivos);
- seja pelo surgimento de equipamentos que fixam a realidade, que imobilizam o acontecer (máquinas fotográficas);

*Meio século de psicoterapia verbal e corporal*

- seja desenvolvendo equipamentos que permitem variar a velocidade do acontecer (cinegrafia), ou equipamentos que ampliam nosso controle sobre a realidade (máquinas) ou nos substituem no trabalho;
- seja pela descoberta de novas fontes de energia;
- seja pela invenção e produção de equipamentos que permitem o registro e a elaboração de somas espantosas de dados (computadores);
- seja pelo surgimento de dispositivos que permitem a comunicação instantânea entre estudiosos e a consulta imediata à soma de todo o conhecimento acumulado até o presente por toda a humanidade – a internet;
- seja, enfim, pela possibilidade de comunicação instantânea de um para um – na telefonia celular.

Essa tem sido claramente a história da humanidade nos três últimos séculos.

Já era ou sempre foi assim. Mas as coisas "antigas" se sucediam e mudavam ao longo de períodos prolongados em relação à duração de uma geração, permitindo a crença no eterno e no mito do conhecimento final ou total.

Estamos alcançando agora uma velocidade vertiginosa no desenvolvimento e controle de energias poderosas, de capacidade de comunicação e, pois, de coordenação praticamente divinos.

Por isso reafirmo: nossa finalidade primária não é conhecer, é transformar – e nos transformar, por força deste processo. Marx já havia dito algo parecido, mas limitado pela velocidade de transformações da época, bem menor que a de hoje.

Portanto: não vamos chegar ao fim de nada.

Estaremos eternamente andando sem destino, como acontece há mais de cinco milhões de anos... Mas sempre andando e inventando coisas que modificam nossas relações sociais, que nos levam a inventar outras coisas, "provando" assim, definitivamente, que somos criação contínua, e que para nos recriar temos de criar coisas e nos adaptar a elas.

E assim por diante, como se dizia no meu tempo.

Sabendo ou sem saber, "imitamos" ou, apenas, somos filhos do universo – e somos transformação contínua como ele. Mas podemos influir nessa criatividade divina do universo. Até o presente só nós podemos.

David Bohm avançou por aí: a cada nova "onda" de transformação, novas "realidades", previamente "implícitas", se desdobram – e viram... moda!

Eu me pergunto se a "nova" onda não provém da antiga, como estamos vivendo hoje, em forma evidente. As inovações tecnológicas mudam a tal ponto o ecossistema que exigem nova adaptação, isto é, novos costumes sociais e, no limite, novos seres humanos.

Novas necessidades, novas invenções...

Sou panteísta – como você deve estar desconfiando – e considero meu dever ajudar a divindade, ela também, a ir se realizando. Essa é, a meu ver, nossa finalidade transcendente: nos transcendermos eternamente...

São Tomás sabia disso ao dizer que Deus é criação eterna. Buda também, e tantos outros.

Hoje, Ken Wilber – ou Alvin Toffler...

(E eu...)

# O ROSTO HUMANO

Talvez o leitor tenha sentido alguma surpresa ao ler este título. Não costumamos pensar que o rosto faz parte do corpo (pense bem), e a psicologia pouco nos diz sobre ele...

Mais: é crença popular que, se eu quiser disfarçar, meu rosto me obedecerá docilmente (o escravo!).

O rosto sinaliza (exprime, manifesta) com enorme versatilidade e grande rapidez (um décimo de segundo) mudanças **emocionais** e mudanças nas intenções do sujeito.

Não encontrei o número estimado de unidades motoras que atuam sobre eles, mas com certeza não é menor do que trinta mil.

Veja as figuras, leitor, e considere cada risco um pequeno feixe de fibras musculares ligadas a um neurônio alfa (uma unidade motora).

Estes músculos não têm função mecânica, não movem alavancas ósseas e são lâminas delgadas e muito leves, praticamente sem inércia, boas razões para compreender sua rapidez de atuação. Eles movem a pele do rosto (e, em parte, do couro cabeludo) e com isso podem mudar o preguedado (as rugas), a forma e as dimensões dos orifícios da face.

Originalmente funcionavam como esfíncteres desses orifícios (olhos, narinas, lábios), podendo fechá-los ou mudar sua forma e tornar mais versáteis suas funções. Sobre a pele que os recobriam, desenvolveram-se pêlos amplificadores da sensibilidade (o "bigode" dos felinos, nossos cílios, pêlos do nariz e dos ouvidos).

Até aí, tudo claro. O problema começa – e não sei se terminará – quando se pergunta: como desenvolvemos as caras que fazemos, e como elas foram adquirindo significados ao mesmo tempo gerais (semelhantes em todos) e específicos (não há duas caras iguais).

Bem pensados os fatos, a linguagem não-verbal se mostra semelhante à verbal no sentido de incluir um número ilimitado de formas, de significados, ao mesmo tempo genéricos ("dicionário") e individuais. Fácil reconhecer caras de medo, de

*Meio século de psicoterapia verbal e corporal*

raiva, de desprezo, de tristeza, de teimosia, de alegria, mas cada um tem raiva a seu modo...

Faço a seguir algumas afirmações ousadas sobre estas expressões. De momento não pretendo clareza. Pretendo apenas insinuar e inspirar.

Temos uma noção mínima e precária da cara que temos e das que fazemos. Nesse sentido os outros nos conhecem bem melhor do que nós mesmos (vou explorar bastante essa tese).

Esse tema há muito foi proposto formalmente por mim em um livrinho que fez história, *O espelho mágico* (São Paulo: Summus, 1984, 12ª ed.).

Tenho para mim que ao falar comigo (com minhas identificações) meu rosto participa de modo eminente nesse multilóquio. Ele também contém ou reúne as caras das pessoas com quem convivi e que imito sem perceber. Levo-as comigo – incorporadas – e falo com elas (incorporadas = identificações). Meu diálogo interior é tão complexo quanto o exterior, tão sujeito a mal-entendidos e interpretações errôneas quanto ele. Talvez por isso seja interminável. Por isso, ainda, se diz ser tão difícil conhecer-se.

Exemplificando: uma pessoa com expressão crônica de severidade facilmente emite (e pensa!) opiniões críticas sobre o que está vendo, mas critica igualmente os próprios pensamentos e as próprias intenções, podendo ser tão paralisante para si mesma quanto é paralisante para os outros.

O mesmo acontece com todas as expressões típicas, bem marcadas: de espanto, de pouco caso, de desconfiança, de amargura, de vítima, de ironia, de choro, de rancor, de desprezo, de medo, de inveja, de ressentimento, de despeito, de orgulho, de dignidade (ofendida – ou não), de seriedade, de desconfiança, de ceticismo, de indiferença, de superioridade...

**Vale a pena repetir: estas caras voltam-se tanto para fora quanto para dentro, como faces de interlocutores internos.**

O famoso e enigmático Janus Bifronte bem podia ser a representação desse fato: o rosto que voltado para fora é o mesmo que voltado para dentro – um desconhecido e outro não reconhecido!

> Um terço tanto da região motora (piramidal) quanto da somestésica (sensibilidade) da face – no córtex cerebral – é dedicado aos movimentos e à sensibilidade da face. A área ocupada é bem maior da que controla todo o tronco...

No esforço de impedir a entrada da pessoa errada em algum dos tantos lugares (e *sites*) secretos do mundo atual, tentou-se a cópia da íris, mas a última tentativa está sendo a forma do rosto "analisada" finamente pelo computador, segundo documentário do Discovery.

Se o leitor quiser aprofundar o tema, poderá ler *As vozes da consciência*, de minha autoria (São Paulo: Ágora, 1991).

## O ROSTO NA TERAPIA (a cara do superego)

Expressões faciais bem marcadas ou mesmo constantes (ainda que variando de intensidade) costumam ser um bom ponto de partida para a "análise da resistência". Podemos dizer que estas faces bem marcadas são a expressão visível do superego! A pessoa julga a si mesma conforme os padrões expressos pelo seu rosto. O leitor pode exercitar-se usando os adjetivos que estão aí em cima, tentando perceber ou imaginar seu duplo significado – para fora (o que os outros experimentam ante aquela expressão) e para dentro (como a pessoa olha, sente e/ou julga suas próprias intenções ou desejos).

É bem a hora de o terapeuta captar com alguma finura também o que ele sente diante do paciente e o que a expressão facial do paciente desperta nele – no seu próprio rosto.

Nosso rosto é modelado em sua maior parte pela face dos que nos cercam (imitação). "Os outros" são nosso ecossistema, ao qual nos adaptamos mesmo sem querer ou sem perceber. É por aí e assim que "valores" e "significados" do nosso ambiente serão selecionados tanto na avaliação do próximo como na avaliação de si mesmo.

Pense, leitor: o que atua mais sobre a criança, a fala materna ou as faces de mamãe? Ou sua voz?

Estou descrevendo a gênese do superego enquanto este se expressa no rosto da pessoa, no qual se instalou por imitação ("identificação com o agressor", disse Freud em momento feliz).

Tecnicamente, só me resta repetir Reich: descreva as expressões que você – terapeuta – está vendo no rosto do paciente.

Insista na descrição, imite se você tiver habilidade.

Se você, mais moderno, tiver equipamento de gravação e reprodução em vídeo, grave o paciente durante alguns minutos de diálogo e depois estude a gravação com ele em velocidade normal, em câmera lenta, dando pausas em momentos estratégicos – quando certa expressão se faz bem nítida.

Trata-se de evidenciar as expressões mais típicas do paciente, as mais repetidas ou mais estáveis.

Assim você estará mostrando para ele as expressões dos personagens marcantes de seu passado.

Ao mesmo tempo, você estará apontando para ele a face de seu superego, ou a face de seu interlocutor interno, da "pessoa" (ou das pessoas) com quem ele fala quando está falando sozinho.

Enfim, ele poderá compreender melhor as faces das pessoas de seu mundo, como ele é olhado ao olhar para os outros com aqueles caras...

*Meio século de psicoterapia verbal e corporal*

# TODO MONÓLOGO INTERIOR É UM DIÁLOGO

É difícil conseguir unanimidade quando várias pessoas discutem um mesmo fato! O mesmo acontece no diálogo interior, pela mesma razão – ou, pior ainda, sempre que se trata de tomar decisões, realizar desejos ou não! Não estou falando comigo (quem é o "migo"?), com uma só pessoa. Estou falando com vários personagens ou até com o coro do teatro grego, com a voz da maioria (a voz da consciência coletiva ou, como prefiro dizer, da inconsciência coletiva)...

Veja, leitor, o efeito do estabelecido contra a novidade. Se falo em **identificações**, sei que serei compreendido (ou as pessoas acreditarão estar compreendendo...). Se digo que identificações são imitações **efetivas** – somas e sucessões de contrações musculares que modelam a face, as pessoas tendem a negar. Ou ficam perplexas.

Poucas pessoas percebem ou fazem a cara que desejam. É possível, mas é preciso um longo treino para isso, um longo trabalho corporal – ou teatral...

Aprendemos a fazer as nossas **sem perceber**, imitando os próximos – é bom não esquecer. Desde os primeiros dias de vida, o recém-nascido imita a face de quem olha para ele! Há documentação fotográfica deste fato.

O caso se torna desesperador quando dialogo com alguém. De um lado, assim se diz, faço "minhas" caras, lógico. Mas hoje se demonstra, com gravação em vídeo, que, **ao mesmo tempo**, faço uma espécie de dança complementar em relação às expressões do rosto do outro (aliás, de seu corpo todo).

Então, como fica?

Fica um sutil campo de estudo! Todo diálogo é uma dança a dois, de rosto e de corpo.

**Na verdade, esse sutil campo de estudo bem pode ser chamado a ciência e a arte do envolvimento e do desenvolvimento.**

O de dentro está por fora, mas aceitar essa tese é sentir-se nu. Melhor dizer que está tudo no inconsciente. Ninguém sabe onde é o inconsciente e na certa não é visível – graças a Deus! Não tenho responsabilidade alguma pelo que "ele" faz...

Voltarei insistentemente ao tema das imitações e sua influência nos relacionamentos humanos.

# FUNDAMENTOS DAS TÉCNICAS CORPORAIS EM PSICOTERAPIA

Começo com alguns pensamentos fundamentais em relação ao tema.

Segundo uma das definições da vida: "A vida é movimento".

Bem simples: "Se você quiser saber como funciona o Sistema Nervoso Central, observe pessoas em movimento" (Sherrington).

"O ritual precede o mito", isto é, a ação precede a idéia, primeiro se aprende a fazer – depois se compreende como se faz (Erich Von Neumann, *The origin of consciousness*).

No início do Evangelho de São João, definidamente platônico, lê-se: "No começo era o Verbo".

Mas Goethe contrapôs: "No começo era o Ato".

> **"Nos únicos períodos da vida durante os quais o aparelho locomotor não está reagindo à gravidade (hipotonia do sono sem sonhos), nós não sabemos como existimos, quem somos, em que mundo estamos." (J. A. Gaiarsa, *O corpo e a terra*, São Paulo: Ícone, 1991) Leitor, por favor, leia esta última frase outra vez e detenha-se um pouco sobre seus dizeres. Ela resume de forma sintética e definitiva o valor da motricidade para a consciência – para a personalidade, para o equívoco "ego" e para a inteligência.**

Piaget e eu estamos convencidos de que "toda operação intelectual está ligada à consciência de uma ação manual ou corporal".

Comecemos com o passado, usando a nomenclatura de Schilder: "Imagem Corporal".

Segundo Ragnar Granit (*The purposive brain*, Cambridge: MIT Press, 1977, p. 179), a formação desta imagem depende de muitas influências.

Diz ele:

Nas andanças da criança, ela precisa integrar informações de numerosas fontes. **(Os termos em itálico são meus.)**

**1** Visuais – as mais importantes para a maior parte das pessoas (*orientação na cena, localização de objetos ou pessoas e colocação do corpo na mesma*);

**2** Sensações provenientes dos dois rochedos (*ossos*), cada um deles com cinco órgãos sensoriais diferentes: caracol (*audição*) e labirinto (*posição da cabeça, movimentos da cabeça – três espécies de movimento e posição, segundo as três direções do espaço*);

**3** Mecanorreceptores para tato e pressão (*da* **pele toda e do tecido conjuntivo**);

**4** Duas espécies de **reguladores de tensão muscular** (*fusos musculares e sistema gama – propriocepção inconsciente. São de particular importância aqueles presentes nos músculos da nuca*).

**5** Três outros tipos de mecanorreceptores (*sensores de tensão*) nos tendões e ligamentos articulares (*estas sensações de tensão podem ser percebidas conscientemente*).

Esquematicamente, são necessárias informações de pelo menos vinte subsistemas, e portanto dois à vigésima potência de combinações possíveis. O resultado final será uma imagem corporal (modelo postural) cuja existência é demonstrada quando há destruição de áreas nervosas por doenças ou traumatismos. Alguns destes pacientes, quando solicitados, não conseguem apontar para partes de seus corpos, ou acreditam que lhes falta um braço ou um olho. Podem ser incapazes de iniciar um movimento.

(Nota: ao falar do ouvido, convém separar sons e ruídos de um lado e palavras de outro. É preciso considerar tanto os movimentos espontâneos da criança quanto os movimentos que ela faz ou inibe em função das ordens e pedidos verbais que recebe. Todas as palavras muito repetidas integram-se à imagem corporal – funcionam como sinais desencadeantes de condicionamentos operantes, como "reflexos adquiridos".)

Na p. 171 do mesmo livro, considerando o número citado e mostrando que ele se aplica a outras funções neurofisiológicas, o autor cita Harmon, segundo o qual uma compreensão radical desses sistemas é praticamente impossível (dois à vigésima potência)...

> **Explicitando: "Não parece provável que a neurofisiologia possa jamais estabelecer todas as conexões relevantes que levam a um movimento intencional" (p. 201).**
>
> **De minha parte, posso dizer: grande parte da elaboração motora é inconsciente – e talvez seja "o" inconsciente", o inconsciente substantivo, não o adjetivo. As vísceras são "o instinto", mas só o aparelho motor pode dar a direção/realização do instinto neste mundo onde somos "massas articuladas" movendo-nos em um campo gravitacional.**

Estes dados me permitem compreender uma conclusão estranha, à qual eu havia chegado há muito tempo: nunca saberemos exatamente onde começa um movimento em nosso corpo. A questão é relevante – e insolúvel – para qualquer discussão sobre a vontade.

Em que ponto do sistema muscular se inicia a... intenção?

Adiante aprofundo o estudo da propriocepção, categoria sensorial fundamental para compreender/explicar muito das técnicas e resultados do trabalho corporal, pois ela retrata a cada instante o estado e o movimento do aparelho motor (a forma geométrica e tencional do corpo a cada momento).

Considerando as potencialidades ilimitáveis de nosso aparelho locomotor, eu me pergunto, ainda e também, se toda nova idéia, todo novo pensamento, não começa como movimento potencial, tentativa de adaptação ao ecossistema do... pensador em relação a elementos da situação da qual ele, o pensador, ainda não se deu conta.

Afinal, tudo que liga, relaciona e influi são movimentos. Por que não estariam eles na origem das noções abstratas de influência entre as coisas, na base das ligações efetivas, atuantes – "reais"? Na base da noção de "força" ou da noção mais "espiritual" de "influência". Até de "influência espiritual", isto é, produzidas por um agente invisível – como é a intenção quando se forma. Repito, sem que se saiba como ou de onde...

Vimos também que não sabemos como nascem idéias em nossa consciência, como as idéias "nos vêm à mente", e que a prática (isto é, os movimentos) sempre precedeu e deu fundamento à noção verbal – "teórica"!

## MAS, EM CONTRÁRIO...

É sempre com essa frase que São Tomás inicia a exposição das objeções às suas teses na *Summa theologica*. O título de cada tese é sempre uma pergunta!

Em contrário, temos os achados do *biofeedback* muscular.

Você encontrará um resumo do tema em meu livro *Organização das posições e movimentos corporais* (São Paulo: Summus, 1984, 3ª ed., p. 145). Também no primeiro livro publicado sobre *biofeedback*, o já citado *New mind new body – Biofeedback*, de Barbara Brown, ou, exclusivamente sobre músculos, em *Muscles alive*, de J. V. Basmajian (Baltimore: Williams & Wilkins, 1974).

São fascinantes. Começamos espetando, digamos, três agulhas de eletromiógrafo na região tênar da mão (raiz do polegar). Os fios que saem de cada agulha passam por três alto-falantes e depois três iconoscópios diferentes. Vamos denominá-las A, B e C. Convida-se o sujeito a fazer movimentos variados na região em que estão as agulhas. A maior parte das pessoas descobre depressa: conforme o movimento que faz, ela ativa um dos alto-falantes (soa um som específico) e surge uma onda igualmente específica em um dos iconoscópios. Isto é, ela está atuando sobre três unidades motoras diferentes. Solicitamos depois que ela passe a obedecer a comandos, provocando os sinais na unidade A, depois B e C. Alteramos a ordem das instruções, e de regra a pessoa não tem dificuldade em obedecê-las. Podemos solicitar que ela demore cinco segundos (com um cronômetro à vista) estimulando a unidade C, depois dez e depois oito. Não há dificuldade – com nenhum tempo e nenhuma unidade. Podemos solicitar da pessoa que faça ritmos definidos estimulando as três unidades em certa seqüência, digamos, samba, valsa, marcha. Tudo fácil. Podemos, enfim, solicitar que ela produza uma excitação a cada três segundos, que faça a unidade pulsar uma vez a cada cinco segundos ou vibrar a vinte ondas por segundo.

Esse brinquedo pode ser realizado por qualquer pessoa, ainda que com as inevitáveis variações pessoais.

O que significam essas experiências?

> Que as pessoas, se tiverem um sinal visível ou audível de sua "vontade!", podem fazer UM neurônio alfa emitir quantos impulsos lhe forem solicitados. Dito de outro modo: havendo um sinal revelador, qualquer pessoa pode controlar "por querer" a excitação de um neurônio alfa (um dos trezentos mil, veremos).

Depois de brincar algum tempo, muitos sujeitos terminam dispensando o sinal acústico ou visual e, **sem saber muito bem o que ou como estão fazendo, conseguem controlar voluntariamente um neurônio alfa** (motor medular). É o começo da vontade – ou da intenção. Prova-se assim experimentalmente que esse começo existe a partir de "alguma coisa" consciente – coisa que não sabemos como é ou o que é!

O valor dessas experiências – já foram e continuam sendo feitas muitas da mesma ordem – mostra o limite do controle motor, da sensibilidade proprioceptiva e da... vontade!

## OS NOSSOS TABUS E SUAS CONSEQÜÊNCIAS SOBRE A IMAGEM CORPORAL

Depois da fisiologia, a sociologia.

As terapias que procuram cultivar a experiência sensomotora – isto é, o campo não-verbal da personalidade – encontram obstáculos sérios nos costumes sociais. As partes do corpo, a qualidade das sensações, os gestos, os contatos e as atitudes sofrem valorações variadas, mas sempre restritivas conforme o povo, a época, a cidade, o bairro, a família... Pode ou não pode mostrar esta parte do corpo ou aquela; pode mexer deste jeito e daquele não; nesta parte do corpo pode tocar, naquela não... Estas regras existem – e atuam! – em qualquer coletividade humana. Em nosso mundo, não se podem mostrar seios nem genitais (nem nas revistas nas quais só há mulheres nuas! Na capa não pode...). Tampouco "se deve" olhar insistentemente para partes femininas, mesmo que estejam sendo exibidas... Homem não pode manifestar (nos gestos, na face) nada macio nem ondulante, mulher não pode manifestar (nos gestos, no rosto) nada enérgico nem decidido. Carícias eróticas só em condições bem determinadas. Em família, só carícias não-eróticas. Quanto mais próximo dos genitais o gesto, mais "íntimo", mais comprometedor – e mais sujeito a restrições... Mãe não tem sexo!

> Isto, e muito mais, do mesmo gênero, faz que a imagem corporal, um dos referenciais fundamentais da personalidade e da consciência, seja poderosamente restringida ou mutilada. Fica assim seriamente perturbado e limitado o aprendizado das relações concretas – senso-motoras – entre mim e o outro. Além da limitação dos contatos, da comunicação e da intimidade entre nós, limita-se ao mesmo tempo a compreensão intelectual dos relacionamentos pessoais que se alimentam e só podem se alimentar dessa experiência.

> Dito de outro modo: fica bloqueada a compreensão da variedade dos relacionamentos pessoais. Estes ficam limitados aos convencionais.

> **E mais: fica seriamente perturbada toda a mecânica do corpo, a postura, o equilíbrio e, na verdade, toda a organização motora.**

A maior parte das dificuldades dessas terapias reside no fato de **continuarem dependendo** desses mesmos costumes/preconceitos sociais, raízes últimas das **resistências** ditas "neuróticas" e atribuídas apenas a alguns – os neuróticos, bodes expiatórios da cegueira coletiva.

O superego é coletivo – e regional!

São os outros internalizados, já dizia Sartre. Todos os outros – não só a família.

Para atenuar a força dos outros é preciso sair do rebanho (ou do curral) ou até da família e vaguear pelo mundo decidindo o que ser e o que fazer a cada passo.

## A SENSAÇÃO-PRAZER DE LIBERDADE

Sempre que uma pessoa consegue atenuar uma rigidez motora ou abolir um estereótipo motor, ela experimenta sensações novas, muitas vezes com um colorido claramente orgástico – qualquer que seja a região do corpo que "soltou".

Orgástico, vivo e livre, **quanto a sensações**, são sinônimos... Estas sensações ao mesmo tempo agradam, surpreendem e assustam, levando a pessoa, nas primeiras vezes, a contrair-se de novo.

O susto tem um sentido claro: "Eu não devia sentir esse prazer (essa liberdade), é proibido, não posso soltar. Seria negar minha mãe, meu pai, os costumes de meu mundo, negar meu passado".

Esta "ansiedade de prazer" é uma das propostas mais notáveis de Reich...

As pessoas têm medo de sentir prazer – até de sentir felicidade – se a situação não se conformar com as convenções estabelecidas.

Depois da psicologia, da fisiologia e da sociologia,

## A FILOSOFIA

Se é verdade que a experiência de vida se acumula sob a forma de hábitos motores que vão se integrando aos esquemas motores preexistentes, então só será possível "mudar de personalidade" (!) mudando muitos ou todos os movimentos habituais.

Se as alterações nos movimentos forem auxiliadas por alguém, teremos aí e assim "técnicas corporais" em psicoterapia.

Eu me pergunto se a invenção e o uso de equipamentos de parque de diversão e dos esportes radicais, tantos e tão diversos, não obedecem ao imperativo coletivo e inconsciente de alterar esquemas motores "crônicos": experimentar movimentos – emoções novas.

Também as antigas "danças de salão" mudaram radicalmente. Não mais juntos, abraçados. Agora separados, a certa distância, cada um fazendo os movimentos que lhe aprouverem. Talvez tentativa de compreender a comunicação não-verbal ou até de falar só com ela – sem palavras! "Regredir" à comunicação não-verbal: gestos de um vistos pelo outro e vice-versa.

O mesmo em relação ao turismo, grande negócio do presente. A pessoa sai de seu ecossistema habitual, rotineiro, e encontra-se com pessoas igualmente interessadas em variar companhia, cenário, modos de relacionamentos – necessariamente transitórios. Isto é, contrários aos compromissos eternos e exclusivos do passado, à famigerada monogamia compulsória, à segurança das repetições...

Só mudamos de comportamento se mudarmos de ecossistema – de ambiente, de companhia e até de paisagem.

Ou se, auxiliados, mudarmos de cara/gesto/atitudes. As mudanças experimentadas por uma pessoa tendem a influir e a modificar as pessoas de sua convivência (de seu ecossistema).

# A "CULPA" DA REPRESSÃO DO CORPO

Durante muito tempo, segui a opinião corrente de que a condenação do corpo era devida à Igreja Católica, à ligação preconceituosa do corpo com as "paixões carnais" ou "materiais", à luxúria e a outras inclinações do... *id* (diria Freud).

Desde o começo, essa explicação não me bastava. Para resolver o enigma, foi preciso elaborar extensa e profundamente a força e a fraqueza das palavras, das distinções sutis, das explicações brilhantes da filosofia e da lógica (produtos primários da Grécia clássica).

Foi preciso depois sentir cada vez mais agudamente a ausência total do corpo nestas elucubrações ao longo de toda a história da filosofia, até chegar aos culpados da ausência do corpo: os próprios gregos.

Desdobrando: nas pólis grega, a maior parte dos habitantes era formada por escravos, muitos deles também gregos, prisioneiros das intermináveis guerras travadas entre eles.

Ser cidadão grego era dedicar-se à guerra, às artes e ao cultivo do pensamento, em todos os seus meandros, escaninhos, armadilhas e grandes sínteses – as quais, uma vez elaboradas em teoria abrangente, eram logo contestadas por outros filósofos e suas sutilezas.

**Os gregos pensavam e os escravos faziam.**

Os escravos eram o corpo dos gregos, ao mesmo tempo desprezados e indispensáveis. Seus proprietários pensavam, especulavam, decidiam e mandavam.

O escravo fazia.

Daí a brilhante teoria de que, no ser humano "superior" (os gregos pensadores!), a consciência pensava, deliberava, compreendia e decidia. O corpo, qual escravo sem vontade própria, simplesmente obedecia à razão esclarecida – sem hesitação e sem discussão.

O corpo, tido como tão escravo quanto o escravo, tampouco merecia atenção. Seu destino e sua obrigação eram obedecer sem discutir nem pensar. O glorioso senhor grego, por sua vez, dedicava-se a discutir, matar ou morrer gloriosamente nas batalhas épicas havidas entre eles, e que quase os eliminaram do mapa.

Essa concepção social vivida passou para a filosofia: o corpo não merece atenção, é desprezível e nada mais pode fazer além de executar automaticamente as ordens da inteligência (verbal).

Chegando aí, fiquei satisfeito.

**Essa concepção do corpo se tornou "oficial" na filosofia, desde então até agora.**

A Igreja, mesmo no melhor de sua filosofia (Idade Média), seguiu esta trilha, conveniente também para manter a repressão do corpo como algo vil, animal e material, oposto às sutilezas da alma, do espírito – e de Deus.

Descartes não melhorou o destino do corpo, acentuando até sua "natureza" diferente da do espírito. O corpo tampouco tem vida própria, autonomia, capacidade de escolha.

Um escravo – de novo.

Piorado: agora ei-lo transformado em robô, de todo explicável em termos de mecânica.

Que coisa terrível essa negação do corpo, responsável, entre outras calamidades, pela noção mágico-diabólica das doenças e pelo atraso monumental da medicina que se aproximava dele com desconfiança e com explicações deveras simplórias, bem pouco diferentes das explicações mágico-místicas.

O "flogístico" – responsável pelas febres...

Ao mesmo tempo os médicos encobriam sua ignorância – quase digo sua repugnância – com pose doutoral, grandes frases e termos complicados.

Exame físico? Imagine se um homem vai examinar uma mulher... intimamente (como se dizia). Nesse "intimamente" se declarava sem perceber a verdade: sem corpo, o íntimo não tem sentido...

Não foi à toa que se tornaram personagens favoritos das comédias de Molière.

Como se propunham cuidar do corpo, sofreram solidariamente seu amargo destino.

# O QUE É A VONTADE?

Desde o nascimento, o nenê já mostra indícios de querer. **Busca com os olhos, estende a mão hesitante, nega-se a abrir a boca** a um alimento que lhe é oferecido ou **volta a face para o outro lado**.

Lá pelos 2 anos, um belo dia ele chega a dizer: "Eu quero" (trocando o R pelo L – "Eu quelo!")

A vontade alcançou expressão consciente – verbal –, gerando ao mesmo tempo as noções de "querer" (motora, concreta, ir na direção de) e "eu" (agente do querer, sujeito da frase – que exige sujeito). O ego é uma exigência gramatical... Um ser abstrato desde sua origem. É um pressuposto gerado para explicar o inexplicável – a vontade.

O querer, desde o começo, tem **direção e sentido**: "ir na direção de" ou "afastar-se de". Marque o fato, leitor: **sentido de uma direção**.

Por sua vez, nada define melhor uma direção do que uma reta, e nada indica melhor um sentido do que uma farpa nessa reta – e temos uma flecha, ou um vetor.

Nada mais claro e nada mais indiscutível: flecha e vetor, símbolos de direção e sentido. A flecha, direção natural; o vetor, direção convencional.

Parece que toda direção significativa para o sujeito é uma reta que parte dele – de seus olhos – e chega a um lugar, objeto ou pessoa.

Quando ele está falando, se os olhos vaguearem é porque ele se desligou – deixou de "ir" na direção de (veja logo abaixo).

Na ação, vão os olhos primeiro, vai a mão em seguida e vai o corpo todo – na direção – depois!

Ou, ao contrário, desviam-se os olhos, a mão se retrai, o corpo tende a se voltar para outra direção – ou retorna à postura estática.

Nada mais claro do que isso.

Vontade é direção – ou sentido.

Mais um passo e chegamos às palavras; ao significado, àquilo que está "no lugar" da coisa. O significado é o "sinal" (signo), o "sentido" (da direção do caminho para chegar ao... objeto de desejo). Corresponde, segundo Vygotsky, a apontar com o dedo para o objeto, único momento no qual a palavra é inequívoca.

"Cadeira" pode ser qualquer uma. **Aquela** cadeira é única.

Todas as palavras são genéricas, seu conteúdo pode ser compreendido de vários modos (seu "sentido" é equívoco, incerto ou múltiplo).

Afinal, é bom lembrar do essencial. Existimos e nos movemos em um lugar (espaço) cheio de coisas e pessoas, e o essencial do existir consiste em estar neste espaço (contexto) buscando "o que nos interessa" (naquele momento) e evitando o que nos ameaça.

Esta é a realidade imediata dos sentidos e da motricidade, em particular dos olhos, das mãos e dos passos...

Acredito poder denominá-la de realidade básica ou primária. É a realidade senso-motora de Piaget. É tão complexa quanto o espaço da física quântica.

Nada tem de homogênea nem de contínua (como se dizia do espaço na física newtoniana).

Desejos e temores dão "curvaturas" especiais a esse espaço, e tendemos continuamente a deslizar para o centro (desejo) ou para fora (medo, indiferença), de uma curva desse espaço.

Nem sei se a **experiência vivida** dessa analogia não inspirou as noções da relatividade.

As palavras vêm **muito** depois e pouco a pouco, quando esse espaço já foi amplamente "estudado" e percorrido pelas andanças da criança, de rastros, engatinhando, pegando, largando, puxando, batendo, escorregando, subindo ou descendo degraus.

**Além disso, as palavras só terão sentido se a criança já experimentou os fatos, as ordens, os movimentos, as proibições, os objetos e as manipulações que eles permitem – se experimentou as correlações visuomotoras.**

**Piaget disse isso, e nada é mais evidente: ou as palavras se referem a coisas e movimentos, ou elas não têm sentido!**

Ao fim do primeiro ano, a criança precisa se **pôr de pé** – suprema arte da espécie. De pé sobre dois pezinhos com menos de nove ou dez centímetros de distância entre si, quando próximos... De início, ela precisa também dos braços e das mãos, agarrando-se onde pode e depois "voando" de um ponto a outro próximo, bracinhos como asas abertas, compensando os balanços da incerteza dinâmica. À medida que os complicadíssimos processos de auto-equilibração se estabilizam, as distâncias entre o desejo e a satisfação se encurtam – o espaço precisa ser redimensionado.

A movimentação automática a serviço da intenção localiza-se, ela também, mais nos olhos, na marcha e nas mãos. As distâncias se fizeram menores – ela chega mais depressa aonde quer ir.

Em vez de objeto "de desejo", prefiro dizer objeto do querer. "Desejo" (pulsão) não tem direção. Querer tem. Querer liga imediatamente o desejo ao movimento – marca uma direção! Ou é a direção!

Intenção resume tudo que é importante.

> **Mas intenção supõe postura. Nunca realizamos um ato sem que antes preparemos automática ou reflexamente sua base antigravitacional – como adiante se recorda. Por isso – repetindo e ampliando – de há muito tenho para mim que é impossível saber onde, em nosso corpo, começa um movimento. É outro modo de afirmar o que nos disseram os neurofisiologistas – o dois à vigésima potência, lembra-se?**

É preciso compreender bem o que significa postura. O chamado aparelho locomotor – ou motor, simplesmente – é muito mais estator do que locomotor. Isto é, feito bem mais para manter posições (posturas), para fixar e imobilizar o corpo do que para realizar movimentos. A massa e as forças determinantes das ações (de regra, braços-mãos) são bem menores do que as tensões posturais (do corpo todo) que lhes servem de base. Sem estas imobilizações locais ou globais (posturas), em vez de realizar gestos ativos, deliberados e intencionais, estaríamos sempre experimentando a reação newtoniana a nossas intenções. Em vez de fazer força para levantar uma pedra, seríamos "puxados" para o chão. Ao tentar atirar uma pedra, seríamos jogados para trás – e ela não sairia do lugar! É o "coice" das armas de fogo quando disparadas.

É preciso uma base firme ou forte para que os movimentos menores possam se realizar, e para que os movimentos não nos desequilibrem.

Talvez por isso a questão da vontade, do querer ou mesmo do desejo seja tão difícil.

Ao começar a denominar – **a dar nomes** – objetos, espaços, pessoas e desejos, inicia-se a construção de um novo mundo, onde palavras-olhar (palavras dirigindo o olhar) começam a marcar novas direções.

Os movimentos passam a obedecer a dois estímulos, o visual e o verbal, mas os visuomotores aparentemente sumiram da cena. São automatismos bastante complexos, envolvendo grande número de unidades motoras previamente "treinadas". Agora basta um lampejo, um aceno, uma palavra, um leve "querer" e toda a máquina se põe magicamente em movimento – meu gigante legendário, o gênio de minha lâmpada mágica. Basta "querer" e tudo acontece – sob o olhar vigilante... dos olhos, que também sumiram da consciência, agora prisioneira das palavras (da voz) dos ouvidos.

A maior parte de nossos automatismos ou hábitos se forma ou de acordo com o princípio dos reflexos condicionados ou como efeito de condicionamentos operantes. Uma vez estabelecidos, são inconscientes em sentido próprio. Todo o processo, de regra complexo e muito rápido, desaparece da consciência, deixando nela um sinal mínimo, suficiente porém para ativar todo o processo – uma palavra, um olhar, um gesto.

Quase nunca sei por inteiro o que estou fazendo, quando estou fazendo alguma coisa... Acredito estar obedecendo às "razões" que dou (ou que esperam-exigem de mim que dê).

Não sei dizer que vi-gostei-fiz. Vi-gostei! Vi-quero! Vi-não quero! Esse é o começo do movimento, mas é preciso fazer análise – ou meditar – para descobrir que é assim, para "tomar consciência" (para **poder dizer**) de **como e quando o desejo foi despertado**.

Meu gigante é tão discreto que para percebê-lo tenho de... invocá-lo. Preciso "perceber-me por dentro" (cultivar a propriocepção) e preciso ir devagar porque meu gigante é extremamente complicado – e rápido. Ele é... animal! Terei, pouco a pouco, de reaprender com ele tudo que ele aprendeu sozinho quando éramos crianças.

Aí, assim e então ele aceita minha colaboração e se dispõe a fazer algumas mudanças nas nossas relações, até a me deixar participar mais de suas decisões.

Ele é complicado demais, e fazer mudanças intempestivas (se fosse possível) seria com certeza pior do que deixar como está.

# CONSCIÊNCIA CORPORAL – O QUE SIGNIFICA?

No campo das técnicas corporais em psicoterapia, a noção antiga de imagem corporal (de Schilder) não se generalizou, e muitos especialistas mal sabem o que significa. De outra parte seria descabido ignorá-la. Quis trazê-la para cá com a intenção de sublinhar a complexidade das sensações corporais.

Movidos de antigos preconceitos contra o corpo – o "material", a carne, as paixões, os instintos, a animalidade –, houve um movimento excessivo na direção de dar à "alma" e ao "espírito" uma acentuada sobrevalorização. Já descrevi o papel dos gregos em nossa desencarnação. Hoje, alma e espírito foram praticamente substituídos por "mente", consciência, inconsciente e, depois, impulso, pulsão, desejo e mais. Esse movimento de elevação das funções mentais continuou a depreciação em relação ao corpo, à pele e aos músculos (movimentos).

Estou, com esses e mais outros dados, tentando resgatar a dignidade, as funções, a sutileza e a complexidade do corpo.

É muito mais fácil inventar palavras do que tentar compreender como o corpo se faz psicologia, consciência, pulsão, desejo...

Continua, a meu ver, o preconceito contra o corpo, alimentado atualmente pela ignorância sobre ele e pela nomenclatura psicanalítica, complexa, exótica e altamente depreciativa em relação ao corpo. Em certa medida ela veio substituir expressões como "alma", "espírito", "vontade", "escolha", "decisão", "consciência" (moral), "inteligência" e mais. Mas não fugiu à maldição do pecado, agora substituído por oralidade, analidade, genitalidade...

Neste livro, substituí "imagem corporal" por "consciência corporal", significando:

- consciência-controle de tensões (musculares), ou seja, consciência-controle de movimentos e posições (propriocepção);
- consciência da pele (toda);
- consciência respiratória; e

- consciência de emoções (ou consciência visceral), sentidas com maior clareza no tórax.

# AUTO-ESTIMA E AUTO-EROTISMO

Leitor, perceba sua reação ao ver tão próximas essas duas noções, a primeira altamente valorizada e muito falada hoje, e a segunda sempre capaz de despertar nas pessoas certa expressão de "não se deve", "coisa feia", algo de mau gosto – no mínimo.

É provável que a primeira associação a ocorrer na mente das pessoas ao ouvir a palavra "auto-erótico" seja... masturbação!

Então como fica o Primeiro Mandamento do Decálogo?

"Amar a Deus sobre todas as coisas e **amar ao próximo como a si mesmo?**"

O que significa, como é ou como se faz para "amar a si mesmo"?

Amar a si mesmo nada tem de auto-erotismo?

Amar a si mesmo não terá nada a ver com egoísmo?

Negamos a sensibilidade de nosso corpo de tal forma que, para a imensa maioria das pessoas, as expressões "amo meu corpo" e, pior ainda, "amo meu pinto" (ou xoxota) são quase incompreensíveis. Por que pinto e xoxota neste contexto? Porque são as partes mais sensíveis do corpo, mesmo quando fora de suas funções específicas. Na verdade, só figuram em sua função específica (reprodução) em tempos mínimos da vida, mas mantêm sua sensibilidade prazenteira a maior parte do tempo e podem despertar sensações muito agradáveis a qualquer momento – sempre que tocados.

Além deles, recordo que nosso corpo, com dois metros quadrados de superfície, contém, na pele, cerca de quinhentos mil pontos sensíveis.

Enfim, mais abaixo pormenorizo os números astronômicos ligados a nossos movimentos – outra fonte inexaurível de sensações, muitas delas bastante agradáveis, além das ligadas à postura bem-composta (sensação de firmeza, graça, precisão). Hoje, esportes ao ar livre e esportes radicais em certa medida aproveitam estes prazeres do movimento, mas quase todos se voltam para o corpo que se mostra – ou exibe – e não para o corpo que se sente – e menos ainda para os prazeres que podemos sentir no corpo todo.

Cirurgia plástica, academias de *fitness* e cosmética são hoje grandes negócios, todos voltados para o corpo que se exibe: o corpo para os outros (e para minha vaidade), não para meu prazer.

As mulheres, ainda que supercríticas em relação a si mesmas, ainda sentem algum prazer no banho, ao se ensaboar, ao se enxugar e no simples estar vestidas. Roupas justas acentuam as sensações tanto da pele quanto dos movimentos – e ser olhada também ajuda...

Depois o negativo – ou as dúvidas: **como ou o que se faz para melhorar a auto-estima**? A expressão é usada tantas vezes quanto as reticências seguintes. Ninguém diz (parece que ninguém sabe) como se faz.

O primeiro passo, talvez o melhor, seja este: na medida em que sou apreciado, admirado ou respeitado pelos outros, melhora minha auto-estima – reflexo das expressões amistosas, de admiração (ou de inveja!), ou de amor dos que me cercam.

Em suma: melhoro minha auto-estima cultivando a inteligência emocional – na verdade, a arte das boas maneiras com o próximo.

Prefiro dizer, de acordo com todo o meu livro: só na relação com o outro posso desenvolver novas atitudes.

Amar o próximo é a melhor maneira de aprender a amar a si mesmo.

Mas há outro caminho que é parecido, ainda que não pareça (!)

Tem que ver com a maneira de se olhar no espelho, a maneira de cuidar de si mesmo, de se mover, de se acariciar – não só os genitais como o corpo inteiro. Se eu disser em público: "Amo meu pinto" e "Amo meu corpo e gosto de me acariciar", as pessoas ficarão, no mínimo, bastante surpreendidas.

Retorno, então: por que não? O pinto é a região mais sensível do corpo, dotado, aliás, de uma sensibilidade específica, única. E mais: sempre disponível mesmo que despertando prazer em intensidades diferentes.

Meu corpo, como venho mostrando, é uma realidade incrivelmente complexa, capaz de mil sensações diferentes, de pele, de movimentos, de emoções. Sensações que hoje são diferentes das de ontem e das de amanhã.

Por que não considerá-lo digno de amor ou até de mais do que isso? De admiração, talvez até de adoração!

Em palavras, é dito que o corpo é sagrado, o templo da divindade e até aí muito bem. Mas, se usarmos as palavras como vim fazendo, falando dos prazeres contínuos e variados que o corpo pode proporcionar, muitos ficarão chocados. Falar em prazer é banal, mas referir os prazeres ao corpo pode despertar estranheza – e ainda há quem julgue estes "prazeres da carne" pecaminosos.

Nada mais legítimo do que amar meu corpo por tudo que ele me proporciona, por tudo que ele é, por sua história de tantos milhões de anos, por sua complexidade, por sua versatilidade sensorial, por todas as danças que ele pode fazer.

# O SER HUMANO É, QUANTO A MOVIMENTOS, O MAIS VERSÁTIL DE TODOS OS ANIMAIS

O esqueleto dos mamíferos segue um só plano, isto é, temos todos os ossos de um rato ou de um cavalo. Os ossos têm inclusive o mesmo nome em todos eles, ainda que envolvidos em outro tipo de movimentação (ligadas à forma de cada animal).

O mesmo pode ser afirmado dos músculos. Todos os mamíferos têm os mesmos músculos, com os mesmos nomes, mas produzindo movimentos diferentes, dependentes da forma do esqueleto do animal.

Pense no seguinte: nós, seres humanos, podemos imitar qualquer animal, mas nenhum animal imita outro animal. Imagine – se você conseguir – um tigre imitando um macaco, ou um cão! As artes marciais nos dão um exemplo dessa imitação e as crianças podem nos dar muitos mais, se forem solicitadas a imitar.

Temos, pois, os movimentos de todos os animais, da reptação (répteis) ao engatinhamento (quadrúpedes), à bipedestação ou ortostática – ao "parar de pé".

Considere em seguida a variedade de nossos movimentos, recordando todos os esportes, todas as artes circenses, todas as danças e todas as lutas. Considere ainda que, mediante um pequeno treino, podemos, mesmo que em medida modesta, fazer todos esses movimentos.

Considere, enfim, o fato de periodicamente se difundir a idéia de um conjunto de exercícios que seria não apenas a última moda, mas o perfeito – o completo. Realizá-lo dispensaria todos os demais.

Temos desde as muitas iogas, mais as muitas artes marciais no passado, até as modas que vêm surgindo periodicamente – inclusive as muitas variedades dos exercícios feitos em academias e as "novas" engenhocas anunciadas a cada dois meses na TV.

Logo abaixo, sob o título de "Fundamentos Fisiológicos", toda essa riqueza encontrará explicação mais que suficiente.

# A MOTRICIDADE – ESSA FUNÇÃO IGNORADA (NEGADA?)

> **Quase tudo que se denomina expressão, impulso, tendência instintiva, inclinação, pulsão, inibição, desejo, intenção, propósito, vontade, defesa e repressão envolve movimentos ou imobilizações específicas do corpo. Por favor, leitor, releia a lista com atenção e veja: ela resume quase toda a psicologia! Por isso todos esses "conceitos" ou todas essas "realidades interiores", "profundas" podem ser vistas (no outro) e, se prestarmos atenção, podem ser sentidas (em nós mesmos).**
> **Portanto, pouco têm de "inconscientes".**

É preciso requalificar esse termo: seria conveniente dizer que tais movimentos são **inconscientes para a pessoa, para o sujeito**. O reparo se justifica, pois a noção da maioria sobre o termo "inconsciente" é de algo certamente invisível; na verdade, imperceptível, algo que ninguém sabe muito bem o que é, como é, o que faz nem onde está...

Como você imagina "o" inconsciente, leitor? Na incerteza, os incautos confundem o adjetivo com o substantivo – fazem do inconsciente uma "coisa" quando ela apenas designa uma ignorância ou uma negação. É um adjetivo e não um substantivo. É parecido com "mente", outro ônibus conceitual transformado em agente de tudo que não sabemos explicar.

A fim de atenuar uma primeira estranheza, é preciso lembrar que o primeiro padrão da psicoterapia – a psicanálise – **desenvolveu-se com o paciente fora do campo visual do terapeuta**, o que explica o fato de o inconsciente não ter sido visto...

É o máximo, não é?

Todas as "manifestações inconscientes" do paciente podem ser vistas nas suas expressões não-verbais – que ele não percebe.

Foi essa a grande e óbvia revolução iniciada por W. Reich, **o primeiro psicanalista a observar e a tentar compreender – "analisar" – a comunicação não-verbal do paciente**. Isto é, não apenas ouvi-lo como também observá-lo, levar em conta suas atitudes, seus gestos, as expressões do rosto e, enfim, a música da voz. Constatar que a transferência era visível no corpo, como se o paciente fosse um ator a representar – sem perceber – episódios e personagens de sua própria vida passada.

Esse fato empresta fundamento ao psicodrama – tanto à teoria quanto à técnica.

Paradoxalmente, a música da voz faz parte da comunicação não-verbal, como já disse. Ela "fala" na voz de personagens pretéritos (ou coletivos) e ao mesmo tempo transmite ao vivo o momento emocional da pessoa. Sabidamente, a mesma frase pode ser dita em inúmeros tons de voz, em várias alturas, intensidades, timbres e em inúmeros ritmos – **e muda de significado em função de todas essas variáveis. Tudo isso é audível e registrável! Mas tudo isso continua a ser tido como inconsciente**. De há muito me pergunto se cada uma dessas variações não é a fala de um personagem interior – de uma identificação – ou de uma fala coletiva (o coro do teatro grego), um preconceito.

Ao mesmo tempo pergunto – ou sugiro: cada voz não estará sendo emitida por um personagem presente na atitude naquele momento? Uma identificação, um estar ou comportar-se semelhante a outra pessoa, é claramente visível na face e nos modos, além de soar na voz. Exatamente como um personagem de teatro. Exatamente como alguém que foi "tomado" por um espírito...

É deveras estranha a ausência desta noção sobre a ligação entre voz e emoção na literatura psicanalítica, quando se considera que a **variação da voz é o melhor indicador do momento emocional da pessoa** (ou da mudança de personagem interior atuante aqui e agora).

No lugar deste dado indiscutível, apareceram as expressões "atenção flutuante" e "intuição" como **técnicas** destinadas a perceber qual o melhor momento para certa intervenção do terapeuta – para uma "interpretação". De novo se troca um fato sensorial por uma idéia vaga.

Já vimos essa questão e voltaremos a ela.

## POSTURA, ATITUDE E POSIÇÃO

Leitor, a meu ver, o que segue é a parte mais importante deste livro – é o centro de quase tudo que se pode dizer quanto aos fundamentos das técnicas corporais em psicoterapia.

É o concreto da personalidade.

Começo com uma surpresa... etimológica, colhida do *Dicionário de raízes e cognatos da língua portuguesa,* de Carlos Góes, 1920, mais ou menos. (O livro está em péssimas condições e por isso os pormenores editoriais são difíceis de estabelecer.)

Citarei só o que nos importa:

"TEND, que se estende ou se projeta."

Cito a seguir a maior parte das palavras derivadas. Depois comento.

- Tender, **tendência**, pretender, **entender**, contender, **atender**, estender.
- Tenda, tendal, tendão.
- (TENS), **tenso**, **tensão**, extensão, teso, tesura, entesar (e, na certa, tesão).
- TENT, **atento**, detento, intento, tentar, tentação, **intenção**, retenção, **contenção (conter-se)**.

Notar de saída: todos os termos parecem ter como substrato sensorial a sensação proprioceptiva de tensão ou de contração muscular mantida.

Começo criticando o preclaro Carlos. "Tend" não pode significar o que ele diz, "que se estende ou se projeta". Caberia melhor "preparado", "pronto para" ou "na iminência de" fazer, realizar ou acontecer. Os termos sublinhados esclarecem o que pretendo dizer.

O melhor significado concreto, capaz de servir à maior parte dos derivados, pode ser encontrado em... tenda. Algo armado e tenso como a lona de uma tenda (tensão estática – atitude) ou um arqueiro com o arco preparado para o disparo da flecha (intenção = "em tensão"). "Tender" acrescenta algo mais: é sinônimo de "estar inclinado a" (preparado para), e "tendência" é "estar permanentemente inclinado a", "tendendo" – gerúndio. "Pretender" é estar preparado antes (pré + tender), semelhante a "pré-ocupado" (ocupado antes!). "Em-tender" me parece "tenso dentro" ou "capaz de perceber as **forças** da situação", as tendências ("em" derivado de "in" – interior). "Contender" é brigar, é uma forma de agressão, é intensificar forças contra o oponente igualmente preparado – tenso. "Atender" é claramente "prestar atenção" a algo ou a alguém. "Estender" é... estender, como na frase "estender roupa", "abrir de todo", "desenrolar" (talvez "desfazer tensão").

Tenda é o concreto: tensão difusa nos cordéis e na lona, tudo... pré-parado, armado, teso, pronto (metáfora perfeita para a postura). Tenda é só tensão, não é preparação para nada, servindo com facilidade para caracterizar a pessoa tensa – apenas, "armada", "pronta para". Ao falar de ansiedade, o leitor compreenderá melhor minha insistência no "estar pronto para".

TENS (releia, por favor): todos os termos são claros e todos giram em torno de tenso. De novo, preparado, pronto, armado (arco...) – postura... Postura poderia ser substituída por "tensura" ou "tesura" – preparação para a ação...

A raiz etimológica TENT é um tratado de psicologia, reunindo em si os termos centrais da área se traduzirmos a nomenclatura analítica para a psicologia tradicional. "Atenção" (*ad-tendere*) é estar interessado, inclinado, tendendo para. Atento é o ato – ou a posição – de quem está "preparado para", atitude armada. "Intenção" (= "em tenção") é sinônimo de desejo, preparação para a busca ou para o ato. Retenção e contenção (tensão para conter) são sinônimos para inibição e repressão.

Em resumo, aí temos metade da psicanálise e da psicologia **colocada em termos motores, vista ou potencialmente sentida nos músculos**.

# DA IMPORTÂNCIA PSICOFILOSÓFICA E MECÂNICA DE SERMOS BÍPEDES – OU A QUEDA ORIGINAL...

Ainda na faculdade, fiquei fascinado, perplexo e confuso com "Os mecanismos que governam a postura e o equilíbrio", no monumental *Tratado de fisiologia médica*, de Arthur C. Guyton e John E. Hall (Rio de Janeiro: Guanabara Koogan, 2002).

Esses mecanismos são muitos, e por mais que eu lesse e imaginasse nunca consegui uma **visão unitária** sobre a questão. Nunca consegui compreender como nos mantemos de pé, nem como nos movemos...

Duvido de que alguém tenha conseguido – ou até de que seja possível ter essa visão unitária.

No entanto, todos os processos (reflexos) elementares que favorecem esses movimentos são bem conhecidos.

A segunda surpresa ocorreu durante a leitura de um caso clínico de Reich, no qual ele falou – de repente, sem contexto – que a paciente não saía da cama com "medo de cair". Mais tarde encontrei, nele mesmo, outras referências a esse temor.

Aceitei com facilidade essa nova "angústia", bem pouco imaginável na área da psicologia. Intuitivamente – ou previamente sensibilizado por Guyton e Hall –

compreendi que permanecer de pé era uma arte difícil; tão difícil que, a meu ver, foi esse o fato-raiz para o mito da queda original.

Só quem pára de pé pode cair...

O pior que pode acontecer com seres humanos é... a queda. Todos compreenderão a declaração como alegórica, queda moral, queda de nível social, de nível econômico e mais. Descida da pirâmide social – em suma.

Mas ela pode ser compreendida literalmente. Desde que nos tornamos bípedes, pudemos cair bem mais facilmente do que os quadrúpedes, e a queda, mesmo em termos naturais, é bastante perigosa – na caçada, na fuga, na luta.

Nas lutas codificadas, de regra ir ao chão é a derrota.

Na consagração de um sacerdote católico, há um momento no qual ele se deita por inteiro no chão, de bruços, e o gesto é tido como renúncia total a seu antigo eu.

Mais tarde, o próprio Reich compreendeu melhor suas intuições originais e resumiu elegantemente a questão da angústia.

Só existem dois temores (duas ansiedades): o **temor de queda** e o **temor de sufocação (angústia)**.

Adiante falarei mais sobre a respiração e então poderei mostrar o quanto é estreita a relação entre ansiedade e respiração contida.

Agora é preciso falar do temor de queda, e para tanto será preciso compreender um pouco de nossas dificuldades em parar de pé – ou de nossa facilidade em cair, mesmo que o tema possa ser tido como estranho em um livro de psicoterapia.

Freud eliminou de saída a questão ao solicitar do paciente que deitasse no divã. Deitados, não temos risco algum de cair, claro. Portanto, a psicanálise não cogita a questão do... equilíbrio (!) – e neste contexto de pouco nos servirá.

## OS REFLEXOS DE EXTENSÃO

A estranheza começa a se resolver com os reflexos de extensão – aqueles ligados ao martelinho do neurologista. Trata-se de um reflexo universal, presente em todos os músculos. Ao sofrer um alongamento rápido, mesmo ligeiro, qualquer músculo reage, contraindo-se quase que instantaneamente, com força maior do que a que produziu o alongamento.

Durante muito tempo, me perguntei o porquê deste fato – até perceber sua função, óbvia demais para ser percebida (!). Se, de pé, alguém me empurra e eu sofro uma pequena inclinação, os músculos **opostos a essa inclinação** são estirados e se contraem imediata e instantaneamente – opondo-se à queda. Tendem a me levar de volta para a posição original – tendem a preservar o equilíbrio!

Qualquer que seja a direção do empurrão!

# O CENTRO DE GRAVIDADE

O centro de gravidade é algo que não existe concretamente, mas determina de todo as condições de estabilidade de tudo que pode cair e é o centro virtual da organização de todos os nossos movimentos sempre que estamos de pé.

O caso se tornou crítico em relação a nosso corpo, pois ele pode:

- mudar de forma, de atitude, de configuração de muitos modos (e o centro de gravidade muda de posição a cada nova forma);
- mudar de altura (de deitado a sentado, de pé e até na ponta dos pés) – e quanto mais alto mais instável;
- mudar a extensão e a forma do polígono de sustentação, desde pés juntos, ponta dos pés, apoio sobre a metade de um dos pés, até pés distanciados, formando desde triângulos variados até retângulos – eles também com forma e dimensões muito variadas.

Enfim, o mais difícil: se uma parte do corpo – digamos, um braço – estender-se rapidamente para fora, desequilibrando o corpo, todo o corpo inclina-se um quase nada na direção oposta, enquanto a carga sobre o pé do lado do movimento se intensifica, aumentando seu atrito contra o chão.

Sempre que o corpo está em movimento, estas oposições – compensações – são a regra, não a exceção. Como regra, a base é sempre pequena em relação à altura, e os movimentos de várias partes do corpo podem ser simultâneos, amplos e velozes – como em um chute ou em uma raquetada de tênis. Estes movimentos exigem mudanças rápidas nas bases de apoio a fim da aumentar o atrito, ou o indivíduo perde o equilíbrio – caso típico do arremesso do martelo.

Sempre que realizamos movimentos de certa amplitude e rápidos, o centro de gravidade precisa se compor com o centro de inércia, o que gera problemas mecânicos bem complexos.

Mas, se temos ou queremos permanecer de pé, **a projeção vertical do centro de gravidade terá de permanecer sempre dentro do polígono de sustentação**.

A menos que estejamos em movimento. Essa é a mágica do sistema – deveras complexa.

No homem anatômico (referência convencional para todas as descrições anatômicas), o centro de gravidade situa-se na frente da terceira vértebra sacra, no terço proximal (próximo ao sacro) do diâmetro sagital mediano da pelve – nesta altura.

Mas isso no famoso homem médio, médio em peso, altura, gordura, boa postura – e imóvel...

Quando começa o movimento, o centro começa a se deslocar, podendo até ficar fora do corpo.

Além disso, ele é o organizador de todo o sistema de equilíbrio do corpo, sistema que engloba um número considerável de partes do corpo e de vias nervosas.

Em particular o cerebelo, com mais neurônios do que o cérebro!

Existe apenas o centro de gravidade do corpo todo? Não. Todos os segmentos relativamente independentes do corpo (mãos, antebraços, braços, coxas, pernas, pés) têm centros de gravidade. Todos eles podem se mover com relativa independência.

A maior parte de nossos movimentos tem de levar em conta esses centros de gravidade, sua posição, velocidade, relação com os demais...

E agora o mistério: o centro de gravidade, regente absoluto e permanente de todos os nossos movimentos e posições, nada tem de concreto, não é uma "coisa", não está em lugar nenhum (fixo), não pode ser visto nem tocado, não tem cheiro nem sabor...

Em suma, não existe!

Pior: não há no cérebro nenhum ponto ou região da qual se possa dizer que é a representação do centro de gravidade, ou um organizador dos movimentos do corpo a partir desse centro.

É uma abstração atuante!

Por isso creio que ele é o *self*, o centro vazio da personalidade, o Tao.

# NOSSO COMPLICADO PINÓQUIO

O ser humano, diferentemente de todos os vertebrados (que são quadrúpedes), é bípede, e isso trouxe alterações consideráveis em sua postura e equilíbrio, assim como em todos os seus movimentos – isto é, em todo o seu funcionamento neuromotor.

As "alterações consideráveis" trazidas pela bipedestação se devem à instabilidade inerente a essa posição. É difícil "derrubar" um quadrúpede, e tanto sua estática quanto sua dinâmica, se comparadas com as nossas, são bem mais simples.

Se fizermos um manequim com nossa forma e densidade, sabemos que ele pode cair facilmente para qualquer lado com empurrões mesmo ligeiros.

Pode cair até sem empurrão, se levantarmos um de seus braços até a horizontal – de novo, em qualquer direção.

Temos duas "pernas de pau" (as pernas) com duas dobradiças (tornozelo e joelho). Elas terminam na cabeça dos fêmures – as esferas mais perfeitas de nosso corpo. Sobre essas esferas situa-se a bacia, flutuante, o que nos permite os vários rebolados das muitas danças que inventamos.

Sobre a bacia que de certo modo "flutua" sobre duas esferas, está uma pilha de 25 segmentos (corpos vertebrais), pouco móveis uns em relação aos outros. Seu conjunto, entretanto, move-se amplamente em todas as direções, tendo como centro a quinta vértebra lombar.

Sobre a pilha, a cabeça, a parte mais pesada do corpo, e, "penduradas" sobre o tórax, as duas metades da cintura escapular, cada uma com cinco quilos de peso, extrema mobilidade e capacidade bastante para carregar, puxar, empurrar ou apenas dançar.

Bem compreendida essa estrutura, sua extrema mobilidade e instabilidade, torna-se fácil compreender os numerosos esforços musculares necessários para solidarizar – quando necessário – essas peças tão frouxa e exoticamente articuladas. Fácil ao mesmo tempo compreender que fazer tantas coisas voluntariamente seria difícil demais.

A postura é a soma desses esforços necessários mas difíceis, presentes o tempo todo e variáveis a cada momento – necessários ao mesmo tempo para a ação desejada e a preservação do equilíbrio!

Complicado manter o equilíbrio da "pilha" quando estamos de pé e parados. Se nos propomos fazer algum esforço, as forças necessárias para sustentar e intensificar a postura se multiplicam e, se não fossem ativadas automaticamente (reflexamente), ninguém faria nada... Ao tentar empurrar um móvel só com os braços, você seria empurrado para trás pela sua própria força.

Nas lutas de agilidade como a capoeira e o aikidô (!), todas as partes do corpo se movem em conjuntos totalmente diferentes de quando fazendo esforços a partir de atitudes estáveis – quando parados.

Mais estranheza: é universal tanto em biologia quanto em antropologia a importância fundamental dada à bipedestação como característica especificamente humana, o que torna ainda mais incompreensível a omissão do fato na psicologia.

Além disso, tanto nesta área quanto em filosofia – e em várias outras – é dado um lugar de suprema eminência ao termo "equilíbrio".

Alcançar e manter o equilíbrio significa perfeição realizada, mas, de novo, não se propõe ligação nenhuma desse equilíbrio puramente abstrato (e confuso!) com a mais do que complicada estabilidade do corpo na vertical, contra a constante atração da gravidade.

Adiante citaremos números – imensos – dos neurônios dedicados à motricidade, e aos poucos irei mostrando o quanto essa motricidade se concentra e organiza em torno de nossa estática, do instável equilíbrio de nosso corpo no espaço.

A psicanálise jamais se deu conta da questão por lidar o tempo todo com pessoas sentadas ou deitadas – posições que não solicitam ou mal solicitam nossas aptidões de equilibristas. Desse modo, o conflito – noção central – aparece apenas como uma questão verbal e/ou visual ("desejos", "pulsões", "resistências", fantasias, identificações).

No entanto, um dos modos de caracterizar a existência humana é dizer que estamos o tempo todo tendendo a cair, em qualquer direção, e que a "mágica" do cérebro (e do cerebelo) consiste exatamente nisso: administrar **segundo a segundo o equilíbrio entre forças complexas, físicas**: massas, pesos, forças musculares, velocidades, acelerações, quantidades de movimento, momentos de inércia. De outra parte, sempre que estamos em pé, nossos próprios movimentos (quaisquer!) estão continuamente perturbando esse equilíbrio!

Portanto, jamais nos livraremos de conflitos. De forma animadora, podemos dizer que nosso corpo, nosso cérebro e nossas intenções, reunidos, são mestres na administração de conflitos.

O famoso centro da personalidade só pode ser o centro de gravidade do corpo – cuja projeção vertical precisa ser mantida **continuamente** dentro do polígono de sustentação.

# FÍSICA E METAFÍSICA DO CENTRO DE GRAVIDADE

A melhor descrição deste centro encontrei no *Human physiology*, de A. J. Vander, J. H. Sherman e D. S. Luciano (Nova York: McGraw-Hill, 1975).

"O centro de gravidade é um ponto em qualquer objeto tal que, se suspenso por ele, todas as forças gravitacionais atuantes sobre o objeto se anulam" (e ele permanece imóvel em certa posição, voltando a ela sempre que for afastado dela).

Ou, se você preferir: "É um único ponto de qualquer corpo em torno do qual toda sua massa está igualmente distribuída em todas as direções", em *Biomecânica básica*, de Susan Hall (Rio de Janeiro: Guanabara Koogan, 1991).

O famoso "eixo" – dito "da personalidade" – que é preciso encontrar e manter é o eixo de rotação do corpo quando de pé, como se vê no suave e contínuo giro dos derviches. Sua "oração" consiste neste giro, no refinamento contínuo da sensação de eixo – repito, de **rotação do corpo**! O giro do corpo sobre si mesmo é a forma específica de oração-meditação destes seguidores alternativos de Maomé. É típico seu barrete em tronco de funil e suas vestes amplas e esvoaçantes, que no giro contínuo do corpo desenham um cone quase perfeito.

Note, leitor, e compreenda. É uma resposta simples demais e por demais inusitada para um problema complexo demais – por isso me faço tão insistente e repetitivo.

Essa realidade é deveras imaterial e sem localização estável. É a realidade mais "espiritual" que se pode imaginar, e a mais ativa.

**É o centro de organização, virtual mas ativo, de todas as forças musculares atuantes a cada momento e, ao mesmo tempo, responsáveis pela manutenção do equilíbrio do corpo no espaço.** Exatamente as forças necessárias para você se conservar de pé ao... "pré-tender" ou "ao ter a intenção de" fazer isso ou aquilo.

O centro de gravidade do corpo tem mais uma aptidão capaz de lhe garantir o nome de superego, de *self* ou de espírito do corpo. Se você imaginar ou tentar fazer algum movimento que o ameace de queda, "ele" o segura, o impede de fazer – ou de cair ("decair" – note a ambigüidade do termo).

Não sei se é seu superego, se é seu anjo da guarda, seu espírito ou seu cerebelo...

Freud não poderia ter imaginado nada disso, pois desde cedo na sua experiência clínica solicitou do paciente que se deitasse no famoso divã – reino do sonho e da gravidade zero, no qual não existe o problema do equilíbrio físico do bípede...

Garoto ainda, meu filho Flávio comentou um dia: "Pai, no sonho nós não temos peso, né?"

Portanto, pouco importa o centro de gravidade.

Acrescento: quando, durante o sono, a situação começa a se fazer aflitiva demais, o corpo se "pré-para" (lembra?) e acordamos. É o "pesa-delo", momento no qual a **sensação de peso** (e de realidade!) retorna, pois os músculos, no esforço da fuga, assumem tensão de ação (pré-paração)... Antes disso, estavam amplamente relaxados, o que nos dava a impressão de ausência de peso – gravidade zero.

Nos sonhos, podemos também ter a famosa sensação de estar voando – orgástica, segundo Freud. Mas posso dizer, talvez melhor, sensação de plena liberdade. Nós nos sentimos livres do "peso da realidade" (na verdade, do peso do corpo).

Tive uma paciente com forte tendência catatônica ("muito presa" = "muito pesada") que sentia uma vontade compulsiva de se jogar pela janela. Tive de segurá-la fisicamente várias vezes. Depois de muitas voltas, ficou claro para nós que seu desejo era... sentir-se em queda livre, ou seja, livre de seu peso!

Sabemos todos: quando deprimidos, parece-nos que o corpo pesa o dobro. Quando felizes, nem a metade...

## EXERCÍCIOS DE EQUILÍBRIO

Estes exercícios cabem mais em grupos do que individualmente, mas nada impede que sejam usados em entrevistas individuais, principalmente quando estão ocorrendo mudanças na atitude.

Não temos sensações de equilíbrio. De outra parte, somos bastante sensíveis às **sensações de desequilíbrio** que surgem sempre que a projeção vertical do centro de gravidade se aproxima ou ultrapassa as margens do polígono de sustentação.

Exercícios individuais, propostos por Feldenkrais. De pé, oscilar lenta e ritmicamente o corpo mantido rígido na vertical, primeiro na direção ântero-posterior, depois laterolateral, atentos às mudanças de pressão na planta dos pés e testando os limites de queda.

Corpo na vertical, mantendo os pés próximos, as pernas retas, flexionando e estendendo o tronco sobre as cadeiras, sempre atentos à pressão na planta dos pés e à sensação de limite de queda.

Os mesmos (os três), primeiro com os dois braços verticais, depois com os braços na horizontal.

Em grupo, convidamos uma das pessoas da dupla a empurrar lentamente a outra em direções bem determinadas, aplicando força em vários níveis (na altura dos ombros, da cabeça, das cadeiras etc.). Solicita-se da pessoa empurrada, em primeiro lugar, que se mantenha rígida (boneco), atenta à planta dos pés e às tensões espontâneas que surgem se opondo aos empurrões. O agente a leva até o limite de queda.

Em um segundo tempo, solicita-se das empurradas que cedam aos empurrões, agora graduais, dobrando o corpo (contrapeso) até o ponto que for possível.

Na terceira série, solicita-se do empurrado que, passo a passo, por tentativas, "arrume" o corpo da melhor maneira a fim de resistir à pressão crescente feita pelo companheiro – sempre na mesma direção.

Este pode se dividir em dois. No primeiro, a posição de resistência estará apoiada no empurrão, de tal forma que, se este cedesse de repente, o empurrado poderia cair. Na segunda série, a resistência deve ser eficaz e ao mesmo tempo permitir que a pessoa pare de pé.

Na última série, as pessoas trabalham em grupos de três, duas empurram e a outra resiste, segundo as três modalidades:

- resistir enrijecendo-se e ajeitando-se entre as pressões;
- mudando a forma do corpo (relaxando) a fim de resistir coordenadamente aos dois empurrões, usando um contra o outro;
- enfim, seguir a mesma instrução, mas de tal forma que, se as duas pressões cederem, o pressionado pare em pé (sem mudar rapidamente a forma do corpo).

Não há limites na invenção de exercícios que solicitem ou desafiem nossas respostas a desequilíbrios.

Na verdade, qualquer movimento que se faça **estando de pé perturbará o equilíbrio de alguma forma**.

## BALANÇANDO SEM CAIR

Mas a melhor categoria de exercícios capazes de afinar as sensações de desequilíbrio, difíceis de realizar em consultório ou mesmo em *workshops*, é a de balançar em muitos tipos de balanço. Balançar lentamente, bem presente às reações espontâneas do corpo, ou ao que é preciso fazer para se opor à queda. Sempre haverá uma prancha de base quadrada ou circular, de regra na horizontal (mas eventualmente inclinada, como variação útil). Pode estar suspensa por quatro, por três ou até por dois fios. Os fios podem ser paralelos entre si ou diversamente oblíquos, convergentes ou divergentes. A altura pode igualmente variar (quanto mais longos os cordéis, mais lento o balanço, mais fácil sentir-manter o equilíbrio).

Todas essas alternativas deveriam estar disponíveis no "Parque de Diversões Pedagógicas" da Escola de Amanhã – como adiante se descreve.

## O *YIN* E O *YANG* – SUAS RAÍZES CORPORAIS

Já li mil vezes essas duas palavras, em mil contextos diferentes, e todos diziam a mesma coisa – ou nenhum dizia, depois, algo inteligente ou inteligível –, a não ser os exemplos banais de oposição, dia e noite, masculino e feminino, bondade e maldade, luz e sombra etc. etc. etc. Em seguida, vinha o comentário final, cuja fórmula exemplar figura, vejam onde!, no centro do escudo de armas de ninguém menos famoso do que Niels Bohr (segundo Fritjof Capra – *O tao da física*, p. 124), nomeado cavaleiro pelo Congresso da Dinamarca.

No centro do seu escudo, um escudo menor estilizado com o belo círculo do *yin* e do *yang* no centro, e sobre ele o dito *contraria sunt complementa* (os opostos se completam). Nem o superlúcido Fritjof vai muito além dos exemplos banais e do vago paralelismo do vetusto símbolo/pensamento taoísta com algumas das conclusões da física quântica. Nenhuma das duas reflexões esclarece a outra: são apenas paralelas.

De onde vem minha ousadia e quase ironia ante tão vetusto testemunho da sabedoria milenar da humanidade?

O leitor já deve ter imaginado: são ditas mil coisas sobre o símbolo famoso, repetições sem fim e, como seria de esperar (ou de desesperar), nada dessa sabedoria tem que ver com nosso pobre corpo nem com a vida humana!

Mais especificamente, com nosso aparelho locomotor e com o fato de ele ser constituído por um conjunto complexo de tirantes musculares e peças rígidas. Este conjunto precisa se mover em certa ordem mecanicamente complexa, ou nada acontecerá. E, seja o que for que estejamos fazendo, precisamo-nos manter de pé!

Surpresa: para esclarecer, vamos começar com Freud e sua noção de contracarga, pouco lembrada.

"Contracarga", no esquema dinâmico abstrato de Freud, seria a quantidade de "energia psíquica" necessária para bloquear – conter, se opor – a energia ("catexis" em psicanalês) do impulso ou do desejo.

De novo, o mestre tangenciou intuitivamente a motricidade, mas não se deteve nela.

Vejamos o que acontece de fato e pode ser registrado pela cinematografia, pelo eletromiograma e pelas pranchas de registro das variações da pressão dos pés contra o chão.

A intenção (ou o desejo) arma a postura e prepara o ato necessário para a realização do desejo. **Exatamente no mesmo momento,** o anjo da guarda arma **também** as tensões **opostas necessárias para consolidar a postura e equilibrar o corpo durante toda a realização da intenção**.

Se na preparação de qualquer ação o corpo não armasse sábia e instantaneamente o conjunto de tensões equilibradoras (isto é, **opostas** ao que se pretende), levaríamos um tombo espetacular ao tentar realizar qualquer desejo...

Ilustrando: na beira de um lago, vejo, próximo à margem e ao meu alcance, um belo nenúfar branco. Com muito cuidado, flectindo de leve os joelhos e estendendo a mão, vou me inclinando em sua direção. Enquanto minha intenção se concentra na flor e eu "vou" a seu encontro, meu sistema de equilíbrio — na mesmíssima medida — intensifica a tensão de muitos músculos da metade posterior do corpo, a fim de "me segurar", de impedir minha queda na água.

Note, leitor: o processo descrito em pormenores acontece de formas diferentes, sempre que você "quer-vai" na direção de um objeto de desejo (salvo-seja)... Provavelmente há mudanças nas tensões musculares também durante uma fantasia ou no sonho, se o desejo for intenso.

É a contracarga de Freud encarnada, feita músculo, força (física), intenção oposta (inconsciente) – exigência de equilíbrio de bípede.

Note bem, leitor:

**é a expressão do desejo e da repressão em um ato só.**

A carga (do desejo) e a contracarga (da repressão).

*Contraria sunt complementa* (os opostos se completam)... segundo Bhor/sabedoria oriental.

Depois, no divã de Viena, o ato único foi desmembrado em duas (palavras): "desejo" e "repressão". E deu no que deu: **conflito**, o ganha-pão dos psicanalistas, convencidos de que conseguirão "resolver" o conflito ao "analisá-lo" – por meio de palavras!

Não será necessário. Basta deitar no divã. Na horizontal não há conflitos...

# RAÍZES MOTORAS DA DIALÉTICA

Outra raiz igualmente poderosa das oposições inerentes à motricidade – além daquelas ligadas ao equilíbrio do bípede – deve ser lembrada quando se fala em forças opostas – sejam elas psíquicas, físicas ou sociais.

Toda nossa organização motora é feita de oposições funcionais. Flexores e extensores, adutores e abdutores, pronadores e supinadores etc. Note-se, a mais, são oposições notavelmente complexas e sutis. Nos textos ingênuos de anatomia cada músculo tem apenas uma ou duas funções, e em nenhum deles o autor ousa tentar combinar muitos ou todos os movimentos "simples" que perfazem uma ação – como de fato acontece no animal vivo e inteiro.

Exemplificando com o caso típico da flexão e extensão do antebraço em relação ao braço (uma das oposições mais simples). Não são dois músculos simples (dois corpos musculares) em oposição geométrica, nem a articulação do cotovelo é uma simples polia regular. A flexão depende da contração do tríceps (três corpos musculares distintos, com direção específica de esforço em cada um) e do relaxamento ativo do bíceps (dois corpos musculares, com direção própria de esforço). Pior: nos movimentos usuais, não só estes corpos musculares trabalham juntos, em dependência uns em relação aos outros, como, ao mudar a posição do braço (digamos, afastando o cotovelo do tronco), todas as tensões destes músculos mudam de quantidade, de direção e de relaxamento ativo.

Trata-se, repetindo, de uma fina e constante oposição dinâmica de forças continuamente variáveis, de posição a posição do braço, dependendo de cada posição do corpo todo, a cada momento.

Somem-se a isso todos os relaxamentos ativos das tensões antagônicas. Sempre que um músculo se contrai, seus oponentes são inibidos – mas, de novo, o processo não é passivo, nem linear ou retilíneo.

Lendo Hegel e sua fala sobre a contradição, segui seu pensamento com toda a facilidade: ele estava descrevendo o funcionamento do aparelho locomotor – com toda a clareza.

Verifique...

Todas as coisas estão em contradição em si mesmas. A contradição teria de ser considerada como o mais profundo e essencial (das coisas)... A contradição é a raiz do movimento e da vitalidade, pois é só ao conter em si uma contradição que uma coisa se move, tem impulso para a atividade. Algo se move não só porque esteja neste momento aqui e em outro momento ali, mas sim porque em um e no mesmo momento se encontra aqui e não aqui, porque neste aqui existe e não existe simultaneamente... O movimento é a própria contradição em sua existência... Portanto algo está vivo somente quando contém em si a contradição, e (o estar vivo) é, justamente, esta força de conter a contradição.

Não de conter, mas de realizar...

(O trecho acima foi reproduzido de *Ciencia de la lógica*, de G. W. F. Hegel, citado na tese de doutoramento de Andri W. Sthael, *Tempos em crise*, da Unicamp.)

*Meio século de psicoterapia verbal e corporal*

Já disse quão difícil – ou impossível – é saber onde ou como começa um movimento em nós. Uma vez nascido, ei-lo a se desenvolver... dialeticamente, organizado e organizando forças opostas (físicas, vetores), continuamente em equilíbrio umas em relação às outras. Todas elas ocorrem em um conjunto muito maior, igualmente equilibrado, com o qual se correlacionam mudando em função dele!

Repito: acredito, com estas reflexões e descrições sobre a motricidade, estar esclarecendo as raízes subjetivas das concepções nomeadas – a oposição chinesa do *yin* e do *yang* e a oposição ocidental – Hegel.

**Sem tais raízes motoras, isto é, se não pudéssemos ter certa consciência de nossos movimentos ou se eles não fossem organizados deste modo, ninguém poderia ter pensado estes pensamentos.**

**Além disso, como dissemos de Newton, sem a possibilidade de gerar forças (contrações musculares) e sem a propriocepção delas, não compreenderíamos nenhum movimento e nenhuma transformação.**

**Os primeiros movimentos que nós "compreendemos" são os de nosso corpo, desde as primeiras vezes que os realizamos – ainda na vida intra-uterina.**

Mas é preciso acrescentar logo: se nos dermos conta disso! Em muitos trechos e de muitos modos falei das sensações de posição, movimento e tensão continuamente presentes em nosso corpo. Tão constantes que experimentá-las conscientemente é tudo do que trata a terapia corporal.

Talvez por isso – também – elas não sejam percebidas: por estarem sempre presentes. Nossa atenção habitual está nos olhos (no controle dos movimentos) ou na audição (nas palavras).

Newton: **"Pois o peso de toda a Filosofia consiste nisso: a partir do fenômeno do movimento, investigar as forças da natureza"**.

Se bem o compreendi, ele estava enunciando o que eu agora pormenorizo.

O fundamento de sua afirmação foi a propriocepção!

Fiel a meu credo e à lógica fundamental, não acredito que alguém possa compreender seja lá o que for se de alguma forma não tiver **experimentado** algum ou alguns dos fatos ligados ao que acredita estar compreendendo.

"Lógica fundamental", aí acima, refere-se ao clássico aforismo de Aristóteles: "Nada pode estar na inteligência se antes não tiver passado por um ou mais dos sentidos".

Notar: **Aristóteles não tinha noção explícita sobre o sexto sentido** (propriocepção), mas falava de um "senso comum" (a não ser confundido com bom senso!) funcionalmente bem próximo dele. Os escolásticos o seguiram dando grande importância a esse "senso comum".

Como é fácil de ver, foi sobre essas sensações que propus minha explicação de como foi possível aos sábios chineses elaborar, por analogia, a essência do taoísmo – e a Hegel, a dinâmica dos opostos.

Notar, de novo: eles tampouco sabiam de nosso sexto sentido, ou, se soubessem, nunca li de ninguém referências taoístas ou dialéticas a esse sexto sentido ou a algo análogo.

Pura inteligência – sem experiência... Na verdade, **inteligência baseada inconscientemente na propriocepção**. "No começo era o Ato" (Goethe).

Mas, para muitos, "no começo era o Verbo" – nascendo do vazio. Seria mesmo do vazio? Um *big bang* intelectivo?

Adiante, ao estudar nossa neuromotricidade, amplio e quantifico quanto ficou dito até aqui sobre ela.

# A FASE ANAL – REFORMULADA

Vamos considerar o período de um ano e meio a dois – ou três – durante os quais a criança vai tentando pôr-se de pé até conseguir e até ganhar certa estabilidade nesta posição – confiança em seus automatismos de equilibração recém-exercitados. Isso ocorre nesta época.

Durante o mesmo período, de regra ocorre **também** o treinamento de controle do esfíncter anal – o ato de conter voluntariamente a evacuação. A "fase anal" de Freud.

Classicamente, é nessa época que a criança se torna muito teimosa. Entendo essa teimosia como soma de esforços – em sua maior parte reflexos (automáticos) – que a criança faz para se manter de pé a qualquer preço, mesmo contra ordens, pedidos e ameaças dos próximos (isto é, "empurrões" que vêm de várias direções). A reação reflexa é tida pelos circunstantes como voluntária, mas podemos dizer que a criança é teimosa sem querer! Ela teima para não cair – apesar de si mesma.

"Eu me seguro", "Eu tenho de me conter" ou até "Eu tenho de manter minha posição" é o **modo de ser** da criança nesta época.

"Eu me seguro" pode referir-se ao esfíncter anal: "Eu seguro tudo dentro de mim", como também à postura: "Não posso me soltar", "Tenho de me manter" (de pé).

Parece importante separar formas de se segurar: como a boca segura o mamilo, como ânus segura as fezes, como a mão segura as coisas e como o corpo "se segura" de pé. Fácil ver que as duas primeiras formas de segurar-se são viscerais (instinto, superego) e as duas últimas são ou podem se tornar voluntárias.

Deixar de separar modos tão diversos de "segurar-se" é fácil, dado que a palavra usada é sempre a mesma, mas leva a confusões lamentáveis.

A afirmação de si nesta época confunde-se não só e talvez nem tanto com o controle esfincteriano (que agrada tanto aos adultos!); refere-se também à capacidade **de se pôr, se manter e ser capaz de agir de pé**. Neste momento, a criança alcança sua dimensão maior – a que a faz deveras gente, ou ser humano.

Momento a partir do qual posso também... cair! Ou começo a ter medo de cair!

No mundo dos mitos, o pecado original (a "queda original") talvez tenha sido o período durante o qual o homem começou a parar de pé.

O que pode haver de tão horrível em um tombo para ser considerado um pecado mortal (ofensa a Deus)?

Para que a queda fosse possível, era preciso primeiro que ele se pusesse de pé – orgulho!

Segundo os teólogos, a "queda original" foi o pecado do orgulho!

Ao se pôr de pé, o ser humano começou também a poder ser vítima de mais **conflitos do que os demais animais**, vítima da ação de forças opostas capazes de fazê-lo cair.

"Cair em pecado..." Sabemos: levar um tombo é sempre humilhante, e na selva pode ser o fim – caso estejamos fugindo de um predador.

Estas reflexões podem inspirar novos tipos de técnicas pedagógicas para lidar com a teimosia da criança de modos bem mais construtivos e menos traumáticos do que os usados presentemente.

# A DIALÉTICA DAS TÉCNICAS CORPORAIS

Avançando na direção das técnicas corporais: os conflitos podem ser estrutural e funcionalmente reorganizados se conseguirmos modificar posturas e atitudes crônicas. As atitudes podem, dito de outra forma, se tornar mais leves ou, no limite da Dança de Shiva, recompor a própria elegância, a leveza e a precisão de nossos movimentos quando levados a seus limites de perfeição.

Baryshnikov!

Os vícios motores e posturais podem ser atenuados e reorganizados, passando a integrar novas atitudes – levando a outro modo de estar no mundo

Aproveito o contexto para declarar em "alto e bom som" que as técnicas de que falarei neste livro de jeito algum esgotam o tema. Hoje, multiplicam-se as escolas, os livros e os mestres de bioenergética, a maior parte deles baseados em Reich. Todos se empenham em compreender/explicar a influência do corpo sobre a consciência e vice-versa. Todos desenvolveram técnicas destinadas a liberar o corpo de suas amarras sociopedagógicas.

As que descreverei em pormenores, repito, não esgotam o tema. São as que mais usei, as que domino melhor, entre elas algumas criadas por mim.

Muitas outras técnicas existem, e de minha parte só excluo as que considero grosseiras, brutais ou violentas, como algumas desenvolvidas nos primórdios destes estudos. Solicitar ao paciente que xingasse os pais, chutasse ou esmurrasse travesseiros pensando em alguém definido, provocasse vômitos e sofresse apertos no corpo tão fortes a ponto de deixar equimoses eram técnicas usadas em sessões de bioenergética, e receio que sejam usadas ainda hoje. Fiz um pouco disso tudo mas não gostei.

Acabei dizendo para mim: as pessoas me procuram porque foram maltratadas pela vida, e como posso ser útil maltratando-as outra vez?

A partir daí, comecei a buscar e desenvolver as técnicas denominadas, em seu conjunto, de Bioenergética Suave, da qual darei muitos exemplos. Eva Reich também vai por esse caminho, assim como Gerda Boysen e outros.

Recordo, enfim, que também técnicas corporais gozam ou sofrem das preferências e simpatias de quem as usa; portanto, a regra é usar aquelas com as quais você se dá melhor.

Lembre que a improvisação – em psicoterapia – está sempre na ordem do dia. E que a "inspiração" para a improvisação surge quando menos se espera.

Uma grande qualidade do terapeuta é ter a coragem de improvisar – e de assumir e aproveitar tanto o que faz quanto o que acontece depois.

Ou de reconhecer que a improvisação foi inútil...

# O QUE SIGNIFICA "POSTURA"

Postura é "o melhor jeito" de estar e/ou de fazer seja lá o que for. De "arrumar" o corpo para que ele faça o que estiver fazendo com facilidade, eficiência – e sem se machucar...

De estar: postura estática.

De fazer: postura dinâmica.

Cuidemos desta primeiro. Os melhores exemplos quando se pretende esclarecer esse termo podem ser encontrados em algumas atividades artesanais como as do marceneiro, do pedreiro, do mecânico – ou do cozinheiro! Basta um simples olhar e logo percebemos a diferença entre o profissional e o amador – em qualquer uma destas atividades. O profissional foi aperfeiçoando, simplificando e equilibrando melhor o corpo na execução de sua atividade. De regra, ele inicialmente "arruma" o corpo – "coloca-se" – antes de fazer qualquer movimento. Arruma o corpo a fim de mantê-lo bem equilibrado e bem composto para a execução dos gestos efetivos.

Exemplo mais... intenso temos quando nos cabe mover um móvel pesado de um lugar para outro, empurrando-o. Estudamos várias "abordagens": como colocar as mãos e logo os braços e o tronco – e enfim as pernas. Qual o melhor ângulo de inclinação do corpo a fim de melhor aproveitar o peso? Qual a posição dos braços para que se mantenham firmes, qual a obliqüidade ótima das pernas para exercer o esforço sem escorregar? Enfim, o mais comum: a postura na direção de um automóvel, oscilando entre a do indivíduo que senta com o abdômen encostado no volante, os braços bem flectidos e colados ao lado do tronco, e o piloto de fórmula 1, com braços de todo estendidos e paralelos. Lembre, ao entrar no carro, de como fazemos o banco mudar de lugar e de inclinação a fim de tornar fáceis, eficientes e confortáveis os movimentos dos braços e das pernas, assim como a consulta aos espelhos.

Generalizando: postura é a posição do corpo assumida quando nos damos a determinada tarefa, consistindo na busca dos movimentos mais fáceis e mais eficientes. Sempre, claro, respeitando o equilíbrio do corpo no espaço – mesmo quando não pensamos nisso (sistema neuromotor antigravitacional – automático)!

Notar: parte destas buscas e arranjos é deliberada e intencional. Vamos experimentando jeitos e dando liberdade ao corpo para que ele ache a melhor combinação de movimentos para a realização de nosso propósito.

É aí e assim que tantas vezes temos uma surpresa ao "encontrar o jeito".

**Acredito que esse é o processo pelo qual "de repente" nos vem à mente uma nova idéia – a intuição de uma nova correlação de forças ou de influências.**

Vice-versa: se estamos mal postos (má postura) em uma situação, todos os movimentos se tornam incômodos, forçados, até perigosos. Pense em acertar o cinto de segurança de uma criança sentada no banco de trás estando você sentado no banco da direção...

Lembremos, enfim, de todos os esportes nos quais aqueles que buscam excelência treinam sob a observação de um especialista. Ele existe principalmente para isso: perceber os "defeitos" na execução. E a maior parte desses defeitos é exatamente isso: defeitos posturais, "mau jeito" de fazer os movimentos, com o que se perde energia e eficiência na realização do que se pretende.

# POR QUE TANTAS CONSIDERAÇÕES DE BIOMECÂNICA?

Venho descrevendo e exemplificando tão amplamente nossa estática e nossa dinâmica corporal com o intuito de alertar o leitor para a complexidade do equilíbrio e da ação. Pense em quantos tratados de filosofia, física, psicologia e neurofisiologia já foram dedicados ao estudo destes dois conceitos: equilíbrio e ação...

Não sei quantos deles falavam do corpo – ou lembravam do campo gravitacional da Terra...

Além disso, você, que pouco ouviu sobre o corpo no curso de psicologia, terá uma boa introdução ao problema das relações entre esta – a consciência, a vontade, a intenção, a repressão... – e o corpo, "instrumento" que realiza tudo que podemos realizar. É ele que nos leva pelo mundo, que "satisfaz nossos desejos", que nos contém, que pega, escreve, pinta, toca instrumentos, aciona máquinas, agarra, acaricia, puxa, dança, empurra, digita, pensa...

Cada movimento, uma intenção, um desejo, uma idéia.

Repare nestas duas palavras, leitor: "intenção" e "desejo". É fácil dizer que são sinônimas. No entanto, "intenção" ("em tensão") diz diretamente do aparelho motor, enquanto "desejo" é vago demais... Por isso, em "desejo", podemos colocar o que quisermos, mas muito do que cabe aí não caberia em "intenção"... A intenção se organiza – só pode se organizar – quando estamos à beira de "tomar consciência" do desejo, e aí a repressão desempenha exatamente seu papel: impede a organização das tensões (das intenções)...

Diz "não" – sem palavras, porém...

O segundo motivo para essas descrições do óbvio é este: se tivermos uma boa idéia sobre a complexidade de nossos movimentos, será imediatamente claro e convincente o quanto inibições, contenções e rigidezes sociopsicológicas induzidas podem ser limitantes e prejudiciais, tanto estática quanto dinamicamente, tanto física quanto social e psicologicamente. O quanto podem prejudicar a organização de todos os nossos movimentos e a estabilidade de nosso equilíbrio – do corpo! Do **corpo!**

> **Explica ainda, e claramente, a maior parte da angústia da humanidade. Um animal com movimentos tolhidos é uma presa favorita na luta pela vida. Na vida social, não é tão diferente... Em nós, os movimentos tolhidos pelas inibições neuróticas produzem uma funda e persistente sensação de: "Não tenho à disposição todas as minhas forças", "Estou amarrado", "Estou dividido, em conflito". (Metade de minhas forças tenta organizar minha intenção e a outra metade organiza minhas inibições!) Mas minha consciência – e a psicologia – só fala/percebe idéias e desejos, ignorando de todo a real composição das forças – físicas, tensões musculares – que me imobilizam ou me movem automaticamente (inconscientemente). Conflito, você sabe, é a palavra-chave de toda a psicologia dinâmica.**

# TODOS OS MOVIMENTOS E POSIÇÕES DO CORPO SÃO EXPRESSIVOS

É preciso acrescentar: todos os movimentos do corpo são expressivos, isto é, **"psicológicos": comunicam, mostram, fazem, exprimem, manifestam, revelam**.

*Meio século de psicoterapia verbal e corporal*

Sempre que você ler ou ouvir as palavras "impulso", "tendência instintiva", "pulsão", "desejo", "intenção", "propósito", "defesa" e "repressão", lembre-se, por favor, **de que elas referem-se a movimentos ou posições, algo de todo visível (por fora) e de todo perceptível (por dentro).**

Esse "por favor" inesperado está aí porque a psicologia se esquece teimosamente – vítima da inconsciência coletiva – de que temos corpo e de que esse corpo se move e é inteiro, "psicológico", isto é, sensação, intenção e expressão.

A psicologia esquece, ainda, que tudo isso é visível.

Esquece, enfim e também, que o próprio sujeito pode saber disso, mas de regra não sabe. Mal conhecemos nossa aparência exterior e a propriocepção é um sentido pouco falado e nada cultivado.

Depois destas omissões, restam apenas as palavras para "explicar" nossa complexa existência, explicações muito repetidas ou muito confusas – ou as duas coisas...

Vamos formalizar:

> Postura é o conjunto das tensões musculares que a cada instante mantém a forma estática do corpo quando parado, mantém seu equilíbrio durante os movimentos que fazemos e prepara, antecipada e automaticamente, a base para o movimento seguinte. Tudo isso sem que você perceba o que está acontecendo. Isto é, de forma inconsciente (mas você pode perceber, se voltar sua atenção para as sensações proprioceptivas)... Seu aparelho locomotor é como o "gigante" das lendas, que realiza todos os seus desejos – basta você ter a "intenção de". Ou então o "gigante" impede você de realizá-los, se eles foram sistematicamente proibidos no passado, ou comprometedores no presente. Lembre-se sempre: você está sendo vigiado o tempo todo – por fora (pelos outros) e por dentro (pelo olhar da consciência).

Alexander foi o idealizador de um dos sistemas de exercícios destinados a desenvolver nas pessoas a boa postura. O livro no qual se expõe o *The Alexander principle*, de Wilfred Barrow (Londres: Victor Gollancz, 1973), não traz o nome todo de Alexander em lugar algum, nem fala de sua filha, que escreveu um folheto-resumo a respeito desse tema.

De acordo com ela, a boa postura funcional seria conseguida obedecendo-se a apenas uma regra: **caminhar olhando diretamente em frente – e vendo o que há à sua frente!**

Essa era a marcha de nossos ancestrais – olhando **e vendo** o que podia haver em frente. **Estavam prontos a qualquer momento para o que desse e viesse**. Estavam "bem-postos"!

# AS FORÇAS

Proponho que você faça agora uma experiência simples para sentir como atua toda essa máquina maravilhosa. Em particular, suas componentes reflexas – automáticas.

Pegue uma panela de três ou quatro litros de capacidade com cabo horizontal. Empunhe-a e, de pé, fique perto de uma torneira, abrindo-a de forma que a água comece a encher a panela. Não se apóie em nada.

Sinta como se propaga automaticamente a rigidez das várias partes do corpo na medida em que o peso crescente da panela tende a desequilibrar cada vez mais seu corpo: punho, cotovelo, ombro, perna de carga...

Brinque um pouco. Mude de posição girando sobre seu eixo vertical. Mude o ângulo entre o ombro e o braço, entre o braço e o antebraço. Mude de braço.

Escolha: você pode ir se enrijecendo (esta é a resposta automática: sucessão de reflexos de estiramento) como pode ir se inclinando (em relação à vertical) em direção oposta à da panela. Esta poderia ser uma resposta voluntária.

De pé em um ônibus ou no metrô, veja como seu corpo se equilibra automaticamente quando o veículo faz uma curva e tende a jogar você pela tangente...

A repressão, conforme Reich demonstrou e está implícito em Freud, não acontece "no inconsciente". Melhor seria dizer que ela acontece na inconsciência! No automático – como você acaba de experimentar.

# FUNDAMENTOS FISIOLÓGICOS

Nossos movimentos e posições dependem, em primeira aproximação e macroscopicamente, de cerca de duzentas alavancas ósseas articuladas de muitos modos – e de seiscentos músculos.

> **Mas a noção macroscópica é pouco útil, pois, no corpo vivo e inteiro ("normal"), nunca um músculo se contrai isoladamente, nunca um músculo se contrai por inteiro e só em momentos especiais e brevíssimos um músculo se contrai ao máximo (atuação simultânea de todas as fibras musculares).**

Destas afirmações se deduz que **todos os nossos movimentos são complexos**, isto é, envolvem numerosas unidades motoras de vários músculos atuando a cada momento, alternando graus de tensões em tempos precisos, variando de intensidade a cada momento, em função do ângulo das principais juntas envolvidas no movimento. Isso tudo mesmo no caso de movimentos menores.

Recordando: a unidade motora – UM – consiste em um neurônio alfa mais o grupo de fibras musculares cuja contração ele determina ou inibe. Os neurônios motores estão situados no corno anterior (ou ventral) da medula, e seus corpos celulares – grandes – estão no limiar de visibilidade. É preciso incluir na UM os neurônios intramedulares dos circuitos de *feedback* de controle da contração. São eles os fusos musculares e o sistema gama (adiante esclareço).

Há UMs de contração rápida e de curta duração – *twitch*, "fibras de ação" – e UMs de contração lenta e mantida – posturais (antigravitacionais). Há UMs que controlam centenas de fibras musculares e outras que controlam bem poucas, dependendo se os movimentos correspondentes forem poderosos e pouco precisos (coxas, ombros) ou delicados e de muita precisão (olhos, laringe).

> **Temos ao longo do eixo cérebro-espinal cerca de trezentas mil unidades motoras – ou neurônios alfa, os únicos em comunicação direta com conjuntos de fibras musculares, os únicos que fazem as fibras musculares se contraírem. O neurônio alfa é o mais excitável dos neurônios, capaz de emitir até mil impulsos nervosos por segundo – excitantes ou inibidores! Suas fibras são as de maior diâmetro do Sistema Nervoso e as de maior velocidade de condução: cem metros por segundo ou pouco mais.**

Isso quer dizer que o axônio mais longo do SN – que vai do cone terminal da medula aos músculos do pé, com um metro de comprimento – é percorrido em um centésimo de segundo.

Como vimos, com técnicas de *biofeedback* muscular (ou proprioceptivo) pode-se demonstrar que é possível atuar voluntariamente sobre **um** neurônio motor.

Essa aptidão foi se apurando ao longo da luta pela vida no planeta (relação presa-predador, sobrevivência ou morte do indivíduo ou da espécie). O momento crucial da caçada demora segundos, décimos ou centésimos de segundo! Portanto, as reações motoras foram se fazendo cada vez mais velozes.

É preciso acrescentar a distinção entre contração tônica (ou mantida) e fásica (rápida). As primeiras servem para manter posições (a postura a cada momento); as segundas são as que efetivamente nos movem a cada instante, sempre que nos movimentamos.

Vale a pena conhecer mais números relativos ao aparelho motor:

> **Como cada UM pode exercer no mínimo dez graus diferentes de tensão, a força da contração pode ser dosada. Portanto, podemos exercer não apenas trezentos mil micro-esforços como três milhões (trezentos mil vezes dez). Estas "ordens de movimento" podem ser de "mexa-se" ou "pare" (excitantes ou inibidoras). Mas não é tudo – ou não é só. Um neurônio alfa recebe cerca de quinze mil conexões (sinapses), isto é, quinze mil influências de outros neurônios...**

**Cada** célula de Purkinje – a via final eferente (de saída) de todas as fibras aferentes (que chegam) ao cerebelo – mantém com ela mais de duzentas mil sinapses. Além disso, o cerebelo, este órgão-mestre da coordenação motora e do equilíbrio do corpo, contém mais neurônios do que todo o cérebro.

Se você quiser saber como é a célula de Purkinje, imagine uma árvore bem frondosa, com muitos galhos abrindo-se como raios de uma esfera. Agora, ponha esta árvore entre duas placas planas e paralelas de aço e vá pressionando até toda a árvore se tornar pouco menos do que uma superfície... É isso!

Requinte do aparelho motor: as sinapses próximas do corpo celular dos neurônios têm um limiar de excitabilidade menor do que as mais distantes.

A célula (fibra) **muscular** consome muito oxigênio quando contraída, e em parte por causa disso ela se cansa rapidamente. Mas as que trabalham em UMs tônicas (posturais, antigravitacionais) não podem relaxar por óbvios motivos. Nestes músculos, opera um mecanismo automático de rotação de UMs ativas e em repouso. A cada poucos segundos, as que estão ativas relaxam, enquanto as que estavam em repouso são ativadas. O resultado final é a manutenção de uma tensão constante.

Note-se outra vez: a unidade funcional do aparelho locomotor não é o músculo, mas a unidade motora, a "delta f"...

Complicando os cálculos de quem queira aplicar a regra do polígono de forças (soma de vetores) à atividade motora, é preciso acrescentar: cada UM tem um ótimo de eficiência em produzir tensão ou movimentos, dependendo de seu comprimento quando solicitada a entrar em ação, e somente ao longo de certa amplitude do movimento do qual ela faz parte.

Obedecem, em suma, ao princípio das alavancas: variação do efeito conforme o ponto de aplicação da força ao longo da alavanca.

Enfim, existem no cérebro "faixas supressoras", cuja excitação faz o animal estacar – como fazíamos quando crianças ao brincar de "estátua".

São elas que "fazem" a atitude de alerta.

## OS NEUROTRANSMISSORES

Enfim, é preciso lembrar que hoje conhecemos mais de uma dezena de neurotransmissores – isto é, outras tantas "línguas" usadas pelas redes nervosas para transmitir sinais, para "conversar" entre si – antes de decidir o que fazer, muitas vezes em um décimo de segundo, ou menos...

Por isso Sherrington disse (e repito): "Se você quiser saber para que serve e como funciona o Sistema Nervoso Central, observe uma pessoa em movimento".

Acrescento: pense na variedade de movimentos ligados às artes circenses, às mil variedades de danças inventadas pelos seres humanos e em todos os esportes e lutas que podemos praticar. Alguns movimentos viram moda – fazem-se coletivos: uma nova dança a cada três meses...

Pense na Dança de Shiva – nossa ilimitada aptidão para criar novos movimentos. Será que ela nada tem que ver com nossa capacidade de gerar idéias? Com nossa tão decantada criatividade?

Pense, enfim, que cada pessoa se move de um modo que não encontra similar em ninguém mais.

Nem tente compreender como é possível dançar harmoniosamente com alguém no velho estilo, corpo a corpo, abraçados. Como combinar com precisão dois corpos tão complexos – e tão diferentes!

Não esqueça de dar uma olhada nos animais que foram os pontos de partida – ou as experiências preliminares – sobre os quais se desenvolveu nossa organização motora.

## VOLTANDO AO SISTEMA NERVOSO CENTRAL

Desde meu curso médico, li muito sobre o SN e vim fazendo o que pude ao longo do tempo para compreendê-lo um pouco melhor. Ficava ansioso! Conhecia-se um número espantoso de pormenores, de feixes de fibras e de núcleos celulares; entretanto, nunca encontrei uma descrição unitária ou panorâmica desse cérebro.

Foi um momento feliz quando ouvi, no curso de neurologia do professor Oswaldo Lange: "O extrapiramidal é o repositório de nossos automatismos motores".

Outra revelação surgiu nem lembro de onde: "A periferia da retina controla o extrapiramidal".

Estas duas funções somadas talvez constituam ou caracterizem "o" inconsciente – substantivo. A periferia das retinas poderia ser os "olhos" dos nossos automatismos, de tudo que vamos fazendo quase sem perceber – inclusive a percepção de estímulos rápidos e a organização das respostas rápidas da maior parte dos reflexos visuomotores (dirigir automóvel ou digitar, por exemplo).

Gostaria de saber muito mais sobre esse jeito sintético e integrado, pois esta é a função maior do Sistema Nervoso: integrar funções entre si e integrar o ser vivo com seu aqui e agora – com seu ecossistema imediato.

Hoje a noção de sistema extrapiramidal é considerada obsoleta, substituída por uma reclassificação de núcleos motores distinguindo-se o sistema lateral e o sistema medial.

Este responde principalmente pela postura e pelo equilíbrio do corpo (músculos paravertebrais e do tronco), sendo mais automático e menos consciente. As estruturas neurológicas correspondentes tendem a ser, elas também, mais centrais – como na medula, por exemplo.

O sistema lateral responde mais pelas estruturas laterais do corpo (membros), pelos movimentos mais precisos e intencionais – voluntários.

Para mim, esta diferença é interessante, mas não muda quase nada do que está sendo dito. A única correção necessária é esta: o que venho chamando de extrapiramidal tem que ver com os movimentos automáticos por natureza (posturais) ou automatizados pela experiência.

Hoje, a distinção alcança também as fibras musculares, as mais lentas e menos fatigáveis pertencendo ao sistema postural. As mais rápidas e mais fáceis de fatigar são, ao mesmo tempo, as mais sujeitas à vontade.

Neurocientistas e psicólogos estão falando da mesma coisa com técnicas e nomenclaturas específicas, das quais surge a falsa noção de que se trata de dois mundos distintos.

Tenho de insistir, principalmente porque nem os neurofisiologistas dão ênfase suficiente às funções motoras nem os psicólogos ao... corpo.

Pior: hoje mais do que antes, devido aos psicotrópicos e às refinadíssimas técnicas de pesquisa das neurociências, a psicologia se põe de humilde serva diante delas. Até aí, nada de mais; a humanidade sempre precisou da organização autoritária segundo a qual deve haver um cacique. O pior acontece quando os especialistas e até o povo, por meio da mídia, acabam acreditando que as neurociências terminarão por resolver definitivamente todos os problemas das pessoas e talvez até da humanidade!

Com pílulas!

Não tenho autoridade para abalar estas crenças nascentes – para criticar as neurociências enquanto contribuem para o isolamento de substâncias ativas que em seguida os laboratórios (que subvencionam regiamente as pesquisas) transformam em pílulas mágicas.

Usando-as, podemos continuar a suportar todos os desmandos da humanidade mantendo a noção de que somos "normais".

Acredito que o volume de vendas dos psicotrópicos é maior do que o das drogas ilegais. A venda destes produtos mede a extensão das doenças do mundo em que vivemos. Das doenças geradas pelos nossos costumes sociais "normais".

# VOLTANDO AO CÉREBRO

Vou citar mais trechos do livro de Ragnar Granit, mostrando que o estudo do cérebro é tão cheio de dificuldades e de problemas insolúveis quanto a psicologia. De nenhum dos dois podemos esperar verdades globais definitivas ou orientação segura para... salvar a humanidade.

Nenhum deles exclui escolhas humanas individuais e/ou coletivas – e suas conseqüências.

Mais: decorrendo de algumas dessas citações, parece que teremos de admitir **a insolvência definitiva** de alguns desses problemas que mergulham – como os da psicologia – no oceano ilimitado da inconsciência ou do incognoscível.

Da ignorância inevitável da humanidade.

Ou do fato de sermos criação contínua.

Jamais nos será possível saber tudo de tudo – e não sei se essa frase é muito sábia ou muito tola. Mas essa é uma expectativa dos que não toleram a sabedoria da incerteza (Alan Watts e Buda!), dos que precisam saber antes (de decidir) e por isso escolhem sempre o mesmo caminho.

Não confundir essa inconsciência inevitável com a noção bem mais restrita de inconsciente (pessoal) freudiano, mesmo aceitando que este esteja contido naquela.

Outra vez Bohm: do oceano desconhecido, emergem de tempos em tempos, sabe Deus por quê, ilhas de conhecimentos assaz organizáveis, mas, segundo quanto se sabe hoje – e hoje se sabe muito –, o mistério continuará a morar nas praias de nossa ilha...

E alguém já acrescentou: quanto maior a ilha do conhecimento, maiores as praias do desconhecido...

# ILUSÕES NECESSÁRIAS – E INEVITÁVEIS

Vamos às citações prometidas de Ragnar Granit (*The purposive brain*).

> Mesmo sabendo o quanto o córtex depende das informações provenientes das entradas sensoriais, não podemos subestimar tudo que o próprio cérebro – que interpreta esta realidade – acrescenta a essa entrada sensorial, a fim de tornar o mundo inteligível (e poder mover-se nele). O cérebro intencional (*purposive* – isto é: motor) exige um grau considerável de invariância, constância de dimensões, uma verticalidade fixa, superfícies com poucas variações de cor, alguma constância de velocidade e direção dos movimentos e, acima de tudo, um mundo estável; em suma, um grande número do que teríamos todo o direito de denominar de "ilusões de confiança".

> São erros constantes em relação ao conteúdo informacional das mensagens sensoriais primárias. Um mundo no qual, por exemplo, minha mão – indo e vindo – fosse vista variando o tempo todo de tamanho como varia a extensão de sua imagem retiniana dificultaria demais tudo que eu fosse fazer. "E assim o cérebro faz o que nenhum computador pode fazer: crescendo e se desenvolvendo, ele cria o mundo de que necessita. Esse processo orientado leva a inferências rápidas e automáticas, pelas quais a informação sensorial é comparada com o **enquadramento de referências relevantes** (!) a fim de alcançar os melhores resultados."

**Melhores resultados** significam, com certeza e antes de mais nada, movimentos mais rápidos e mais eficazes.

Esclarecendo um pouco esse texto difícil (para mim foi)...

"Verticalidade fixa": sem essa sensação de base, toda a postura fica comprometida, pois ela se organiza em torno da força – e da sensação – da gravidade (vertical). Pessoas usaram óculos prismáticos, com eixos longitudinais em várias direções. Esses prismas "entortavam" a "realidade" (de trinta a quarenta graus), mas ao cabo de poucas horas tudo voltava a ficar "como devia" – apesar dos óculos! Ao deixar os óculos, a realidade se entortava outra vez, por poucas horas.

Se você puser a mão bem aberta a 15 centímetros de seu nariz, a projeção da mão irá ocupar mais de dois terços da retina, e você verá uma... mãozona! Na distância usual, ela fica como você sabe. Foi isso o que Granit disse. Vemos sempre a "mesma" mão – e ela não é o que os olhos estão vendo. A motricidade tem o poder de modelar a percepção.

"Enquadramento de referências relevantes": não sei o que significa, mas dá para compreender...

"Crescendo e se desenvolvendo, o cérebro cria o mundo de que necessita" – aqui temos Maturana e Varela bem antes de Maturana e Varela.

Nos dias em que redigia estas linhas, vi um documentário inteiro sobre lêmures. Para quem não os tenha visto, vou tentar descrevê-los. Lêmures são mamíferos pouco maiores do que um gato e quase que exclusivamente saltadores. As patas dianteiras parecem e funcionam como mãozinhas, pouco atuantes nos seus movimentos de translação (lembram cangurus no movimento). São arborícolas e se locomovem em saltos espetaculares de vários metros. Nunca se agarram "com as mãos" e escolhem seu alvo de aterrissagem em fração centesimal de segundo (quando em fuga). É fantástico observar seu computador quando busca o alvo de aterrissagem (o próximo lugar de chegada), quando dosa exatamente a força do salto (cada salto é diferente do anterior), quando "prevê" a colocação precisa dos pés no alvo (dos pés e não das "mãos", como os macacos), quando arma a prontidão da nova busca (visual), a inclinação do corpo e a determinação da força para o salto seguinte. Têm grandes olhos brilhantes em órbitas bem rasas e uma face pequena, o que contribui com certeza para despertar nossa simpatia – por sua semelhança conosco. Sem esses olhos, seu computador jamais faria o que faz.

São periferia da retina e extrapiramidal – e mais nada.

Por que figuram aqui? Porque é literalmente impossível, conforme nossos conhecimentos de circuitos motores, visuomotores, tempos de reação e biomecânica, admitir que os lêmures fazem o que fazem...

Os lêmures são impossíveis – e além disso graciosíssimos!

# POR QUE TANTOS DADOS?

Primeiro porque é difícil encontrá-los reunidos – e pensados... Depois porque são por demais ignorados, o que contribui para certa espécie de desvalorização quase universal dos movimentos, quando se compara a facilidade com que nos movemos com a pretensa maior riqueza e/ou versatilidade expressiva das palavras.

Depois porque seu desempenho é tão complexo e veloz que se torna difícil percebê-lo com clareza ou organizá-lo intencionalmente.

Por fim, porque são extremamente importantes para as terapias corporais que lidam primariamente com a expressão corporal (toda ela feita de movimentos), retrato dos impulsos e das inibições "inconscientes".

Mesmo quando a expressão é apenas verbal, mesmo assim temos a música da voz, típica da pessoa e típica dos estados emocionais que se revelam nessa música. Ou seja, a música da voz depende de movimentos (dos músculos) respiratórios, de movimentos laríngeos e de movimentos de numerosos músculos cervicais altos, da língua, do véu do paladar e mais...

"A voz fala de todas as emoções que estão no peito" – como me ocorreu certa vez em um momento de... inspiração!

Estes dados demonstram que nosso equipamento motor é capaz não só de esforços consideráveis como – e principalmente – de esforços complexos, delicados e precisos, na certa não menos complexos nem menos sutis do que os significados das palavras. Nem é preciso demonstrar. Basta ter olhos para ver a sutileza de movimentos de um pianista, de um violinista ou de um prestidigitador. No extremo oposto, um jogo de pingue-pongue...

Ou a variação das expressões da face de uma pessoa – até a cada décimo de segundo –, conforme já disse e vou continuar dizendo.

Ou pessoas atuando em esportes competitivos.

# MOTRICIDADE E IDENTIFICAÇÕES (IMITAÇÕES)

Considere-se essa soma de dados ao pensar em "identificações".

Estar identificado com (estavelmente) ou simplesmente identificar-se com (momentaneamente) quer dizer pôr-se e mover-se como outra pessoa se põe ou se move. O processo neuromotor que permite a existência de identificações é a **imitação** – função primária do cérebro e processo fundamental do aprendizado (veremos). Em uma segunda classificação, podemos tanto ter identificações globais (raras – de corpo todo) quanto parciais (de um gesto, de um sorriso, um tom de voz e mais).

Tudo quanto ficou dito, páginas atrás, no começo de nossos numerosos esclarecimentos sobre o aparelho motor, teve por finalidade mostrar que essas múltiplas identificações são de todo possíveis – até fáceis. A elas se some tudo quanto diremos adiante sobre a visão e suas relações com os movimentos.

As múltiplas identificações não são estáticas, isto é, não estão sempre presentes. Elas se ativam conforme as atitudes de interlocutores e conforme as demais circunstâncias nas quais a pessoa se encontra.

Mostramos à saciedade que nosso aparelho locomotor é capaz de imitar, conter ou ativar quaisquer atitudes ou expressões que se mostrem úteis ou necessárias.

## O INCONSCIENTE SUBSTANTIVO

Se somarmos o que venho dizendo sobre o corpo com tudo quanto direi do olhar, então teremos uma noção ampla e profunda do inconsciente substantivo. Uma noção não só substancial quanto passível de experimentação – com o que a noção de inconsciente pode, enfim, ingressar no mundo da ciência. Ao mesmo tempo, poderá afastar a psicologia da interminável e insolúvel especulação a que está sujeita.

Visto no corpo, o inconsciente pode ser filmado!

## AS NOSSAS DUAS MEMÓRIAS

É importante em nosso contexto a oportuna divisão da memória proposta por Bergson – injustamente esquecida.

Temos uma **memória de imagem** – a mais falada ou a única falada e a que mais se tenta "localizar" no cérebro. Ela é de todo ligada à noção de tempo. Recordar, na linguagem usual, é tentar tornar presente "na mente" um personagem ou episódio acontecido no passado.

Mas a memória de movimento surge antes (no tempo) e é fundamento da imagem, sistematicamente omitida tanto em psicologia como em neurofisiologia e pedagogia. Se não omitida, então mal percebida – ou mal apreciada.

Sabemos, por exemplo, que quem aprendeu a nadar ou a andar de bicicleta saberá fazê-lo a vida toda. A memória de movimento é muito persistente.

Claro que a criança aprende primeiro a **se mexer** entre **imagens (de coisas, de lugares, de pessoas)**. A psicologia guardou o cenário e os objetos (memória de imagem), mas esqueceu do movimento; a grande proposta de Piaget foi tentar restabelecer o valor dos movimentos – a prioridade da senso-**motricidade** como fundamento do desenvolvimento da inteligência.

Só os olhos e a motricidade podem nos dar o **sentido** das abstrações verbais.

O melhor da inteligência não consiste em arrumar coisas (classificar, dispor figuras), mas em perceber relações dinâmicas, influências: como o movimento – a "energia", se diz hoje – passa de um objeto para outro.

Como acontece a transformação.

Lembra-se da citação que fiz de Newton?

# RELAÇÕES ENTRE MOVIMENTOS E IMAGENS

Primeiro se faz (em uma situação), e depois se recorda e/ou se compreende. O leitor se lembrará deste refrão que nos acompanha desde há muito...

A situação (imagem) ativa a reação motora – digamos, a identificação (movimentos), isto é, a modelagem da atitude e/ou do gesto.

Reflexos condicionados (Pavlov) e condicionamento operante (Skinner) têm muito que ver com o tema, com o estabelecimento de respostas motoras (memória de movimento) diante de estímulos experimentais (imagem desencadeadora – "sinais" condicionados).

Todas as identificações das quais se fala em psicologia (e psicanálise) são bem mais ligadas à memória de movimento. Em relação a ela, a imagem (da situação) funciona como estímulo para a ativação da identificação – memória de movimento.

Diante do terapeuta, o paciente **comporta-se como** se ele fosse sua mãe, seu pai ou outra pessoa de sua infância – e isso é a transferência. Portanto, a transferência tem tudo que ver com a memória de movimento.

Na repressão, permanece a memória de movimento, enquanto a de imagem é suprimida.

Ou seja: a pessoa faz e exprime atitudes e movimentos sem perceber o que está fazendo ou mostrando.

Um dos antigos ideais da psicanálise era este: recompor, pelas interpretações (imagens), toda a memória de movimento – todos os episódios da infância.

A memória de movimento é o próprio inconsciente – é a soma de automatismos que nos põem em movimento, atuando instantaneamente ante a imagem da situação e muito antes da deliberação verbal.

Nas terapias corporais, buscamos insistentemente sinais da memória de movimento (entre as quais estão as memórias de atitudes, expressão exata ainda que inusitada). O passado da pessoa está bem mais presente em seu modo de estar e se mover do que em suas recordações ou declarações – achado central de Reich.

A Couraça **Muscular** do Caráter é um resumo de todas as reações e identificações feitas pelo paciente ao longo de sua vida.

A vantagem desta colocação é substituir o misterioso "inconsciente" por "complexidade motora". Ganha-se assim em clareza. Vamos de imagem para comportamento. Ninguém sabe o que é, onde está ou como é o inconsciente; de outra parte, sabemos onde está (!) e, em parte, como funciona o aparelho locomotor.

A vantagem maior, porém, é terapêutica. Em psicanálise, o instrumento de influência é apenas a palavra. Nas terapias corporais, podemos mexer diretamente sobre os complexos, os conflitos e as repressões, assim como atuar de outras formas sobre eles, presentes nas atitudes e nos gestos. Podemos mostrá-los para o paciente (em vídeo) e até ensiná-lo a atuar com ou contra suas "forças inconscientes".

O segredo da omissão da memória de movimento (hábitos) reside nisso: sua atuação é muito rápida (reflexos visuomotores), tanto na formação quanto na execução. Pouco se fala dela porque não temos percepção dessa omissão em nós (não sentimos nossos gestos), e mal temos consciência do que estamos vendo no outro.

Mal os percebemos mesmo quando estes movimentos, os próprios e os do interlocutor, estão determinando nossas escolhas e o curso de nossas ações.

# FREUD E BERGSON

De uma cliente estudante de filosofia, ouço uma frase que me ilumina: "Para Bergson, o futuro vai se condensando no passado", isto é, o passado, ao "passar", não desaparece como irrefletidamente se poderia pensar.

Reich – de novo – fundamentou clinicamente o dizer de Bergson.

O presente modifica o passado (as atitudes) ao se integrar a ele. Ao "passar", deixa sua marca.

Indelével!

Freud disse a mesma coisa, acrescentando que o passado (memória de movimento ou postural) exerce sua influência dirigindo a atenção da pessoa. No presente, ela percebe apenas aquilo que se assemelha a alguma situação passada (transferência). Sempre a segurança em primeiro lugar.

Cabe ao terapeuta ser um desafio a essa persistência do passado, não se comportando "como se espera de um profissional" nem de qualquer outro modo que se assemelhe a papéis conhecidos – o pai acolhedor, a mãe amorosa (!), o pastor ou o padre, o conselheiro, o irmão mais velho, o juiz, o superior, o professor – o terapeuta!

O ideal é que ele, na relação, se comporte como o momento propõe, determina ou sugere.

Que ele improvise, siga sua intuição, sua percepção, seu instinto.

Respirando, porém!

De outra parte, ninguém consegue ser original o tempo todo.

Seria bom conseguir alternar – sempre a dança! – entre o conhecido e o inesperado, o trampolim e o salto...

# DAS ATITUDES

Do monumental *Houaiss*, p. 335, **isolo** – em *itálico* – o que mais convém a meus propósitos. Depois de isolar, comento.

*"Maneira como o corpo – humano ou animal – está posicionado; pose, posição, postura."* Não sei por que ele não usa o termo "posto" no lugar de posicionado. Em vez de bem posicionado, seria melhor para meus fins dizer bem-posto ou até bem composto. E indo além, bem composto – com a situação! A neurose, em definição refinada, consiste em estar mal posto na situação.

*"Pose"*, a meu ver, é ao mesmo tempo um exagero e um estereótipo de atitude – pose de modelo, de bandido, de sedutor, por exemplo.

*"Postura"* é o "cabide" da atitude, como abaixo discrimino.

*"Comportamento ditado por uma disposição interior; maneira de agir em relação a pessoa, objeto, situação etc."* Para meus esquemas teóricos, traduzo "disposição interior" por intenções, conscientes ou inconscientes.

*"Maneira, conduta (arrogante, passiva)."* A meu ver, os exemplos qualificam bem o que chamo de atitude.

*"Estado de disponibilidade psicofísica marcado pela experiência e que exerce influência diretiva e dinâmica sobre o comportamento."* Esta definição é quase perfeita para a Couraça Muscular do Caráter, se em vez de psicofísica dissermos psicomotora. A noção difere da de Reich pelas palavras, mas o conteúdo é o mesmo ou muito próximo.

Mas falta ao erudito *Houaiss*, como à psicologia, o outro – o próximo. **A atitude – o jeito – é o cartão de visita da pessoa, aquilo que mais aparece ou que o outro vê em primeiro lugar. A atitude tende a determinar no outro um começo de resposta, uma atitude complementar.** A atitude presente no momento do encontro é o convite para a dança, para o relacionamento.

Examinei a questão em vários contextos, em particular ao estudar o encontro.

A expressão popular mais próxima de atitude é "jeito de", jeito de orgulhoso, de inferior, da acanhado, de agressivo...

Nem é preciso dizer que ninguém tem apenas uma atitude – ainda que, se bem observado, de regra possamos isolar em cada pessoa uma atitude predominante e outras, complexamente complementares.

Esta complementaridade pode estar ligada ao equilíbrio do corpo no espaço, talvez em correspondência com noções usuais em psicologia e muito apreciadas pelos psicanalistas. O orgulhoso pode ("inconscientemente"!) ser servil, o envergonhado pode ser exibicionista, a pessoa que se acredita aberta pode ser dissimulada, e mais. Lembre-se sempre do *yin* e do *yang* e de que "os opostos são complementares"... Você é isso e **também** o contrário disso!

Voltando ao dicionário: "Tomar uma atitude: tomar uma decisão enérgica para mudar uma situação que já perdura há algum tempo".

Em relação a "tomar uma atitude" ou "você precisa tomar uma atitude", passo a mostrar que ninguém consegue "tomar uma atitude". Elas são complicadas demais para serem "tomadas" – feitas de propósito. O que acontece muitas vezes é o fato de a pessoa **ser tomada** por uma atitude – digamos, de indignação, de amor-próprio ofendido, de vergonha, de culpa.

Notar desde já: esse ser tomado é súbito e global – o rosto e o corpo todo mudam de forma em fração de segundo. Para tanto, é preciso que entre em ação grande parte do aparelho locomotor, e por isso é difícil "tomar uma atitude" por querer. Só um longo treino como ator (ou como diplomata!) pode dar a algumas pessoas esta habilidade – e há outras naturalmente dotadas desta habilidade de imitar.

Para compreender por que não podemos tomar (voluntariamente) uma atitude, considere o que acontece quando escorregamos mas não caímos.

Sabe Deus como, conseguimos parar de pé; não raro, porém, uma vez estabilizados, **somos tomados por uma atitude de superioridade** (nos pomos "mais de pé"), damos uma olhada orgulhosa em volta como se tivéssemos feito uma grande coisa. Fizemos nada. Os processos que mantêm o equilíbrio do corpo no espaço quando da ameaça de queda são por demais numerosos, rápidos e complexos. Impossível acioná-los "por querer" – e muito menos em um ou dois segundos.

O oposto também é verdadeiro. Quando a pessoa escorrega e cai, levanta-se com certo ar de humilhação – ou de indignação –, como se dissesse: "Quem foi que me empurrou? Ou: "Como pude... perder a dignidade (!) desse jeito?"

# ATITUDE E COURAÇA MUSCULAR DO CARÁTER

A palavra "atitude" é fundamental para compreender a Couraça Muscular do Caráter (Reich), por sua vez essencial para compreender as técnicas corporais em psicoterapia e as correlações numerosas entre corpo e consciência, entre corpo e inteligência e muito da capacidade (e das dificuldades) de comunicação e relacionamento entre as pessoas.

"Para compreender as correlações entre corpo e consciência", isto é, entre o que eu mostro "por fora" (o corpo, o que os outros vêem de mim) e o que penso-sinto "por dentro".

A couraça é o somatório de todas as adaptações feitas pelo indivíduo aos muitos ecossistemas ao longo dos quais se formou e deformou, assim como às muitas identificações que fez – ou que se fizeram sem que ele percebesse.

*Meio século de psicoterapia verbal e corporal*

A maior parte das adaptações é pouco consciente, pois ocorre em dois tipos bem definidos de circunstâncias. Ou são as que vão se fazendo ante tudo que é habitual e rotineiro no ambiente, ou são as que acontecem diante de grandes promessas e ameaças inesperadas desse ambiente e solicitam respostas rápidas – isto é, pouco conscientes ("traumas").

Podem-se tomar como sinônimos atitude e couraça sempre que a atitude seja crônica, bastante estável ou persistente. Ela influi na percepção e nas respostas dos demais, na seleção "espontânea" que fazemos de atividades, lugares e pessoas quando chegamos a um novo ambiente.

Ela governa a captação eletiva de estímulos e "escolhe" os mais condizentes com ela – e assim se reforça.

Recordo os exemplos dados bem no começo, de pessoas com atitude orgulhosa ou dominadora e de pessoas inferiorizadas ou submissas.

Relembrando: a pessoa que se achega a um grupo com jeito (atitude) de culpado, meio inclinada na metade superior do corpo, imediatamente atrairá a atenção de um "superior", de um "juiz" ou de um "compassivo"... Superior, juiz e compassivo significam "atitude de" ou "jeito de".

> **A atitude está íntima e profundamente ligada à postura, e só se muda de atitude mudando a postura; por isso, "mudar de jeito" é tão difícil. Na verdade, envolve outro modo de estar ou se manter de pé, outro modo de estar no mundo e o desenvolvimento de outros reflexos posturais (de manutenção do equilíbrio).**

Podemos dizer: **todos param de pé – postura; mas cada um pára de pé a seu modo e conforme as circunstâncias. Isso é a atitude.**

Atitude, ainda, é a forma da postura no aqui e agora. Ou, desdobrando, atitude é a postura individual relacionada ao momento e às circunstâncias. Basta esse acréscimo para compreender que ninguém tem apenas uma atitude, mas que cada um dispõe de várias, ligadas à profissão, às circunstâncias e aos circunstantes.

A atitude, enfim, é a forma individual e habitual de parar de pé, de agir rotineiramente e de manter o equilíbrio do corpo.

> **A atitude tem tudo a ver com o *grounding*, com a capacidade de "parar bem – ou mal – de pé", de firmar-se. No limite, de resistir. A questão não é só parar bem de pé. É dissolver todas as tensões que tornam difícil, retardam ou perturbam os reflexos posturais e todos os demais movimentos que deles dependem.**
>
> **Mas há pelo menos duas maneiras de estar bem de pé: a pesada e a leve, a do lutador e a do bailarino. A bioenergética de Lowen, seguindo o modelo postural dos norte-americanos, ateve-se exclusivamente ao *grounding* pesado (o lutador) e não se deu conta do**

> leve (do bailarino). Também a leve serve à luta – lembre-se da capoeira (extremamente móvel) e do aikidô (em que se aprende a usar com habilidade e leveza a força do agressor contra ele).

# O SEXTO SENTIDO – SEMPRE IGNORADO

Aristóteles o teria denominado "a alma do corpo". Para ele, "a alma" era "a forma do corpo", ou sua "causa formal".

Aceito, mas com um acréscimo que seus continuadores omitiram: **a alma é o sentido ou o significado de cada um de nossos gestos e de cada uma de nossas atitudes**, pois nós, seres humanos, não nos movemos a não ser com alguma intenção ou propósito, consciente ou inconsciente. Alternativamente, qualquer gesto ou ato humano é expressivo e/ou comunicativo – tem uma alma, um "conteúdo" ou uma "mensagem" que bem pode ser considerada "espiritual", pois não se confunde com a simples mecânica do gesto...

Quando, em circunstâncias desfavoráveis, a pessoa é obrigada a repetir continuamente poucos gestos simples (linha de montagem, enxada, tricô), aí o gesto fica "sem elã" – fica de todo automático, mecânico.

Mesmo textos do secundário continuam ensinando que temos cinco sentidos; "sexto sentido" passou a significar intuição feminina ou, até, consciência de pessoas falecidas – conforme filme de mesmo nome que fez sucesso.

> Sexto sentido é a propriocepção, o sentido que nos permite sentir (conhecer) nossas posições e nossos movimentos – a cada instante e em todos os instantes.

Ele é servido por sensores numerosos (mecanorreceptores) espalhados pelo corpo todo, vias nervosas bem conhecidas e núcleos cerebrais bem localizados.

A maior parte desse sistema é e permanece inconsciente, intervindo na regulação e coordenação motora **automática**. Essa coordenação opera a velocidades impossíveis e é complexa demais para ser sentida – ou controlada conscientemente.

Outras vias e centros proprioceptivos podem nos tornar conscientes de nossos movimentos, permitindo inclusive que os modifiquemos.

Mais claro será dizer: **propriocepção é a consciência que temos – ou podemos ter – de nossa posição e dos movimentos que estamos fazendo a cada momento, ou da posição e dos movimentos de cada uma e de todas as partes do corpo.**

Esclarecimentos: "podemos ter" consciência, mas de regra não temos. Ela está sempre presente, mas é necessário "dirigir a atenção" para as regiões em movimen-

*Meio século de psicoterapia verbal e corporal*

to ou tensão para perceber como estão se fazendo esses movimentos e como são mantidas essas posições.

Desde os primeiros dias de vida, a criança vai aprendendo a se mexer – dentro do útero. Uma vez nascida, ela se mexe cada vez mais em função do que vê, desenvolvendo os reflexos visuomotores.

Com o tempo (anos), toda a mecânica vai se fazendo cada vez mais automática – inconsciente –, mas continua a obedecer aos olhos, que, de regra, iniciam a ação ("escolhem" o objeto e o caminho).

Esta passagem do controle motor da propriocepção para os olhos precisa ser bem compreendida. Contudo, não é fácil.

Desde que nasce, até os 5, 6 anos, a criança está aprendendo a mexer-se, a lidar com esse engenho de duzentas alavancas com milhares de forças (músculos) presas a elas e movendo-as.

De novo, será preciso apelar para a organização do cérebro: os dois terços motores são nove décimos automáticos – e têm de ser.

Dois à décima potência – lembra-se, leitor? Quem conseguiria mexer-se "de propósito" e coordenadamente com tantas possibilidades?

Esses automatismos contêm todo o aprendizado dos cinco anos anteriores, e já construíram a maior parte da postura e muitas atitudes.

Depois disso, é o olhar que nos leva pelo cotidiano, de modo bastante inconsciente, como se pode perceber quando andamos na rua, nos desviando de pessoas, subindo e descendo desníveis, prevendo a passagem de veículos, esperando o ônibus ou o elevador. Ou quando andando em casa, desviando-nos de todos os objetos, passando por portas ou subindo escadas "sem pensar".

> **Fato de particular importância psicológica é a ligação da periferia da retina com o extrapiramidal – já lembrada. Fazemos a maior parte de nossos movimentos prestando pouca ou nenhuma atenção a eles – automaticamente. Só "prestamos atenção" a movimentos novos. O extrapiramidal é precisamente o conjunto de núcleos motores que atuam em nossas ações habituais, rotineiras – isto é, em tudo que realizamos "sem pensar". Quase tudo que Freud considerou "inconsciente" pode ser traduzido para "automático", "Fiz sem perceber" e, no limite, "Não sei (não percebo) o que estou fazendo" – caras, gestos, atitudes.**

## DO QUE MAIS POSSO TOMAR CONSCIÊNCIA?

Intenção, expressão, impressão ("Tive a impressão de que") são "fenômenos de consciência" e, ao mesmo tempo, sensações musculares...

Está aqui – parece – tudo que se poderia denominar de **consciência não-verbal de si mesmo**. Ou imprópria mas acertadamente (!) "consciência direta" – sensorial – "de nossas forças inconscientes". Isto é, forças ("pulsões", intenções) das quais podemos ter a qualquer momento **consciência direta – sem uso de palavras**.

Consciência e, ao mesmo tempo, certo controle. Este controle pode ser cultivado até limites que o homem comum mal pode imaginar.

Lembre-se do que dissemos ao falar do *feedback* muscular: podemos aprender a cultivar o controle de uma UM – de um neurônio alfa!

Tudo isso sem "interpretação" alguma. Bastam palavras genéricas destinadas a **dirigir a atenção a partes do corpo**: "Sinta seu ombro", "Sinta sua garganta", "Sinta sua mão direita", "Onde está tenso?", "Tente relaxar aqui".

Se o leitor compreendeu bem que as sensações proprioceptivas estão sempre aí, sempre "desenhando" o mundo das intenções (dos desejos), sempre ao alcance da consciência, não será preciso dizer muito mais sobre o essencial das técnicas corporais. Todas elas se destinam a levar a pessoa a perceber "por dentro" – conscientemente – o que seu corpo está mostrando a quem queira ver.

Cuidado com o termo "imagem" nestas frases. Não estou falando de imagens visuais, mas de imagens proprioceptivas, imagens de intenções, de disposições tencionais do aparelho locomotor quando nos preparamos ou executamos movimentos. (Ao estudar a imaginação mostrarei, entretanto, quanto estão próximas as imagens tensionais das imagens visuais – o fazer e o imaginar.)

## POR QUE DESENVOLVER A PROPRIOCEPÇÃO

Comecemos com uma declaração básica: "tensão" quer dizer **tensão muscular**, contração muscular isométrica (sem variação de comprimento, sem movimento), tensão mantida.

"Nervos à flor da pele" ou "estou tenso" ou "tensão nervosa" significam tensão **muscular** difusa, preparação e inibição (simultâneas e opostas: conflito!) de qualquer ação. Tendo em vista o que dissemos sobre propriocepção – sensações de posição e movimentos do corpo a qualquer instante –, podemos afirmar que a maior parte das técnicas corporais em psicoterapia se destina a levar as pessoas a sentir suas posições e movimentos. Quando o aprendizado progride bem, a percepção mais refinada permitirá à pessoa captar suas intenções estampadas nos músculos "preparados" (tensos) para realizá-la. "Perceber suas posições" significa **consciência da atitude** presente a cada momento, e atitude é... preparação para uma ação (determinada). Na verdade, sentir a atitude é perceber a intenção – ou aquilo ante o que estou preparado.

Insisto: **perceber** ou **sentir** as tensões e os movimentos. Trata-se de uma categoria sensorial tão bem definida quanto o tato, a audição ou a visão. Com tanta insistência, pretendo afastar qualquer noção de um hipotético e insubstancial inconsciente, de todo inacessível à percepção direta. "Força inconsciente", seja ela o que for ou qual for, tenderá necessariamente, para realizar-se, a passar pelos músculos que são a única força concreta da personalidade. Na verdade, a própria raiz da noção, da idéia, de força.

Falei a respeito das relações entre olhar e movimentos. Devido a elas, a propriocepção torna-se inconsciente. Sabemos o que queremos – geralmente! –, mas não percebemos o que fazemos para chegar lá (na feliz expressão popular). Sinto sede e pronto. Meus hábitos (motores) me levam até o lugar onde há copos; pego um e vou ao filtro. Abro a torneirinha, espero, distraído, até que o copo se encha, e então fecho a torneira. Levo o copo aos lábios e bebo. Na verdade, tudo que disse para meu gigante (se é que disse alguma coisa!) foi: "Sede!", e ele fez tudo que foi feito.

Assim funciona com todos os hábitos estabelecidos, com tudo que fazemos automaticamente, **com todas as repetições que são a essência de nossa personalidade – de nossa neurose, do nosso inconsciente**.

Na minha estimativa, 95% de nossas ações são automáticas. É "ele" (o aparelho locomotor) que realiza todos os meus desejos: basta um pequeno sinal, uma palavra! Mas "ele" é ao mesmo tempo sábio e estúpido, respondendo do mesmo modo a duas situações ou pessoas como se elas fossem iguais por haver entre elas algumas semelhanças (transferência).

A integração da personalidade pode ir se fazendo na medida em que "tomamos consciência" (**proprioceptiva**) de nossas forças reais, musculares, e do poder que temos sobre elas.

O mágico poder de fazer movimentos voluntários.

De "Eu quero"!

## TÉCNICAS PARA LIDAR COM TENSÕES

A primeira e mais falada é o relaxamento. Não vou me estender sobre ele. O relaxamento já foi estudado por muitos autores e pode ser realizado por técnicas igualmente variadas e bem codificadas, como a de Schultze.

Pratiquei longamente a técnica de Schultze e gostei, mas não consigo me ater a uma técnica nem acreditar que haja apenas uma suficiente para todos os fins... Sua utilidade é indiscutível, mas conseguir relaxar global ou difusamente todos os músculos do corpo é muito diferente de conseguir relaxar regiões isoladas, objetivo das outras técnicas.

Entre nós é preciso lembrar Petho Sandor, de grata memória, e sua calatonia. Consistia em delicados toques na planta dos pés em estado de relaxamento e liberação da fantasia...

Atualmente, dos relaxamentos – são vários – sobrou uma "chave" a ser usada após qualquer atuação sobre o corpo: "Relaxe e respire" (e verifique se o paciente relaxou e respirou!).

Em grupos, faz-se bastante a técnica de ir nomeando partes do corpo e recomendando a cada indicação o "Relaxe!" – o pescoço, a face, os braços etc.

Hoje, é comum ouvir de uma pessoa para outra o famoso: "Relaxe – você está muito tenso!"

No entanto, "relaxar" está longe de ser uma boa técnica para... relaxar!

Não existe tensão muscular sem motivo. Todas elas são expressivas, "dizem" alguma coisa, são parte da adaptação ao ecossistema – são preparação para alguma ação.

Além disso, pessoas capazes de perceber e localizar certas tensões musculares conseguem relaxar a região "por querer", se solicitadas ou mesmo por conta própria. Mas é certo que poucos instantes depois as tensões se refazem. Não sei de quem consiga manter durante muitos segundos a atenção na região afetada. A pessoa logo se distrai e a tensão volta – rápido!

Das técnicas ocidentais padronizadas, lembro as de Moshe Feldenkrais, excelentes, e que vão muito além do simples relaxamento. Mas são exigentes, constituídas de movimentos lentos e posições mantidas – o que muita gente não gosta de fazer ou não consegue. São boas para realizar em grupos. Instruir grupos nesta técnica, entretanto, exige um conhecimento de biomecânica "em câmera lenta" do qual poucos dispõem. Sem esse conhecimento, o exercício pode ser tedioso e inútil.

Pratiquei-as longamente.

São equivalentes ocidentais das iogas de movimento e posição (ássanas), contudo bem menos variadas e bem mais analíticas, muito fiéis à biomecânica. Além disso, não visam a aplicações imediatas, digamos, quando se pretende aliviar sintomas ou quando se trabalha com "complexos" psicomotores (identificações, Couraça Muscular).

O mesmo se diga das iogas, boas para conseguir resultados genéricos e lentos, mas impróprias como técnicas de trabalho corporal focalizado – a serem feitas em consultório.

**A fim de relaxar, é mais fácil e mais eficiente localizar e intensificar as tensões presentes do que tentar relaxá-las diretamente.** Eu havia suspeitado desse fato e tentado umas poucas experiências baseadas nesse pressuposto quando descobri Stanley Keleman. Ele organizou este dado primário em uma técnica altamente elaborada, capaz de facilitar a reorganização da forma tencional do corpo. Keleman é um mestre no uso de palavras capazes de descrever formas corporais viciadas, de trabalhá-las e, em ampla medida, de melhorá-las.

À época dessa descoberta, recomendei a tradução de sua *Anatomia emocional* a meu editor, Raul Wassermann, da Summus Editorial; o livro saiu-se tão bem que os demais do mesmo Stanley foram publicados pela mesma editora logo depois.

*Meio século de psicoterapia verbal e corporal*

Uma de minhas ex-discípulas, Regina Favre, assumiu seu aprendizado e o difundiu no Brasil.

Não tenho experiência pessoal com o conjunto dessa técnica e por isso envio o leitor a Regina, em cuja clínica elas são estudadas e praticadas já há tempos.

Há pessoas tão familiarizadas com suas regiões tensas que acreditam que elas são partes "normais" ou "naturais" de "seu jeito de ser"! Não é fácil ganhar distância de uma região tencionada habitual. Porque "região tencional habitual" significa atitude diante da vida, traço de caráter, forma usual de reagir, modo de adaptar-se ao ecossistema.

# EXERCÍCIOS DESTINADOS A CULTIVAR A PROPRIOCEPÇÃO

As sensações de posição, movimento, tensão (muscular) e relaxamento (muscular) são isso mesmo: **sensações**.

Como ver, ouvir, degustar.

Quero dizer com isso que, ao apurar a propriocepção, estamos "tomando consciência" e, mais, estamos ganhando controle voluntário sobre a maior parte das pulsões, desejos, intenções, repressões e mais "realidades interiores" tidas, até o presente, como "forças inconscientes" e, portanto, precariamente ao alcance apenas dos tortuosos caminhos das análises verbais. Conheço e tenho certa familiaridade com uma dezena: (1) relaxamento, (2) oposição, (3) descontração localizada (2 e 3 vão juntas), (4) alongamento feito pela pessoa, (5) alongamento feito por outra pessoa, (6) encolhimento feito pela pessoa, (7) encolhimento facilitado por outra pessoa, (8) movimentação passiva, (9) oposição intencional e (10) oposição global irregular.

Do relaxamento já falei.

Já há bastante tempo havia me convencido de que, para relaxar uma tensão muscular localizada, é melhor tentar intensificá-la voluntariamente antes de relaxá-la, e executar tanto a intensificação quanto o relaxamento lentamente, ao longo de vários segundos. Ainda considero esta técnica útil sempre que o paciente consegue executá-la, a fim de perceber bem as sensações. Mas muitos não conseguem perceber com clareza as tensões; estas podem ser muitas e complexas e, enfim, muitos não conseguem atuar deliberadamente sobre elas.

Estas dificuldades me levaram à segunda alternativa de realização, mais fácil para quase todas as pessoas: o exercício de oposição (contra-ação!) e descontração (relaxamento) localizado – voluntário. Trata-se de **fazer força contra uma resistência e depois relaxar ao mesmo tempo que a resistência relaxa**. Se bem imaginada e bem colocada, esta resistência dirige e isola a tensão anômala.

Modelo-padrão: paciente sentado em poltrona (com apoio para os braços), terapeuta a seu lado, também sentado. Solicitar do paciente que apóie o cotovelo no braço da poltrona e **flexione lentamente** o antebraço em relação ao braço em 45 graus (a mão irá em direção ao ombro). Em seguida, o terapeuta segura o punho do paciente e o instrui: "Vou fazer um esforço gradual para estender seu braço, mas na mesma medida em que eu fizer a força você fará a força contrária, de tal forma que seu antebraço não vai se mover. Claro?" Nas primeiras vezes, será útil acrescentar: "Na medida em que aumento minha força, vou contando pausadamente de 1 a 4. Ao ir atenuando minha força, conto regressivamente de 4 a 1 marcando o ritmo e o grau da descontração. Claro?" Nas primeiras vezes, será bom repetir a ação e eventualmente a instrução até obter o resultado esperado – a contração e a descontração graduais do bíceps do paciente, bem sincronizadas com o esforço oposto feito pelo terapeuta.

Em seguida, propomos o contrário: "Agora você vai fazer força – gradualmente – para levar seu punho até o ombro (flexão do antebraço) enquanto eu conto de 1 a 4. Na mesma medida, vou fazendo força contrária, de tal forma que nada se moverá. Depois conto regressivamente e você vai descontraindo o bíceps de 4 a 1 e eu te acompanho. Certo?"

Eis, com todos os pormenores necessários, a essência desta técnica. O exemplo é bem simples e fácil de realizar, mas, quando se pretende conseguir que o paciente contraia certas regiões especiais do corpo, as coisas podem ser bem mais complicadas, e o modelo simples será então útil para que o paciente saiba o que o terapeuta espera que ele faça, e para que o terapeuta saiba situar a resistência.

Não há limite para esta técnica, no sentido de que ela pode ser aplicada a qualquer região do corpo e em relação a qualquer movimento que se possa fazer.

Nem seria preciso dizer que ela foi criada **para "ensinar" o paciente a descontrair ou a relaxar voluntariamente regiões bem definidas e localizadas da musculatura**.

Melhor falar em região do que em músculo isolado. Não existe tensão de um músculo isolado e nenhum músculo se contrai inteiro: todas as suas fibras entrando em tensão ao mesmo tempo.

Para bem usar esta técnica, é preciso certa habilidade, ingenuidade e conhecimento das ações musculares quando se pretende criar uma oposição precisa. Melhor seria dizer: oposição a certas zonas ou regiões tensas.

**Não é preciso saber nomes nem inserções de músculos, mas é essencial saber, por experiência, quais e quantos movimentos podem ser feitos em cada articulação do corpo. Movimentos isolados primeiro e depois combinados – e combinados de muitos modos.**

Não é preciso, nem seria factível, fazer o trabalho com todos os movimentos possíveis. Depois de certo número de experiências com vários movimentos e em várias posições, a competência se generaliza. Trata-se de realizar uma ação e uma inação – passe o termo – que agora se tornaram fáceis **em função de sensações proprioceptivas bem sentidas. Estas sensações são muito semelhantes** às de contrair "por querer" e de descontrair "por querer" esta ou aquela região do corpo.

O significado psicológico destas manobras é claro: "Vou fazer sempre o contrário do que você quer que eu faça..." Nesse sentido, os exercícios de oposição (está no nome) são um modelo simples mas quase perfeito de todas as contenções ("repressões") das pessoas e da resposta da criança a todos os "nãos" que ela ouviu. "Sempre que eu quero alguma coisa alguém diz 'não' ", "Sempre que desejo tenho de me conter".

Alternativa a esta técnica é a de Stanley Keleman – encolhimento global feito pela pessoa –, já citada e comentada.

Quanto ao uso clínico, temos sempre a questão do momento, do paciente, das tensões presentes, da experiência do terapeuta e da relação pessoal naquele momento. Experiência em observar as tensões presentes e em avaliar o interesse em desfazê-las – naquele momento, ou naquela ordem.

E acima de tudo o mais difícil: "Qual a **expressão** presente dessa tensão – o que ela significa ou comunica – e qual intenção ou desejo ela contém?" Para isso, não há regra nem técnica. É treino, arte ou intuição.

Para meditar sobre estas afirmações, leia – ou releia – o que dissemos e o que diremos sobre a relação pessoal paciente–terapeuta.

## ALONGAMENTOS

Hoje, há sistematização satisfatória de técnicas de alongamento para as várias partes e/ou segmentos do corpo, modelos que podem ser usados, é claro. Na verdade, técnicas recomendáveis.

Fundamentos da eficácia psicológica dos alongamentos: vimos que a educação e todas as restrições impostas por ela fazem que a maior parte das pessoas viva em certa medida **encolhida**, predisposta à flexão dos membros. Faz que essas pessoas estejam bem mais dispostas a recuar, imobilizar-se, dizer "não", do que a soltar-se, expandir-se ou dizer "sim".

Daí que o alongamento seja o movimento ideal para atenuar todos os elementos ou todos os segmentos da Couraça Muscular do Caráter.

Há pelo menos dois tipos de alongamento:

- o usualmente recomendado, freqüente nas academias, na preparação esportiva, na dança e que responde às instruções de "Alongue-se", "Busque alcançar longe", "Estique-se";

- o alongamento sistemático, que pode ser feito também levando cada articulação do corpo ao limite dos movimentos que ela permite, em todas as direções. Por exemplo: podemos alongar quase todos os músculos do antebraço fazendo a flexão máxima e depois a extensão máxima do punho em relação ao antebraço. Podemos alongar todos os músculos das raízes dos dedos abrindo-os em leque e depois juntando-os com certa força – mantendo-os paralelos. Podemos, enfim, flectir todos os dedos – como quem vai dar um murro e depois estendê-los. A dorsoflexão máxima do pé em relação à perna alonga todos os músculos da panturrilha (os extensores do pé); voltar a face bem para baixo alonga os músculos da nuca e assim por diante.

O **espreguiçamento** amplo e desimpedido é o limite do alongamento, com um apreciável elemento instintivo a favor – por isso é proibido... Senti-lo e acompanhá-lo plenamente é excelente. É clássico: imite o gato...

## ALONGAMENTO E ENCOLHIMENTO ASSISTIDOS

Uma coisa é o auto-alongamento (já visto), e bem outra o alongamento feito por outra pessoa, que "puxa" segmentos do corpo para longe de seus eixos, centros ou articulações. Feitos com jeito e habilidade, cuidando **principalmente de um retorno bem lento**, eles produzem sensações agradáveis e uma categoria específica de relaxamento.

É como se instâncias educativas, em forma concreta, permitissem ou autorizassem o relaxamento das partes encolhidas do corpo (atenuassem os efeitos dos "nãos"), ajudassem ativamente a fazer o que antes era proibido.

Aqui tampouco se pode esperar alongar todas as regiões do corpo passíveis do exercício – são muitas e são praticamente infinitos os movimentos possíveis.

Enfim, o encolhimento voluntário – o fazer de propósito o que fomos obrigados a fazer tantas vezes na infância ante os muitos "nãos".

Toda a técnica de Keleman baseia-se nisso.

"Sinta suas tensões com cuidado e, pouco a pouco, tente ir intensificando todas elas até onde der."

(Como disse, não tenho experiência pessoal que me permita comentar esta técnica, mas daqui a pouco volto a ela.)

Irei esclarecer o **encolhimento assistido** – é a ele que estou me referindo agora – com um exemplo. Tomar o pulso do paciente (deitado ou sentado) e puxá-lo lentamente para longe da articulação do ombro. Ao mesmo tempo, instruir o paciente para que ele faça o possível **para se opor ou impedir** que a articulação fique frouxa, que ela se encolha ou contraia ante a tentativa de alongamento. No exemplo do braço, notar que o membro pode ser alongado segundo muitas direções, já que a articulação escapuloumeral é a mais móvel do corpo.

À primeira vista, esta técnica é igual à de oposição, mas existe uma diferença sutil entre elas. O que chamo de técnica de oposição é analítica, busca áreas ou linhas de tensão. A de oposição ao alongamento é mais genérica, mais próxima do que presumivelmente aconteceu na infância – é como se fosse uma reação teimosa a uma exigência injusta.

Aí temos, em síntese, as várias formas de inibição motora (ou muscular, ou "inconsciente") e alguns modos de atenuá-las.

Mas insisto: o principal e o mais difícil é localizar estas inibições e, principalmente, dar um nome ao aspecto do corpo que ele determina (significado e/ou função expressiva da tensão ou das atitudes que elas mantêm).

## MOVIMENTAÇÃO PASSIVA – SENSAÇÕES ARTICULARES

Esta técnica se destina a fazer que o paciente sinta com clareza a posição ou o ângulo de qualquer uma **de suas articulações**. É nelas – e na pele – que as sensações de posição dos segmentos corporais e as de forma do corpo a cada momento são mais nítidas. Sensação de forma e de deformação!

Em condições usuais, as sensações articulares e cutâneas de posição e movimento vêm em conjunto com as sensações de contração muscular. Por isso ficam obscurecidas ou confundidas com estas.

Daí o interesse em isolá-las. São qualitativamente diferentes.

Paciente sentado ou deitado e o mais relaxado que conseguir. O terapeuta segurará seu pulso e seu cotovelo e solicitará ao paciente que "se solte" nos apoios que lhe estão sendo oferecidos. O terapeuta moverá lentamente o antebraço (e o braço) de formas bem variadas, sempre atento a qualquer resistência (tensão) que surja – e pronto a parar se isso acontecer, alertando o paciente e retornando depois que o relaxamento se restabeleceu.

Obedecendo a essas instruções, o terapeuta moverá o antebraço de muitos modos e direções durante uns bons minutos.

Feito em grupo, estes exercícios podem ser acompanhados de música lenta, capaz de inspirar variedade de movimentos aos participantes.

Em todas essas técnicas, é essencial variar a forma dos movimentos conforme a localização das tensões que vão sendo estudadas e sentidas.

Quais partes do corpo mover depende, como sempre, do momento.

Mover os braços é fácil. Mover as pernas já é mais complicado – elas são mais pesadas e menos móveis do que os braços. Mover o tronco ou alcançar a coluna é difícil; o terapeuta só poderá sugerir posições que favoreçam o relaxamento localizado da coluna lombar, da dorsal ou da cervical.

Tais exercícios – tanto estes últimos quanto os de oposição – podem ser realizados sempre que a sessão está sendo pouco produtiva, parada ou repetitiva.

## OPOSIÇÃO INTENCIONAL

Esta técnica é usada em artes marciais e em certos exercícios de ioga.

Instrução: "Diante de você há uma parede. Ponha suas mãos espalmadas contra ela e tente empurrá-la". "Agora a parede vem lentamente contra você – tente impedi-la de esmagá-lo."

Ou: "Você tem um arco na mão direita e uma flecha na mão esquerda. Arme o arco e dispare a flecha em câmera lenta".

Ou: "Você está puxando com uma mão e depois com a outra, em câmera lenta, a corda de um poço com um balde pesado na extremidade".

Exercícios desta ordem costumam ser bem compreendidos e realizados pela maior parte das pessoas – o que é curioso. Não são tão simples.

A facilidade das pessoas se deve, nestes casos, **à íntima associação entre a imaginação e a motricidade** – tese que viemos desenvolvendo em todo o livro, incluindo nela as duas funções básicas do cérebro: visão e movimento.

## OPOSIÇÃO GLOBAL IRREGULAR

Inventei esta técnica há muito tempo, quando ouvi de uma paciente: "Me sinto na vida jogada e empurrada de cá para lá sem saber o que fazer ou para onde ir".

Pense um pouco nesta afirmação, leitor, e procure perceber a quantas pessoas e a quantas situações ela se aplica. Como não temos corpo (segundo as mais conhecidas teorias psicológicas), e a manutenção da posição ereta nada tem que ver com a consciência, poucas pessoas se darão conta do concreto desta afirmação.

Metáforas – apenas...

(Palavras – apenas...)

O corpo não existe. É uma criação do inconsciente.

A queda (da humanidade) é um mito – nada mais.

Falemos da realidade – do exercício que não é alegoria. Ou melhor, alegórico na execução, mas concreto no significado.

Paciente de pé, terapeuta empurrando o paciente ou puxando-o em várias direções, aplicando as mãos em vários lugares de seu corpo (para empurrá-lo) ou agarrando a roupa do paciente (para puxá-lo), fazendo movimentos aleatórios lentos – **lentos!** – e solicitando do paciente que perceba e se oponha. Não chegar a comprometer o equilíbrio da pessoa.

Aliás, este é também um excelente exercício capaz de estimular a consciência da posição ereta, de sua precariedade e, ao mesmo tempo, dos poderosos mecanismos reflexos que a mantêm. Bom, ainda, para perceber o concreto da falação consciente – ou de quanto esta é metafórica...

*Meio século de psicoterapia verbal e corporal*

Acaba parecendo uma briga entre dois teimosos – em câmera lenta.

Recordar a enigmática afirmação de Reich e sua ampla fundamentação fisiológica: só há dois temores – o da asfixia e o da queda.

# ESTOU SEGURO...
# (ESTOU PRESO)! "SOU OBRIGADO"

As frases acima podem ser ouvidas muitas vezes, assim como esta outra: "Eu gostaria (de mudar este ou aquele hábito), mas não consigo fazer diferente".

Não sei se o leitor percebeu o porquê da palavra entre parênteses. Quis com ela acentuar o duplo sentido da palavra "seguro", sinonímia difícil de perceber pois o significado da palavra "segurança" é sentido como "ótimo" pelas pessoas, ao passo que "estar preso" é péssimo.

Apurando sua propriocepção, a pessoa pode se dar conta, enfim (ou principalmente!), do quanto e de quantos modos seu corpo está amarrado, tolhido, contido – como se várias pessoas a estivessem impedindo de se mover, de ir para onde ela deseja ou precisa ir (impulso e resistência).

No dia-a-dia, as pessoas percebem vagamente essas coisas, dizendo simplesmente: "Estou tensa" ou, eventualmente, "Meus ombros (ou outras partes do corpo) estão tensos". Alguns, mais perceptivos, dirão: "Sinto que poderia fazer mais do que faço", "que vivo amarrado" ou "preso" ou "Sinto que não dou o que tenho para dar".

> **Muito do trabalho corporal em psicoterapia consiste em localizar/desenhar com maior precisão estas tensões: "onde", "de quantos" e "de quais" modos estou preso. E também aprender a atenuá-las – para o que temos à disposição, entre outras, as técnicas há pouco descritas.**

É claro que estas "tensões" são... **intenções** vagamente conscientes. São "nós de conflitos" entre desejo e repressão, entre "Quero ir" e "Não posso ir", ou, mesmo, "Não devo ir", "Mamãe (ou meu marido – ou meu filho!) não gostaria que eu fosse"...

Insistindo: em psicologia, são usados demais os termos "pulsão", "desejo", "instinto", "fantasia inconsciente" e "impulso inconsciente", e usam-se de menos os termos "intenção", "vontade", "escolha" e "decisão". Os primeiros são sempre de sentido bastante impreciso, muito genéricos, ditados pela inconsciência coletiva dos especialistas, pela ambigüidade das palavras e pelas teorificações exuberantes.

Quase todas se referem ao passado, único tempo suscetível de investigação científica – porque só lá tudo será para sempre como foi...

Só assim, só do que aconteceu lá, podemos ter certeza... Transferência...

Por isso, o que se refere ao futuro, sempre incerto, é tido como erro técnico: a vontade, a escolha, a decisão – ou "dar conselhos", "esclarecer", "orientar" – são tabus. Confunde-se um conhecimento cuidadoso do personagem, mais uma apreciação profissional da situação, com os "conselhos" que as pessoas facilmente dão umas às outras ao ouvir queixas no cotidiano. Os conselhos usuais são pouco eficazes porque as queixas costumam ser muito vagas, a escuta meio distraída e a resposta meio padronizada. "Deixa disso", "Você pôs isso na cabeça", "Tira isso da cabeça", "Cisma", "Bobagem". Quando os "conselhos" não são do tipo genérico e vazio, então são mais do que padronizados, fáceis de identificar, pois começam invariavelmente com "Você devia" (ou alguém devia, "um pai deve", "um marido deve") ou "A culpa é dele" (ou dela) – porque não fez o que devia...

Claro que esses pseudodiálogos apenas mantêm os fatos acontecendo como eles já estão acontecendo – mais um exemplo das eternas repetições já tão comentadas por mim.

# DOS OLHOS, DO OLHAR E DE COMO É PROIBIDO VER

É hora de recordar bem mais sobre o olhar e os olhos – a fim de reavaliar sua precisão, velocidade, sensibilidade, abrangência e complexidade.

É imperativo readmiti-los à psicologia, à psicoterapia e à vida, pois, segundo o que você já leu neste livro, nossa psicologia e nossa sociologia (inclusive nosso cotidiano) pouco e nada dizem desse nosso mais perfeito dos sentidos.

Cinema e TV "sabem" muito mais do que a psicologia... Por isso, entre outras coisas, têm muito mais mercado...

Talvez não seja simples coincidência o fato de terem surgido no século XX pouco antes da explosão eletrônica – ou prenunciando-a.

De outra parte, ouvimos intermináveis elogios à luz, à iluminação e ao caminho, mas aí está implícito que não estamos falando dos olhos... materiais.

Falamos insistentemente da luz que não se vê ("espiritual") e... não vemos (!) a luz da vela, do lampião, da lâmpada, do farol – e do sol.

Nem a luz da verdade! Não falo da **minha** verdade, leitor. Você já leu bastante neste livro sobre essa cegueira ante o óbvio que nos é coletivamente imposta desde pequenos – por todos. A inconsciência ou cegueira coletiva, tanto faz. Só posso falar (saber!) do que os outros falam, do que os outros dizem que existe, do que os outros dizem que vêem, do que os outros dizem que é assim...

Parece que temos necessidade de viver nas trevas ou que tememos a luz – e é certo que Satanás se rejubila com isso...

Basta ler um jornal!

E, quanto mais negamos a luz (a evidência!), mais acreditamos nas palavras como se elas pudessem nos... iluminar!

Não, leitor, não estou fazendo sermão – ou estou? Estou atento ao noticiário, à mídia, e lhe pergunto: este nosso mundo não parece de fato diabólico, um verdadeiro inferno?

Nossos Sagrados Valores Tradicionais e nossos Livros Sagrados nos dizem, insistente e categoricamente: não veja o que você está vendo. É tudo engano e ilusão, tudo transitório e passageiro... Ouça apenas o que as Palavras Sagradas dizem e você será salvo. Só as Palavras Sagradas são eternas!

Imaginem. Mais do que temerosos da incerteza do viver, desejávamos desesperadamente certezas; então nos apegamos ao texto escrito – em pedra. Nada mais permanente!

(Papel – ou papiro.)

Nada mais ilusório. Há mais interpretações diferentes sobre os Livros Sagrados (sobre a Verdade Eterna) – do que em um grupo de psicólogos falando de psicoterapia.

A propósito, se você tem dinheiro sobrando, faça análise e as palavras revelarão o que você é – quando interpretadas à luz dos textos eternos do mestre!

Desculpe: à luz da "escuta psicanalítica" (mais palavras)...

E você ouvirá... a luz!

Mas o Poeta, sempre iluminado, nos disse: "Words... words... words".

## OS MISTÉRIOS DA VISÃO

Consultemos, então, o livro sagrado da fisiologia visual a fim de nos maravilharmos com os mistérios daquelas duas inquietas esferas reluzentes que dão vida (ou mostram a morte) em nosso rosto – e que, só elas, realmente vêem a luz...

Foram feitas e só existem para isso.

Começo com o mais espantoso: nossa retina é sensível a um *quantum* de luz. Isto é, ela não tem o que melhorar em matéria de sensibilidade.

Em *Cognitive neuroscience*, de S. G. Gazzaniga, R. B. Ivry e G. R. Mangun, (Nova York: W. W. Norton, 1998), encontramos estas afirmações: "Considere a enorme quantidade de tecido nervoso envolvido na visão. Mais de 50% do córtex do *macaque monkey* é dedicada à percepção visual" (p. 123).

"Em 1993, o número de áreas corticais envolvidas na visão é 200% maior do que as estimativas de 1983. [...] Diz-se, entre os estudiosos, que os fisiologistas estão descobrindo áreas ligadas à visão mais depressa do que os coelhos se reproduzem" (p. 133).

Nos velhos tempos (1950...), falava-se bastante das muitas "áreas silenciosas" do córtex cerebral. Boa parte delas na certa está ligada à visão.

A estes dados acrescente-se este outro: a estimulação aleatória do encéfalo (do cérebro inteiro!) produz, em **dois terços dos casos**, movimentos oculares, de regra conjugados, a maior parte deles na horizontal.

Perdi a referência explícita desta declaração, mas disponho do *The oculomotor system*, de Morris Bender (editor) (Nova York: Harper & Row, 1964). Nele podem ser encontrados estudos paralelos – vários – no mesmo macaco *macaque*. É espantoso ver mapas da face externa do cérebro, de cortes em várias direções e várias profundidades, todos literalmente coalhados de pontos que, estimulados, produziram movimentos oculares.

Se somarmos estas duas declarações, de Gazaniga e Bender, chegaremos a uma declaração nem tão recente de Von Monakow: "Nós vemos com todo o cérebro". Ou, fazendo uma transposição funcionalmente legítima:

**O cérebro humano foi feito para ver – e mover.**

## A PECULIARIDADE "INVISÍVEL" DA VISÃO

Muita atenção ao que segue, leitor; o assunto é por demais sutil, e condição para tudo que vem depois.

Os olhos começam nos iludindo! Olhando em frente, temos a sensação de "estar vendo tudo" perfeitamente. No entanto, mais de 90% do que enxergamos fica como se estivesse fora de foco. Você sabe disso – mas não quer saber (desde aí!). Se você quiser ver mesmo, nitidamente, terá que, **movendo os olhos**, "olhar para" o objeto, o lugar, a pessoa, não é? Então? Se tudo à sua frente fosse nítido, para que mover os olhos – ou até a cabeça – para "ver melhor"?

Você pode checar esse fato na próxima vez que estiver assistindo ao futebol na TV. Olhe para um dos cantos da tela e veja... o que você vê. Inicialmente uma confusão de movimentos. Depois, se você continuar, tornam-se de alguma forma nítidos tanto a movimentação **global** dos jogadores quanto **o movimento do fundo** (quando a câmera varre a cena ao mudar o ângulo)!

Reparando bem, você pode checar o fato: a visão periférica é boa para perceber movimento – nos dois planos, o do conjunto dos jogadores incluídos na tela naquele momento e o do fundo (que "corre" em sentido contrário ao movimento da câmera).

Mas espero que você sinta a "tentação" quase incoercível de deixar de fixar o canto da tela e olhar para... a bola.

**Só um círculo com pouco mais de dois milímetros de diâmetro ("fóvea" ou "mácula"), situado no fundo do olho, vê com absoluta nitidez (não esqueça esse número!).**

Apenas aí os prolongamentos dos neurônios sensíveis à luz estão **diretamente** expostos a ela. Em todo o resto da retina (que é a camada do olho que vê), os cones e bastonetes (receptores da luz) estão recobertos por uma apreciável camada de muitas fibras nervosas que "atrapalham" a luz, tornando impossível a visão nítida.

A fóvea, repetindo, tem dois milímetros e um quase nada a mais de diâmetro! Note: dimensões menores do que a da mira das armas de fogo.

Esse fato – visão central nítida e limitada – garante a rigorosa comunicação de um para um, enquanto a palavra é de um para muitos. Mil amores e mil traições aconteceram por causa deste fato...

Repito: só nela a imagem é absolutamente nítida – em cores. Nela só existem cones, sensíveis às freqüências eletromagnéticas que estes receptores nervosos **traduzem em cores**. (Isto é, são os cones que **criam** as cores.) A partir da fóvea, radialmente, os cones vão rareando e a percepção de cores vai se atenuando.

Os bastonetes são muito mais sensíveis às gradações da intensidade da luz que ao comprimento de onda das vibrações (veja, abaixo, "visão noturna" dependente apenas deles).

Os cones são menos sensíveis à intensidade da luz, mas podem traduzir as freqüências das radiações eletromagnéticas visíveis nas cores básicas: vermelho, verde e azul.

Nós, os primatas e algumas espécies de esquilos dispomos de visão colorida. Os especialistas, contudo, são os camaleões! A imensa maioria dos animais vê em branco e preto. Voltemos à fóvea. Projetados no campo visual à distância de leitura, estes dois milímetros permitem a você ver **com nitidez** o pingo de um "i" – e mais nada! Mesmo o pé do "i" já não é tão nítido. Experimente! A seis metros de distância (limite da acomodação), a visão nítida tem o diâmetro de uma bola de tênis!

Fora deste cone de visão nítida – da fóvea até a bola de tênis... – a acuidade visual cai quase 90%.

Mas a situação é ainda pior. O pigmento que se decompõe sob a ação da luz, e assim a transforma na excitação nervosa que o cérebro "vê", não se recompõe instantaneamente. Se o globo ocular for rigorosamente imobilizado, o que ele vê é o objeto aparecendo e desaparecendo! Num momento vê, porque o pigmento se decompôs, no momento seguinte a "chapa" fica insensível – e a visão se apaga (a experiência já foi feita).

Qual a solução? Enquanto você fixa um ponto – qualquer ponto –, o olho oscila de trinta a setenta vezes por segundo, de um ângulo mínimo (vinte segundos **de arco**!), mas suficiente para que a luz atinja sempre outro grupo de corpúsculos sensíveis da fóvea. Os globos oculares oscilam o tempo todo, para que a luz alcance sempre neurônios "carregados" – ou seja, encontre a chapa sensível. Você não sente esses movimentos, e eles não podem ser vistos por outra pessoa – são minúsculos (lembre: o círculo tem 360 graus, cada grau com sessenta segundos, e o movimento tem apenas vinte segundos de arco).

Há mais operações automáticas (reflexas) nos olhos. Se você olhasse uma figura de revista, digamos, um rosto de mulher com mais ou menos cinco centímetros de diâmetro, jamais a veria com nitidez se mantivesse os dois olhos fixados na figura (não estou falando mais das microoscilações já referidas, mas de outros movimentos). Por conta própria (mais reflexos – automatismos), eles "varrem" a figura fazendo um miniziguezague seguindo todas as linhas dela. Esse movimento já foi cinegrafado em conjunto com a figura olhada – e é incrível.

Cada "pedacinho" deste ziguezague tem vinte segundos de arco e se realiza cinqüenta vezes por segundo.

Repito, são **duas** espécies distintas de oscilação espontânea dos globos oculares.

Os olhos, pois, não vêem de uma vez nenhum objeto maior do que o pingo de um "i" à distância de leitura, ou de uma bola de tênis a seis metros de distância. Eles "desenham" no cérebro, em alta velocidade, qualquer objeto maior do que um círculo de dois milímetros de diâmetro!

Mal comparando, eles desenham o objeto como os elétrons desenham a imagem na tela da TV, transmitindo a sucessão quase infinita de pontos para o cérebro – repetindo: ao ritmo de cinqüenta por segundo.

O cérebro que se vire!

# O SEGREDO DA FÓVEA

Além de nada se sobrepor aos (pigmentos dos) neurônios da fóvea, restringindo a luz, seus prolongamentos e conexões gozam de outra propriedade especialíssima. Ao alcançar a área visual primária (córtex occipital), eles se espalham em leque tridimensional. Ocupam, assim, uma área **muitas vezes maior** do que a tomada pela soma de todos os demais neurônios da retina juntos. Tudo se passa como se as excitações provenientes da fóvea fossem "olhadas" pelo cérebro através de uma forte lente de aumento.

É por isso principalmente que as imagens que incidem sobre a fóvea são tão nítidas.

É por isso, também, que toda imagem que caia um quase nada fora da fóvea perde quase 90% de nitidez.

# OS MÚSCULOS EXTRÍNSECOS DO GLOBO OCULAR

Os músculos motores dos globos oculares são outra mágica. São seis para cada olho, bastante poderosos – primeira surpresa.

Por que surpresa? Os globos oculares são praticamente esféricos e se situam dentro de um "cálice" conjuntivo que os acolhe com precisão. Isto é, os globos oculares, muito leves, se movem sob efeito de forças poderosas, apesar de sua inércia praticamente nula. Para que, então, músculos tão poderosos?

Para que os movimentos sejam precisos, rápidos e sempre rigorosamente conjugados (reflexo de fixação).

Voltemos à fóvea e seus dois milímetros, mais os músculos motores do globo ocular – quatro retos e dois oblíquos. Os quatro retos, contraindo-se simultaneamente, puxam o globo para trás, tendendo a **achatá-lo** anteroposteriormente.

Os dois oblíquos abraçam o equador dos globos oculares e, se contraídos, o espremem – e o globo tende a se **alongar** ântero-posteriormente.

Segundo os que crêem em fatores emocionais na determinação dos defeitos oculares, é isso o que acontece. A tensão ansiosa dos retos levaria à hipermetropia (achatamento do globo ocular). A tensão nos oblíquos, a seu alongamento – miopia.

Tenho simpatia por estas idéias, e o melhor argumento a favor delas são os bons resultados conseguidos quando os exercícios propostos pelo Dr. Bates são executados – quando a pessoa reaprende a ver. Além disso, é para mim evidente que a musculatura extrínseca dos globos oculares está envolvida nos estados tencionais (ansiosos).

Por outro lado, o método tem contra si a exigência da execução de vários exercícios, e como já foi dito a maior parte dos pacientes não faz exercícios recomendados – a menos que freqüentem uma clínica especializada. Enfim, é difícil a compreensão aprofundada da biomecânica desses defeitos – de como, de quais e de quantas tensões emocionais se combinam para alterar o equilíbrio dessa musculatura complexa e desses movimentos precisos.

As ações destes músculos são complicadas demais, e nem vou tentar descrevê-las. Os textos de fisiologia as descrevem, mas o difícil é compreender o que fazem quando atuam todos juntos – como na maior parte do tempo.

Tente dar uma olhada em um atlas de anatomia e verifique. Sua disposição é ilusoriamente esquemática, mas o que eles fazem é por demais complexo. Ilustrarei com apenas um exemplo.

Se você, com a face voltada para a frente, olhar alguma coisa interessante bem à sua direita, o movimento do olho direito é bem menor do que o do lado esquerdo – uma vez que a imagem do objeto tem de cair sempre sobre as duas fóveas (ou a visão será borrada).

## OS REFLEXOS DE FIXAÇÃO

Imagine a dificuldade de dirigir com precisão os dois globos oculares, movendo-os em todas as direções, sempre de modo a fazer que as duas imagens caiam nas respectivas e minúsculas fóveas da retina – e aí se mantenham mesmo quando o objeto esteja se movendo e as distâncias relativas entre fóvea e objeto variem a cada instante.

É como se fossem dois atiradores tentando acertar o mesmo prato voador!

O tempo todo. Dois atiradores disparando metralhadoras...

Por isso, os chamados **reflexos de fixação** se mostram como os mais complexos e os mais velozes do Sistema Nervoso. Sua função é manter, de forma permanente e precisa sobre o ponto visado (parado ou em movimento), as duas linhas que das fóveas passam pelo centro do cristalino e da pupila, cruzando-se sobre o objeto. Ao mesmo tempo fazem toda aquela dança do ziguezague de que já falei – os dois, simultaneamente!

Os microacertos contínuos se fazem à custa de reflexos cujo estímulo é a sobreposição – ou não! – das duas imagens na fóvea, ou a certeza de que ela é uma só (a certeza de que você não está vesgo).

Os músculos oculares gozam de mais propriedades especiais.

Enquanto as unidades motoras da maioria dos músculos do corpo têm de cem a mais de mil fibras musculares para uma fibra nervosa (para um neurônio alfa), as dos olhos têm apenas dez – o que, indiretamente, nos diz que sua contração pode ser muito mais finamente modulada. Funcionam como o parafuso micrométrico do microscópio.

Nos músculos oculares, a inervação recíproca é rigorosa e constante, isto é, quando um músculo se contrai, seu ou seus antagonistas se relaxam **de forma tão bem medida quanto a da contração do protagonista**.

Como você com as mãos na direção do carro: quando uma puxa, a outra cede. Esse é outro dispositivo a garantir a precisão dos movimentos!

Os dois olhos funcionam, na verdade, como se fossem um só – lembrando os ciclopes, ou o olho frontal dos iogues...

É o que acontece, idealmente, quando estamos perfeitamente concentrados no ato de ver – ou no objeto sendo visto.

Ao mesmo tempo, podem funcionar com acentuada independência. Se estiverem olhando para um objeto posto bem em frente de ambos, e se interpusermos um prisma entre **um** dos olhos e o objeto, o olho daquele lado corrige o desvio da imagem produzido pelo prisma e fixa-se no objeto – apesar do desvio produzido pelo prisma!

Diante de tal precisão e tal rapidez de funcionamento conjunto, imagine-se quão fácil será a ocorrência de desvios – ou, pelo avesso, quão difícil o funcionamento continuamente preciso.

Não esquecer – nunca! – que **a direção-fixação do olhar** tem tudo que ver com a atenção, da qual já falei bastante. Aliás, com a atenção e com tudo que se liga a ela, na vida e durante a consulta psicoterápica (o que acontece com **os dois** participantes – não esqueça!)

Lembrar também que há outra direção, difícil de determinar: a que se concentra nas palavras – nos ouvidos. Creio que a de um lado se torna preferencial (não podemos prestar atenção nos dois ouvidos ao mesmo tempo!). Lembrar também que é possível, de alguma forma, dividir a atenção entre o olhar e o ouvido – entre o que se está vendo e o que se está ouvindo. Mas é claro, também, que neste caso nem ouvimos bem nem vemos com clareza. São momentos nos quais nos é dado escolher a qual atenção dar atenção! Impossível manter ambas.

## MAIS MOVIMENTOS!

Além dos movimentos já descritos (a fixação e o ziguezague), os olhos exibem mais dois, a **sacada**, com menos de um segundo de duração e extensão de até dez segundos (**de arco**!), e a **deriva** (*drift*), com até seis segundos de duração e extensão de até seis minutos (**de arco**). Os reacertos de posição se fazem sempre, tomando a imagem nítida na fóvea como referência.

Os movimentos sacádicos podem ser extremamente rápidos e precisos. Podem ser de 800 graus por segundo. (Atenção, leitor: o número não se refere à amplitude – seria absurdo! –, mas à velocidade!)

E repetindo: apesar da velocidade, a sacada pode ser extremamente precisa. A linguagem consagrou essa velocidade na expressão "olhar de relance", e o povo acompanhou com o termo "sacou?". Ainda popular temos a expressão tão ouvida: "Você viu?" Esta também pode se referir a uma ocorrência rápida.

**As três expressões dizem exatamente isso: podemos perceber algo que aconteceu depressa – e pode ter sido um detalhe da cena, da expressão facial da pessoa, ou um gesto rápido. Um olhar de relance no momento preciso – e na direção exata – pode determinar uma decisão... O outro, que mostrou a expressão, pode não saber do que se trata nem por que você decidiu... A sacada é o movimento mais rápido do corpo. Pense no valor disso na caçada – ou na psicoterapia! (Ou no pôquer!)**

## O QUE É SEMPRE LEMBRADO

Lembro de passagem o que é sempre lembrado: a pupila (o preto dos olhos) é um orifício de diâmetro variável, regulando a quantidade de luz que entra nos globos oculares (é o diafragma dessa "máquina fotográfica").

O cristalino, por sua vez, funciona como o *zoom* da máquina, tornando-se mais ou menos biconvexo conforme a distância em que se encontra o objeto para o qual você está olhando. Acima de seis metros, ele não se altera mais (é o "infinito" das máquinas fotográficas).

Cada nervo óptico contém um milhão de fibras nervosas, muito mais do que o número de qualquer outro nervo. O dobro de todos os sensores nervosos que emprestam sensibilidade à pele toda!

A organização das chamadas vias ópticas é estranhíssima. Mas pô-la em palavras só traria mais confusão! Procure ver esta complicação nas figuras de qualquer texto de fisiologia ou de oftalmologia.

Lembro apenas este fato: se você levasse uma pancada bem aplicada na região occipital, lesionando apenas o lobo occipital esquerdo do cérebro, você ficaria cego de apenas meio campo visual – da metade direita desse campo!

## A ADAPTAÇÃO AO ESCURO

Só falta lembrar a adaptação ao escuro. Ao cabo de uma hora no escuro, a retina se faz dez mil vezes mais sensível do que era à luz do dia. Os bastonetes entram em ação, reagindo com grande sensibilidade, mas só em branco e preto. São sensíveis a um *quantum* da luz – a menor quantidade de luz que existe. Ou seja: os olhos não podem se fazer mais sensíveis do que são.

Temos, pois, quatro olhos, dois para o dia (coloridos) e dois para a noite (em branco e preto)...

É, sem dúvida, por sua riqueza de movimentos que os olhos podem mostrar tantas expressões tão diferentes.

A esse fato acrescente outro, fundamental na comunicação interpessoal face a face: as muitas expressões oculares indicam (ou "significam") **uma grande variedade de intensidades e qualidades da atenção**, fenômeno básico nas relações pessoais. (Lembrar, porém, que há outros focos ou direções de atenção, em especial a acústica – palavras, tons de voz –, cutâneas, viscerais e mais, já lembradas.)

Mas nas relações interpessoais face a face, o olhar é fundamental. Recordo – monotonamente! – que este fato é omitido por toda a psicologia, que se atém exclusivamente às palavras.

## ANÁLISE E SÍNTESE DA IMAGEM

No meu tempo (1945), a retina "fotografava" o mundo e mandava a "chapa" para a região occipital do cérebro, que "revelava" a chapa. Você então via as coisas como elas eram... Hoje, a cada ano, se descobre mais uma região do cérebro envolvida com a visão (já disse, no começo), e sabe-se que a imagem gravada pela retina, ao entrar no cérebro, sofre uma análise complexa.

Cada um dos elementos seguintes, depois de fazer parada na cisura calcarina (lobo occipital – área visual primária), é encaminhado para outras regiões do córtex. São separadas as linhas ou margens verticais das horizontais e de todas as oblíquas intermediárias (importantes para a ortostática); são separadas as cores, os movimentos dos objetos (ou os objetos em movimento sobre o campo visual), os movimentos aparentes dos objetos no campo visual quando os olhos ou toda a cabeça se movem. Depois, todos esses elementos são ressintetizados, e você vê o que o cérebro construiu com todos eles...

A grande extensão das representações cerebrais ligadas à visão e aos movimentos dos globos oculares começa a se fazer clara quando consideramos tais e tantos dados e tal número de reflexos de tanta precisão. Quando lembramos, também, quantas eram as "regiões silenciosas" do cérebro meio século atrás. Mas creio que o segredo maior desta complexidade seja outro: o cérebro discrimina várias qualidades da imagem vista pela retina, **a fim de ativar movimentos precisamente adaptados à visão de cada campo visual atualmente presente – ou ativo**.

É preciso pensar um pouco para bem compreender esta declaração. Nossos movimentos são muito mais finamente adaptados à nossa percepção visual, ao campo visual atualmente presente, do que se admite – ou do que se consegue imaginar!

Lembre-se sempre: o cérebro é olhar e movimento.

# VER É INSTINTIVO OU APRENDEMOS A VER?

Instintivo, aí, significa: sabemos desde o nascimento discriminar objetos e distinguir planos no campo visual? Vemos "coisas" nesse campo ou vemos o que seria algo como uma foto – plana – cheia de linhas que apenas limitam áreas coloridas sem **formar** objetos e sem situar uns mais próximos e outros mais distantes?

Sim e não. Objetos (ou pessoas, faces) que se movem no campo visual na certa são isolados-discriminados pelas crianças desde o começo. Depois, ela aprende a isolar os objetos que manipula, assim como os movimentos que ela faz com eles. Isto é, organiza ou estrutura o espaço de movimento das mãos dentro do campo visual (movimentos dos objeto e das mãos). Esse é o espaço de criação da tecnologia...

Em seguida, começa a ter uma noção de espaço maior, na medida em que é levada para cá e para lá no colo de alguém. Mas seu espaço só começa a se definir quando ela começa a engatinhar e depois andar. Só indo daqui até lá ela saberá depois – apenas vendo – que aqui e lá são distantes e quão distantes estão.

Mais tarde, excluídas as formas que a criança conseguiu isolar e situar manipulando, indo e vindo, ela só distinguirá no campo visual as formas que têm nome!

Só verá – só isolará no campo visual – coisas designadas ("chamadas") pelo mesmo nome por todas as pessoas próximas.

**Essa declaração é por demais importante: é o mais forte elemento dos preconceitos, do fato de todos dizerem as mesmas frases e aparentemente acreditarem em um mundo (uma "realidade") muito semelhante para todos.**

Ainda: como se só o que tem nome existisse, como vim balbuciando desde o começo. (Só agora, depois de uma curiosa conversa, me dei conta desse fato: só vemos o que todos dizem que existe.)

Na verdade, só isolamos e só relacionamos fatos e objetos "coletivos" – os que têm o mesmo nome para todos.

Assim, esclareço três fatos e uma teoria – a Gestalt.

Essa primeiro: estudei-a no passado e não compreendia muito bem o que lia. Ficaram apenas as duas palavras-chave, presentes em todos os estudos: forma e fundo. A "forma" (*gestalt* em alemão) emergia do fundo, e parece que esse era o principal do que a teoria procurava explicar. Que o leitor lembre apenas de forma e fundo. De resto, corro o risco de estar dizendo tolices e não protestarei se me acusarem disso.

Aceitando-se que aprendemos a ver formas emergindo do fundo – do campo visual –, chegamos onde estávamos: ver é uma habilidade que se desenvolve ou uma habilidade que é preciso aprender. Temos de aprender a ver a... terceira dimensão, a profundidade, a perspectiva.

Começamos a estruturar o espaço pela translação, sentindo nela a distância e comparando o que vejo quando chego lá com o que eu via ao partir.

A segunda questão refere-se ao que o recém-nascido vê. Diz-se que ele é hipermetrope, e aos poucos (meses) vai melhorando.

Prefiro acreditar no que já disse: aprendemos a ver aos poucos. Em parte aprendendo com os demais, sendo levados, vendo e ouvindo o que eles dizem, e em parte fazendo coisas, organizando o espaço oculomanual.

O terceiro fato é o mais dramático. Li de um indivíduo cego em quem nada se encontrava de patologia que explicasse a cegueira. Foi preciso descobrir que, durante muitos dias, ao nascer, ele havia permanecido no escuro – e a "causa" era essa: no escuro, logo após o nascimento, o sistema visual (retina e cérebro visual) não se desenvolve. E, se o período for longo, a pessoa ficará cega para sempre devido ao não-desenvolvimento tanto da retina quanto das vias visuais.

Algo parecido acontece com cegos de nascença que voltam a ver – e se sentem completamente perdidos. Há relatos – obscuros – de alguns que preferiram ficar cegos outra vez.

Esse é talvez o exemplo mais precoce dos *imprintings* – a noção de que alguns comportamentos, se não se formarem ou forem aprendidos em certa época bem determinada da vida de um animal, não se desenvolverão nunca mais.

Descobridor ou inovador é quem "de repente" **vê** uma coisa – um fato, uma relação – que ninguém havia **visto** antes.

"Tomar consciência" é muitas vezes pôr em palavras o que eu já sabia, o que eu havia visto ou estou vendo, mas não sabia que estava vendo. Neste livro fiz isto inúmeras vezes.

Atrevo-me a dizer: todas as vezes que você, leitor, sentiu um sobressalto ao ler alguma frase do meu livro, aconteceu isso: eu disse alguma coisa que você sabia (que você já havia visto, até muitas vezes), mas nunca tinha dito para si mesmo que havia visto.

Se você vê o que todos vêem mas ninguém fala, você será tido como "fora da realidade".

Lembro um reparo feito bem no começo: por que precisamos de um comentarista de futebol dizendo, na TV, o que estamos vendo?

Recorda-se da frase de Goethe citada por mim também no início? "O mais difícil é ver o que está na frente dos olhos..."

Atrevo-me a corrigir o gênio alemão: "O mais difícil não é ver o que está na frente dos olhos. É dizer o que estou vendo".

Assim chegamos a compreender por que a metáfora da luz é tão importante. As pessoas vivem esperando quem as "ilumine", quem lhes "mostre o caminho". Procuram alguém que, na verdade, as afaste das palavras e as ajude a ver (o que as afastará do caminho das palavras – do caminho de todos).

Mas isto as pessoas não gostam de ver...

Preferem a Bíblia e o enganoso caminho das palavras. Como toda a psicologia, aliás.

Unidos nas palavras, somos um rebanho cego...

Não é mesmo? Temos tudo para transformar o Planeta em um jardim das delícias para todos, mas continuamos a nos matar estupidamente.

Fato fundamental quando se diz que os olhos aprendem a ver é este: a imagem de um objeto na retina está "de cabeça para baixo!" Mas é claro que, desde muito cedo, o cérebro aprende que essa imagem é falsa e a corrige sistematicamente.

Já falei dos óculos que invertem a imagem e do cérebro que logo a corrige. Portanto, o cérebro goza de uma facilidade especial de colocar a imagem vista em sua posição "natural" – pois só assim nossos movimentos serão eficientes.

**Logo, é a motricidade que organiza e governa a visão.**

# OS OLHOS E A POSTURA

Falta examinar a ligação (mais reflexos!) entre a visão, o labirinto, o pescoço, a postura e, em função dela, todos os movimentos do corpo.

· 293 ·

Há no cérebro neurônios especializados na percepção das linhas ou margens verticais, horizontais e oblíquas do cenário, como já vimos. Toda a ação se organizará levando em conta a vertical, pois ela torna sensível – para o aparelho motor – a direção da gravidade (o prumo, o eixo), essencial para a organização da postura, a manutenção do equilíbrio e a eficácia de todos os movimentos. Ela serve para saber se você e/ou o mundo "está direito" ou inclinado. Todos os movimentos mudam em um caso e no outro, com todas as gradações imagináveis.

Se você estiver atento, buscando, quando os olhos se voltam para uma direção do espaço e se fixam em um objeto "interessante", forças secretas (!) tendem a mover a face (a cabeça) para a mesma direção. Esse movimento, ao mesmo tempo feito e sentido pelos músculos profundos da nuca, reorganiza o tônus postural do corpo, preparando-o para agir na nova direção.

## NOSSOS OLHOS NOS LEVAM MUITO MAIS DO QUE NÓS A ELES

Os olhos são inquietos, sabemos todos. Tomar consciência contínua das andanças do olhar é uma tarefa muito difícil. Temos todos a falsa impressão de que, durante o tempo todo, "olhamos para onde queremos". Mas a verdade é o oposto: muito mais os olhos nos movem, do que nós a eles.

Movem-nos no mundo ou nos movem dentro de nós – movem o nosso pensamento! Eles nos levam ou buscam certos objetos ou pessoas, ou nos afastam deles, segundo escolhas sobre as quais sabemos pouco – ou não queremos saber! Na verdade, se percebêssemos continuamente para onde ou para quem eles tendem a nos levar, aprenderíamos muito de nossos desejos, intenções e temores... inconscientes.

Perceberíamos, "dentro" de nós, o que estamos sentindo, lembrando, imaginando. Isto é, veríamos nosso corpo "por dentro".

Por tudo isso, recordando, a visão ocupa quase metade do córtex cerebral e por isso a estimulação aleatória do encéfalo (de todo o cérebro) produz movimentos oculares em todas as direções.

Por que lembrar tudo isso? Para provar o que era óbvio desde o começo: a visão é o mais importante dos sentidos e, se tanto foi feito por ela na evolução, é porque ela é fundamental para a vida dos seres que têm a felicidade de ver.

Também porque – e enfim! – a psicologia ignora incompreensivelmente a função do olhar nas relações interpessoais e nas experiências básicas da vida.

A mais espantosa e incompreensível negação de toda a psicologia é a negação do olhar; "inconsciente" é tudo que ele mostra e nós não vemos. Ou não queremos ver. **Ou** não admitimos estar vendo...

Está no começo do livro da fisiologia e aqui repito.

Vemos à nossa frente meia esfera de raio praticamente infinito e podemos perceber instantaneamente o menor movimento que esteja ocorrendo nesse espaço. Girando a cabeça e um quase nada do tronco, podemos ver, em menos de um segundo, tudo que nos cerca, até o círculo do horizonte.

Se, de olhos fechados, "olhamos para dentro", podemos ver tudo que... escondemos (reprimimos).

**Não é possível perceber mais nem pesquisar mais depressa (fora de nós e dentro de nós).**

A palavra, por sua vez, primeiro decompõe tudo em fragmentos e depois tenta reuni-los de volta um a um, e isso exige um tempo considerável. Sem falar da ambigüidade dos sentidos das palavras.

A visão e a fala – a lebre e a tartaruga, não é?

A vantagem depende do mesmo inconveniente: a palavra é a câmera lenta do acontecer. Considere a rapidez de uma caçada e a duração de sua descrição verbal.

Não é pouco e não é só um defeito. Costuma ser relativamente fácil modificar o que está acontecendo devagar e, de regra, é difícil modificar o que está acontecendo depressa. Sobretudo, é impossível fazer acontecer ao contrário (tempo invertido, como filme projetado do fim para o começo), mas é fácil descrever as coisas ao contrário. Fazemos isso sempre que falamos em finalidade ou intencionalidade. Primeiro vem o fim, isto é, o objeto, emoção ou sensação para a qual estamos "olhando" ou desejando.

Qual o papel das palavras no complexo da percepção? Ela pode, no melhor dos casos, **nos levar a olhar em certas direções** e a isolar certos objetos, pessoas ou movimentos.

Não é pouco, mas está muito longe de ser tudo...

## A ESCOLHA DIFÍCIL

Qual técnica usar, quando, qual parte de que técnica...

Desde o começo venho assinalando essa dificuldade que transforma a ciência da psicoterapia em arte, que exige mais intuição e sintonia do que lógica.

Posso agora propor uma escolha ampla entre as técnicas que tentam trabalhar com o que acontece e as técnicas que procuram modificar o que acontece.

Por simples deferência à autoridade, primeiro coloco a velha psicanálise do "deixe acontecer e acompanhe o curso do rio", aproveitando o que der para aproveitar, quando der para aproveitar.

Sempre que você não souber o que fazer, faça assim. É o que se espera que você faça...

Nada.

Havia nesta atitude a crença de que as coisas acontecerão como devem, segundo critérios teóricos, "fases" do desenvolvimento, seqüência nas identificações, mudanças nas relações transferenciais, "níveis" de consciência e/ou inconsciência – e mais.

Já declarei minha descrença nessas teorias que acreditam poder prever e conduzir o paciente do presente mal vivido para um presente bem vivido. Que acreditam melhorar ou resolver a neurose mergulhando no passado, atenuando o efeito dos traumas, refazendo as fases...

Penso antes que o melhor é tentar modificar o que está impedindo uma boa adaptação ao ecossistema presente, com fé (!) na sabedoria animal da pessoa e na intuição cultivada do terapeuta. Podemos chamar esta posição de "Psicoterapia Breve – centrada no presente".

Ela fundamenta – ou dá nome – à minha técnica de Exorcismo e à técnica de Keleman. Elas não excluem as variadas técnicas citadas capazes de ampliar e aprofundar a percepção das sensações proprioceptivas.

Sensação proprioceptiva, sensação de força ou sensação de mim mesmo estão bem próximas.

As três constituem as "forças" vitais que animam o paciente aqui e agora.

Keleman diz: segue e exagera quanto puderes as forças que te contêm – vai a favor do inimigo até o fundo –, até que teu animal sinta as amarras e aprenda como desatá-las.

Com isso, o paciente estará explorando suas dificuldades **presentes** de adaptação e alcançando suas forças presentes de reação – ou libertação.

O que eu consigo com o Exorcismo é parecido. Mas em vez de dizer "Siga suas inibições", digo "Respire mais do que o que você está respirando. Dê ao seu animal amarrado novas forças – mais energia bioquímica – e ele tentará livrar-se das amarras. Ele sabe muito melhor do que eu como fazer isso".

Ele não faz melhor porque está sendo sufocado o tempo todo – por estar morrendo de medo! Na verdade, medo dos outros e não de seu superego...

E, de novo, levarei o paciente a considerar sua adaptação ao presente, a concentrar-se apenas em "como se desamarrar", como ficar mais livre, mais decidido contra as inibições sofridas em outros tempos e presentes até agora. Como superar a condenação dos outros que me vigiam o tempo todo e, sem perceber e até pensando o contrário, contribuem para manter e até reforçar minhas amarras.

Eles também estão amarrados, como eu, e ao ver alguém se soltar se assustam...

Ou sentem inveja.

Ou os dois...

Mas há o que chamo "o caminho do ioga" (ou da iluminação, se quisermos), centrado na ampliação da consciência proprioceptiva. Então buscamos uma integração contínua, sem que existam pressões imediatas dos demais nem das circunstâncias. "Quero aprender a perceber cada vez melhor as sensações proprioceptivas (de força e de contenção) e ampliar a consciência e o controle da respiração. Assim poderei ajudar meu animal a se desamarrar, a se livrar das poderosas influências sociais que me mantêm preso. Ao mesmo tempo, aprendo a me cuidar para não acabar amarrado de novo."

É mais lento, menos dramático, mais consciente.

E interminável.

Na base das técnicas que apelam para o animal, está hoje o princípio consagrado da biologia: impossível compreender um ser vivo se não tivermos uma boa noção do mundo em que ele vive e se move, e ao qual tem de se adaptar – ou morre!

Está tudo no aqui e agora.

Enfim, como é inevitável, toda classificação e divisão de correntes indica apenas pareceres ou teorias de estudiosos reconhecidos e dos seus seguidores (da "escola" de cada um deles).

A eterna pergunta é: quando e como fazer – o quê? – agora!

Técnicas e teorias muito elaboradas têm por fim bem mais dar uma aparente segurança ao técnico que garantir maior benefício ao paciente...

## ALGUMAS TÉCNICAS BÁSICAS DE PSICOTERAPIA CORPORAL

Nomes a serem lembrados neste contexto: Reich, Lowen (Bioenergética agressiva), Gerda Boysen–Eva Reich–Gaiarsa (Bioenergética suave), Gaiarsa (Exorcismo e Dança de Shiva), Stanley Keleman (Corporificando a experiência – nome impróprio pois a técnica permite, na verdade, desencorporar a experiência corporificada)...

## EXORCISMO

O nome não envolve nenhuma conotação religiosa ou de macumba. Escolhi esse nome porque, ao aplicar a técnica, com freqüência ocorrem reações que em velhos tempos ou em certos ambientes seriam tidas na certa como manifestações de possessão diabólica.

Fomos todos reprimidos de muitos modos, e os impulsos – os desejos –, quando reprimidos, se deformam. Além disso, somos todos "possuídos": de ambição, de medo (pânico), de frustração, de tristeza (depressão), de inveja e dos demais pecados capitais...

Todos esses "demônios" podem aparecer quando da aplicação da técnica.

Os fundamentos dela estão em Reich (Couraça Muscular do Caráter), na Pranaiama (Índia), na psicanálise, no Renascimento, na fisiologia cerebral e na fisiopatologia da ansiedade.

Esses elementos foram reunidos por mim recentemente (2004) em um conjunto de fácil execução e de efeitos muito evidentes. O mais difícil não é invocar o demônio. Difícil é lidar com o que acontece logo depois...

Começo com a Pranaiama. Por que teriam os hindus dedicado tanta atenção à respiração em seus exercícios físicos (iogas), nas suas meditações e em seus textos espirituais?

Apelo apenas para mestre Buda: o caminho mais seguro (e aparentemente o mais fácil) para atingir a iluminação é cultivar com persistência a consciência da respiração (dos movimentos respiratórios, os espontâneos e os voluntários).

A pergunta crítica: por que tanta atenção a um fato que todos realizamos espontaneamente desde o primeiro momento de nossa vida?

Seria como se devêssemos aprender a digerir!

Reinterpretando Reich, respondo: os mil "nãos" da infância e as identificações infantis restringem os movimentos das pessoas e limitam inclusive os movimentos respiratórios em circuito auto-alimentado:

Movimentos restritos – respiração limitada.

Respiração limitada – movimentos restritos.

Depois, já a caminho do Ocidente, por que surgiram a técnica do Renascimento e a Respiração Holotrópica, ambas consistindo em longos períodos de respiração intensificada e ambas prometendo amplas alterações na personalidade?

Enfim, Reich. Nos últimos anos de sua vida clínica, ele também acabou se concentrando na respiração, vendo em suas múltiplas inibições um retrato – ao mesmo tempo uma conseqüência – de todas as demais inibições contidas na Couraça Muscular do Caráter.

Bem mais adiante, dedico um longo capítulo às relações entre a repressão, as contenções respiratórias e a ansiedade.

# A TÉCNICA DO EXORCISMO

É simples.

Proponho ao cliente que fique de pé e se mantenha respirando ampla e profundamente, procurando deixar a expiração acontecer, ser bem passiva, "entregando-se" a ela. Que permaneça atento a si mesmo, tentando perceber qualquer movimento que "queira" se fazer em seu corpo, procurando acompanhar o mais fielmente possível o desenrolar espontâneo desses movimentos.

Lido ou falado, pode parecer meio estranho isso de que o corpo "quer" fazer movimentos. No entanto, é algo fácil de experimentar, após poucas tentativas.

É preciso controlar a continuidade dos movimentos respiratórios, intervindo sempre que o paciente parar de respirar, reduzir a respiração ou se distrair.

Há três modos complementares de compreender por que, se estivermos atentos e permitirmos, podemos perceber em nosso corpo "vontades" de fazer movimentos.

Freud falou: "O inconsciente faz pressão sobre a consciência". Os desejos "querem" continuamente se realizar. Em psicanálise, confia-se no fato de o reprimido **tentar surgir na consciência**, exercendo influência nas "associações livres".

A regra psicanalítica fundamental destinada a perceber essa influência é sabida: "Diga tudo que passar pela sua mente".

Nas terapias corporais, em paralelo, podemos dizer: "Faça tudo que você tiver vontade de fazer" (durante a hiperventilação), mas percebendo bem o que acontece...

**Posso dizer, enfim, que o corpo amarrado tenta continuamente se desamarrar, pois, na selva (ou na luta, mesmo que verbal), animal com movimentos presos ou limitados é presa favorita – ou antagonista derrotado.**

Podemos assim e por isso falar em um instinto de liberdade – de liberdade de movimentos.

Essa liberdade necessária é o motor que, no Exorcismo, gera os movimentos.

De regra, bastam poucos minutos, e o paciente começa a esboçar movimentos ou gestos de início hesitantes e aos poucos mais dramáticos, por vezes gestos que vão "contando uma história". Vão compondo atitudes dramáticas ou movimentos presentes nos primórdios infantis da aprendizagem de movimentos. Em nenhum momento deixa-se a pessoa "perder a cabeça" ou perder o contato com os movimentos. Cobra-se insistentemente sua presença ao que está fazendo.

Habilidade especial do terapeuta é a de perceber quando o paciente, em vez de "escutar" o corpo, de seguir rigorosamente os movimentos que vão se propondo, sobrepõe a eles movimentos voluntários, na verdade destinados a **não fazer** os espontâneos, para disfarçá-los, substituí-los por movimentos intencionais – conhecidos e controláveis. É preciso dizer que os movimentos espontâneos são por vezes ridículos (se pôr de quatro, por exemplo, ou rastejar) e outras vezes bastante exóticos e incompreensíveis. Nestes casos, a continuação dos movimentos pode esclarecer suas formas exóticas iniciais.

# A DANÇA DE SHIVA

Na verdade, acredito estar elaborando uma teoria e técnica de inspiração mais oriental do que ocidental. Gostaria de batizá-la com o nome de Dança de Shiva.

A questão central desta técnica é a consciência/controle dos movimentos até chegar ao limite desta consciência e controle de movimentos.

**A Dança de Shiva é a experiência concreta da criação contínua que somos nós quando todas as repetições vão se desfazendo.**

Não se chega a ela facilmente.

Em termos de fisiologia, trata-se de cultivar, até o limite, a propriocepção, da qual falei bastante. A idéia é chegar à percepção de qualquer movimento ou tensão muscular que esteja ocorrendo no corpo, sempre que necessário ou conveniente.

Ou seja, sempre que esses movimentos ou tensões sejam incômodos, desar-mônicos. Ou sempre que afetem a postura, perturbem a realização de intenções ou o equilíbrio do corpo no espaço.

A propriocepção é a consciência de minhas forças – ou a percepção imediata de minhas forças em ação. Ou de minhas forças em contenção – ou oposição. Posso até me antecipar dizendo que a propriocepção é a consciência das forças do inconsciente – ou das forças inconscientes.

Voltando à descrição da técnica.

O que pode acontecer depende da pessoa, de sua história pessoal e de seu momento presente. Em termos bem esquemáticos, pode-se dizer que ela permite à pessoa re-experimentar momentos ou períodos de sua vida, de evocar bem realisticamente personagens influentes e sua relação com eles. Reexperimentar e, em certa medida, modificar. Trata-se de evocar ou facilitar a reativação das raízes motoras – ou dos hábitos – desenvolvidos ao longo da vida, de reexperimentar boa parte dos condicionamentos sofridos. Mas agora com plena consciência e controle gradual dos condicionamentos motores.

Fácil ver, sob estas palavras, a semelhança com as noções psicanalíticas. A diferença, porém, é grande demais. Lá tudo é apenas falado e ocasionalmente sentido. Aqui tudo é atuado, reexperimentado, vivido e sofrido. Posso dizer que convido o paciente a atuar (no sentido psicanalítico) em vez de apenas falar.

Mas a diferença essencial está na hiperventilação respiratória; como vimos, o homem freudiano, não tendo tórax, não pode respirar – vive sufocado!... Por isso não tem vida, ou vive bem limitadamente – apenas o suficiente para falar da vida! Para compreender...

Quanto mais vejo, penso e experimento, mais concordo – pasmem, senhores! – com Freud.

Mas um Freud em ação e em sociedade.

**E em um ser humano que não se limita a compreender ou a explicar, mas se anima e se arrisca a experimentar (e errar), a sentir, a escolher, a comprometer-se e cooperar, fazendo-se assim, passo a passo, "senhor de si" (*swami*). Não mais – ou cada vez menos – escravo ou vítima das eternas repetições do "inconsciente" – seja do inconsciente pessoal, seja da inconsciência coletiva. (Não sei se *swami* tem a forma verbal feminina, mas é claro que neste ideal a mulher tem tanto o que aprender e fazer quanto o homem.)** Como todo ideal, esse é muito alto, e por isso inalcançável – um alvo, não um estado, algo de que podemos nos aproximar a vida toda, parando de vez em quando em patamares de iluminação, alegria e paz.

Vou esboçar esquematicamente o que vai acontecendo quando se repete o Exorcismo, na medida em que esta experiência vai se transformando na Dança de Shiva: experiência de ser criação contínua.

Nas primeiras vezes em que o indivíduo respira e segue seus movimentos, emergem com freqüência estados muito penosos de angústia, de raiva, de desespero; assustada, a pessoa pára de respirar. Melhor insistir para que continue. Se parar, o estado penoso tende a se prolongar por horas ou dias.

Se continuar a respirar, de regra passa por um pico de ansiedade que se resolve em uma onda de grande alívio.

O apoio do terapeuta, nessas horas, pode ajudar demais.

O que poderia acontecer ao longo de várias horas de análise pode acontecer em quinze ou vinte minutos de hiperventilação. O que exigiria longos relatos e muitas interpretações, de novo, se resolve até sem palavras. O que seria difícil de experimentar emocionalmente na análise é o que mais acontece nesta técnica. Muitas vezes, após a onda emocional, ocorrem lembranças de situações nas quais a pessoa foi reprimida e/ou lembranças do personagem principal da repressão.

**Este – o repressor – pode aparecer na expressão do rosto da pessoa,** quando ela está lutando contra a onda emocional. Cabe ao terapeuta perceber e denunciar estas expressões faciais, pois as pessoas não as percebem e se surpreenderiam se as vissem. Gravar em vídeo as reações da pessoa é muito útil – melhor do que qualquer descrição que o terapeuta possa fazer.

Fica claro, pela observação, que há uma onda crescendo, e que ao mesmo tempo intensifica-se uma resistência – uma parede! – que a contém. É todo o processo de repressão revivido, reacontecendo.

A parede é constituída de tensões musculares crescentes, quase sempre bem visíveis – **mas que as pessoas mal percebem e não localizam**.

É a resistência – concreta!

Este é outro momento para a atuação do terapeuta: apontar em palavras os lugares tencionados, descrever o que está vendo no corpo ou no rosto do paciente, tocar de leve nas regiões contraídas. Se bem experiente, o terapeuta pode ajudar mais e melhor solicitando o **reforço das tensões** presentes e acrescentando gestos hábeis, complementares em relação às tensões espontâneas. Para tanto, exigem-se um bom conhecimento de como se compõem as tensões musculares nesta ou naquela região do corpo e sensibilidade para captar possíveis significados dos gestos (das tensões).

Por isso falei de Freud. Tudo que ele **disse** de modo abstrato pode ser visto e pode-se atuar – agir concretamente – sobre a resistência. Ou pode o paciente, pouco a pouco, aprender a percebê-la e desfazê-la.

Para tanto, além das sessões com respiração intensificada – inclusive precedendo-as –, será muito útil e poderá encurtar caminho a realização dos exercícios para o aprofundamento da propriocepção (já descritos), que são também exercícios de apuramento do controle motor voluntário.

Por essa técnica, todo o drama da repressão é revivido, com alto poder de persuasão e boa probabilidade de resolução.

Nos casos melhores, após várias sessões, a atuação do terapeuta começa a ser assumida pelo paciente, e aos poucos este pode aprender a sentir, localizar e relaxar as tensões de contenção – ou a intensificá-las voluntariamente, o que pode facilitar a identificação da região ou de seu significado.

Quanto mais depressa ele aprender, maior sua independência em relação ao terapeuta e maior sua compreensão em relação ao que viveu.

O processo é interminável; em outros lugares, aponto para os vários tipos de finalização das terapias.

Pratiquei essa técnica muitas vezes e ela me foi muito útil.

Em casos felizes, o Exorcismo caminha pouco a pouco para a Dança de Shiva, para a realização de movimentos de fato livres, para a experiência concreta – e extática – de liberdade e de criação contínua (o termo "extática" refere-se a êxtase, e não a imobilidade).

Mas aí saímos do consultório e da terapia e chegamos à meditação dinâmica, um dos caminhos intermináveis que nos permitem acompanhar nosso crescimento – que é também interminável.

*Meio século de psicoterapia verbal e corporal*

# RELATO DE ALGUMAS EXPERIÊNCIAS DE EXORCISMO E DE SEUS RESULTADOS

Eu mal havia reunido os elementos da técnica quando fui convidado para atuar como auxiliar em um grupo de formação de terapeutas corporais e, poucos meses depois, para orientar outro grupo semelhante.

Cada grupo contava com vinte participantes.

O relato seguinte não tem a possibilidade de ser uma estatística, pois as reações das pessoas são por demais diferentes. Falo do conjunto e destaco algumas ocorrências mais movimentadas.

Das quarenta pessoas, apenas cinco deixaram de apresentar qualquer reação à hiperventilação. Talvez tenham apenas se tornado um pouco mais rígidas.

Dez pessoas reagiram de forma acentuada e variada. Destaco o choro sentido de uma delas, a dramatização de abandono e solidão de outra, a dramatização de conflito com a mãe. Três homens exibiram intensificação da postura de enfrentamento e expressões faciais de intensa raiva. Um homem reagiu com tal intensidade, vociferando, rindo com desprezo "do mundo" e gesticulando freneticamente contra uma multidão invisível, que parecia ter entrado em surto psicótico. Mas estou acostumado com reações emocionais, percebo com clareza sua intensidade e mantenho a tranqüilidade; assim, ou por isso, o grupo também se mantém tranqüilo.

Uma senhora simpática de 40 anos, a partir do momento em que iniciou sua respiração, começou também a tremer – o tremor, aliás, ocorreu com vários –, a rir de modo especial e entrou claramente em um estado de orgasmo contínuo (depois confirmado).

No segundo grupo, havia uma pessoa que dominava a técnica de gravação em vídeo e registrou tudo que lhe pareceu interessante. Depois, reunidos, passamos a assistir ao vídeo, todos comentando as reações das pessoas – inclusive as próprias.

Do segundo grupo, tive notícias depois de duas semanas. As pessoas haviam ficado muito impressionadas com elas mesmas e com os companheiros, considerando a experiência muito valiosa para o autoconhecimento.

A meu ver, o ponto a destacar é este: **90% dos participantes reagiram clara e vivamente à técnica**.

Quanto ao que fazer depois com cada pessoa, aí entramos no reparo geral: impossível transmitir em palavras tudo que acontece no curso de uma sessão de terapia ou descrever o curso de um tratamento inteiro. Só dedicando um livro a cada pessoa.

Para bem compreender um dos fundamentos do Exorcismo, preciso falar agora sobre o que acontece com a respiração na infância, e para isso Freud não pode mais ser mestre.

# O GRITO PRIMAL

Começo com uma parada sobre esta forma de terapia, descrita com esse nome por seu autor, Arthur Janov (*O grito primal: terapia primal – A cura das neuroses*, Rio de Janeiro: Artenova, 1974).

Sua proposta – se o leitor vem me acompanhando bem – é de todo legítima se lembrarmos que o grito é acima de tudo uma intensa explosão respiratória, um desabafar poderoso, a reação de alguém que, oprimido, desesperado, sente estar sendo sufocado, ameaçado de morte.

Um dos males desta técnica está no fato de o grito despertar reações amplas a distância. Os vizinhos estranham, se assustam ou se preocupam e podem querer saber o que está acontecendo. Podem até chamar a polícia! Embora em meu último consultório eu dispusesse de uma câmara à prova de gritos, nunca usei a técnica sistematicamente. Também porque ela me parecia limitada, mesmo quando o autor soubesse disso e desenvolvesse acréscimos substanciais aos gritos propriamente ditos.

Enfim, em sessões de Exorcismo, não raro surge a vontade de gritar – e então é preciso aceitar, até incentivar, quando a pessoa sente "alguma coisa subindo" sem perceber do que se trata.

Tenho, a favor, duas histórias interessantes.

A primeira é a de uma simpática senhora, esposa perfeita, mãe perfeita e dona-de-casa perfeita – ela dizia tudo isso com um ligeiro sorriso... Um dia, contou: "Gaiarsa, depois de quinze dias de perfeição não agüento mais. Saio de carro, vou para a Marginal Tietê, volto a frente do carro para o rio, fecho todos os vidros e grito, grito, grito até esvaziar tudo. Aí volto para mais quinze dias de perfeição..."

A outra vem de um prédio de apartamentos em que eu morava; no apartamento de cima, vivia uma família absolutamente normal – idealmente normal ("perfeita", como a simpática cliente do caso anterior).

Saíam muito pouco de casa, e mesmo com duas menores (uma de 10 anos e outra de 2), nunca ouvi gritos ou outros sinais de desavenças, por anos a fio!

A mãe das crianças tinha modos e música da voz difíceis de descrever. Era a pessoa mais tranqüilamente disciplinada e disciplinadora de que me lembro. Uma máquina de amena gentileza desesperadoramente invariável (era professora e desenvolveu esse modo altamente controlado de fala a fim de controlar 30... diabinhos!).

Um belo dia, ouço gritos lancinantes durante mais de cinco minutos, gritos de alguém que parecia estar sendo torturado. Não consegui localizá-los. No dia seguinte, o pai (da família normal) me traz a menina de 10 anos. Havia sido ela.

*Meio século de psicoterapia verbal e corporal*

Nada encontro de suspeito e nada havia sido feito com ela que justificasse os gritos de desespero.

O caso era parecido com o de minha simpática cliente: puro desespero ante a monotonia da vida, gritos de tédio, de alguém que, sem saber muito bem o que está acontecendo, sente que começa a morrer pouco a pouco – sufocada!

Recomendei que a levassem semanalmente a um parque de diversões, onde ela poderia gritar à vontade, sem causar estranheza. O conselho não foi ouvido e a menina continuou seu caminho de apatia crescente em direção à mais perfeita normalidade.

Depois, juntei fatos de nosso mundo e encontrei muitos dos modos que a mãe sociedade providenciou para que os alienados (ou os normopatas) de nosso mundo pudessem exprimir seu desespero por estarem morrendo... em silêncio, contendo os gritos, sufocando-se em ansiedade crônica como adiante se demonstra com clareza.

Os parques de diversões foram os primeiros de que me lembrei. Nunca entendi muito bem por que as pessoas se submetem – e dizem divertir-se – com aquelas mil formas extremas de vertigem.

É bom recordar que um reflexo inato em nós liga-se ao temor de queda, de perda de apoio. No recém-nascido, se baixarmos em movimento rápido o colo que o sustenta, ele contrai-se inteiro – lembrança deveras atávica do arborícola que fomos. Para os arborícolas, a queda poderia significar a morte.

Portanto, as pessoas estão usufruindo (!) desse temor primitivo, com o qual é impossível acostumar-se. Mas esse "prazer" é um medo... mortal! Tanto que as pessoas, ao se divertirem (!), gritam desesperadamente!

O futebol deve metade de sua popularidade mundial ao fato de permitir à multidão – aos torcedores – gritar a plenos pulmões diante das jogadas espetaculares, dos gols e dos erros do juiz...

Lembrando do Coliseu de Roma, eu me pergunto quanto das atrocidades que eram cometidas lá não tinha a função simbólica de representar o sofrimento da plebe, de exprimir seu horror, seu pavor, seu ódio e seu desespero.

Ou seja, o quanto o Coliseu e seus horrores faziam parte da política de Roma...

Da *Pax Romana*!

Lembro-me, assim, do lamento silencioso dos alienados, dos oprimidos, dos abusados, dos miseráveis: um terço da humanidade. Nem forças para gritar eles têm.

Hoje tanto quanto em Roma.

Penso ainda nos *shows* de *rock*, em outras grandes reuniões de multidões e, enfim, nos auditórios dos *shows* da TV, onde ou se canta a solidariedade coletiva ou se grita o desespero e o ódio coletivo – ou ainda se ri da desgraça inevitável.

Podemos considerar esses gritos coletivos como se fossem o coro da tragédia no teatro grego.

Aliás, o que disse até aqui sobre "inconsciência coletiva" também pode ser tido como o coro grego, sinônimo das frases preconceituosas de todos. Como podem frases (palavras) ser tidas como inconscientes? Podem. São ditas sem que a pessoa pense no que está dizendo; são muitas vezes contrárias à sua experiência e, se criticadas, desatam reações de indignação.

A pessoa **não quer saber** o que está falando...

Grito primal.

É preciso um pouco mais – sobre o grito.

Lembre-se da gritaria na sala de aula quando a campainha do recreio toca, e depois a continuação da barulheira no recreio.

O que significa? Que a criançada durante o tempo da aula esteve retendo a respiração, ou respirando o mínimo possível, a fim de poder controlar-se, permanecer sentada e quase imóvel. Para "prestar atenção" ao que não interessa!

E os gritos como "sintoma" de neurose infantil: a criança que grita muito, que grita à toa?

Ela está "dizendo": "Ninguém olha para mim, ninguém me percebe, todos me tratam como se eu fosse outra (como se eu fosse 'filha' ou 'criança', e não a Margarida), como se eu fosse uma obrigação social – 'a filha', 'uma menina' – e não uma pessoa".

E isto excluindo os casos nada raros de maus-tratos ostensivos, tidos como necessários para "educar".

Enfim, os brados das crianças que gritam muito podem dever-se ao medo (às caras!) diante do ódio gradual que vai nascendo nos circunstantes – tanto pelo que os gritos têm de irritantes quanto pelo fato de eles despertarem nos circunstantes os gritos que contêm.

Importante recordar também que os primeiros gritos dos seres vivos, primórdios da palavra, muito provavelmente foram de dor ou de sofrimento. Ou o sofrimento de um filhote perdido ou a dor de uma presa ferida.

Bom recordar esses fatos quando se pensa em psicoterapia. Em vários trechos deste livro assinalei o quanto o tom de voz exprime com clareza a emoção do momento. Quanto maior a emoção, mais ela pode ser ouvida na voz.

Ao que já ficou dito acrescente-se: quando falar sobre a respiração, mostrarei os fenômenos aero e hidrodinâmicos de força considerável que ocorrem no tórax. Eles se intensificam durante as emoções, perturbando, eles também, o fluxo aéreo que alimenta a voz.

"Voz embargada pela emoção..."

Entre animais que vivem em bando, é comum ouvir gritos esparsos freqüentes, como se cada um "dissesse" periodicamente ao bando: "Estou aqui". Cada espécie desenvolve seus gritos e sinais específicos usados por seus membros a fim de alertar o bando diante de perigos diversos: a cobra, o grande predador, o falcão.

# EDUCAÇÃO: COMO TRANSFORMAR DESEJOS EM DEMÔNIOS

Agora podemos retornar à sufocação infantil.

Na educação de todos nós, dois processos se combinam para nos paralisar: os mil "nãos" e a imitação (instintiva) das atitudes, gestos e caras dos adultos que nos cercam.

Adiante se demonstra que o cérebro é primariamente um aparelho capaz de **imitar** qualquer coisa **vista**, e há evidência fotográfica de neonatos imitando quem olhe para eles – desde os primeiros dias de vida, repito.

A isso – processo instintivo! – some-se o incrível número de "nãos" que qualquer criança ouve nos primeiros anos da vida.

As imitações "revestem" a criança com os modos e as maneiras dos adultos que a cercam; e cada "não" paralisa um gesto, impede um movimento... Cada "não" significa um reforço dos flexores, os músculos que nos "freiam" e nos "encolhem".

Piorando a situação para a vítima, mas favorecendo-a para os algozes (!), temos esse dado primário da fisiologia muscular:

**Os músculos flexores respondem antes, com força e bem mais rapidamente do que os extensores.**

Ante qualquer "susto" nos encolhemos.

> Os movimentos de flexão – em qualquer parte do corpo e, pior, quando alcançam muitas regiões –, significam "ir para dentro", encolher-se, fechar-se, proteger-se, preparar-se, armar-se (defensivamente). Além disso, tudo que é chamado de "tensão" refere-se primariamente aos flexores.
>
> Os movimentos de extensão (alongamento) significam "ir para fora", abrir-se, ir em busca, ir ao encontro, expor-se.

Estas duas frases curtas são por demais importantes para compreender a repressão ou a formação da Couraça Muscular do Caráter, somatório das contenções, **incorporação** dos "nãos" e das imitações.

"Identificação com o agressor", diria o mestre Freud.

Mas não lhe ocorreu que o processo vai dos olhos da vítima, vendo o agressor à sua frente, para seus músculos – automaticamente (inconscientemente).

Ao longo do processo educativo, nos diz Reich, vamo-nos encolhendo cada vez mais, muito mais dispostos (ou predispostos) a dizer "não" do que a dizer "sim", mais dispostos a nos conter do que a fazer o que gostaríamos, ou até de fazer o que seria necessário fazer.

Podem ser impedidos, inclusive, *imprintings*, a tendência dos filhotes, **em épocas determinadas do desenvolvimento,** de aprender conjuntos de ações complexas e específicas.

Na medida em que a gaiola das imitações e contenções vai se adensando e complicando, e como toda ela é feita de tensões musculares crônicas ou de predisposições a contenções, mais e mais desejos, tendências e experiências novas vão sendo limitados.

Um dos dilemas da psicoterapia é este: como será possível um relacionamento que não seja semelhante, que não reproduza as relações estereotipadas exigidas pelos costumes sociais?

"Interpretar a transferência" não resolve. Apenas... transfere a questão.

## A FORÇA ATUAL DA REPRESSÃO OU A ETERNIZAÇÃO DA REPRESSÃO

Eternizando o processo de limitação de movimentos, substituindo a presença e a influência da mamãe e do papai, institui-se, enfim, na sociedade, o controle de todos sobre todos, todos vigiando a todos para que ninguém faça o que gostaria de fazer – ou para que todos continuem a fazer como aprenderam na infância.

A fazer "como se deve", como "é certo", como "é normal"...

Repetindo: somos todos prisioneiros e policiais do sistema.

## O PREÇO DE NOSSO AMOR PELAS CRIANÇAS – EM NEURÔNIOS

Para avaliar a extensão do estrago pedagógico, lembro um dado atual (2004) ignorado ou omitido por quase todas as pessoas, inclusive os pedagogos: nascemos todos com cem bilhões de neurônios – mais neurônios do que o número de árvores da floresta amazônica –, e aos 10 anos, mais ou menos, esse número se reduziu à metade!

Neurônio não-usado comete suicídio compulsório: "apoptose".

*Maktub* – está escrito – no DNA.

(Para os protestantes de Calvino também: está escrito na Bíblia!)

Neurologistas tentam atenuar o fato "explicando" que o cérebro é assim mesmo, meio excessivo! Como ele "não sabe" o mundo em que vai viver nem as experiências pelas quais vai passar, previne-se criando neurônios em excesso.

Esta explicação, tida como razoável, esconde os malefícios da educação, sobretudo a primeira – a familiar.

Esta explicação, além disso, é negada pela ablação (retirada) de metade do cérebro em casos de epilepsias infantis com ataques freqüentes incontroláveis.

Se você visse a criança depois disso (eu vi, na TV...), ficaria espantadíssimo ao verificar quão pouco a criança ficou prejudicada.

Isto é, **o quanto a metade dos neurônios consegue realizar quase todas as funções "normais" do cérebro inteiro.** Mesmo sem metade do cérebro, se você visse a graciosa menina, a consideraria até mais do que normal!

E lembre-se: como todos sofremos essa mutilação "pedagógica", o que sobra é o normal! Ai de você se porventura – ou por desgraça – forças benéficas tivessem permitido a você preservar seu cérebro inteiro.

Você seria um monstro! Internado ou crucificado.

Com uma complicação a mais: nosso aparelho locomotor é incrivelmente complexo, e por isso – ou assim – pode-se imaginar o quanto imitações e "nãos" sucessivos, cada qual perturbando estes e aqueles circuitos motores, podem exercer um efeito limitante muito complicado sobre a postura e sobre os movimentos do indivíduo.

Reich resumiu com felicidade essa questão com o conceito de "Couraça Muscular do Caráter". Assim ele reunia, pela primeira vez, a psicologia (o caráter) com a motricidade e suas inibições (couraça **muscular**). Mostrava ao mesmo tempo que o inconsciente estava presente e atuante em todos os movimentos da pessoa, e que todas as identificações e demais mecanismos neuróticos estavam ligados a tensões ou relaxamentos musculares deformadores da postura, das atitudes, dos gestos e das intenções.

Assim, era possível compreender a precocidade e a profundidade das limitações neuróticas e observar facilmente sua formação no cotidiano de todos.

Observar a formação do inconsciente... Repare, leitor, a clareza desta afirmação se confrontada com as exóticas noções verbais da psicanálise ao falar destas mesmas coisas. As "fases"...

Observe, também, quão claras se tornam as próprias afirmações da psicanálise relativas ao processo de formação (deformação!) precoce das inibições neuróticas.

# VAMOS AMPLIAR ESTAS AFIRMAÇÕES

Aos 3 anos de idade, uma criança já tem 90% do cérebro que teria como adulto (se a metade não fosse funcionalmente anulada).

O volume sangüíneos de sua circulação cerebral é duas a três vezes maior do que o volume sangüíneos que nutre o cérebro adulto.

Nela, o cérebro pesa 25% do peso do corpo, ao passo que em nós ele pesa apenas 2,5%.

Enfim, estudiosos interessados em crianças nos dizem que aos 5 anos de idade a criança já aprendeu 80% de tudo que aprenderá na vida. A noção comum sobre educação é que ela consiste em bons conselhos dados por mamãe e papai sobre o que é certo e o que é errado, no aprendizado de nossos valores e significados tradicionais.

Acredita-se que educar é explicar, justificar e exigir conformidade de comportamentos da criança com algumas regras aceitas pela coletividade.

Quanto à educação escolar, aceita-se que ela consiste, essencialmente, em aprender a ler, a escrever, a "fazer contas" e a repetir mil noções de coisas já estabelecidas pelos adultos e tidas por eles como conhecimentos básicos sobre a realidade, a sociedade e a vida...

**O que a criança aprende nos anos iniciais da vida – e sobre o qual mal se fala – é MEXER-SE.**

Não esqueça que dois terços do cérebro servem apenas para você se mexer, e lembre-se de quanto você leu ou lerá neste livro sobre a complexidade neurofisiológica do agir.

Todas as imitações e "nãos" vão limitando essa complexidade e integrando-se às posturas (raízes das atitudes). O antigo "caráter" é o somatório destas atitudes muito estáveis – muito rígidas. São o "jeito" da pessoa, depois de "bem-educada".

Freud falava de identificações como de uma realidade inconsciente. Estou dizendo a mesma coisa, mas falo de imitações – **motoras**, portanto – que se fazem e são visíveis na criança, e não de uma realidade inexplicável e incompreensível desde o início.

Muito da experiência geradora de nossas competências motoras se forma nesta época, quando a palavra ainda não tomou conta da cena, ou ao lado do aprendizado verbal.

À medida que a palavra vai dominando a consciência, as aptidões motoras vão "submergindo no inconsciente". Na verdade, vão se fazendo cada vez **mais automáticas**.

Vão, na verdade, construindo ou constituindo "o" inconsciente, isto é, a postura e as atitudes que nos levam (a marcha), governam e inibem sem que se saiba muito bem como.

Porque é impossível prestar atenção ao mesmo tempo às palavras e às ações às quais elas se referem, e porque a estrutura motora das ações é por demais complexa para ser feita de propósito.

Na mesma medida, este fundo dinâmico (motor) vai determinando o comportamento sem que a pessoa possa explicar com clareza o que está fazendo e por que o faz dessa ou daquela forma. Ela está presente às palavras e não aos automatismos motores.

A pessoa não sabe o que está fazendo – nem mostrando! (Sem ofensa a ninguém.)

Em termos analíticos: "O inconsciente passa a influir sobre a consciência", isto é, a pessoa faz ou deixa de fazer coisas sem saber por quê, e então inventa razões – as mais usadas em seu ambiente próximo (as explicações simplórias do normopata – as racionalizações).

Mas é sobre esse repositório de atitudes (crônicas) e movimentos automáticos que as palavras têm sentido. Sentido – direção, lembra-se, leitor? Sem a experiência motora de intenção (direção), nenhuma palavra teria... sentido.

O que nos disseram Piaget e Vygotsky? Exatamente isso: toda a verbalização está baseada na experiência senso-motora prévia (primeiros anos de vida).

A versão popular é mais clara ainda: o que ensina é a prática... Só quem faz ou quem fez sabe o que está dizendo...

Junte, leitor, o que você está lendo com o que já leu sobre movimento, postura, atitude, intenção...

## COMO PRESERVAR NOSSOS NEURÔNIOS

Mas, sobretudo, seria muito bom preservar todos os nossos neurônios. Para isso a escola teria de ser um grande parque de diversões, permitindo o exercício de todos os esportes, das habilidades circenses, danças, ginásticas; um espaço cheio de ferramentas, de cacos de coisas para colar, pregar, parafusar, tecer. Cheio de armações para subir, balançar, pendurar-se; redes, escadas e, enfim, piscinas com muitas variedades de fluxos, cascatas, escorregadores e o mais que você queira imaginar.

> **Um enorme parque de diversões onde a criança pudesse experimentar, exercer e treinar toda a sua versatilidade motora – ativar dois terços de seu cérebro – e preservar todos os neurônios.**

Hoje poderíamos acrescentar os novos divertimentos que juntam cenas vertiginosas aos movimentos de plataformas sobre as quais as pessoas estão sentadas. Acrescentar também os **simuladores** cada vez mais numerosos, de atividades cada vez mais variadas: de pilotagem de carro, de moto, de avião, de lanchas, de robôs industriais...

## A MAIOR QUALIDADE E O PIOR DEFEITO DO CÉREBRO

Percepção e respostas rápidas são vitais.

Por isso, o cérebro desenvolveu sua capacidade de estabelecer ligações neuronais estáveis, desde reflexos simples (os antiálgicos ou defensivos, os de estiramento e os posturais, por exemplo), até os numerosos e complexos reflexos visuo-motores, chegando, já em nível social, a hábitos pessoais, rotinas e regulamentos organizacionais. No limite, chegamos aos preconceitos – aos nossos Sagrados Valores Tradicionais ou aos significados e valores coletivos, que estabelecem nossa solidariedade social (assim se diz...).

**O que se ganha em velocidade, em uniformidade e em coletivização das respostas perde-se em seletividade, sensibilidade e discriminação – na capacidade de individualizar o aqui e agora.**

As generalizações ("todas as palavras são genéricas – lembre-se!") são o limite destes automatismos, presentes na própria estrutura da linguagem e da inteligência.

As aptidões individualizantes só se desenvolvem se as cultivarmos deliberadamente, e aos poucos, devagar, reflexivamente. Isto é, "voltando-nos para dentro", meditando e experimentando.

**A lentidão é essencial para cultivar uma boa percepção proprioceptiva.** É impossível perceber os elementos motores de uma ação quando ela é executada rapidamente.

Não confundir reflexão (atividade introspectiva) com reflexos (neuronais)...

# A RESERVA FUNCIONAL DO CÉREBRO

Estes esclarecimentos nos permitem compreender um sério problema de fisiologia cerebral – o problema da "reserva funcional".

A fisiologia nos ensina que todos os órgãos – ou funções fisiológicas – podem decorrer, esquematicamente, em três intensidades diferentes: de repouso, normal e máxima.

Podemos viver com um sétimo do fígado, com meio pulmão, com apenas um rim. Estas porções de órgãos são suficientes para desempenhar as funções correspondentes, mas apenas até seu nível normal.

Na respiração, inalamos, quando em repouso, quatro a seis litros de ar por minuto, mas em competições atléticas a ventilação pulmonar pode ultrapassar cem litros por minuto.

Pelo coração, circulam cinco litros de sangue por minuto, mas esse volume pode alcançar mais de trinta litros por minuto no exercício intenso.

Esse é o sentido da expressão "reserva funcional".

Mas e o cérebro? Como será possível fazê-lo funcionar cinco ou dez "vezes mais"? Tem sentido a proposta? Não tem sentido dizer que estou vendo ou ouvindo cinco vezes mais, mas na certa posso treinar para **prestar uma atenção cada vez mais concentrada**, digamos, nos olhos – ou nos ouvidos. Funções sensoriais podem ser refinadas, e parece-me intuitivamente claro dizer que o gradual aprendizado de **concentração** consiste em favorecer, por treinamento, a formação de conexões cada vez mais numerosas entre grupos de neurônios.

De outra parte, o treinamento esportivo nos demonstra que é possível levar muito longe a capacidade de fazer força, e sobretudo de melhorar a coordenação motora. Podemos inclusive aprender numerosas **formas diferentes de coordenação motora**, de equilibristas, de corredores, de tenistas, de pianistas, de marceneiros, de futebolistas, de dançarinos, de caratecas...

Em suma, lembrando que dois terços do cérebro servem ao movimento, torna-se fácil compreender o quanto ele pode ser desenvolvido – quantos bilhões de neurônios podem ser ativados e entrar em rede. Da mesma forma, é fácil compreender o quanto, sem o exercício e sem a prática, podemos limitar consideravelmente nosso repertório motor (inutilizar bilhões de nossos cem bilhões de neurônios).

Gostaria muito que o leitor compreendesse bem o alcance deste apartado de meu livro.

Gostaria mais ainda que ele figurasse em livros de pedagogia e de neurofisiologia.

Tenho para mim que as muitas formas de meditação, as iogas, as artes marciais e as danças sagradas, entre outras, servem, todas elas, para refinar a percepção interna, a coordenação motora e o equilíbrio do corpo – a "coluna reta" que está no... eixo do Zen.

De outra parte, todas estas técnicas e artes demonstram que, apesar de termos ficado apenas com meio cérebro, seu cultivo ainda pode dar resultados quase mágicos.

Enfim, dada a aceleração das transformações tecno-sociais, é bem a hora de começar a pensar em preservar o cérebro inteiro...

Você não acha?

Os orientais, mais introvertidos, seguiram os "caminhos do interior", enquanto nós, ocidentais, extrovertidos, ampliamos e expandimos os "caminhos de fora" (ciência e tecnologia, academias, competições atléticas e mais).

Mas nem é preciso dizer que os dois caminhos podem se completar; somá-los, então, seria o ideal.

*Contraria sunt complementa* – lembra-se?

# EXIGÊNCIA DA ÉPOCA: READAPTAÇÕES FREQÜENTES

No citado *Choque do futuro*, e de certo modo resumindo todo o livro, Toffler cita um fato que ocorre em certas escolas americanas e na certa se tornará cada vez mais freqüente. Anualmente, até **metade** da população de alunos é substituída, assim como metade do corpo docente. Pais e professores mudam de emprego, de residência e de cidade – e as famílias vão com eles.

É um resumo e um retrato de nosso tempo de mudanças. Nada permanece, o que faz que nossa capacidade de adaptação seja solicitada ao máximo, bem ao contrário do que se esperava ainda em meados do século XX.

Na psicologia, essa mudança constante de lugar, de amizades e de vizinhança era o que menos se desejava. A estabilidade do ambiente infantil era tida como condição imprescindível de formação da personalidade e de estabilidade emocional.

A fim de adaptar-se a um ecossistema estável, rotineiro e monótono, como era o mundo de então, era preciso que a criança começasse desde o começo a ser preparada para isso.

**O desafio da educação hoje é bem diferente: como cultivar nas crianças, ao máximo, sua capacidade de adaptação a companheiros, atividades, conhecimentos e ambientes continuamente mutáveis.**

**Estou resumindo a essência da educação do início do terceiro milênio!**

Estou propondo, além disso, algumas medidas pedagógicas capazes de desenvolver ao máximo nossas aptidões adaptativas a ambientes, circunstâncias e pessoas variadas.

## A INTELIGÊNCIA É CINEMATOGRÁFICA, E NÃO FOTOGRÁFICA

Compreender consiste em perceber como as coisas **acontecem** (e não como elas **são**), como **exercem** influência umas sobre as outras, como se relacionam dinamicamente e como essa interação pode ser modificada.

Inteligência é isso, e não apenas saber nomes e arrumar as coisas. Não consiste em "compreender" o mundo sem experimentá-lo como imagem, contato, influência e como espaço de movimento. Em perceber – como toda a ciência começa a acreditar e a demonstrar – que tudo influi sobre tudo, que não há estruturas e sim processos, que o universo é uma soma inconcebível de interferências de vibrações ou ondas, como Bergson já havia intuído. Desde as vibrações de todos os corpos, base da física quântica, passando pela dança frenética dos átomos, seguindo pelas combinações químicas microscópicas e macroscópicas, alcançando a diversidade dos seres vivos, o planeta, o sistema solar e o cosmos.

A inteligência é cinematográfica, e não fotográfica.

Por isso as pessoas amarradas compreendem mal as transformações, e quem se mexe sempre do mesmo modo é a própria encarnação do conservadorismo – do pensamento parado ou repetitivo. Da máquina.

Aliás, a Revolução Industrial foi crescendo e se expandindo baseada na repetição, que as máquinas fazem bem melhor do que nós. Mas a Era das Máquinas (mecânicas) está chegando à perfeição e ao fim (automação). Hoje já se ouve o clamor das exigências para a criatividade e a versatilidade. Todas as relações se fizeram ultravelozes com a variedade de equipamentos eletrônicos. Por isso tantos sofrem do medo de perceber que tudo está mudando – medo de perceber, inclusive, que eles mesmos estão mudando, sem perceber!

# A ENERGÉTICA DE FREUD E A MECÂNICA DE NEWTON

Freud comprazia-se em fazer analogias mecânicas ao descrever o "Aparelho Psíquico" e os "mecanismos" inconscientes – "impulso", "resistência", "contracarga", a dinâmica e a tópica desses impulsos e resistências.

Não lhe ocorreu a "mecânica" dos impulsos. Se tivesse ocorrido, ele teria de considerar a motricidade – e chegado mais perto do corpo e da ação...

Chegou quase lá ao afirmar: "O ego controla a motricidade".

O que não ocorreu a ele e aparentemente a ninguém mais é que **toda a mecânica de Newton pode ser experimentada facilmente em nosso corpo**. Na verdade, pode ser **sentida** a qualquer momento: é só prestar atenção e não ter preconceitos.

Segundo estes preconceitos, a mecânica nada tem que ver com nosso corpo nem com as sensações, a consciência ou a vontade!

Segundo a escola e a física, a mecânica nasceu no espírito de um gênio – sigamos a lenda – ao ver cair uma maçã. A noção da força gravitacional a me "puxar para baixo" poderia ter nascido nele como em qualquer pessoa, apenas considerando o esforço que fazemos para nos levantar de uma cadeira, a fim de nos pormos de pé e do cuidado que precisamos ter ao andar sem cair.

**A gravitação universal está escrita em todos os meus movimentos e posições.**

Como já disse, ela pode ser sentida com toda a clareza por meio das sensações de posição e movimento. Elas e só elas podem dar sentido à palavra "força": o único sentido "real" que serve de base a todas as abstrações da mecânica.

Deixando as folhas e considerando a árvore: como nos seria dado **compreender** as noções primárias de força, de inércia, de peso, de massa, de aceleração, de queda livre se não estivéssemos experimentando tudo isso em nosso corpo o tempo todo?

Newton "abstraiu" as noções da mecânica clássica de suas próprias sensações musculares continuamente atuantes.

De onde, senão?

Por acaso Newton poderia sentir o que sente uma maçã?

Suas clássicas leis do movimento, inclusive, são da experiência cotidiana de todos nós – o tempo todo.

Primeira Lei: nada se move e nada se detém se não houver uma força para nos mover – ou frear. Em nosso caso, força exclusiva e claramente muscular. A própria palavra "impulso" ou "pulsão" não tem sentido sem essa base na **sensação de força**, de algo que empurra ou segura, que move ou impede o movimento.

Daí o gosto de Freud pelas comparações com a mecânica – mesmo sem desconfiar nem de longe de tê-la e senti-la em seu corpo. Freud começou sua carreira como neurologista e já então se sabia o essencial sobre motricidade e propriocepção. Mas ele não ligou "o" inconsciente com o corpo.

Segunda Lei: o movimento ou a aceleração de um objeto (o corpo) é proporcional às forças que atuam sobre ele (desejo, impulso, instinto, vontade, intenção).

Em nós, a **direção da resultante** destas forças é difícil de estabelecer, porque as forças atuantes, mesmo em movimentos limitados, são muitas e variam enquanto o movimento vai se realizando.

Essas forças são invariavelmente plurais, tanto devido ao número de UMs e articulações envolvidas quanto em relação ao número de desejos e inibições entrelaçadas. Estas duas espécies de forças – musculares e psicológicas – talvez sejam uma coisa só.

Poderíamos falar, até, nas "forças" de inércia – as forças do estabelecido, dos costumes aceitos, dos hábitos que compõem estas resistências. Elas estão presentes nas atitudes da pessoa, retrato de suas limitações... Retratos dos mil "nãos" ouvidos na infância.

Enfim, a Terceira Lei: a toda ação corresponde uma reação igual e contrária (essa sua forma mais simples). Nunca entendi esta lei. Para mim ela diz que tudo está parado e que nada pode se mover.

Estou propondo insistentemente que essas forças tidas como "simbólicas" estão presentes no corpo como facilitação ou dificultação – passe o neologismo – de quaisquer movimentos.

Em todos estes casos, o "objeto" (a massa e/ou o peso) é o de nosso corpo, e sobre ele atuam quase que o tempo todo numerosas forças de sustentação (antigravitacionais), de equilibração, de aceleração positiva (impulso) ou negativa (resistências), na certa proporcionais à massa do corpo, à força das intenções (em tensões) e das contenções (com tensões). Intenções e contensões funcionam como energia potencial, como molas comprimidas.

Enfim, poderíamos dizer, ainda, que a noção de vetor e de composição de vetores (regra do polígono) também foi abstraída com base nas forças que estão atuando continuamente em nosso corpo – e de dois modos, pelo menos.

Primeiro, mecanicamente: o movimento de qualquer parte do corpo – digamos, do braço – se compõe de numerosos "vetores" musculares e "desvios" articulares, cuja soma produz o movimento desejado. Notar que esta "soma" **vai acontecendo**, isto é, ela não se realiza em um instante.

Refinando essa análise, poderíamos chegar, talvez, até à noção primária de cálculo integral, dado que nossos movimentos ocorrem como efeito de **um somatório considerável de microesforços.** Aliás, do somatório e da seqüenciação de microesforços, cada um deles produzido por **uma** (podem ser mil) excitação de **um** (podem ser muitos) neurônio alfa ("delta f").

Pessoalmente, não me canso de ver movimentos humanos em câmera lenta, nos quais toda essa mecânica pode ser observada, estudada e admirada.

Enfim, cito um pequeno mas inspirado poema dos autores do livro de física várias vezes citado. Finalizando o capítulo sobre as Leis de Newton, apresentam a foto de uma das autoras (Leslie Hewitt) segurando com os braços, pelas axilas, no alto, seu filho de um ano e mantendo a fronte da criança colada à própria fronte.

O minipoema consta como legenda da figura:

"Você não pode tocar sem ser tocado – terceira Lei de Newton"...

Ação e reação...

Deveras estranha coincidência: fácil ver que venho defendendo esta tese – ação e reação – como central nas relações pessoais.

# A INFLUÊNCIA DE G* NA ORGANIZAÇÃO DA MOTRICIDADE E DA CONSCIÊNCIA

($g^*$ = aceleração da gravidade na Terra, 9,8 m/s$^2$)

Assinalei insistentemente a influência do binário ataque-fuga na organização funcional do Sistema Nervoso – na organização do sistema olhar-motricidade.

A força da gravidade foi a segunda força modeladora do SN – se não a primeira –, dado que o corpo de qualquer animal terrestre é uma massa movendo-se em um campo gravitacional permanente.

Muito antes de Newton – na verdade, quase meio bilhão de anos antes – a vida "descobriu" a gravidade: aqui na Terra, não se pode agir eficientemente com o corpo em qualquer posição. Há invariavelmente uma posição ótima para fazer cada coisa – a "boa postura" – e depois dela uma série de posições cada vez menos eficientes.

Nenhum ser vivo sobreviveria se o obrigássemos a viver "de cabeça para baixo" (nem insetos!) ou "de costas para baixo". Toda a motricidade dos animais "foi feita" para o animal agir "de pé", isto é, opondo-se com precisão, o tempo todo, ao puxão da gravidade que o "atrai para baixo" – ele inteiro e cada uma de suas partes.

Por isso, já nas antiqüíssimas hidras ("águas-vivas", quase protoplasma "puro") existem "estatocistos". São vesículas com geleinha até a metade, cílios verticais imersos na geléia e pedrinhas de cálcio sobre eles. Sempre que o corpo da medusa se inclina para um lado ou para outro, as pedrinhas movidas pela gravidade entortam os cílios, e o centro de comando de movimentos endireita a... postura da água-viva.

Estranhamente semelhante à mamãe, o estatocisto vive "dizendo" para a água-viva: "Fique direita!"

Estranhamente, também, um aparelho essencialmente igual existe em nosso ouvido interno, com a mesma função: sabermos se a cabeça "está direita" ou se ela está inclinada.

Toda a motricidade – toda a postura – se alinhará de algum modo pela cabeça, na qual se situam todos os nossos telerreceptores (olhos, ouvidos, nariz). Por isso, a cabeça é... a cabeça, tanto real quanto metaforicamente. É a chefe, o centro de comando. Por isso conhecer sua posição é essencial.

Cabeça, *caput* (latim): capital, capitalismo...

A posição da **cabeça** mede toda a **gravidade** da situação.

Primeiro é preciso parar de pé. A melhor cena para ilustrar esse ponto é a de filhotes de veadinhos ou de bezerrinhos recém-nascidos. É fascinante e engraçado vê-los tentando usar as quatro varetas articuladas que daí a pouco (minutos – meia hora!) lhes permitirão assumir estavelmente (ou quase!) sua postura básica de quadrúpedes. E ai deles se não aprenderem depressa; meia hora de aprendizado já é demais. Se não aprenderem nesse tempo, ou menos, mamãe pode ir embora e as hienas vão rir...

Não menos fascinante é ver uma criança de um ano em sua primeira "viagem" – quase um vôo – pelo espaço de três dimensões (até então viveu em um espaço de duas). Vôo, porque ela abre os bracinhos instintivamente a fim de compensar a tendência a quedas para um lado ou para outro a cada passo.

A conquista da terceira dimensão!

Do espaço! (Euclidiano, porém!)

Depois, todos os seus movimentos terão de respeitar esse puxão constante para baixo.

**Toda posição (atitude) é oposição – à queda!** Por isso existe a postura – amplamente automática.

A Terra, ao mesmo tempo que nos sustenta, nos atrai para baixo – para a queda.

A diferença radical entre os seres vivos marinhos (os primeiros a aparecer no planeta) e os terrestres é esta: na água, a força da gravidade é anulada pelo princípio de Arquimedes.

Por isso os répteis, os primeiros na Terra, rastejam, esmagados pela gravidade...

Daí o sentido pejorativo da palavra "rastejar": "Você não consegue nem parar de pé, seu verme". "Você não tem a menor dignidade." "Você não alcançou a dignidade dos seres humanos..."

A manutenção da posição ereta, exclusivamente nossa, talvez seja a essência do enigmático e polimorfo "ego" e suas mil ações, tantas e tão variadas que o tornam indefinível. Talvez ele seja tão polimorfo e elusivo quanto as mil posições que podemos assumir – sem perder a posição ereta.

Essa talvez seja, também, a solução para a sempre lembrada "permanência do ego" ao longo de toda a vida. Se são tantas as experiências e tantas as transformações orgânicas ocorrendo conosco ao longo do tempo, o que nos permite manter a noção de que somos sempre nós mesmos?

Resposta: a gravidade, a vertical e sua manutenção – sempre que estivermos de pé. Como não há dois corpos anatômica e mecanicamente iguais, nem histórias de vida semelhantes, **nosso modo de parar de pé e manter o equilíbrio é a melhor experiência subjetiva – permanente – de nossa individualidade**, mesmo que não o percebamos, mesmo que inconsciente!

Enfim, a manutenção do equilíbrio talvez seja também a raiz – experimentada por todos – do significado dessa palavra e dessa "coisa" tão fundamental: "equilíbrio".

Sem ele, regredimos a quadrúpedes e com isso perdemos todas as nossas aptidões tecnológicas, conquistadas pelos braços livres e pelas mãos hábeis do bípede que somos.

Pergunta: será que deitados – quando o sistema de equilíbrio se inativa – continuamos a ser nós mesmos?

E os sonhos? Somos nós mesmos durante os sonhos?

Sem a vertical e sem a gravidade, a realidade se torna incompreensível – e de novo lembro os sonhos.

Os astronautas que o digam!

Enfim, quanto vale essa psicologia, para a qual desejo, pulsão, impulso, compulsão (com os pulsos!) são considerados entidades inconscientes e sem a menor relação com o corpo, com os olhos, com a motricidade, com nossa história animal, com a luta pela vida (biológica e social), com as forças físicas, as massas e o campo gravitacional da Terra?

Metafísica? Jogo engenhoso de palavras?

# UM BREVE PASSEIO PELA FILOSOFIA

Se tudo que existe está em transformação contínua, a noção de força deverá estar no centro de qualquer pensamento sobre a realidade.

O que transforma é a força – bela fórmula. Faz pensar em *Guerra nas estrelas*...

> **A questão é saber o que significa força. Este significado só pode nascer da força que está à nossa disposição em nossos músculos a qualquer momento. Todas as demais noções de força só podem ser concebidas por analogia ou como abstrações desta. Lembrar sempre que, ao mesmo tempo que exerço esta força, posso sentir que estou a exercê-la. Ela não é apenas um ato, muito menos um conceito ou uma idéia. É também uma sensação. Por isso ela pode ser a raiz – o concreto – de um conceito.**

Dizemos das palavras que elas têm significado, isto é, estão "no lugar de" outra coisa, são "sinal de" (signi-ficar). Mas dizemos também que as palavras têm "sentido", e agora, se insistirmos em ignorar a **experiência** de força, as palavras perdem... o sentido.

Em panorâmica ampla, podemos dizer que **compreender** ou **explicar** significa descrever como as forças se organizam ou como elas "constroem" estruturas estáticas (as "coisas") ou seqüências dinâmicas (antigas "Leis Naturais", "causas", movimentos, influências).

Em mecânica, não temos alternativa senão sermos... antropocêntricos! Só podemos compreender o mundo em função de nossa experiência.

Quase todas as noções estáticas ligam-se aos olhos (formas) e quase todas as noções dinâmicas estão ligadas aos músculos – força.

Somadas, temos as TRANS – FORMA – AÇÕES.

Todo movimento real dos animais – a "força" – nasce da actina e da miosina, as duas moléculas protéicas ativas na contração dos músculos.

Delas nasceu também a moral – enquanto ciência ou regra de bom comportamento, da **reta ação**.

Nasceu até a física quântica, segundo a qual a força nasce do nada – do vácuo ativo.

Dentro de meus limites, parece-me que toda a física estuda movimentos, e tudo e somente o que se relaciona com eles.

Encerrando este capítulo, e repetindo uma noção que me é cara: para mim é fácil acreditar, depois do que foi dito sobre a complexidade de nossos movimentos e das estruturas neurológicas e mecânicas que respondem por eles, que nossa tão decantada criatividade provém desta mesma raiz.

Assinalei várias vezes: primeiro fazemos e **depois** "descobrimos" como fizemos. Toda reflexão e toda explicação emergem do fato original, cuja natureza nos é desconhecida.

Repito Einstein: difícil é compreender o que significa compreender.

*Meio século de psicoterapia verbal e corporal*

Estou tentando... compreender, com plena consciência de apenas estar recuando a questão: como nosso equipamento motor "inventa" soluções?

Há mais neurônios em nossa cabeça do que árvores na floresta amazônica, e entre eles podem se estabelecer conexões em número maior do que as folhas da floresta amazônica...

"Ele" sabe como se faz...

# COMO CULTIVAR A VERSATILIDADE NOS RELACIONAMENTOS PESSOAIS

Ou seja, como tornar possível a formação de ligações significativas mesmo em períodos curtos de convivência.

Creio que esta seja uma exigência das mais profundas – e de mais difícil realização em um mundo mutável como o nosso, que vem se fazendo cada vez mais mutável.

Lembre o exemplo da escola e da alta rotação de alunos e professores. Lembre a facilidade de viajar de hoje. Lembre o contato "com o mundo" permitido pela TV.

Retorno ao cérebro e às ligações incontáveis entre movimentos de um lado e olhar-imaginação (imitação) de outro.

Pessoas particularmente versáteis em movimentos, ao se defrontarem com outra pessoa, têm a possibilidade de "compreendê-la" quase instantaneamente – por imitação.

Essa imitação pode tanto ser espontânea (dote especial de algumas pessoas) quanto cultivada nos moldes e técnicas que estou propondo e que a neurolingüística tenta sistematizar.

Dizendo de outro modo, mais familiar: **a versatilidade motora facilita a compreensão intuitiva do outro**. Vice-versa: a rigidez motora dificulta ou impede a compreensão do outro. O que, afinal, é evidente e do conhecimento de todos desde sempre. A solene liturgia dos dinossauros – completamente fora de qualquer tempo...

Preciso dizer que toda essa proposta pedagógica tem bem pouco que ver com as palavras, que virão depois, quando a noção-sensação dinâmica (mecânica!) do estar no mundo estiver bem incorporada.

Incorporada, isto é, bem integrada ao corpo.

# COMO APRENDER A APRENDER

Essa é a direção de toda a pedagogia do presente. Toda a vanguarda da educação concorda com isso. Nenhum esquema fixo, por melhor que seja, poderá servir para a criança aprender a viver em nosso mundo de transformação contínua.

O progresso acelerado da ciência e da tecnologia torna difícil ou impossível estabelecer programas de "noções fundamentais" ou de "noções gerais".

O desemprego mundial está aí dizendo que a formação antiga é inútil, depois que a computação, a internet e a automação tomaram conta da produção. Na verdade, tomaram conta da economia em todos os seus aspectos.

Mas a pergunta mais difícil de sempre é esta: **como se faz para aprender a aprender**?

Vou propor algumas soluções deveras inesperadas. Espero que o leitor se dê conta de que as propostas existentes estão todas eivadas ou envenenadas de um passadismo clássico, autoritário e verbalista (intelectualista), que as torna pouco menos do que inúteis. Na verdade, fazem mal ao cultivar hábitos cada vez menos adequados para o presente.

Além, claro, de pouco atraentes para os alunos que nunca apreciaram o ouvir-repetir da escola tradicional.

É preciso se dar conta de que aprender é muito mais amplo do que... aprender a falar. Isto é, diferente ou muito mais amplo de tudo que você sabe e de tudo que sofreu e que todas as crianças ainda sofrem na escola, que ousa acreditar-se atual e capaz de transmitir um volume considerável de noções inúteis.

Tão inúteis que um ou dois anos após o término do curso quase ninguém lembra mais do que um décimo do que se pretendia ensinar a ele (quatro do primário e cinco do secundário – agora com mais dois).

Digamos, em duzentos dias por ano, com cinco horas por dia (aulas e tarefas), computamos nove mil horas perdidas à toa – com um resultado: "Não quero saber nada do que me ensinaram lá – na escola. Tudo muito chato e não sei por que quiseram me ensinar tudo aquilo. Ciência é chata, cultura é chata, geografia é chata..."

Mãe (peremptória): "Mas meu filho precisa ir à escola para aprender!"... "Estou tão preocupada! Meu filho não vai bem na escola!"

A escola de hoje é boa para a mamãe de antes – por ser semelhante à que ela... sofreu!

Insisto: antes de criticar o que segue, recorde todos esses fatos.

# PARA COMEÇAR, SÓ MAIÚSCULAS E SÓ LER

Vamos então à minha proposta. Primeiro precisamos deixar a escrita e as minúsculas para depois.

Vamos aprender a ler – primeiro.

Princípio fundamental da Escola Nova: até hoje, na escola velha (mas atual!), há aulas e recreio. As aulas são "sérias", são trabalho; recreio é brinquedo – isto é, algo necessário para a vitalidade da criança, mas inútil como aprendizado.

No entanto, o brinquedo é a essência do aprendizado de todos os mamíferos.

Fundamentando essa afirmação, temos outra, tão essencial quanto: **só aprendemos o que nos interessa, ou só aprendemos quando e enquanto interessados**. Quando interessados, todo aprendizado é um brinquedo e ocorre rapidamente, quase sem repetições nem esforço. Fora disso é tortura. Prestar atenção ao que não nos interessa é isso mesmo, uma tortura. Consome-se então uma energia brutal para nada – perda de tempo decorando sem compreender o que estou lendo ou escrevendo. É o que acontece em 80% das escolas do mundo, durante 80% do tempo de... aprendizado.

Aprender a ler é fácil. Algumas sugestões (quase todas já existem e são usadas – como brinquedos!):

- escrever em tabuletas, com letras grandes, os nomes de todos os móveis e utensílios de casa (desde que o pequeno comece a engatinhar!). Essa é a sugestão de Doman e Delacato, que cuidaram de lesionados cerebrais durante a vida toda e se dedicaram por isso a aprender como se ensina – ou como as crianças aprendem;
- já existem muitas espécies de brinquedos com letras, livros coloridos com o nome – grande, em maiúsculas – de objetos familiares e animais;
- cartas, como de baralho, igualmente com esses desenhos e o nome do objeto ou sua inicial acentuada;
- livros com figuras simples e letras grandes;
- cubos com seis letras;
- pastilhas com letras isoladas para compor jogos de palavras. Insisto: só maiúsculas.

Por quê? Porque em poucos meses, com estas técnicas, crianças de 3 a 5 anos já estarão lendo – em primeiro lugar. Talvez estejam também escrevendo em maiúsculas! – embora isso, de momento, não importe.

> **Explicação da técnica inusitada: o teclado do computador é todo em maiúsculas, e ele, o computador, será a porta do conhecimento ao mesmo tempo permanente e atual, o mestre com o qual sempre se pode aprender.**

Professores? Aulas?

Para meu gosto, vídeos de filmes e CDs (como se fosse TV) vistos pelo grupo, comentados pelo grupo (e pelo professor) e revistos. Rever um filme já visto e comentado nos diz muito mais do que uma primeira audiência a ele. Os comentários – do grupo – servem a duas finalidades: ver muito mais do que eu havia visto da primeira vez e pôr em palavras o que vi – **saber** o que vi, em suma.

As pessoas vêem quase nada do que vêem. Se pedirmos a elas que nos descrevam um vídeo, nem que seja uma história simples, elas se referirão a bem pouco do que está lá, na fita ou no CD.

**Pouco depois, ou junto, as crianças – 4 a 5 anos! – aprenderão a entrar e navegar na internet, o que é bem simples.**

Então reaparece o professor. Ele poderá ser muito útil, mostrando o grande número de possibilidades de tudo que pode ser encontrado na rede do conhecimento universal, seguindo as perguntas e os desejos da garotada.

O computador mais a internet são, juntos, o Professor Universal Eterno – sempre renovado – ou renovável sem limites.

Mas o computador tem mais vantagens como professor.

Hoje é incalculável o número de CDs sobre tudo que se queira, tanto expositivos como **simuladores**.

A série "SIM" apresenta tudo que de mais completo se poderia desejar para que a criança aprenda "Lições de Coisas", como se dizia no meu tempo. Aprenda vendo e fazendo. Conheço quatro com algum pormenor: "A Cidade", "O Parque de Diversões", "Idade dos Impérios" e "Simulador de Vôo".

Bastaram para me convencer de que não pode haver ensino mais interessante, mais participativo, mais eficaz. Nada têm de simples, considerando-se o número de variáveis apresentadas.

É sabida a paixão das crianças pelos *videogames*, e é bom assinalar que estes também, como tudo o mais, vêem se tornando cada vez mais complexos, interessantes e inteligentes.

Mesmo os *videogames* usuais, de caça permanente e violenta, podem ensinar a criança a ver e a reagir depressa. A caçada...

Não conheço os CDs especializados na formação de profissionais, mas é certo que existem.

Não sei o que mais se pode querer em termos de escola e sobre como viver aprendendo... brincando.

Aplicação nascente da prática com *videogames*: manipulação dos comandos de robôs industriais, todos eles governados por um teclado e uma tela de TV.

Escrita e minúsculas, nesse apanhado, parecem pouco importantes, mas não me dediquei a aprofundar esse lado.

Lembro apenas uma anedota. Em um laboratório do Vale do Silício, um dos técnicos, em certo momento, grita, frenético: "Eureca!"

Logo foi cercado pelos amigos, curiosos.

– O que você descobriu?

– Como os antigos faziam a divisão!

Incidentalmente: as aulas de matemática começarão ensinando como se usa uma calculadora, e a mesma calculadora – a de hoje – acompanhará o aluno do começo ao fim do curso. É certo que ela será mais do que multifuncional. Será enciclopédia, lista de constantes da física, bússola, ligação com a internet, celular, logaritmos e não sei mais o quê.

Será seu professor de bolso!

O professor ou a professora estarão presentes e à disposição, estimulando, aprovando, tocando com gestos familiares (muito importante esse contato físico com os alunos).

Nada melhor para cultivar ligações afetivas entre professores e alunos. São o melhor substituto quando o interesse pelo trabalho é pequeno ou nulo: ligações afetivas!

# A CIDADE INDUSTRIAL

Em um Salão da Indústria Nacional, cerca de 1950, vi a solução que falta nesta escola: o aprendizado profissional.

Era a maquete de uma grande indústria ultramoderna instalada no centro de uma cidade construída, inteira, à sua volta e a seu serviço.

Cidade planejada e, até onde se pode dizer, cidade perfeita, com escolas especializadas na formação do pessoal necessário à indústria, casas-modelo, parques esportivos, igrejas, hospitais, centros de pesquisa – tudo que se pode desejar em uma cidade.

Esse seria o lugar e o modo de preparar pessoal capaz para o trabalho, em vez de ficar planejando uma escola que pudesse servir para tudo, ou uma "educação básica" apta a responder pelo número infinito de necessidades deste mundo acelerado.

Previam-se, mesmo, exames periódicos destinados a saber se a pessoa tem inclinação e competência para ser funcionário, e vias de encaminhamento de quem não estivesse interessado para outros centros onde seriam mais bem aproveitados.

A política desse país-modelo só poderia seguir o modelo de uma grande organização de hoje, uma multinacional – um governo que organize o trabalho para que o cidadão tenha tudo de que precisa, e dê lucro baseado nesse trabalho...

Que seja de seu gosto e, se possível, prazenteiro.

Em vez de impostos, trabalho de qualidade, feito com empenho e em condições de vida aprazíveis e saudáveis.

Ouço – de longe – que na China não há impostos. Será?

Atenção, leitor: vou sair da utopia e voltar para a psicoterapia.

# LIGAÇÃO DA ANSIEDADE COM AS VARIAÇÕES DO VOLUME RESPIRATÓRIO DO TRONCO

(Nota antecipatória: a ansiedade depende de dois fatores: contenção respiratória e variação da circulação cerebral. Cuidarei primeiro – extensamente – da contenção respiratória, mas o argumento só se fará de todo convincente quando examinarmos o efeito da restrição respiratória sobre a circulação cerebral.)

Modelo para o problema – ou para a situação central da ansiedade. Tome-se como exemplo um torcedor de futebol. Seu dilema durante todo o jogo será: presto atenção ao jogo (fico imóvel, atento?) ou respiro?

Se ele estiver bem atento ao jogo, ficará sem respirar a maior parte do tempo. Por isso gritará facilmente (ao gritar, respira). Por isso se agita em função do que está vendo (precisa se mexer porque está parado, mas "pronto para" – como se estivesse lá, na arena...).

Sempre que ficamos atentos a algo importante, interessante ou ameaçador, tendemos fortemente a nos imobilizar (tensão muscular difusa de preparação – reação de alerta) e suspendemos a respiração. Se essa parada demorar mais do que poucos segundos, começamos a ficar ansiosos, a sofrer de um início ou de ameaça de asfixia.

**Todos os malefícios psicossomáticos do estresse dependem deste processo, quando ele se torna freqüente, intenso demais ou crônico.**

Essa é a tese central da maior parte do que se segue.

De há muito lido com teorias e práticas ligadas à respiração, e sei por isso que as pessoas, mesmo cultas, têm idéias muito confusas e uma sensibilidade bastante limitada em relação a ela.

Por isso me permito dar uma aula elementar a esse respeito.

O pulmão não "faz" a respiração. Ele apenas **permite que se façam** a troca entre os gases atmosféricos (absorção de oxigênio) e a eliminação do gás residual do metabolismo (gás carbônico). O pulmão oferece cerca de setenta metros quadrados de contato entre o ar dos setecentos milhões de alvéolos e o sangue contido nos cem capilares que envolvem cada alvéolo. Essa é a rede capilar mais densa do corpo, e sua superfície total é de aproximadamente quarenta metros quadrados. (Nem todo o pulmão respira.)

O pulmão é apenas um lugar (um vazio) para o qual a atmosfera é aspirada, aí entrando em contato quase direto com o sangue. Estão separados apenas por 1,5 milésimo de milímetro de citoplasma da parede do alvéolo mais a parede do capilar. Como referência: o diâmetro de um glóbulo vermelho é de sete milésimos de milímetro.

O tempo necessário para a troca de gases entre o alvéolo e o capilar é de 0,75 segundo, reduzindo-se a 0,3 segundo durante o exercício intenso.

A passagem dos gases respiratórios para dentro e para fora do organismo é inteiramente passiva, dependendo apenas de suas concentrações relativas no alvéolo (na atmosfera) e no capilar.

Vou apenas citar poucos números referentes às trocas dos gases respiratórios. O volume de nitrogênio inalado e exalado é praticamente o mesmo (80%), o oxigênio perfaz 21% do ar inalado e 16,5% do exalado, e o gás carbônico perfaz menos de 1% do ar inalado e 4% do exalado. Tudo isso quando estamos em repouso, e nosso consumo básico de oxigênio é de 250 ml por minuto (e a produção de gás carbônico um pouco menor).

O sangue leva apenas cinco segundos para sair do ventrículo direito, passar pelo pulmão e chegar ao átrio esquerdo do coração. O pulmão contém continuamente cerca de 1,2 litro de sangue, havendo, em seus capilares, continuamente cem milímetros cúbicos de sangue.

A pressão arterial sistólica na circulação pulmonar é de 20/23 milímetros de Hg (mercúrio), e a diastólica é de 5/9 mm de Hg. Lembre-se que na grande circulação estas pressões são de 120 e 80 mm de Hg, portanto seis a oito vezes maiores (a densidade do mercúrio é 13,6, isto é, cada ml de mercúrio pesa 13,6 gramas, enquanto 1 ml de água – ou de sangue – pesa apenas 1 grama).

Enfim, o volume de sangue que circula pelo pulmão, por minuto, é de cinco litros, tanto quanto o que circula pelo corpo todo no mesmo tempo!

Todos estes números se multiplicam por um fator de vinte até trinta sempre que fazemos exercícios intensos.

Para que tantos números? Primeiro, porque são bem pouco conhecidos, e eu gosto deles. Revelam habilidades ignoradas – quase miraculosas – de nosso corpo.

Depois, porque eles mostram a facilidade e a rapidez com que a absorção do oxigênio pode ser prejudicada, o que é essencial para compreender minha tese sobre a ansiedade.

Terceiro, porque sentimos as emoções principalmente no peito devido a essas pressões e volumes consideráveis de gases e líquidos, e à velocidade destes fenômenos cardiorrespiratórios a ocorrer no peito.

# A VENTILAÇÃO PULMONAR

Se você parar de respirar, em poucos segundos começará a sentir falta de ar, pois a troca dos gases é muito rápida, como acabei de mostrar. Logo o ar no pulmão não conterá mais oxigênio suficiente, e já estará mais do que saturado de gás carbônico. Ficou "viciado", dizemos. Você começa a se sentir sufocado, e não preciso dizer o quanto essa sensação é... aflitiva (aflição – sinônimo de angústia!).

**Ela é insuportável ("impossível de suportar") por indicar ameaça de morte imediata – por asfixia.**

Logo retorno.

O que falta, então, para que esta sensação se atenue e desapareça?

Falta a **ventilação pulmonar**, faltam **as forças** (musculares) que mantêm os movimentos do fole pulmonar – a inspiração e a expiração. Só esses movimentos renovam a atmosfera intrapulmonar, permitindo que a troca de gases nos pulmões possa retornar, aliviando a angústia.

> Aí a surpresa: **todos os movimentos que garantem a ventilação pulmonar são executados por músculos estriados, isto é, músculos cuja contração pode ser – pode se tornar – voluntária.**
> Se você quiser – se você se dispuser a aprender/perceber.

Podemos respirar **por querer**, o que é estranhíssimo, pois nenhuma outra víscera tem seu funcionamento sujeito ao querer. Coração, intestinos, fígado, rins e mais órgãos funcionam por conta própria, e você não pode exercer influência alguma sobre eles...

**Na respiração, instinto e vontade se encontram.**

**A ansiedade é o sinal de que o instinto e a vontade entraram em oposição – ou em conflito.**

Posso respirar muito mais do que o necessário, e as conseqüências desse fato, de há muito sabido, não interessaram à maior parte dos estudiosos da fisiologia – a menos que se refiram a esportes.

O principal motivo desta aptidão (de controlar a respiração) está ligado à nossa capacidade de falar. Quando se fala, muda-se o controle da respiração. Para falar precisamos exercer alguma influência sobre a respiração. Precisamos de algum modo interferir nela. Se você tentar manter um ritmo estável de respiração, não conseguirá falar. Durante ou logo após uma corrida, é difícil conseguir falar.

A variação dos sons necessária para produzir as palavras (o sopro que faz vibrar as cordas vocais) exige variações correspondentes nos movimentos respiratórios. Os músculos respiratórios precisam atuar como os dos executantes dos instrumentos de sopro.

Na fonação, se torna mais do que evidente a variação na tensão das cordas vocais e na dos músculos que participam na formação dos sons das palavras (músculos da laringe, faringe, véu do paladar, pilares das lojas amigdalianas). A contração funcional de alguns deles tem de ser tão precisa quanto a dos músculos oculares. Mudam igualmente a forma e o ritmo dos músculos respiratórios.

Falta saber que o pulmão é um órgão que parece feito de borracha: extremamente elástico. E de todo destituído de músculos estriados (a musculatura dos brônquios é lisa – involuntária). Se, fora do corpo, você soprar no pulmão através da traquéia, fazendo-o expandir-se, ao cessar seu esforço você o verá esvaziar-se por conta própria, exatamente como se fosse um balão de borracha.

Por isso a expiração pode ser um ato inteiramente passivo – basta deixar de fazer força e o ar irá saindo.

Reforçando o mesmo fato, lembro que a arcada costal (costelas osteocartilaginosas e esterno) também é elástica, e quando inspiramos fazemos com que ela se amplie – se ponha em tensão (como se cada costela fosse um arco de flecha). Basta **deixar de fazer força** e toda a caixa torácica tende a retornar ao ponto morto...

Agora gostaria que você fizesse uma experiência simples, que logo em seguida compreenderá uma afirmação à primeira vista inusitada.

Mesmo sentado, levante a cabeça, endireite a coluna e comece a inspirar lentamente. Note como de início os ombros se elevam, logo depois o esterno (centro do peito) começa a avançar para a frente, enquanto as faces laterais do tronco (as costelas) vão se alargando, expandindo-se para fora. Enfim, continue a inspirar e sinta seu abdômen se expandir para a frente.

Deixe de fazer força e sinta que toda essa expansão tende a se anular sozinha – sem que você faça nada.

Agora será mais fácil para você compreender o que segue. O **tronco** (todo, de cima abaixo) é uma cavidade onde se aloja a maior parte dos órgãos e sistemas vegetativos, **nele contidos quase como se fossem útero (paredes osteomusculares do tronco) e feto (as vísceras)**.

O volume interno do tronco, no qual se alojam as vísceras, é variável conforme a posição do corpo, conforme a qualidade dos movimentos que a pessoa esteja fazendo, conforme a intensidade das tensões musculares envolvidas nesses movimentos e conforme, enfim, a necessidade respiratória naquele momento.

Suas paredes podem tanto se enrijecer consideravelmente quanto relaxar bastante. Quando enrijecidas, podem dificultar seriamente a inspiração.

Levando em conta os inúmeros movimentos que podemos fazer com os braços – cujas raízes motoras ocupam a metade superior-anterior do tronco, os ombros e mais de dois terços da face superior do dorso –, torna-se fácil imaginar de quantos modos podemos restringir a respiração durante mil ações distintas.

# ANÁLISE DA POSIÇÃO DE "SENTIDO" (MILITAR)

Nessa posição, o tórax permanece inflado, cheio, e o abdômen "chupado para dentro".

Se não for muito acentuada nem muito rígida, ela pode ser tida como um modelo de boa postura estática.

Se rígida, nela a respiração fica seriamente prejudicada. A respiração torácica fica limitada (pela rigidez muscular), e a diafragmática (ou abdominal) se torna impossível.

A respiração torácica é bem mais voluntária do que a diafragmática.

O diafragma pode e deve ser considerado o principal músculo da respiração. Embora estriado, seu funcionamento é bastante automático, garantindo-a permanentemente mesmo quando não pensamos nela.

Foi dito acima: sua superfície é de quinhentos centímetros quadrados e as bases pulmonares estão como que aderidas a ele (ao modo como as pleuras das faces laterais dos pulmões estão aderidas às pleuras parietais da caixa torácica).

Basta que ele desça ou suba um centímetro e já inalamos ou expiramos meio litro de ar – volume do ar corrente.

Além disso, se estiver livre, o diafragma permite a comunicação emocional entre tórax e abdômen. Permite que a pessoa sinta as emoções provindas das vísceras digestivas e sexuais (dos três primeiros chacras).

Quando a respiração permanece torácica, esta comunicação é interrompida. Todas as atitudes de "peito estufado" denotam orgulho, superioridade, distância ("frieza"), dominação, poder. A pessoa tem muita dificuldade de se entregar, relaxar, de "ir até o fundo" de qualquer estado interior. Em relação à respiração, estas pessoas têm dificuldade de expirar, cujo sentido emocional é de entrega – "deixo de fazer força", deixo acontecer, acompanho.

Estas interpretações de atitudes ligadas à respiração encontram aí fundamento: a melhor maneira de compreender o outro é imitando sua respiração ("compreendendo seus anseios", suas aspirações). Isto está de acordo, também, com as demonstrações dos neurolingüistas – e a intuição emocional dos artistas.

Talvez por isso, uma das imagens mais familiares – e estranhas – de mestre Buda o apresente obeso, sentado e "esparramado", significando contato total com a terra e tudo que ela suporta – com todo o peso gerado pela gravidade.

É claro ante a percepção proprioceptiva que só se consegue manter o peito cheio "prestando atenção" a ele, ou então somente depois de um longo tempo (meses, anos?) de tensão mantida voluntariamente. Ao chegar a esse estado, a pessoa não consegue se entregar nem que queira. Ela perde ao mesmo tempo o contato com suas vísceras – com suas emoções primárias. Perde também o contato com seus semelhantes! É o que sucede com muitos militares de carreira.

*Meio século de psicoterapia verbal e corporal*

Estas noções e interpretações têm cabimento sempre e somente quando as atitudes são bem marcadas e crônicas.

## A REAÇÃO DE ALERTA – OUTRA VEZ

**Na reação de alerta (adrenalina), todos os músculos se põem tensos, isto é, difusamente preparados para qualquer ação que se mostre útil ou necessária.**

Se o alerta, como entre os animais, durar segundos apenas, a apnéia do alerta (parada respiratória) pouco prejudica o animal. Logo retornará sua respiração livre. Entre nós, porém, as situações de alerta em ampla medida se confundem com o famoso estresse, e podem durar desde muitos minutos até horas, dias, meses – ou uma vida inteira!

Exemplos:

- poucos instantes: logo após um escorregão, na iminência de abalroamento, atropelamento ou assalto;
- muitos minutos: espera de exame médico, escolar ou decisão de emprego. Momentos à noite quando ouvimos algum ruído inusitado. Filme de terror, nos momentos em que o monstro é prenunciado. Futebol, quando um dos times inicia uma jogada promissora que demora a se resolver. Atraso – sem aviso – de algum membro da família. Atraso de horário esperado de chegada da pessoa que viajou para longe, de ônibus, trem, avião... Reação de todos na hora de chegada em casa do pai – ou do marido! – tirânico ou alcoólatra. Caminho de volta da escola de uma criança filha de mãe irascível ou de clima doméstico turbulento. Caminho de retorno para o lar de marido quando em casa existe clima de guerra doméstica. Nestes casos e em outros similares, é fácil compreender que os minutos de ansiedade (ou expectativa de coisas ruins) podem se prolongar ou repetir por horas, eventualmente dias, meses, anos...;
- duração indeterminada: desemprego, emprego monótono e sem futuro, chefe abusivo, salário precário, queixas e acusações domésticas intermináveis, uni ou bilaterais.

## "SÍNDROME DO PÂNICO"

O pânico é um caso de ansiedade muito intensa, e pode ser fruto de dois processos distintos.

O caso clínico clássico é o da infância traumática, pai, mãe ou ambos violentos, gritões, ameaçadores. A criança se forma (deforma) tão mal como se estivesse crescendo em um campo de batalha, um lugar cheio de ameaças que estimulam insistentemente a reação de alerta – e a parada respiratória. Além das crises, a pessoa cronicamente assustada sofre de uma capacidade exacerbada de perceber ameaças onde quer que elas existam (e que a maioria não percebe). A psicoterapia, como regra, pouco pode ajudar nesses casos. O uso de psicotrópicos pode se fazer imperativo, porque a desejável reeducação respiratória é muito demorada. Pode-se usar também a técnica do Exorcismo – acima esquematizada com igual previsão de terapia demorada.

O caso seguinte não figura nos textos da área. **Há pessoas mais sensíveis que não conseguem o grau mínimo de alienação necessária para fazer de conta que o mundo é normal...** Elas se ressentem – com pouca clareza – de toda a violência, de todas as injustiças, opressões e desigualdades de nosso manicômio global e "de repente" são atacadas por essa consciência aterradora (e verídica!) do aqui e agora de qualquer um de nós. É a crise de pânico ("síndrome do pânico").

Seria muito bom se os estudiosos tentassem conhecer melhor a maioria das pessoas que conseguem **não ter** crises emocionais agudas nessa nossa terra tão violenta e incerta...

A psicoterapia contenta-se com a ansiedade crônica, atribuindo-a a mil motivos coletivamente aceitos – como já mencionei ao falar da normopatia.

Espero que o mostruário há pouco descrito, das mil situações comuns de estresse, seja suficiente para fundamentar a teoria.

> **Em todos aqueles casos – releia, leitor – a pessoa fica longos períodos em alerta, tensa de corpo inteiro, "pré-parada", sem respirar e sem perceber que não está respirando. Instintivamente, está pronta para fugir, afastar-se ou agredir (reação adrenalínica). Sua sensação básica é a de que há um perigo ou ameaça por perto, sem que ela consiga localizá-lo. De que ela precisa fazer alguma coisa sem saber o quê.**

Todo esse complexo sistema de preparação rápida para o ataque ou para a fuga desenvolveu-se como resposta à situação da caçada (**momento** de vida ou morte), como estou procurando mostrar de vários modos e em vários contextos.

Se o leitor reler os exemplos dados, compreenderá imediatamente que em todos aqueles casos de estresse mais demorado a pessoa sente "perigo no ar" e vontade intensa de se afastar, fugir, "sair correndo" – ou de brigar contra o opressor.

Mas qualquer uma destas reações, naquelas circunstâncias, despertaria espanto nos próximos, e a própria pessoa mal consegue pensar nestas "vontades" – de fugir correndo de casa, por exemplo, de agredir o pai, de querer "sumir" da situação intolerável, de xingar o patrão ou deixar o emprego, de agredir marido ou filhos, separar-se do cônjuge e mais.

*Meio século de psicoterapia verbal e corporal*

**Quase nunca a pessoa se dá conta de sua parada respiratória,** de seu "suspense". Sua atenção está presa à verbalização interior, buscando ou dando explicações a si mesma, sentindo-se vítima ou interiormente empilhando queixas e acusações quase jurídicas contra o "inimigo" diante de um tribunal invisível.

Por isso o processo entra em círculo vicioso: a redução ou parada da respiração é uma ameaça vital de curtíssimo prazo (veja logo adiante), e essa é a essência da ansiedade (angústia, medo, pânico): "Estou sendo sufocada" ou até "Estão me matando" – **não sei como, nem por que nem por quem.** Isto é, a pessoa não se dá conta da **sufocação gradual crescente**. Sente-se cada vez mais seriamente ameaçada de morte, mas continua presa à sua falação interior, presa ao que ela considera "seu problema" – o marido alcoólatra, a filha que se atrasa, o garoto suspeito de tomar droga, o aluguel, as dúvidas sobre a fidelidade do marido ou sobre seu amor por ele...

A **redução respiratória crescente** desperta reações vitais intensas, de animal ameaçado. A pessoa, quase sufocada pelos seus "pensamentos", vai sendo tomada por reações cada vez mais primitivas, globais e cegas (em relação ao ambiente dito civilizado). Aí basta muito pouco para que se desencadeie uma reação de pânico: "Vou fazer **qualquer coisa** para me livrar dessa agonia". Ninguém consegue fazer "qualquer coisa" – ato sem propósito – sem consideração pelas possibilidades do contexto. Ninguém pula por uma janela que não existe. Mas a pessoa pode ter exatamente essa vontade, além de mil outras que desfilam desordenadamente pela sua mente...

Bastaria que, nestas circunstâncias, alguém pusesse uma mão espalmada sobre seu peito, o pressionasse de leve e dissesse: "Respire!" Certa calma sobreviria **quase instantaneamente**. Respirar não resolve o problema, mas permite pensar sobre ele com calma. A "técnica" vale para o consultório, para clientes intensamente ansiosos durante a entrevista e para crianças (ou adultos) assustadas.

# E A HIPERVENTILAÇÃO?

Curiosamente, há uma explicação para a ansiedade que vem ganhando certa aceitação, e é exatamente oposta à que estou propondo. Vi referências a ela até em filmes. A ansiedade seria resultado de uma crise involuntária – e inconsciente de... hiperventilação (respiração acelerada)!

A hiperventilação produz com facilidade sensações estranhas, formigamento na pele, ondas de frio, sensação de "Não sei o que estou sentindo" ou até de "Não sei quem sou".

Notar, porém, que é muito fácil perceber a hiperventilação (respiração acelerada) em alguém, **ao passo que a inibição respiratória pode passar des-**

**percebida.** Principalmente porque a vítima da ansiedade parece obcecada por suas preocupações, e as pessoas mais facilmente prestarão atenção **ao que ela está dizendo** do que perceberão sua respiração contida.

"Por que você está com medo?" é a pergunta clássica feita a adultos ou crianças tomados de ansiedade. E, pior: nove entre dez pessoas procurarão aflitivamente saber "por que" a pessoa está como está – e praticamente ninguém se dará conta da respiração parada da vítima.

Aliás, creio que exista em quase todos uma **repressão** deste fato – o de não perceber a respiração contida. **Percebê-la e respirar amplamente levaria a pessoa (qualquer pessoa) a fazer o que não se deve**, o que não fica bem... A gritar, a sair correndo ou a agredir alguém. A praticar atos anti-sociais.

Enfim, é tão "normal" essa contenção respiratória e tão desconhecido seu mecanismo que, em horas perturbadas, sem perceber muito bem a situação, as pessoas chegam a considerar essa sufocação como "natural" quando estou "nervoso" (popularmente, "nervoso", "aflito" e "ansioso" são sinônimos).

Pouquíssimas pessoas se dão conta deste segredo óbvio: a perturbação respiratória na vigência da ansiedade não é um "sintoma" nem é "natural" quando estou "nervoso", é a ansiedade propriamente dita.

**É a própria** ansiedade – sensação (verdadeira!) de estar ameaçado de morte – por sufocação!

O mesmo deve-se dizer da "síndrome do pânico", no tempo de Freud denominada "crise de angústia". Ela também se manifesta devido a uma restrição acentuada e demorada da respiração – e passível de igual remédio imediato.

Paradoxo: pode-se dizer que a psicanálise nasceu para compreender e atenuar a ansiedade, raiz orgânica de toda a patologia psicossomática, mas Freud pouco se interessou pela respiração...

O que já se escreveu, em psicanálise, sobre a angústia encheria várias bibliotecas! Mas a essência é sempre a mesma: a pessoa se vê presa – literalmente, prisioneira! – de uma situação ameaçadora, opressiva e penosa, e, devido a preconceitos, não se anima a sair dela ou lutar para se defender. Releia acima os modelos de situação de estresse e você compreenderá o que essa frase significa.

Não confundir a hiperventilação dos que a têm na conta de "causa" da ansiedade com as técnicas que a usam terapeuticamente – Renascimento, Respiração Holotrópica e Exorcismo. O Exorcismo, bem estudado por mim, pode ser tido como modelo e/ou "explicação" para o uso das demais técnicas de hiperventilação.

# ANALISANDO A HIPERVENTILAÇÃO

O tema merece exame mais aprofundado, pois uma pessoa pode estar hiperventilando e sufocada ao mesmo tempo!

Isso porque a hiperventilação pode ser feita com movimentos respiratórios rápidos **e rasos – ou curtos** ("respiração de cachorrinho"), ou com movimentos respiratórios rápidos mas **profundos ou amplos** (como ao final de um exercício extenuante).

Esta é de grande rendimento respiratório (grande absorção de oxigênio), mas aquela pode coexistir com franca asfixia (insuficiência de oxigenação).

Vamos pormenorizar por que o tema está ligado a certas formas moderadas, mas persistentes – até permanentes – de ansiedade. Presentes mas não sob suspeita; a vítima dirá que está "preocupada" ou até que "vive preocupada" (mães!), mas não dirá que está ansiosa.

Além disso, esclareceremos também a afirmação para mim enigmática e contrária a tudo que ficou dito sobre a ansiedade: ansiedade na vigência de hiperventilação.

O que dissemos neste livro até aqui sob o termo "hiperventilação" refere-se à respiração ampliada, sem dizer ao mesmo tempo se ela é rápida ou lenta. Importante é o fato de ela ser ampla ou profunda. Só assim, e sempre assim, a oxigenação sanguínea é abundante e seu efeito pode se fazer libertador.

Todas as inibições respiratórias descritas (restrições e/ou contenções motoras) tendem a diminuir **a amplitude** dos movimentos respiratórios.

Para a discussão seguinte, adianto dois termos muito usados nos textos de fisiologia sempre que se examina a respiração: "ventilação" e "perfusão". A ventilação refere-se à renovação do ar nos alvéolos pulmonares. A perfusão refere-se ao volume de sangue no leito capilar dos alvéolos (ligado, mas sem se confundir com o volume global da circulação pulmonar).

Na respiração **ampla** e rápida, os dois fatores se somam e as trocas gasosas da respiração alcançam o máximo. Em repouso consumimos cerca de 250 a 300 ml de oxigênio por minuto. No exercício intenso, esses volumes podem se multiplicar por trinta.

Na respiração de pequena amplitude, facilmente alcançamos níveis de ansiedade, isto é, de insuficiência respiratória ou de baixa oxigenação sanguínea (hipóxia). A insuficiência respiratória pode coexistir com movimentos respiratórios até muito freqüentes ("de cachorrinho"). Notar que o cachorro respira de modo ofegante para dissipar calor – pela língua –, e não para melhorar a respiração!

Vejamos um quadro bem elucidativo colhido do livro de fisiologia anteriormente citado.

| Sujeito | Ar corrente ml/respiração | Freqüência respiração/min | Ventilação pulmonar ml/min | Espaço morto ml/min | Ventilação alveolar ml/min |
|---|---|---|---|---|---|
| A | 150 | 40 | 6000 | 150 x 40 = 6000 | 0 |
| B | 500 | 12 | 6000 | 150 x12 = 1500 | 4200 |
| C | 1000 | 6 | 6000 | 150 x 6 = 900 | 5100 |

Leia a tabela com atenção, leitor, e repare na coluna da "ventilação alveolar", **a única importante para a troca gasosa**. E note: o sujeito A, respirando quarenta vezes por minuto – em franca hiperventilação curta –, está literalmente morrendo de asfixia (ventilação alveolar igual a zero). Nos meus termos, ele está morrendo de ansiedade, e se continuar assim por mais alguns minutos poderá morrer de fato! De asfixia! Respirando! Na verdade, fazendo movimentos respiratórios de todo ineficazes.

Você pode achar que respirar quarenta vezes por minuto é muito difícil. Não é. Experimente – respire bem curto e bem rápido! Sem grande dificuldade pode-se chegar a cem ou mais.

Para compreender estes resultados paradoxais, precisamos saber o que significa "espaço morto", termo que figura na tabela e esclarece o paradoxo. Ele inclui as fossas nasais, a faringe, a traquéia e a árvore brônquica até os ramos bem finos dela – até onde começam os alvéolos. O espaço faz parte das vias aéreas, mas não respira (nele não ocorre a troca gasosa entre ar e sangue). Esse é o "espaço morto" assinalado na tabela. Seu volume é de 150 ml, em média. Os demais números da tabela são auto-explicativos.

Mas há outras restrições à respiração, nem todas lembradas nos textos de fisiologia – que, como tudo em ciência, vivem de estatísticas, do que é "normal", isto é, mais freqüente. Fenômenos individuais são desprezados.

O espaço morto pode ser bem maior do que isso. Sempre que estamos de pé ou sentados, os ápices pulmonares recebem pouco ou nenhum sangue. Seguindo seu peso (um grama por ml), ele é arrastado "para baixo" e encontra lugar porque o pulmão é uma esponja de capacidade variável. Temos aí – em minha estimativa – pelo menos mais 50 ml de espaço morto.

As bases pulmonares, em contato com a abóbada diafragmática, medem, somadas, algo próximo de trezentos centímetros quadrados. (O diafragma tem aproximadamente quinhentos centímetros quadrados de superfície, mas a presença do coração "colado" a ele pelo pericárdio ocupa uma área não menor que duzentos centímetros quadrados, na minha estimativa.) Por isso, em vez de computar quinhentos centímetros quadrados como área das bases pulmonares, estimei sua soma em apenas trezentos.

Nesta área, em espessura que pode ir de dois a cinco centímetros de tecido pulmonar, há tendência de ocorrer uma congestão fisiológica pelo efeito da gravidade sobre o sangue. Aí há sangue demais comprimindo os alvéolos, e não se necessita de grande imaginação para acreditar que assim a ventilação fique prejudicada.

Enfim, uma proporção apreciável de alvéolos não tem circulação capilar – ou a tem bem limitada. (Há muito mais superfície alveolar do que superfície capilar.)

Com todos estes fatos, e destes vários modos, podemos falar de um "espaço morto" funcional variável, em princípio bem maior do que o espaço morto anatômico declarado nos textos de fisiologia.

Quanto menos a pessoa se mexe, mais reduz a respiração efetiva e já limitada destas áreas.

Fiz esta proposta – ela não figura nos textos de fisiologia – considerando a vida sedentária do habitante da grande cidade.

Pense, leitor, no número imenso de pessoas que passam de quatro a oito horas por dia **sentadas** na frente da TV, e imagine como fica sua respiração. De pequena amplitude, com ápices pulmonares vazios e bases pulmonares congestionadas. Calcule o quanto esses fatos contribuem para propiciar ou intensificar sua ansiedade crônica de baixa tensão, ampliando as emoções produzidas pelos filmes e novelas.

Seria um excelente serviço público se as emissoras de TV emitissem um aviso de "RESPIRE" a cada cinco ou dez minutos!

Pense também em todas as pessoas que trabalham sentadas ou de pé o dia todo, nas que assistem ao cinema ou teatro e nas que viajam de avião.

A vida moderna é bem sedentária, como se sabe. "Sedentária" quer dizer sentado...

Enfim, toda essa questão será mais bem compreendida se eu acrescentar mais alguns dados sobre as trocas gasosas que ocorrem durante a respiração (todos os dados extraídos do texto citado).

| Volume | Ar inspirado (%) | Ar expirado (%) | Alveolar (vol. %) |
|---|---|---|---|
| Oxigênio | 20,95 | 16,5 | 13,8 |
| Nitrogênio | 79,01 | 79,5 | 80 |
| $CO_2$ (gás carbônico) | 0,04 | 4,1 | 5,6 |

**Vapor d'água**
na inspiração (variável): 0,0
na expiração (sempre saturado): 47,0
**(Pressão – mm de Hg)**

Notar que apenas 5% de oxigênio são absorvidos nos pulmões ao longo da cada respiração normal, e que esse volume é ainda menor – podendo se fazer nulo – se a respiração for de pequena amplitude.

As coisas são mais complicadas do que isso, pois o ar inalado em uma inspiração normal não chega aos alvéolos – que nunca se esvaziam de vez. Ele apenas se mistura com o ar que na expiração prévia permaneceu nos alvéolos. Esse ar é "viciado", isto é, contém menos oxigênio do que o ar atmosférico (apenas dois terços, veja a tabela). O oxigênio que está sendo absorvido aqui e agora é uma mistura do que sobrou da respiração anterior com a nova.

Enfim, em todas as situações de medo – ante perigos externos, domésticos ou imaginários –, as pessoas tendem a respirar pouco, poucas vezes e com pequena amplitude, para não chamar a atenção do eventual agressor e/ou a fim de se manter concentradas (alertas!) nos eventuais sinais de movimento do agressor.

Ou, inconscientemente, se põem atentas a si mesmas, contendo (reprimindo) reações agressivas ou de fuga diante de situações ameaçadoras – ou tentadoras!

Aí temos um bom resumo de quase todas as situações e de quase todos os modos pelos quais a respiração pode ser afetada, gerando ansiedade.

Repetindo: **neste livro, ansiedade, angústia e medo são sinônimos.**

Compreendemos também – por sua alta freqüência e alta periculosidade – por que a ansiedade gerou toda a teoria e a técnica psicanalítica, destinada a compreendê-la e, no limite, a eliminá-la. Na psicanálise, a angústia é o "sinal" que mobiliza ou arma a "defesa", e toda defesa psicológica – palavra muito usada – é defesa contra a ansiedade. É algo feito inconscientemente para atenuar essa emoção tão penosa (e objetivamente tão perigosa, como demonstrei: perigo de desorganização, de qualquer resposta e de asfixia).

A ansiedade é uma aceleração visceral acompanhada de uma inibição motora e respiratória, útil em momentos de emergência real ou imaginária, mas patogênica caso se mantiver mais de poucos minutos.

É como se mantivéssemos um carro continuamente em primeira marcha...

O mal do estresse ou o estresse patogênico é isso: ansiedade crônica. Funções orgânicas aceleradas na ausência de perigos ou ameaças "reais" – mas em presença de ameaças e perigos socialmente negados, como se exemplificou várias vezes. Ainda e enfim, por que a ansiedade é o estado fisiopatológico básico que determina – ou é a "causa" – de todas as moléstias psicossomáticas a cada dia mais numerosas.

Enfim e de novo: o homem psicanalítico não tem tórax. Não sei como poderemos, depois disso, compreender sua angústia e como ela pode ser o motor primário de todas as defesas do inconsciente.

*Meio século de psicoterapia verbal e corporal*

# ANALISANDO AS RAÍZES
# ANATÔMICAS DA ANSIEDADE

Vou sumariar dados sobre a anatomia funcional do tronco, a fim de fundamentar o que se disse sobre a relação entre estado de alerta ou de contenção de movimentos (tensão muscular generalizada) e ansiedade.

O tronco contém em seu interior uma grande cavidade onde está alojada a maior parte dos sistemas orgânicos – as vísceras. Se retirarmos dele todos os músculos das raízes dos membros superiores e inferiores, resta um ovóide de paredes delgadas. Os dois quintos superiores são constituídos pela gaiola costal (enraizada atrás na coluna vertebral, com suas vértebras e musculatura volumosa). Os três quintos restantes são constituídos apenas por músculos com forma de faixas amplas e estreitas, de "cintas" que abraçam o abdômen de vários modos, eles também a partir do maciço osteomuscular da coluna vertebral.

Todos estes músculos abdominais são "chatos" e estão envolvidos em "fáscias" conjuntivas mais ou menos espessas, conforme a região e conforme a forma e as inserções desses músculos.

O diafragma divide a cavidade do tronco em aproximadamente um terço superior – tórax (cardiorrespiratório) – e dois terços inferiores – abdômen, no qual encontramos a maior parte do aparelho digestivo (estômago, intestinos, fígado, baço, mesentério) em forma quase flutuante. Nesta parte inferior, encontramos também os órgãos que podemos denominar de "parietais": pâncreas, duodeno, rins, supra-renais, ureteres. Bem em baixo, bexiga, próstata, útero, trompas e ovários.

Na parte inferior, o tórax é fechado pelo diafragma, uma grande abóbada muscular convexa para cima e presa a todo o rebordo costal (borda inferior da caixa torácica). O diafragma tem, em média, quinhentos centímetros quadrados de área **em contato permanente com uma área pulmonar bem ampla e variável conforme o momento respiratório** (bases pulmonares). Basta que o diafragma se mova um centímetro para nos fazer inalar ou exalar 250 a 300 ml de ar corrente, conforme desça ou suba. É o quanto precisamos inalar a cada movimento respiratório, quando em repouso.

Se livre, o diafragma pode oscilar dentro de limites de sete centímetros entre a posição mais alta (expiratória) e a mais baixa (inspiratória). Em termos ideais, ou teóricos, o diafragma sozinho pode nos fornecer dois litros de ar a cada movimento máximo de subida e descida. Pense bem, leitor...

Além disso, o diafragma funciona tanto automática quanto voluntariamente, e está sujeito a inibições funcionais (bloqueios) que podem reduzir consideravelmente a amplitude respiratória, predispondo à ansiedade.

Quando livre, ele de alguma forma unifica a dinâmica do tronco, permitindo à respiração que massageie todo o conteúdo abdominal, comprimindo-o na inspiração e relaxando na expiração.

As restrições aos movimentos diafragmáticos são ocorrências comuns em clínica, fáceis de constatar e que produzem uma espécie de separação entre o tórax e o abdômen.

Este bloqueio diafragmático produz uma dissociação na experiência emocional difícil de caracterizar mas bastante importante. Podemos falar entre vida emocional "superior" ("espiritual") torácica e respiratória, de um lado, e emoções "inferiores", "animais", de outro.

Insisto com a analogia entre o tronco e o útero, pois aí reside, a meu ver, o processo anatomofuncional da ansiedade.

O tórax é delimitado lateralmente pelas costelas e pelos músculos intercostais (internos e externos). Na frente pelo esterno e atrás pela coluna torácica.

O abdômen, por sua vez, é fechado anterior e lateralmente pelos seus quatro pares de músculos dispostos como as faixas da bandeira da Grã-Bretanha: os retos abdominais (medianos e verticais), os grandes e os pequenos oblíquos (dispostos em "X"), e os dois transversos – horizontais (tanto faz considerar este último como um só ou como dois, simétricos).

Dado fundamental: estes quatro pares de músculos são os únicos que, na frente e aos lados do abdômen, unem a caixa torácica e a pelve. Sempre que mantemos uma boa postura, sempre que precisamos resistir de pé ou forcejar com o corpo todo, esses músculos se retesam automaticamente, com o que o tronco se faz uma peça única, comprimindo todo o seu interior – **e dificultando seriamente os movimentos (respiratórios) tanto do diafragma quanto das costelas**.

Por isso, após exercer um grande esforço com o corpo todo durante muitos segundos, as pessoas invariavelmente fazem um grande movimento respiratório – de alívio! Alívio da contenção respiratória.

Atrás, o abdômen é fechado pela coluna vertebral e por todos os músculos que a envolvem. A tensão desta musculatura poderosa, não diretamente ligada à respiração, é necessária, outrossim, para que todos os outros músculos do tronco possam atuar e para que possamos manter rigidez global suficiente – "boa postura" – para "parar de pé".

Espero que o mistério esteja começando a se revelar. De que modo a tensão muscular difusa do alerta – do "estar prevenido" – **pode enrijecer as paredes de todo o tronco e assim dificultar, limitar ou impedir os movimentos respiratórios**?

*Meio século de psicoterapia verbal e corporal*

# A ANSIEDADE É UMA AUTO-SUFOCAÇÃO

Examinemos a participação das extremidades.

Primeiro os numerosos e poderosos músculos motores do braço. A articulação escapuloumeral permite, mais do que qualquer outra, grande número de movimentos de grande amplitude realizados por esforços poderosos. Sabidamente, quase todos os trabalhos pesados são denominados de "trabalho braçal".

Ora, todos esses movimentos são executados por músculos que se inserem em mais **de dois terços de toda a metade superior da grade costal**, na frente (peitorais), acima (deltóide) e atrás (vários). **Desse modo, ao se contraírem com força para apoiar os movimentos dos braços, eles também podem interferir poderosamente nos movimentos respiratórios.** Alguns podem facilitar esses movimentos (músculos inspiradores auxiliares), e outros podem dificultá-los (músculos expiradores auxiliares).

Eles não "foram feitos" para respirar, mas, inserindo-se na gaiola costovertebral, ao entrar em ação podem modificar considerável e rapidamente a mobilidade respiratória e as paredes do espaço da expansão pulmonar (grade costal).

Essa dupla função dos músculos da respiração (inspiradores e expiradores auxiliares) se faz necessária quando temos de respirar muito. Em repouso, basta-nos meio litro de ar por inspiração (cinco a seis litros de ar por minuto). Em condições extremas e com sujeitos treinados, esse número pode alcançar a centena de litros por minuto.

Os músculos da raiz dos membros inferiores pouco e nada influem sobre o espaço respiratório, assim como os do diafragma urogenital. Todos eles se inserem nas faces laterais da pelve óssea ou no seu rebordo inferior.

Também alguns músculos do pescoço – os escalenos e os esternocleidomastóideos – podem afetar a respiração, mas apenas de forma positiva. São todos inspiradores auxiliares. Inserindo-se todos no opérculo da caixa torácica, não têm ação constritora sobre ela. Ao elevá-la, tendem a ampliar todo o gradeado costal.

# RESUMINDO...

O tronco é uma cavidade fechada por ossos móveis (costelas e coluna vertebral) e grandes mantos musculares. Os músculos se enrijecem sempre que entramos em alerta, sempre que temos de consolidar o tronco e a posição ereta para poder realizar movimentos amplos e fortes. Enrijecem-se, enfim, sempre que ficamos prevenidos, "armados". Ao se enrijecerem, impedem ou dificultam os movimentos respiratórios.

**Se o impedimento durar mais do que uns poucos segundos,** o organismo entra em alerta adicional – perigo de asfixia! Se a pessoa não retornar **logo**

aos movimentos respiratórios – se ela não relaxar os músculos tensos –, o medo de morrer irá crescendo rapidamente. Isso é a ansiedade.

A ameaça de morte, de todo real, desencadeia por si mesma poderosos e primitivos mecanismos de sobrevivência que podem assustar ainda mais a pessoa: desejo incontrolável de sair correndo "como louca", de agredir, de sair da situação de qualquer modo e a qualquer preço. O que intensifica as tensões musculares!

Podemos ter certeza de estar ansiosos sempre que apressados, preocupados ou com a sensação de "preciso fazer alguma coisa que eu não sei o que é" – e sempre que sentirmos a sensação de urgência. A sensação refere-se à respiração (que está reduzida) e não à ação imaginada. Bastam poucos segundos para que a restrição respiratória seja sentida como... urgência!

## DA ANATOMIA PARA A FISIOLOGIA

Além desta cavidade osteomuscular de volume variável e cujas paredes podem enrijecer-se ou relaxar, precisamos recordar três qualidades funcionais da respiração, bem conhecidas e extremamente importantes, cujas repercussões psicológicas são omitidas, ignoradas ou negadas. Na verdade, nem textos de fisiologia dão a elas a importância que têm.

## PRIMEIRA QUALIDADE

A respiração é a única função vegetativa ao alcance da vontade.

(Já disse, mas convém repetir.)

Se não fosse, não poderíamos falar... Ou talvez tenha se tornado voluntária por isso mesmo – para que pudéssemos falar. Claro que, nos primórdios, o falar não começou com frases longas, as que exigem controle preciso da respiração. Devem ter começado como exclamações, duas ou três palavras mais gestos de advertência, de indicação sumária, de raiva! A sintaxe na certa foi se desenvolvendo pouco a pouco, em conjunto com o vocabulário em expansão, uma coisa puxando a outra.

Não sei de quem tenha lembrado estes fatos para explicar ao mesmo tempo o surgimento das palavras e o controle voluntário da respiração.

Podemos contê-la durante certo tempo (até uns poucos segundos), da mesma forma que podemos respirar ampla e rapidamente durante muitos minutos, como se faz no Renascimento, na Respiração Holotrópica, em alguns exercícios de ioga e na técnica do Exorcismo.

Os fisiologistas nos previnem de riscos sérios se respirarmos muito (alcalose por baixa do $CO_2$ sangüíneos), mas as práticas citadas, já realizadas por milhões de pessoas, mostram que os efeitos eventualmente desagradáveis da hiperventilação se mostram todos reversíveis – se os praticantes forem essencialmente saudáveis quanto ao sistema cardiorrespiratório.

Quando em alerta (reação de alarme), nós e todos os animais paramos de respirar por alguns segundos a fim de apurar a percepção. Mas os animais voltam logo ao ritmo espontâneo, enquanto nós, conforme estamos mostrando, podemos conter **parcialmente** a respiração até pela vida toda...

A função vegetativa mais urgente da personalidade é a cardíaca. Basta que o coração deixe de pulsar umas poucas vezes e a morte já se iniciou.

## A SEGUNDA QUALIDADE

É a respiração, sempre urgentemente necessária – pelo que se dirá logo abaixo (na terceira qualidade). Como, durante a maior parte do tempo, sua realização é automática, as pessoas terminam por acreditar, implicitamente, que ela é sempre assim, que não é preciso cuidar dela.

Dito de outro modo: raramente pensamos em respirar "de propósito", e para muitos "aprender a respirar" parece uma tolice. Seria como "aprender a digerir".

Mas é muito conveniente aprender a perceber a respiração **sempre que ela está prejudicada** – sinônimo de ansiedade, como estamos mostrando.

Urgentemente necessária quer dizer que **parar de respirar por poucos segundos** já começa a fazer diferença, mesmo que a parada seja proposital. Experimente! Se ela não for percebida – como geralmente acontece – será muito pior.

## O CÉREBRO E O OXIGÊNIO

O **terceiro fator** que torna a respiração crucial para a ansiedade **é a extrema sensibilidade do tecido nervoso ante a falta de oxigênio**.

Depois dos músculos (quando ativos!), os neurônios são as células de mais alto metabolismo do corpo.

Um milímetro cúbico de tecido nervoso tem à disposição um metro quadrado de capilares! (Nem todos e nem sempre abertos.)

O cérebro, pesando aproximadamente 2% do peso do corpo, consome 20% do oxigênio inalado – dia e noite.

O tempo de circulação coração-cérebro-coração é de dez segundos, o que também ajuda a compreender o alto fornecimento de sangue ao cérebro.

Notar: sempre que estamos de pé ou sentados, a gravidade auxilia o retorno venoso; o sangue "cai"... para baixo! Retorna para o coração mais depressa do que o sangue que nutre todas as regiões situadas do coração para baixo.

Quando passamos da posição deitada para a posição de pé, a gravidade atua fortemente sobre o sangue, e muitas pessoas nestas circunstâncias sofrem de tonturas por queda na oxigenação cerebral.

Foram feitas experiências numerosas já na década de 1960, se não me falha a memória. Perdi a referência, mas a recordação é nítida e a repercussão dessas experiências, na época, foi ampla.

Os sujeitos sentavam-se em uma cadeira, e em volta do pescoço passava-se um manguito de pressão especial suficiente para envolver todo o pescoço. Um gatilho inflava o manguito instantaneamente impedindo de todo a circulação cerebral (é o que se dizia).

> **Essa supressão produzia perda de consciência em sete a oito segundos em qualquer pessoa.**

Foram testados muitos sujeitos, inclusive alguns doentes mentais.

Na verdade, o tempo é bem menor, e as duas correções seguintes não figuravam no trabalho original.

A técnica descrita **não oclui as artérias vertebrais** que alimentam, elas também, o polígono de Willis (o círculo arterial que abraça a base do cérebro e responde por toda sua oxigenação).

Além disso, em condições de repouso (era o caso), o sangue volta para o coração com dois terços a três quartos do oxigênio com que deixou o pulmão, e nas condições experimentais a circulação quase parada permitia melhor aproveitamento do oxigênio sangüíneos. Ou seja, mesmo com a circulação parada, ainda havia bastante oxigênio no cérebro.

Somando-se mais estes dois fatores – que não foram considerados nas experiências citadas –, podemos dizer que o cérebro mostra distúrbios **imediatos** de funcionamento ante **qualquer redução do oxigênio em seus capilares.**

Há um terceiro fator, não ligado ao oxigênio, mas à glicose – ela também dependente da circulação e cuja falta é tão sentida pelo cérebro quanto a do oxigênio.

Argumento adicional: as técnicas de varredura funcional do cérebro (espectro de emissão de posítrons e PET) indicam instantaneamente **aumento local da circulação (oxigenação) quando alguma área cerebral entra em função**.

Portanto, reformulando: qualquer região do cérebro que esteja em ação ou precise funcionar será imediatamente prejudicada por **qualquer redução** da circulação (da quantidade de oxigênio ou de glicose disponível para os neurônios funcionantes).

*Meio século de psicoterapia verbal e corporal*

Eis alguns dos sintomas desta redução do oxigênio circulante no cérebro, que se iniciam **poucos segundos** após a redução:

- fechamento concêntrico do campo visual até o *blackout*;
- sensação de distanciamento e confusão dos sons (palavras);
- "afasia" funcional (dificuldade de falar e compreender palavras);
- dificuldade de executar movimentos delicados e precisos;
- impossibilidade de tomar decisões em situações complexas (como na pilotagem de um avião ou mesmo de um automóvel);
- se a pessoa estiver de pé, dificuldade em manter o equilíbrio.

Relendo esta lista e imaginando uma piora gradual mas rápida destes sintomas (crise de pânico), chegaremos à conclusão de que a pessoa ficaria completamente incapaz de qualquer ação organizada. Piorando um quase nada a mais, desmaiaria. Entre nós, na cidade ou em casa, o fato é alarmante mas inócuo. Ao perder os sentidos, a respiração – não mais tolhida pelo superego (!) – voltaria automaticamente, trazendo consigo a consciência e o controle logo depois.

Mas, se isso acontecesse em condições primitivas – digamos, durante uma caçada –, o animal que perdesse a coordenação motora seria presa fácil, totalmente indefesa.

A forte emoção presente na crise de ansiedade é real no sentido de que a pessoa está sem controle e sem direção.

Por isso a emoção ansiosa é tão terrível – por ser de todo realista: desamparo total, "apagamento" da percepção, incoordenação motora, desequilíbrio, dificuldade de compreender palavras e de falar.

Nada disso é "imaginação". Tudo isso é perturbação funcional do cérebro por oxigenação insuficiente.

Se o leitor já sentiu ansiedade (!), deve perceber que estes são os principais sintomas de quem está ansioso.

Pilotos (e passageiros!) de jatos em vôos estratosféricos têm quinze segundos de consciência se houver despressurização da cabine! A primeira coisa a fazer, nesta eventualidade, é ajustar no rosto uma máscara pela qual se recebe oxigênio imediatamente.

Um dos golpes mortais dos famosos ninjas é a pancada dura na face anterior do pescoço, com o que a pessoa fica sufocada pela fratura das cartilagens perilaríngéias.

A maneira mais rápida de imobilizar uma pessoa é com o estrangulamento (como o fazem os carnívoros com suas presas).

# O PULMÃO É UM VAZIO E UM LUGAR – APENAS

Este é outro fato óbvio, mas não sei se alguma vez você leu ou ouviu esta declaração.

As células dos rins e do fígado – como exemplos – trabalham ativamente para exercer suas funções, e ao executá-las consomem quantidades de oxigênio maiores do que as necessárias apenas para sobreviver.

As células específicas do pulmão, que formam os alvéolos pulmonares, **somente delimitam um espaço e separam o vazio alveolar dos capilares que os envolvem. Mais nada!** Entre o ar nos alvéolos e os gases sangüíneos, se interpõe uma membrana delgadíssima, com um mícron e meio de espessura (um mícron equivale a um milésimo de milímetro).

Os gases respiratórios **passam livremente por ela, apenas em função da concentração relativa de um e do outro lado dela**. Como no alvéolo há mais oxigênio do que no sangue (reveja a tabela previamente registrada), o gás passa de lá para cá. O mesmo – ao contrário – com o gás carbônico.

Repetindo: as células da parede alveolar apenas delimitam fisicamente um espaço esferoidal, mas nada fazem – não trabalham, não consomem oxigênio – para transportar os gases.

É inspirador, para mim, este fato – o pulmão apenas como um vazio – se combinado com um dos ideais da meditação. Visa-se, nesta, deixar a consciência **vazia**, sem palavras, sem imagens, sem sensações.

Compreendo no mesmo ato o conselho de Buda: se você quer alcançar a iluminação, mantenha-se sempre consciente de sua respiração: o vazio mais significativo do universo – para você!

O pulmão não é um órgão. Não pode ser comparado com os demais da vida vegetativa. Ele é apenas um vazio – um vazio cheio de substâncias invisíveis (ar), mas um vazio com as substâncias das quais a vida depende em cada um e em todos os momentos...

# O PEITO E AS EMOÇÕES

Dei acima vários números relativos ao que acontece com a respiração. Recordo em particular os tempos mínimos disponíveis para as trocas gasosas (menos de um segundo) e os volumes de sangue no tórax e nos pulmões (cinco litros).

Acrescento alguns, relativos à circulação. O coração pulsa setenta a oitenta vezes por minuto e ejeta, sempre em média, 70 ml de sangue por batimento (para cada ventrículo). O esquerdo move o sangue pelo corpo todo, e o direito pela circulação pulmonar. Em ambas, circula o mesmo volume de sangue – cinco litros.

Para que tantos números?

> **Para deixar bem claro que, no peito, ocorrem grandes movimentos líquidos e aéreos o tempo todo, e que basta um momento emocional para que todas estas grandezas sofram variações consideráveis e muito rápidas. Impossível deixar de senti-las.**

Por isso dizemos, com toda razão, que as emoções "moram no peito".

Nenhum gesto mais espontâneo do que levar a mão ao peito ("ao coração", diz o povo) em momentos de grande emoção. Plausível a expressão "seguir o coração" ou "ouvir o coração" sempre que houver dúvidas sobre o que escolher.

Os estudiosos do caos verificaram que o coração nunca pulsa duas vezes exatamente do mesmo modo. Portanto, "ouvir o coração" pode se fazer uma arte refinada...

As escolas de psicologia e os textos de psicanálise ignoram ou omitem todos estes dados... corporais!

Desde a Grécia, passando pela Idade Média e na maior parte da literatura filosófica, o corpo pouco e nada tem que ver com a consciência, as emoções, as intenções e a divina inteligência...

Nos cursos de psicologia são até ministradas aulas de fisiologia, por médicos ou fisiologistas que pouco e nada correlacionam corpo e consciência, intenção, expressão, emoção. De novo, o corpo sem nada que ver com as coisas mais sutis da mente... Isto é, palavras, palavras, palavras...

## COMO CRIAR UM SUPER-HOMEM

Ou como chegar perto da normalidade – a ideal!

Vamos aplicar estes conhecimentos sobre a respiração à educação – considerando-a, de um lado, como ela ocorre e, de outro, como seria bom que fosse feita.

Vamos recordar. A educação familiar e depois a escolar visam acima de tudo modelar/restringir o comportamento, e este se encontra em estreita relação recíproca com as atitudes – e estas com as posturas.

Segundo tudo que sei, nada disso se considera em pedagogia nem na educação familiar. Educadores e família acreditam estar ensinando ideais e "bom comportamento" à custa de bons conselhos, mas poucos se dão conta de estar influindo sobre toda a organização motora da criança.

Os mais sensatos, sempre repetidos e sempre esquecidos, sabem que "educar é dar bons exemplos" – que serão imitados espontaneamente. Mas mesmo estes não sabem que bons exemplos envolvem imitação de atitudes, gestos e caras, além de palavras.

A modelagem pedagógica do comportamento envolve três espécies de contenções motoras.

- Os milhares de "nãos" que todas as crianças ouvem. Cada "não" é uma parada de movimento, uma paralisia condicionada.
- A imitação espontânea feita pela criança em relação ao comportamento dos adultos que a cercam (identificações, segundo a psicanálise). De outra parte, processo natural de aprendizagem. A patologia ocorre quando os modelos são de má qualidade.
- Enfim, o controle coletivo de comportamento de todos em relação a todos e, em especial, de todos em relação à criança.

Em toda a história da vida no planeta, o cérebro humano é o órgão que mais depressa se desenvolveu nestes últimos quatro milhões de anos. Então pergunto: por que a história da humanidade **continua a ser** o pesadelo que tem sido? Como é possível alcançar tais níveis de desenvolvimento biológico e tecnológico mantendo níveis tão precários de humanidade?

Quase todas as culturas tendem a eternizar-se por meio principalmente da família, ou, genericamente, da educação. A família tende a considerar a criança um serzinho inepto e inferior, que deve ser "educado" para que com o tempo ele se faça semelhante aos maravilhosos adultos conscientes, íntegros e responsáveis (isto é uma grossa ironia!) Será preciso contê-lo e modelá-lo, de forma que ele venha a conformar-se com os padrões de comportamento "normal" dos adultos do pequeno mundo humano onde ele nasceu. Estes padrões são tidos implicitamente como "ideais".

Toynbee: "Todas as civilizações se consideraram perfeitas – e eternas".

O maior pecado do ser humano é viver o presente como se ele fosse eterno e como se ele fosse único.

Segundo a demagogia pedagógica estabelecida, "educar é auxiliar a criança a desenvolver ao máximo suas aptidões".

Como cultivar todas as suas aptidões dizendo tantos "nãos"?

Se o leitor comparar esse pronunciamento com o que estive discutindo até aqui, **verá que os fatos contradizem frontalmente as declarações solenes**.

Como Freud chegou perto de dizer, a idealização revela-se um "mecanismo neurótico" coletivo, "defesa" da sociedade contra a visão efetiva do que acontece e contra a transformação necessária. Na verdade, inevitável. Isto é, a idealização em relação aos costumes e preconceitos atuais é parte fundamental dos processos conservadores da estrutura social.

Educar, sabemos muito bem, tem pouco que ver com expandir ou cultivar aptidões infantis, e tem tudo que ver com restringir, conter e limitar.

Enfim, gostaria que o leitor recordasse o que dissemos bem mais acima sobre tudo que Freud não considerou nem comentou: toda a omissão da motricidade desde o parto, todo o modo de criar a criança desde o começo como um paralítico inteiramente dependente da boa vontade dos adultos.

# EDUCAR É ENSINAR A VIVER DE PALAVRAS

Descrevemos acima todas as restrições de movimentos e tudo que **não fazemos** para cultivá-los.

De outra parte, a criança sofre uma pressão contínua para aprender a falar, **a dizer** o que sente, o que quer, o que teme, onde dói.

É por força deste binário fatídico – nenhuma atenção aos movimentos e atenção concentrada às palavras – que se forma o autômato falante que chamei de normopata.

É assim, além disso, que são transmitidos e preservados os papéis sociais, as atitudes, caras e gestos convencionais que constituem a estrutura social. Falo de estrutura em termos quase de engenharia.

Lidamos uns com os outros principalmente nos primeiros encontros, principalmente em função das atitudes, gestos e caras, como venho dizendo ao longo de todo o livro.

A meu favor e como prova fundamental da tese, recordo: o que **se diz** dos papéis sociais tem pouco que ver com o comportamento real das pessoas, mãe, pai, juiz, senador, pastor, marido...

Toda motricidade – que apesar disso existe – tende a ser e a se fazer cada vez mais inconsciente. Tenho para mim que neste trecho do meu livro estou resumindo 90% do que mestre Freud falou.

Ante essa contestação de nossos costumes pedagógicos tradicionais, as pessoas, ainda antes de pensar, contrapõem imediatamente, assustadas (!): mas a criança não pode fazer tudo que ela quiser!

Claro que não. Mas dizer "não" sempre que não se sabe o que fazer, como se ouvia no meu tempo ou sempre que não se está disposto a prestar atenção ao momento, tampouco é solução.

Menos ainda está a sociedade disposta a rever seus métodos pedagógicos (desde o berço) e as condições extremamente desfavoráveis que cercam a criança humana nas grandes cidades – a falta de espaço em particular, como o apartamento da família nuclear...

E então?

A saída que entrevi evita boa parte da interminável discussão ética ou intelectual sobre o que, quando e como ensinar a criança.

Vamos por partes e com algumas repetições de afirmações e números pouco usuais, mas fundamentais para a proposta.

# A ESSÊNCIA DA EDUCAÇÃO É A SUFOCAÇÃO (DA CRIANÇA)

Dando um passo atrás para saltar mais longe: a omissão do cultivo dos movimentos e o resultado das três forças compressoras, os "nãos", a imitação inevitável e o policiamento coletivo são **a essência da repressão**.

**Trata-se de limitar a diversidade/liberdade potencial dos movimentos. O somatório destas três restrições concentra-se na limitação da respiração, primeira medida para que a criança se torne domesticável.**

Antes de protestar, recorde, leitor, o que você leu há pouco sobre as origens da ansiedade.

Nós limitamos as crianças – e as sufocamos – para conseguir que "se adaptem" (pense bem nessa palavra...) ao mundo onde nasceram. Para que "caibam" nele, para que aceitem todas as limitações ditas educativas, tidas até hoje como necessárias, até sábias.

Fala-se solenemente no "Contrato Social", mas a nenhuma criança – aliás, a ninguém – é dada a alternativa de não aceitar o contrato... Então não é um contrato – é uma coação.

Se, em sentido contrário, você quiser saber o que significa criação contínua, acompanhe uma criança de 3 anos durante uma hora. Não faça nada. Apenas observe, aprenda, se espante e se divirta.

Dado central e mortífero sobre o desenvolvimento do cérebro: nascemos com cem bilhões de neurônios (ou mais!) Até os 10 ou 15 anos perdemos mais da metade deles por falta de uso. Cada "não" repetido muitas vezes inativa vários conjuntos neuronais. Com o tempo, eles – os neurônios – desistem.

Está escrito no DNA de todas as células: os inúteis têm de desaparecer. É a apoptose!

# DISPOMOS DE DOIS REGIMES RESPIRATÓRIOS: UM PARA VIVER E OUTRO PARA FALAR

Indo além: temos dois conjuntos complexos de controles respiratórios neuroumorais, um deles para manter os gases sangüíneos no nível conveniente a cada momento, **e outro para controlar/organizar a fonação**.

Não é preciso muita imaginação para compreender que o controle da fonação **interfere com a respiração e a limita**. Ninguém fala respirando com grande intensidade (a menos que esteja gritando!); ao contrário, se estou correndo, será difícil continuar falando. Enfim, a maior parte das pessoas vive falando, para fora ou para dentro, durante dois terços de suas vidas ou mais, quando acordadas.

Telefones celulares: noventa milhões deles só no Brasil!

Isto é, as pessoas vivem sub-respirando. Vivem ansiosas e tentando "explicar" sua ansiedade, quem seria o culpado dela, quem devia fazer o que para diminuí-la, "provando" que ela fez o que era certo... E com isso – falando, mesmo que seja consigo mesma – as pessoas continuam a alimentar sua ansiedade... A sub-respirar.

Além das restrições já analisadas dos movimentos, insistimos muito para que as crianças comecem a falar e digam o que estão sentindo. O desespero de muitas mães diante de uma criança que chora é tocante. Daí que em torno da criança cria-se uma atmosfera persistente de pressão para que ela fale (e, de preferência, que não faça)...

Nossa "educação", até hoje, concentrou-se na palavra, na transmissão de conhecimentos por meio de livros, explicações e professores – tudo falado.

Educar é falar para a criança o que é certo e o que é errado, ou "explicar" a ela por que fizemos assim ou por que esperamos que ela faça assim e não de outro modo.

Cultura é saber falar, é repetir, é citar. Teses de mestrado e de doutorado são colagens de opiniões de autores aceitos...

Para a pedagogia, ainda hoje, o aprendizado "sério" começa aos 5 anos, quando se inicia a alfabetização! Antes disso, a criança não sabe nem aprende nada! O povo não pensa de modo muito diferente. É na escola que se aprende...

No entanto, pessoas que sabem das coisas dizem que aos 5 anos a criança já assimilou 80% de tudo que ela aprenderá na vida... Aprendeu o essencial do viver, do exprimir-se e do relacionar-se. Aprendeu muito de suas possibilidades de movimento. Aprendeu a falar...

De outra parte, segundo Freud, o principal do inconsciente se estrutura até os 5 anos!

Sei que estou exagerando e simplificando, mas desejo impressionar, na convicção de que o tema é por demais importante e, nas discussões sobre a educação do homem de amanhã, pouco e nada se fala de tudo que não seja palavra, de técnicas para transmissão de informações, dos programas, de como facilitar a compreensão das matérias, de como explicar, de como avaliar a compreensão da criança...

Omite-se toda a motricidade – minha paixão – e dois terços do cérebro. Omite-se o olhar – a consciência do olhar. Para o educador médio, a criança é só ouvidos...

> **E mais: como psicoterapeuta, pude me dar conta da maior parte das deficiências da educação tanto familiar quanto escolar e social. Sobretudo, do fosso entre o que é falado publicamente e o que acontece. Esse sofrimento profissional de 60 anos e o que aprendi com ele me dão o direito – na verdade, me impõem a obrigação – de dizer tudo que eu puder sobre educação.**

Além disso, falo em nome de meu amor pela criança, pela minha esperança em um mundo melhor e pelo fato tão evidente e tão omitido, modelarmente sintetizado pela pediatra de meus filhos: "Não sei como de criaturas tão adoráveis podem se formar adultos tão precários" (tão chatos ou tão medíocres, para ser mais claro)... Ela se chamava Denise Altenheim – de grata memória.

Esse é o produto de nossa pedagogia...

# REPENSANDO A EDUCAÇÃO DESDE O COMEÇO

Filhotes de mamíferos nascem com poucas reações instintivas e, se mamãe não estiver por perto, é certo que serão comidos.

Portanto – resposta adaptativa: filhotes de mamíferos têm de aprender depressa **e nascem capazes disso**.

Aos 3 anos, o cérebro do infante já alcançou 90% de seu volume. Nele, o cérebro pesa tanto quanto 20% de seu peso total. (No adulto, 2,5%.) A circulação cerebral da criança é de duas a três vezes maior do que a do adulto (vai diminuindo com a idade até estabilizar-se por volta dos 15 ou 20 anos).

Veja-se como estes dados se relacionam: **o filhote precisa aprender muito e depressa, e nasce com plenas condições para isso**.

Citei acima o tempo de funcionamento do cérebro quando não há oxigênio suficiente. Com todas as restrições apontadas, pode-se imaginar – apenas imaginar – o que acontece com o cérebro.

Mas a pergunta crítica continua a ser: o que – O QUÊ? – a criança aprende nos primeiros anos da vida?

# O MAIS FUNDAMENTAL DOS APRENDIZADOS É O APRENDIZADO DOS MOVIMENTOS

Nossa profunda ignorância – ou omissão – sobre o cérebro, sobre nosso aparelho locomotor, nosso aparelho visual e a relação entre eles nos leva – tem nos levado – a omiti-los totalmente da vida como o fez a psicanálise, toda a psicologia e quase toda a pedagogia (menos Piaget).

Parece que a motricidade só serve para bater recordes esportivos e nos deixar paralíticos nos derrames cerebrais, únicas realidades motoras de que a maioria tem notícia.

Em tempo: serve também para sustentar academias de *fitness* e empresas produtoras de uniformes esportivos e de tênis...

Vou aborrecer o leitor, mas vou repetir mais do que mãe: dois terços do cérebro servem apenas – **apenas** – para nos mover e quase metade – **metade** – do córtex cerebral está ligada à visão. Além disso, a estimulação aleatória do encéfalo leva a movimentos oculares em dois terços dos casos.

Pelo amor de Deus, quando é que as pessoas começarão a levar a sério estes fatos fundamentais do aprendizado, colocando um pouco de lado os programas de ensino e as disciplinas para ensinar quais as melhores técnicas para transmitir conhecimentos, quais significados e valores "devem" nortear a formação do caráter dos infantes (cujo caráter, em essência, já está amplamente formado quando eles entram na escola)?

É difícil – quase impossível – convencer professores, pais, psicólogos e psicanalistas em geral de que **caráter** tem tudo que ver com **postura**, e conhecimento tem tudo que ver com movimentos. Piaget é citado mas bem pouco praticado...

Falar é tão fácil! Dizer quem deve ou como se devia é mais fácil ainda.

Bem no fundo, somos faladores incuráveis, e só acreditamos no que pode ser dito – e bem pouco no que pode ser feito – ou no que seria bom que fizéssemos.

Nossa proposta exclui de saída todas as dificuldades da escola, da alfabetização e dos currículos. Ela irá acontecer do nascimento até os 10 anos de idade – basicamente. Constará de um milhão de bugigangas e equipamentos para que a criança possa fazer todos os movimentos possíveis e imagináveis, todas as manipulações concebíveis de objetos e todas as danças – sejam dela sozinha, com outros em grupos organizados ou auto-organizados. A socialização decorrerá espontaneamente, com discreta vigilância de adultos cuja ação se limitará a conter ações violentas ou perigosas. **Adultos serão admitidos nos grupos infantis se conseguirem ganhar a simpatia das crianças ou se as crianças apelarem para eles.**

Nenhuma restrição nem à curiosidade nem ao contato em relação ao corpo e aos genitais.

O problema será encontrar adultos capazes de acompanhar essas crianças de amanhã. Só serão bem-sucedidos com elas se as conquistarem ao lhes darem atenção simpática e acolhida afetiva verdadeira.

**Filhotes de mamíferos nascem com uma forte tendência a levar os adultos a sério e a obedecê-los. Precisam disso para sobreviver.** A questão será encontrar adultos que não abusem disso, como a meu ver todos temos feito até hoje.

Nós, adultos, assumimos a atitude de quem sempre sabe o que está fazendo – com apoio coletivo incondicional. Principalmente se formos mãe, pai ou professor... Ao mesmo tempo, nós, adultos "perfeitos", não nos damos conta do péssimo mundo em que vivemos e de que – sem pensar – fazemos o possível para que continue a ser como está sendo.

A maior parte do tempo as crianças passarão entre elas e com elas mesmas, para reduzir ao mínimo o número e a força das identificações com os adultos (a contaminação com atitudes obsoletas).

Os adultos estão "adaptados" ao mundo que está acabando, e **seria vital para a espécie** se os costumes não continuassem como foram e continuam sendo até hoje.

## CONDIÇÕES MOTORAS NA INFÂNCIA

Tudo começa no começo, evidentemente, mas desde o começo os adultos usaram e abusaram da confiança e da necessidade que as crianças têm deles, usando essa fidúcia instintiva para modelá-las de acordo com os costumes vigentes – eternizando assim a estrutura social. Isso seria aceitável até o fim da Revolução Industrial, ou para chegar até ela, segundo Toffler. Mas agora esse conservadorismo organizado é o maior perigo para todos, em um mundo no qual somos solicitados o tempo todo a nos adaptar... de novo. Porque tudo está mudando depressa.

Daí o valor da infância na modelagem da personalidade, como Freud entendeu muito bem e a psicanálise aprofundou até demais.

Mas como a psicanálise não reconhece a existência do corpo, a não ser como "imagem interna" (mal se deu à observação da infância), e como resumiu a relação terapêutica à famosa "escuta psicanalítica" (só palavras, só ouvidos), ela deixou de ver – é óbvio! – de que forma acontece o desenvolvimento dos famosos complexos inconscientes e as imagens e mais entidades interiores.

Nem de longe ligou as restrições neuróticas à restrição de movimentos – falando continuamente em afetos, pulsões, desejos e outros termos indefinidos. Sobretudo deixou de ver **como a criança faz para conter** seus desejos – como acontece a famosa repressão, eixo de toda a teoria.

Reich falou bastante disso e fez desses fatos descrições precisas e convincentes, mostrando em exemplos clínicos que "conter a raiva" envolve um conjunto bem definido de contrações musculares mantidas, de movimentos esboçados e congelados, de preparações para ações detidas no meio.

Tudo perfeitamente visível.

De outra parte, Freud falou insistentemente em identificação e em identificação projetiva como processos primários – ou "mecanismos" – da repressão.

Identificação é imitação. A criança **é tomada** pelas atitudes, modos, maneiras, gestos e faces dos adultos que a cercam. O neonato imita a expressão facial de **qualquer pessoa** que olhe para ele – e não apenas a de sua mãe. Atualmente há documentação fotográfica do fato.

Notar e acentuar: imitar é fazer como o outro faz. É "vestir" o jeito do outro. Mas, como não há dois corpos iguais, as atitudes do outro não casarão bem com as qualidades mecânicas específicas de meu corpo. Ao imitá-lo, constranjo meus movimentos, em certa medida me falsifico. Esse é o malefício explorado pelo psicanalista quando pesquisa ou diagnostica "identificações" ou identificações projetivas.

Tudo isso é circuito olhos-movimento. O que se vê é o fazer-conter.

Portanto, nada de secreto ou misterioso – nada inconsciente em sentido próprio. Tudo visível. Já declarei de vários modos que o cérebro é feito primariamente para imitar e, como é fácil de ver, **todos os mamíferos aprendem a viver por imitação**.

**A natureza descobriu depressa que imitar é a maneira mais rápida de aprender.**

Por isso, o cérebro foi estruturado do modo como foi para ser cada vez mais capaz de imitar (de aprender).

Depressa!

Animal que demora para desenvolver táticas de busca e identificação de alimentos, de caçada ou de fuga, perece.

Na luta pela vida, não há tempo a perder; aprender por tentativas e erros demora.

Sem contar com o pior: se errou, pode ter sido comido – ou não comeu. Por isso, principalmente, o cérebro foi se desenvolvendo desse modo, como um aparelho visuomotor capaz de imitar (de aprender) bem depressa. É só olhar-fazer igual. Ou fazer o complementar como no ataque-fuga.

Depois de ter aprendido a imitar, é só olhar e permitir, e o corpo responde sozinho – imita inclusive "sem querer", automaticamente (inconscientemente). Reflexo condicionado é isso.

O processo – a imitação – começa agora a ser estudado "oficialmente", porque se começa a suspeitar que ele opera continuamente nas relações entre mim e você. Compreendemos o outro imitando-o, e a imensa maioria das pessoas não se dá conta desse processo – ou seja, ele atua inconscientemente (é "intuição" ou captação da "energia" do outro, de sua "aura").

Os neurolingüistas ampliaram o tema clinicamente, antes de os neurofisiologistas começarem a suspeitar do fato.

Depois da imitação – ela ocorre espontaneamente –, a segunda influência modelante da personalidade da criança é o "não" – a palavra que ela mais ouve, milhares e milhares de "nãos" ao longo dos primeiros anos de vida, em todos os lugares do mundo, de todas as pessoas que estejam por perto.

É a modelagem social, o condicionamento, eufemisticamente chamado de... educação!

**Cada "não" é uma parada de movimento** – de novo, perfeitamente visível.

Fácil compreender que os "nãos" complementam a imitação em um sentido bem claro: não faça de modos diferentes aos de todos nós – faça como nós (e contenha-se como nós).

O "não" surge todas as vezes em que as imitações espontâneas não foram suficientes para a criança ir se fazendo parecida conosco, "normal" como nós.

Nem vou falar da escola primária, onde, ainda hoje, se exige da criança que **fique parada** duas vezes duas horas por dia, fazendo o que pouco lhe importa e ouvindo o que pouco lhe interessa – excelente preparação para a futura linha de montagem, para fazer dela um sonâmbulo. "Treinando-a" para funcionar em automático, sem perceber o que está fazendo, de todo inconsciente de seu contexto, de seu interesse ou de sua vontade.

**Excelente preparação, hoje, para não conseguir emprego, pois o que se espera atualmente é que as pessoas sejam adaptáveis, prontas para aprender, versáteis – tudo ao contrário de poucos anos atrás.**

Como se vê, educar tem bem pouco que ver com pensamentos, com inteligência, princípios, valores, regras morais ou emoções, e tem tudo que ver com controle motor.

Como se vê – **se vê** – as "profundezas" do inconsciente são totalmente superficiais...

# EDUCAÇÃO E SUFOCAÇÃO

Quando se tem uma boa noção da mecânica respiratória, como vimos, torna-se fácil compreender que todas essas imitações e todos esses "nãos" convergem para uma restrição considerável da respiração. Podemos dizer que todas as pessoas "normais" são, como dizia Reich, "encolhidas", tendem para a rigidez ou a repetição, predispostas bem mais a dizer "não" do que "sim" – e respiram o mínimo necessário para poder falar... Ou falam para poder respirar!

Por isso os hindus dedicam uma terça parte de seus exercícios meditativos a variações respiratórias.

Por isso surgiu no Ocidente o Renascimento, porque as pessoas vivem sufocadas, isto é, ansiosas. "Explicam" sua ansiedade de mil modos, mas vivem ansiosas por estarem amarradas, tolhidas tanto em sua capacidade de luta ou defesa, quanto em sua capacidade de fuga, de sentir prazer ou de realização de si mesmas.

Ou sufocadas em seus amores agarrados, ciumentos e exclusivistas. Amo sempre e somente os mesmos próximos – os "meus"!

*Meio século de psicoterapia verbal e corporal*

# POR QUE A INFÂNCIA NEURÓTICA É ETERNA – OU QUASE

Tudo quanto disse até aqui sobre a infância – e tudo quanto outros disseram – ainda omite... o principal!

Lembrando que o cérebro é dois terços motor e o córtex é mais de um terço visual, então aceitaremos facilmente que a identificação (**imitação**) é um fenômeno fundamental para a personalidade. Fundamental, também – e portanto –, para compreender as relações entre a educação familiar, a fenomenologia psicológica e a estrutura social. Fundamental, ainda, para compreender o uso terapêutico de técnicas corporais.

> **Identificações, controles e "nãos" vão ao mesmo tempo modelando e se integrando à postura e sendo integrados, também, aos desenvolvimentos do sistema de equilibração do corpo. Estas duas realidades motoras, mais do que complexas, são, ambas, condições para o desenvolvimento de todos os demais movimentos, posições, ações e reações do indivíduo – conscientes ou automáticos. Aos poucos, nos convencemos de que elas estão intimamente ligadas também à inteligência, à capacidade de compreender ou de criar idéias, como ficou insinuado em várias passagens deste livro e de outros. Piaget, por exemplo.**

Quem compreender bem esta afirmação compreenderá também por que é tão difícil mudar de comportamento e por que toda mudança proposta, ou imposta, pelas circunstâncias ao indivíduo desperta neste um movimento de medo, uma tendência à negação (da necessidade de mudar) e uma vontade automática de recuar. Ou de permanecer na velha situação (resistência/conservadorismo).

Essa dificuldade – como se não bastassem quantas já foram ditas – é dupla, pois todo o desenvolvimento do indivíduo se relaciona com certo ecossistema social.

Somos educados para viver e, via de regra, permanecer no mundo em que o destino nos fez nascer – e que, antigamente, já foi bastante estável (antigamente quer dizer de 1940 para cá).

Por isso, se o ecossistema tende a mudar, se nosso crescimento nos pressiona, se as circunstâncias assim o exigem ou, enfim, se o momento oferece novas oportunidades, em todos esses casos, o movimento primário é a negação – o fazer de conta de que eu não tenho nada que ver com isso (alienação), de que nada está acontecendo, de que tudo continua como sempre foi.

Como nunca foi – essa é a verdade. Nada se repete a não ser os mil "nãos" da... educação.

Mas todo o processo "educativo"- psicossocioverbomotor descrito tende a imobilizar a... realidade! Todos acham que é o certo, que sempre foi assim, que é o normal. **Claro que a REALIDADE é sempre a mesma e sempre igual para todos...**

Só os loucos não sabem disso...

Assim são formados os normopatas, por isso eles continuam a existir e a se reproduzir, física e mentalmente, para chegarem a ser maioria, a ser "os normais". São eles que determinam os **padrões estatísticos** de normalidade e são eles que **tornam realidade** suas convicções. Sendo maioria, definem a realidade (social).

## QUANTAS VEZES – QUANTO TEMPO

Isto é, quantas sessões e durante quanto tempo?

Dado o preço da psicoterapia, estas duas questões se fazem bastante relevantes e sobre elas existem mil respostas. Caminha junto com elas a noção de "alta" ou "cura". Mais claramente: "quando acaba" e/ou "quando parar" a psicoterapia?

Como em tudo mais nessa área, é fácil generalizar, aceitar regras e errar, convencido de estar certo. "Fiz como devia", "Fiz o que é certo". Isto é, fiz como os outros, "os autores", os textos dos professores dizem que se deve. Portanto, se eu estiver errado, a culpa é deles...

Difícil é individualizar ou improvisar com habilidade e assumir as conseqüências...

Todos os terapeutas famosos de que tive notícia eram improvisadores de talento. Stekel, Frans Alexander, Moreno, Grinder, Perls, Dickinson e eu, nos nossos melhores momentos.

A boa técnica consiste em perceber com finura e em não perder a oportunidade...

Começo com um esquema vivido quando já me encontrava bem avançado em experiência (entre 1970/80). A experiência foi feita com quatro colegas, amigos de longa data, dois homens (José Antonio Simão e Fernando Freitas) e duas mulheres (Irene Rosa Gentile e Maria Lúcia de Oliveira). Trabalhando na mesma clínica, nos propusemos a realizar uma experiência inovadora. Estávamos, os quatro, pouco satisfeitos com o esquema usual: terapia individual sempre com o mesmo terapeuta, uma ou duas sessões por semana, por vários meses ou mais. Nosso problema comum: o tédio da repetição, a precariedade dos resultados e o que fazer quanto a isso.

Marcamos então **o mesmo horário** para três novos pedidos de consulta inicial (um para cada um de nós).

No horário aprazado, nos reunimos os sete em uma sala. Esclareci sumariamente a questão.

*Meio século de psicoterapia verbal e corporal*

"A terapia costuma ser bem ativa nos primeiros encontros e tende depois a se fazer repetitiva. Além disso, via de regra, as pessoas não conhecem pessoalmente o terapeuta, não sabem se simpatizarão com ele ou não – e vice-versa. Essa simpatia é essencial para a terapia. Vamos conversar um tempo, nós sete, a fim de ter uma primeira impressão de cada um em relação aos demais. Ao final, decidiremos quem fica com quem, para iniciar. Adianto, ainda, que nós, aqui, quando nos parece que a terapia marca passo, nos damos a liberdade, de acordo com o cliente, de encaminhá-lo para outro terapeuta do grupo. As pessoas receiam que terão de começar tudo de novo, mas isso não é verdade. Outra pessoa significa alta probabilidade de nova visão e, na certa, novo relacionamento. Claro? De acordo?"

Esperamos, induzimos um início de conversa e, depois de uma hora e meia de convívio, procedemos à escolha.

Aproveitamos o momento para descrever um quase nada do que nos havia interessado mais nesta ou naquela pessoa e para ouvi-los fazer o mesmo conosco. Essa conversa grupal, dada nossa prática em dizer coisas pessoais, exercia influência coletiva, ajudando bastante os outros a chegar perto de sua verdadeira opinião sobre os terapeutas, a vencer as barreiras inevitáveis da hipocrisia dos bons costumes.

Mas o que é bom dura pouco. Tivemos um bom começo, porém logo a rede foi se afrouxando, as pessoas se afastando, sempre pelo mesmo motivo: não era o que esperavam. Preferiam um confessor fixo...

"Amor verdadeiro só existe um na vida" (o do matrimônio monogâmico indissolúvel).

Nada mais seguro do que uma prisão.

Nada mais perigoso do que a liberdade – ainda que a fala coletiva diga o contrário.

A explicação dada acima aos clientes já contém quase tudo que considero importante na terapia – que raramente chega perto disso.

A regra do bom começo e da subseqüente repetição acontece mesmo quando o cliente chega a nós por indicação de amigo, de ex-cliente ou de um profissional conhecido. E mesmo um bom começo não basta para estabelecer o elo essencial de simpatia.

Diga-se, para incluirmos no anedotário da psicanálise, que nos velhos tempos exigia-se tal distância entre terapeuta e cliente que, se cruzassem um com o outro na mesma calçada, o terapeuta consciencioso sentia-se obrigado a atravessar a rua...

A fim de não empanar a "tela em branco" na qual o paciente projetaria todas as suas fantasias inconscientes, considerava-se essencial a preservação do terapeuta, ante seu cliente, na mais radical privacidade em relação a tudo que se referisse a ele.

Não sei quem estava se protegendo de quem...

## "MAS, EM CONTRÁRIO" – COMO DIZIA SÃO TOMÁS...

**Considero essencial para a terapia certa dose de interesse e simpatia recíproca**, sem a qual ficam ambos cumprindo uma obrigação sem sentido, à custa de um esforço penoso, entediante e improfícuo.

Ninguém diz (não fica bem...): ao longo desta situação de puro cumprimento de obrigação profissional pode ir se acumulando uma boa dose de agressão reprimida, um contra o outro, pois ambos estão exigindo um do outro um esforço penoso e, repetindo, sem sentido.

E, além disso, caro!

É assim, é aí e é então que podem surgir, na "atenção flutuante" do terapeuta, as interpretações maldosas ligadas à noção de que no inconsciente só existem coisas feias e desejos proibidos. No paciente, a repetição de sempre as mesmas "interpretações" desperta "resistências" – sempre as mesmas! Estas duas atitudes se alimentam reciprocamente, geradas e mantidas por essa dupla agressividade não reconhecida.

A situação, mesmo assim, tende a permanecer, tanto pela necessidade financeira do terapeuta quanto pela esperança convencional do paciente, ambos mantidos em presença pelas noções coletivas sobre a teoria e a prática da psicanálise.

Essa situação tende a se compor sempre que entre paciente e terapeuta não existir laço de simpatia ou de confiança.

É preciso insistir: a psicanálise, principalmente por sua respeitável idade (mais de um século) e em parte pelo que tem de exótico, foi a teoria que mais teve tempo para se tornar conhecida, e, hoje, marca as principais noções populares sobre a área.

De acordo com estas noções populares, muitos acreditam que nosso inconsciente esteja cheio de intenções maldosas e nada mais! Por isso, se o terapeuta sugere a presença de "desejos proibidos" – incesto, impulsos homossexuais, ódio contra o pai ou a mãe –, o paciente aceita ouvir (mas não experimentar, ou assumir).

Com Jung, de longa data me espanta a nomenclatura psicanalítica. Pretendendo defender a vida instintiva e emocional, Freud deu às etapas do que ele acreditava ser o desenvolvimento "normal" da personalidade os piores nomes possíveis. Soam todos como palavrões: fase oral dependente, fase oral canibalista, fase anal expulsiva, depois retentiva, fase fálico-narcisista, fase incestuosa...

Um primoroso e refinado dicionário de palavrões eruditos, nem de longe essenciais e, além disso, inerentemente obscuros e pouco úteis. Bons terapeutas não usam estes palavrões na terapia e só os aplicam nas reuniões de grupos de estudos, em que todos fazem de conta que os compreendem e aceitam!

Consolidaram-se pelo uso e são empregados de forma abusiva e confusa, mesmo em escolas de psicologia. Creio até que muito das críticas e até da repulsa às idéias do Mestre dependeu e depende, em boa parte, desses palavrões.

## ESTAR ATENTO – A ESSÊNCIA DO AQUI E AGORA

A raiz deveras profunda de minha afirmação categórica sobre a simpatia essencial é clara: **é bem difícil prestar atenção ao que não nos interessa.**

De outra parte, meu cliente me paga, na verdade, pela minha atenção. Se ela for precária, só serei capaz de repetir frases feitas do catecismo decorado, em perfeita consonância com as frases repetidas de minha vítima – nem sei bem quem é vítima de quem!

> **Se quisermos chegar à profundidade máxima, acrescentaremos: minha atenção é tudo que tenho e tudo que sou – aqui e agora.**
> Se não houver reciprocidade, então ele está sendo meu senhor (ele está me comprando) e eu, seu escravo – bem ao contrário do que parece.
> E eu, terapeuta, me vingo...

# FOCO, OLHAR, CRIAÇÃO

Reparo importante de atualização de nomenclatura.

Hoje, em vez de "prestar atenção", "estar atento", "estar presente", *"to be aware"* e "estar aqui e agora", passou-se a dizer "focar", "manter o foco", "manter-se focalizado".

Nada contra, mas é bom lembrar que a mudança de palavras não muda a coisa. Sou até a favor – lembrando que foco refere-se a lentes, ao olhar portanto –, porque focar envolve muitos graus de atenção (de precisão) a várias áreas, objetos ou pessoas bem determinadas. Envolve inclusive a variação da distância até conseguir imagem nítida.

Assim, está insinuada na palavra "foco" a **variedade** do "prestar atenção".

Como usamos demais esta expressão, de acordo com a idéia de todos ela é uma coisa só.

De regra, de tão presente, o olhar passa despercebido, como se pode ver na palavra "evidente" (= visível), tão usada. O mesmo com "Preste atenção!" e "É preciso dar atenção!", elas também usadas sem que as pessoas se dêem conta de que estão dizendo: "Olhe para", "Olhe na direção de" ou, por vezes, "Ouça bem", "Ouça com atenção".

### ATENÇÃO!

A atenção funciona na personalidade como o broto terminal dos vegetais. As células de tipo embrionário que o constituem vão se dividindo infindavelmente, respondendo pelo crescimento e expansão de todos os ramos da planta (são "células-tronco"). É uma região tão frágil quanto um feto. No entanto e de outro lado, ela é uma das partes mais poderosas do universo vivo, visto que sua capacidade de multiplicação celular, se não fosse de algum modo limitada, tenderia a ocupar o mundo inteiro!

A atenção da criança se comporta como o broto terminal da planta. Isto é, se deixarmos a criança olhar para onde quiser, de mexer como quiser, de balbuciar e falar como quiser, estaremos permitindo que sua atenção espontânea a leve a buscar exatamente o que lhe faz falta naquele momento, ou o que está sendo particularmente agradável para ela (se é que são duas coisas diferentes).

Mas mesmo esse agradável é experimentado ao modo de quem **está aprendendo a sentir as novas sensações – e não apenas desfrutando delas**.

Dizemos que as crianças são dispersivas, que mudam de interesse ou de atividade facilmente. Quando uma criança se comporta assim, podemos ter certeza de que já perdeu o caminho. Porque a criança ainda saudável é capaz de uma enorme concentração sobre aquilo que está lhe interessando – **enquanto estiver interessando (pode ser durante alguns minutos ou até alguns segundos)**.

Mal respeitamos estes seus momentos de concentração. Com pouco tato e a qualquer pretexto, as interrompemos nestes seus momentos de atenção concentrada.

Preciso – todos precisamos – me projetar no mundo para **depois** me compreender. A projeção no mundo se faz principalmente por meio do olhar atento – do olhar para aqueles objetos ou pessoas sobre os quais meus olhos escolheram se deter.

Nada mais elusivo, mais fugidio e variado do que a direção do olhar. Por isso e por aí se demonstra o quanto a vida é uma busca e uma criação contínua.

Durante um tempo, o olhar busca, mas depois se detém. Na criança, isto é ainda mais claro. No adulto, isso se manifesta mais quando trabalha – nos casos em que o trabalho é interessante – pouco ou nada automático.

Nossa atenção foi tão atropelada e desrespeitada na infância, em família e na escola que mais tarde não conseguimos mais saber o que nos interessa – qual a escolha a fazer agora. Isto é, qual o caminho a seguir, para onde olhar, ao que prestar atenção (a quem ouvir, quando ouvir, o que ler, ao que assistir na TV)...

**Essa é uma das influências mais maléficas e ao mesmo tempo mais sutis e menos lembradas com que se perturba o desenvolvimento de uma criança.**

(J. A. Gaiarsa, *Minha querida mamãe*, São Paulo: Ágora, 2000)

> **Bem precocemente, ainda e também, inicia-se a pressão de todos sobre a criança para que ela comece a falar, isto é, para que sua atenção passe do olhar para os ouvidos, do ver para o ouvir e falar – para o "pensar" dizemos...**

De novo, não sei de quem tenha assinalado esses fatos, o chamar a atenção da criança com palavras, quando ela está interessada em alguma coisa, **antes** de

Meio século de psicoterapia verbal e corporal

ela se desinteressar. Este fato tem influência sobre a consciência e a motricidade – e ligação com a repressão! Isto é, a influência segundo a qual nos vamos ligando cada vez mais às palavras e cada vez menos aos olhos – ou às coisas, ou aos movimentos.

Cada vez mais longe do caminho (da Luz!) e cada vez mais tagarelas. Só no Brasil já foram vendidos noventa milhões de telefones celulares (2005).

Retorna a objeção: então é preciso deixar a criança fazer tudo que quiser? Seria o ideal, mas é claro que, vivendo na cidade e no apartamento, nem que os pais fossem muito complacentes haveria como permitir tal liberdade à criança. À limitação física soma-se a pedagógica, e esta – aparentemente – se torna inevitável. Ou seja, às condições físicas se somam as regras da boa educação para eternizar a paralisia coletiva e o interesse desinteressado nas coisas...

Será feito o possível, claro. Dar uma boa atenção – atenção de boa qualidade – é a primeira escolha ante as dificuldades. É a mais aconselhada, com razão, mas é também a mais difícil – e nisso as pessoas não pensam, nem nas aulas sobre psicoterapia!

**"Dar atenção" é o principal instrumento do terapeuta.**

**Adiante volto e amplio a questão.**

# SABER O NOME NÃO É CONHECER A COISA

Eu estava mastigando essa questão sem conseguir enquadrá-la, quando li, no livro de física já citado (o de Fritjof Capra), essa frase preciosa do título.

Então, ficou claro para mim o que significa "educação verbalista", a educação que ensina a falar tudo direitinho sem que você saiba do que está falando. Não preciso dizer que ela ainda é dominante nas escolas. E na vida.

Pouco se mostra (pouco se vê) e nada se pega nem se cheira ou escuta (afora as palavras), e, como boa parte do ensino elementar se refere a objetos e situações familiares, os alunos apenas ampliam um pouco mais o que já sabem.

E continuam as discussões intermináveis sobre o interesse das crianças pela TV, pelos *videogames* e computadores, e poucos têm ânimo para dizer que eles são de longe mais interessantes do que a tediosa lengalenga escolar – ou familiar.

São imensamente mais atraentes e ensinam muito mais.

Se eu disser, em qualquer lugar do mundo: "sol", "árvore", "água", "estrela" e talvez até "avião", **bilhões** (isso mesmo, bilhões) de pessoas "saberão" do que eu estou falando. Mas o que **cada um** sabe a respeito destes conceitos é inteiramente outra coisa.

Espero que o leitor perceba: outra vez, estou lidando com o tema da generalização, mas agora sob outro ângulo.

· 363 ·

Comparando o que um caipira e um astrofísico "sabem" sobre o Sol, é fácil imaginar o volume e a diferença de qualidade dos dois saberes. Não são incompatíveis, mas incongruentes e díspares. São dois "conjuntos" (noção matemática!) com uma área de sobreposição deveras minúscula.

Como o leitor imagina, estou mostrando de muitos modos o quanto as palavras não são nada do que se diz sobre elas, o quanto as diferenças de significado permanecem ocultas, confundindo as opiniões e as posições das pessoas e, ao mesmo tempo, alimentando "para sempre" (!) as divergências entre elas...

Porque é espantosa a tenacidade com que cada um defende o que diz, chegando a ofender e até a brigar se outro contestar ou ameaçar "provar" que ele está errado. Quanto melhor o argumento do oponente, pior a oposição...

Comparta, leitor, a relatividade do significado das palavras – de si evidente – e o fanatismo com o qual elas são defendidas.

Um observador extraterrestre logo perceberia que, para a nossa raça, as palavras são de longe mais importantes do que as coisas – ou as pessoas...

Muito estranho, leitor.

Muito estranho.

# PSICANÁLISE, FAMÍLIA E LINGÜÍSTICA

Se o leitor tem o gosto que eu tenho pela análise lógica e lingüística; se veio me acompanhando em tudo quanto eu já disse sobre a generalização e toda a confusão criada por ela entre as pessoas; se, enfim, concorda comigo nisso que o mundo de dentro não pode ser demasiadamente diferente do de fora, e que cada voz interior nasceu de alguém exterior, então será necessário rever muito da teoria psicanalítica.

Os personagens "de dentro" (identificações), em seus discursos e diálogos, se confundem entre si com as palavras tanto quanto os de fora. Ou: os personagens reais sobre os quais se decalcaram os personagens interiores (mãe, pai, irmão, avó etc.) se desentendiam entre si nem mais nem menos do que as demais pessoas, nos termos que estive descrevendo.

Ou seja, elas também se confundiam com as palavras "iguais" que dizem coisas bem diferentes.

Parafraseando Capra: dizer as mesmas palavras nem sempre quer dizer a mesma coisa...

Descrevendo agora o "falar sozinho": o pensamento das pessoas é tão equívoco – ou confuso! – quanto as discussões a que podemos assistir ou das quais participamos, a qualquer momento, em qualquer lugar, sobre qualquer assunto... Também em família!

*Meio século de psicoterapia verbal e corporal*

Volto então a lembrar uma alusão feita muito acima sobre a técnica psicoterápica denominada de semântica: aprenda a falar apenas o que é absolutamente claro para você e deixará de falar 80% do que costuma falar...

Aprenda ao mesmo tempo a aferir – a perceber – se seu interlocutor entende o que você está falando do modo como você pensou...

Se, baseados nestas reflexões, quiséssemos melhorar a família seria fácil até:

- nas discussões em família, somando várias situações paralelas, **não repita a mesma frase (ou a mesma briga) mais do que vinte vezes**;
- jamais diga: "A culpa é sua", "Você devia", "O certo é assim" (ou "Você está errado")...

Seguindo estas duas regras, é possível que o diálogo familiar faça algum sentido, tenha alguma eficácia, traga alguma mudança...

Você sabe: 90% das pessoas que lerem estes conselhos os compreenderão perfeitamente e concordarão com eles.

Então por que as pessoas não o fazem?

**Se realizados, dispensariam a terapia familiar.**

É bom combinar estas regras com a família reunida, dando a todos o direito – e o dever! – de denunciar a qualquer momento qualquer um que esteja infringindo uma das regras.

Além do mais, poderia ser bem divertido...

## ATENÇÃO VISUAL E ATENÇÃO AUDITIVA

Voltando à atenção...

A atenção visual é por demais móvel – os olhos são inquietos, sabemos. Já a atenção auditiva é mais bem treinada pelas pessoas em função da educação familiar e escolar. E também pode ser mais ou menos concentrada. O olhar de dentro – a atenção – fixa-se em um dos ouvidos e tende a permanecer nele longamente, "imóvel", se posso dizer. Vez por outra os olhos se movem em função do que estamos ouvindo, ou em função do que pretendemos responder – ao modo como no-lo dizem os neurolingüistas.

Já cansei de dizer o quanto a atenção visual é inquieta, o quanto busca.

Ou se fixa no vazio e a pessoa vai com ela, ou vai na direção do olhar – não sei até onde. Nem sei se, neste caso, o olhar está em busca do que quer que seja. Talvez esteja apenas negando a situação presente, apenas dizendo: "Não estou nem aí"... "Estou longe"...

"Menino, preste atenção!"

Repare em pessoas que, na rua, estão falando no celular, mas continuam andando! É fácil prestar atenção a palavras sem prestar atenção a objetos, lugares ou direções, e sem perder o rumo.

Inclusive, no caso de estar dialogando em presença, sem perceber as expressões faciais do interlocutor, seus gestos ou sua atitude.

## OS MUITOS GRAUS DA ATENÇÃO

Em virtude da fisiologia do olhar, podemos caracterizar os "graus" da atenção em função de duas variáveis: a convergência e a acomodação. A convergência se refere à maior ou menor precisão com que os dois eixos oculares convergem sobre o objeto.

A intensidade da atenção também pode ser avaliada exteriormente pela **acentuação das rugas do sobrecenho**. Os músculos que produzem este enrugamento são os procelos, os corrugadores do supercílio e o ventre frontal do músculo frontoccipital. A contração destes músculos produz uma ou mais rugas verticais entre as sobrancelhas. Se muito acentuada, essa contração pode produzir uma ligeira sensação de tensão na nuca (ventre posterior do frontoccipital).

O notável destas contrações é que elas são, no corpo, as mais difíceis de relaxar. Em experimentos com eletromiografia, a pessoa só é considerada relaxada de todo quando estes músculos deixam de se contrair!

A contração é máxima quando a pessoa está intensamente concentrada.

Aliás, ela é máxima também durante o esforço que fazemos para compreender um texto difícil.

Enfim, com treino específico, é possível prestar atenção sem contrair o sobrecenho, mas essa não é uma arte fácil. Ou uma arte aprendida em situações nas quais era importante negá-la para o "inimigo".

Além do mais, é difícil pensar sem contrair, mesmo que de leve, esses músculos.

Falta dizer que o "prestar atenção" se justifica – como sempre – pela caçada. A primeira reação de uma presa ao ver ou ouvir um predador é a convergência ocular instantânea, necessária para ver com nitidez o agressor, avaliar sua distância, sua velocidade e, durante a fuga, os obstáculos ao longo da corrida. O mesmo vale para o predador.

A presa talvez seja alertada pelo som ou pelo olfato, mas o sinal não-visual é imediatamente seguido pela colocação dos olhos, pelo "prestar atenção" visual ao agressor ou à rota de fuga.

*Meio século de psicoterapia verbal e corporal*

# É PRECISO DIZER MUITO MAIS SOBRE O OLHAR

Conforme se pode... ver (!) no Teste de Rorschach, onde o olhar se detém acontecem duas coisas:

- A primeira: a tentativa espontânea de organizar o desorganizado, de ver coisas familiares em borrões feitos de propósito para não se parecerem com nada (esse é o Teste de Rorschach). Leonardo da Vinci já havia descrito esse fato e dado a ele um nome: pareidolia. Onde quer que o olhar se detenha – atento – aí se inicia um processo de criação.
- A segunda: o olhar é inerentemente criativo e, provavelmente, é essa qualidade que fundamenta a teoria da Gestalt. Adiante, veremos que essa criatividade espontânea do olhar depende de sua mais do que estreita ligação com a motricidade.

# O OLHAR É O SECRETÁRIO (OU SECRETÁRIA!) DO PENSAMENTO

(As palavras são interessantes, apesar de tudo... Secretário significa: "aquele que sabe dos segredos". Já pensou?)

Os aspectos subjetivos das pareidolias de Da Vinci foram descritos pelos neurolingüistas em estudos bem conduzidos, sob controle de gravações em vídeo. Gravavam uma pessoa enquanto ela dialogava com o experimentador. Depois, todos os **movimentos dos olhos** eram estudados em câmera lenta e, em seguida, **ligados ao significados das palavras que a pessoa dissera ao mover os olhos nesta ou naquela direção**.

Estes estudos mostraram que o olhar, sumária e humoristicamente, é o secretário do pensamento – ou da consciência –, aquele que "sabe" todos os segredos da pessoa!

Esquematicamente, o campo visual foi dividido em seis regiões, três à direita e três à esquerda, com mais uma faixa neutra entre elas e mais três horizontais, somando seis áreas no total: duas regiões acima da horizontal (E. e D.), duas niveladas com a horizontal (idem) e duas inferiores (idem).

A movimentação do olhar para cada uma destas regiões tem função específica, traz para a consciência (para a fala e para o diálogo) elementos bem definidos.

A faixa superior se relaciona com imagens (é visual); a média, com palavras (é verbal); e a inferior, com sensações corporais ou diálogo interno.

A faixa direita tem que ver com criatividade, descoberta, inovação no campo das imagens visuais (da memória, da fantasia, do sonho); a zona esquerda, com recordação ou repetição de imagens (memória).

Exemplificando: se a pessoa antes de responder olha para cima e para a direita, ela está elaborando uma imagem nova ou lembrando uma imagem conhecida, mas modificando-a no ato.

Se olhar para cima e para a esquerda, estará evocando uma recordação.

Se olhar na horizontal para a direita, estará criando uma frase nova para ela; se para a esquerda, estará repetindo frases ouvidas, lidas, conhecidas.

Se olhar para baixo à direita, estará presente a si ou sentindo alguma sensação corporal; se à esquerda, estará em solilóquio (falando consigo).

**Apesar de seu cunho de adivinhação de almanaque, o fato é que este esquema foi cientificamente elaborado (ao modo como disse anteriormente): gravando a face do interlocutor durante um diálogo e depois checando com cuidado a direção do seu olhar antes de cada resposta.**

Mas também os neurolingüistas cometeram o erro fatal: estudaram o que sucede com uma pessoa que está sendo interrogada por outra, esquecendo-se do interrogador, sem estudar o que acontece quando a pessoa olha diretamente para ele.

Estudaram até, e também, o efeito da imitação deliberada do interrogador em relação ao interrogado, constatando que essa imitação é o melhor modo de compreender o outro – já disse!

Aí tem o leitor o valor do olhar tanto para a pessoa quanto para o observador interessado. Claro, todas essas direções valem somente quando a pessoa não está olhando diretamente para o interlocutor.

Para os canhotos, é o contrário.

## COMO IMAGENS E PENSAMENTOS "ME VÊM À MENTE"

De cada cinco vezes que as pessoas dizem: "Eu estava pensando" ou "Eu pensei" ou, ainda, "Eu estava imaginando", o certo seria dizer: "Um pensamento surgiu em minha consciência". O mesmo se pode dizer da idéia, da imagem ou da fantasia "que me veio à mente".

Quero dizer que pensar ordenada e voluntariamente é a exceção. Fazemos assim, às vezes, no exercício profissional – realizando um trabalho consciente, deliberado, de fato voluntário. Talvez por isso o trabalho profissional seja cobrado. Nele, "alugamos" nossa atenção, nosso "aqui e agora", a fim de realizar uma tarefa. Fora do trabalho, deixamos conteúdos da consciência surgir por força própria. Como se diz na psicanálise: deixamos que aconteçam "associações livres".

De há muito eu me perguntava: de onde – ou como – vêm os pensamentos à minha mente (melhor: à minha consciência)?

*Meio século de psicoterapia verbal e corporal*

Vêm da direção do olhar.

Repito: é por demais difícil tomar consciência persistente das andanças destes dois globos brilhantes e inquietos. Ou estão buscando ou se apagam. Quando se apagam, a pessoa "está longe" ou, nos termos em moda, "não está nem aí". Está ausente. Paradoxo: está mas não está!

Quando o aparelho ocular se desarma, relaxa, todo o alerta e toda a motricidade se apagam junto, ou no mesmo ato.

De novo, Freud e sua intuição: ao propor ao paciente que faça "associações livres", ele coloca uma tela diante dos olhos "de dentro", para que o aparelho motor projete nela as imagens dos objetos mais desejados – ou temidos. É o olhar continuando a busca do que interessa, do que intimida ou do que é desejado. Se gravarmos o olhar de uma pessoa enquanto faz associações livres, é líquido e certo que veremos seus olhos continuamente em movimento, buscando incansavelmente o que é necessário, o que é agradável ou o que pode ameaçar – interna ou externamente.

Quero dizer: eles estão funcionando ao contrário da descrição dos neurolingüistas. Lá, buscavam material para responder às perguntas. Aqui, buscam no cérebro, ou na memória, o que é desejado, o que é necessário ou importante neste momento, tentando levar ou "empurrar" essa imagem ou palavra para a consciência.

Como "o ego controla a motricidade" (Freud), intenções e/ou desejos só se realizam se eles, os olhos, mostrarem à consciência o objeto de desejo, em que direção ele está e, inclusive, o que fazer para chegar até ele.

É o mesmo processo que descrevi quando falei dos sonhos: funcionamento da cadeia visuomotora ao contrário. Em vez de ver e dirigir-se à direção escolhida (como na realidade), os olhos **nos fazem ver** "dentro", buscando o que de fato nos interessa, ou o que nos importa naquele momento.

Desse modo, até compreendo uma expressão que já critiquei de Freud: "fantasias inconscientes". É exatamente disso que estou falando.

## OLHOS NOS OLHOS

Se o olhar é tão ativo na criação e na configuração daquilo que parece não ter forma e na busca do conhecido e do desconhecido, tanto exterior quanto interior, como funcionará ele quando duas pessoas permanecerem algum tempo olhando uma para a outra?

No caso do ódio, sabemos, um olhar pode matar... Se não mata efetivamente, mata uma relação, envenena, intimida, apavora.

De muitos pacientes ouvi o relato sobre o pai que tudo controlava apenas com um olhar.

O olhar amoroso encanta, anima, enternece, desarma, atrai.

· 369 ·

Podemos falar, em contraste com os olhares que paralisam, da existência de olhares permissivos, acolhedores, repousantes, estimulantes...

Estou ensaiando caracterizar um poderoso instrumento de psicoterapia que é, ao mesmo tempo, um poderoso fator de solidariedade humana.

Amor "por querer" parece não existir, mas **atenção concentrada** (ou simplesmente concentração) pode ser treinada. Na verdade, é um dos ideais de todos os lugares onde se fala de desenvolvimento espiritual, meditação, transformação pessoal.

É notória, também, a declaração de tantas pessoas que estiveram na presença de homens notáveis: a impressão de força poderosa partindo do olhar.

De uma coisa sabemos todos: o quanto essa situação é desejada e temida, o quanto nos buscamos uns aos outros (com os olhos) e o quanto nos afastamos (dos olhares), quando eles se cruzam.

Todo envolvimento começa com o olhar... Já alinhei fatos e mais fatos nesta direção.

Eles mais do que justificam todo nosso cuidado quanto à direção dos olhares e seus cruzamentos. Demonstram, de outra parte, o quanto esse cruzamento é poderoso, criativo, perigoso...

Justificam também o *setting* psicanalítico: nada de olhares recíprocos. É perigoso!

> **Neste caso, cabe uma pergunta muito importante: quanto de criação reciprocamente estimulada acontece quando duas pessoas olham direta e atentamente uma para a outra?**
> **• Se ambos estiverem interessados ("envolvidos").**
> **• Se ambos estiverem aqui e agora.**
> **Esse é um dos momentos terapêuticos fundamentais.**
> **É também o momento amoroso fundamental, e a semelhança não é mera coincidência.**
> **Cuidado: não se envolva...**

Isto é, faça tudo que você puder para que nada aconteça...

Seja tão neurótico quanto o paciente: tudo por amor aos costumes, à opinião pública e à teoria "verdadeira"...

E, por menos que eu queira, não posso deixar de perguntar: quanto se perde na sessão psicanalítica ao eliminar o contato visual entre paciente e terapeuta? Ou, ao contrário, quando entram ambos em relação automática, fria? Quando você, terapeuta, é tomado pela atitude neutra (se ela existir)?

O povo chama a atitude neutra de "cara-de-pau"...

Contracena cômica (que faz pensar): a cabine do elevador. Cinco ou seis pessoas bem próximas, desviando cuidadosamente o olhar umas das outras. Por que tanto cuidado para não olhar?

Há, enfim, o olhar de encantamento entre duas pessoas enamoradas (de verdade!). Os outros dirão: "Parecem bobos. Ficam se olhando, se olhando, se olhando..."

Temos algumas dezenas de milhares de unidades motoras nos músculos da face, portanto, é praticamente impossível "fazer" duas caras iguais. Só os enamorados descobrem isso e, presos às variações das expressões do outro – sempre diferentes –, mal percebem que eles também estão mostrando outras faces a cada momento.

Criação contínua, a dois.

Esse é o verdadeiro momento amoroso e pode ocorrer entre quaisquer duas pessoas – a qualquer momento –, se estiverem olhando uma para a outra.

Esse é outro momento terapêutico: Shiva Nataraja (outra forma da Dança de Shiva).

Também em relação às faces opera o princípio estatístico (segurança): isole as expressões mais comuns de uma pessoa e depois faça de conta que só estas expressões existem. Assim, você saberá sempre com quem está lidando, convicto de "conhecer" o outro ("Eu sei como ela é"). Deste modo, a relação entra no automático e daí em diante não terá mais nenhuma graça, nenhuma vida – nem perigo! De ocorrência criativa, passou a diálogo teatral, decorado e ensaiado.

Não pense, leitor, que isso não acontece no consultório do terapeuta. Acontece demais. Os dois em transferência, diria Freud. Os dois no automático, prefiro dizer, os dois inconscientes um do outro e cada um inconsciente de si mesmo.

Os dois falando sozinhos – outra vez! Ambos seguros e aliviados porque deveras nada está acontecendo.

Também aqui – e agora! – vale o princípio básico da terapia: não repita, não olhe sempre do mesmo modo, não tenha pose de terapeuta ou de cientista. Neste caso, ele fará a pose do neurótico, ou de cobaia...

# O AQUI E AGORA – TÃO FALADO

Repito: nunca me foi dado ler ou acompanhar discussões sobre a atenção. A palavra e o fato são absolutamente essenciais no relacionamento. Na verdade, em tudo.

"Dar atenção" é fundamental, mas exige especificação. Penso inicialmente na educação. "Crianças precisam de atenção." Certíssimo. Vou até mais longe: **a atenção de alguém é tão essencial ao desenvolvimento das pessoas quanto a luz do sol o é para as plantas**.

Certa vez, passeava pelo pátio de um manicômio acompanhando o diretor. Vindo de certa distância, achega-se a nós, em passinhos que lembrariam uma gueixa, um rapaz magro, impassível, com tudo que se poderia querer para tê-lo como esquizofrênico crônico. Pára na minha frente e, segundo o testemunho de todos, olha para mim, olho no olho. Mas eu, bem na frente dele, via seus olhos em paralelo, sem convergência. Seus olhos vazios, em paralelo, olhavam para longe, atravessando meu rosto sem convergir para ele. É certo que não estava me vendo. Pensei na hora, muito tocado: "Nunca ninguém olhou para esse camarada, e por isso ele vê as coisas mas não sabe que existe e não vê ninguém".

"Dar atenção", em primeira aproximação, quer dizer "olhar para". Todavia, desde já, posso estar "olhando para" e mesmo assim bem pouco atento, atento em graus bem variados. Todas essas gradações são perfeitamente visíveis – **se eu estiver atento** à atenção que estou recebendo.

"Dar atenção" pode significar ouvir... atentamente! O rosto de quem ouve atentamente é inconfundível, assim como o rosto de quem está ouvindo 75%, 50%, 25%...

Há mais formas de atenção, a exemplo da tátil e da proprioceptiva. Durante ambas, o olhar como que se apaga – o caso não é com ele. A atenção tampouco está na audição. Ela está "para dentro", e também nestes casos pode-se perceber se a pessoa está atenta ou não. Atenta às sensações táteis, aos movimentos ou às posições. Atenta, presente, "aí", "*aware*!" De novo, o que denuncia é o olhar atento, mesmo que a atenção esteja em uma região da pele ou na consciência de algum movimento.

Sempre que houver contato físico – e em terapia corporal isso é freqüente –, passa a valer esta atenção tátil, que nos diz a um só tempo se o paciente está sentindo e se o terapeuta está em contato.

Gestos e "técnicas" podem ser feitos tão desatentamente, tão automaticamente, quanto olhares ou frases.

Na verdade, como em nosso mundo o contato entre estranhos (paciente e terapeuta) não é bem-visto, essa pressão coletiva atua com força, muitas vezes anulando o efeito pretendido.

Sem atenção, nada acontece. E a maior parte das pessoas **está altamente treinada para não experimentar sensações**, principalmente se forem agradáveis e estiverem ocorrendo em consultório.

Há, enfim, a consciência das sensações viscerais e emocionais – a meu ver, ambas da mesma categoria. A mais comum é a atenção a sintomas: cólica, dor, falta de ar, palpitação. Ou à iminência de choro, à emergência de raiva, ou do medo (ansiedade), e outras mais sutis, a inveja, o despeito, o ciúme e quantas mais.

*Meio século de psicoterapia verbal e corporal*

> Sempre que paciente e terapeuta estão presentes, atentos um ao outro, a terapia – a mudança – está acontecendo. Nos dois. Há comunicação, troca e desenvolvimento. Mesmo que estejam em silêncio.

Note, leitor, a simplicidade desta colocação.

Compare-a, depois, com os infinitos pareceres, confusos e incertos, sobre quando intervir, quando interpretar, que momento é a hora "certa" de fazer ou falar isto ou aquilo, qual a "melhor" abordagem ou – Deus não permita! – qual a teoria "certa".

Sempre a busca insensata da certeza, a maior geradora de confusões – como diria a sabedoria chinesa...

Duas pessoas que se encontram por uma ou duas horas semanais durante muitas semanas podem apresentar um número infinito de ações e reações um em frente do outro: de emoções, pensamentos, intenções, recordações de episódios ocorridos em dezenas de anos de vida. Querer ter certeza quanto à relação atualmente em voga entre ambos é um ato de desespero, que só pode redundar em uma seqüência interminável de palpites. Assim são geradas as mil teorias e as mil técnicas da psicoterapia. São muitas porque o número de individualidades tanto de pacientes quanto de terapeutas é praticamente infinito. São muitas também porque a vida de qualquer pessoa (tanto do paciente quanto do terapeuta), se pretendêssemos relatar tudo que aconteceu, com pormenores, ao longo de vinte ou trinta anos, resultaria invariavelmente em uma biblioteca de relatos...

**Como localizar nesta soma praticamente infinita de fatos os que são "os mais importantes" aqui e agora?**

Se o argumento foi bem compreendido, podemos dizer que o acordo ponto a ponto entre dois conjuntos aleatórios de muitos milhares de fatos é... acaso, ou milagre.

Daí o valor de tentar exprimir esse encontro em termos de **momentos terapêuticos de encontro**, excluindo ao mesmo tempo qualquer busca de série de fatos significativamente ordenados – as "fases" do desenvolvimento e as correspondentes etapas da transferência, por exemplo. Ou, ainda, as tipologias, os diagnósticos e as "previsões" do que irá acontecer se eu fizer assim ou assado.

"Controle da transferência", dizem os crentes – Reich inclusive...

Relação de poder, superego científico substituindo o arcaico.

Medo de se envolver, e perder-se!

# VIRANDO A MESA

Parece, pelo rigor com que a atitude neutra é cobrada nos textos e – creio – nas reuniões do partido, que o psicanalista não pode sentir prazer algum no que faz. Sentir prazer seria o primeiro e mais seguro sinal de um início de envolvimento.

Manter a objetividade é controlar – até onde possível – qualquer movimento e /ou expressão emocional, é impedir-se de sentir qualquer prazer.

Terá algum sentido exercer uma profissão que não me proporciona prazer algum além dos honorários?

Pior: que me proíbe de sentir prazer?

Volto à ascese, à mortificação, lembrada por Victor Frankel.

Isso é vida? E se tenho a sorte (ou o azar!) de ter vários clientes diariamente, o que será de mim?

Posso até "viver bem" – ganhar bem –, conforme a opinião de meus amigos, colegas e vizinhos.

Viver bem...

Claro que não é nada disso. Claro que o terapeuta tem emoções, preferências, prazeres, temores e antipatias – por mais que tenha sido analisado. O mal não está em sentir emoções, mas no fato de "fazer de conta" que não sente.

O mal está na repressão, ou na negação. Na repressão exigida por todos, exigida do "profissional" (qualquer que seja a profissão), que, segundo parece, é alguém completamente diferente dos mortais. Ele só sente e só faz o que deve, o que o regulamento exige ou a definição legal de sua profissão permite.

E, de novo: os profissionais da consciência não parecem se dar conta de que essa exigência é igualzinha às exigências que se tem com mãe e pai perfeitos (como são todos...), dos quais se espera o cumprimento de deveres impossíveis.

Impossíveis, mas cobrados por todos a todo momento, na conversa. Pior ainda: fazendo todos de conta de que esses deveres impossíveis são cumpridos por todos, principalmente pelos que estão com a palavra no momento...

Como e por que não se percebe que os "deveres" do profissional (qualquer profissional, repito) são tão idealizados, tão vigiados e tão cobrados quanto os dos papéis familiares? E tão pouco executados, ou desempenhados?

Desfile de fantasmas perfeitos – os personagens do palco social –, e ai de quem disser que o rei está nu (quando, na verdade, a corte inteira está nua).

O neurótico está neurótico por acreditar que o caso é só com ele – repito, só com ele –, e não se dá conta de que o caso é com todos... Não se dá conta de que, estatisticamente, ele é normal!

Por isso mesmo ninguém denuncia e por isso mesmo todos reagem violentamente à denúncia.

Não é só o rei que está nu.

Estamos todos nus...

Inconsciência coletiva é isso.

Quantas tolices, meu Deus...

## O ENVOLVIMENTO INEVITÁVEL

A questão não termina aí.

Na década de 1950, apareceu nas livrarias o livro *Psychoanalytic therapy*, de Frans Alexander e Thomas Morton French.

É curioso que aos 86 anos eu me lembre do livro e dos autores com todos os nomes, para mim, evidência categórica da importância que tiveram em minha vida (afinal, esqueci nomes e autores de muitas dezenas de outros livros).

Alexander e French deram a autorização da psicanálise para as terapias breves – sem negação da filiação. Todos nós, terapeutas iniciantes, fazíamos terapias breves, as únicas ao alcance de nossos clientes (uma ou duas sessões por semana, contra as quatro ou cinco exigidas pela Sociedade dos Eleitos).

Fazíamos, mas com certo receio, como se temêssemos ser descobertos – ou denunciados!

A tirania da psicanálise era feroz. Se não fosse psicanálise, era lixo... Ninguém dizia isso, mas a noção estava no ar.

Nem o apoio de psicanalistas alternativos (Stekel, Adler, Horney, Jung) bastava para nos redimir, nos tranqüilizar – ou nos justificar!

O livro me permitiu o grito de "Independência ou escravidão".

Além de seu valor próprio e de alguns casos clínicos primorosos, *Psychoanalytic therapy*, logo no prefácio, enunciava um pensamento que iria se desenvolver ao longo de toda a minha vida.

Era mais ou menos assim: **"Vivemos em uma sociedade ao mesmo tempo profundamente competitiva e profundamente cooperativa"**...

Aprofundei o significado desta afirmação por quase meio século de leituras, reflexões e observações.

Vivi ao longo do século XX, por demais fecundo em inovações de toda ordem – científicas, tecnológicas e ideológicas. Participei com alegria, fervor e orgulho da convivência intelectual com Jesus Cristo, o Papa, a física quântica, chegando até David Bohm e a ordem implicada, sem esquecer *What is life,* de Schrödinger, a biologia da simbiose universal de Lynn Margulis, a geobiofísica do planeta vivo, de James Lovelock, o neodarwinismo de Howard Bloom, a lógica de Marvin Minsky, a química dos estados afastados do equilíbrio de Ilya Prigogine. De Ludwig Von Bertalanffy (de ouvido...) e a teoria dos sistemas. Dos primórdios da cibernética de Ross Ashby e da existência dos *feedbacks*, a entrada triunfal da biologia molecular e dos conhecimentos sobre o genoma, as sínteses profundas de Fritjof Capra, de Daniel Boorstin e do já citado Howard Bloom e a visão panorâmica da trilogia de Alvin Toffler – e tantos outros!

Em destaque, Lynn Margulis, possivelmente a maior bióloga do século XX, e sua proposta: toda a vida é simbiótica.

O que dizem todos eles?

Novidade: somos todos irmãos!

Muito, mas muito mais irmãos do que a Bíblia diz.

Por isso, o que as pessoas mais desejam é relacionar-se, envolver-se.

Por isso, o que as pessoas mais temem é envolver-se.

Porque sem envolvimento não há desenvolvimento.

Contudo, desenvolvimento quer dizer, em um primeiro tempo, que você deixa de ser você e, durante outro tempo, fica perdido e só vai se achando pouco a pouco! E isso não de uma só vez, mas de muitas, de muitos envolvimentos, não só com pessoas, como também com situações, idéias, decisões...

Mas, veja. Jesus Cristo já dizia isto em uma das passagens mais difíceis do Novo Testamento: "Quem quiser salvar sua alma perdê-la-á, e só quem perder a própria alma a encontrará..."

Metanóia, em grego: transformação.

Modelo eterno: a lagarta que se transforma em borboleta!

Porque é assim e só assim que se iniciam um novo convívio pessoal e um novo convívio social. Um outro mundo.

Outra civilização? A civilização do terceiro milênio?

Só assim sairemos da roda das repetições.

# AMPLIANDO A NOÇÃO DE SIMBIOSE

Lynn Margulis, mais uma vez: "Toda a vida – exceto a primeira bactéria! – é simbiótica". Até as primeiras proteínas e os primeiros filamentos de DNA começaram como afinidade química.

Depois disso, veio a guerra (canibalismo), mas depois da guerra vinha sempre o amor! Parece que as primeiras bactérias tentavam de início se entrecomer, o que não era bom, afinal o estoque podia acabar... A segunda escolha foi o parasitismo – cada vez mais avassalador –, mas agora se dava à vítima uma oportunidade de negociar. Essa brecha deu tempo para negociações mais elaboradas e, aos poucos, em muitas duplas, o parasitismo foi se transformando em simbiose. O que funciona a vida recolhe – e se possível repete. A simbiose entre duas bactérias se ampliou até a formação dos primeiros protoctistas (antigos protozoários) cheios de "organelas", que foram antigos invasores – cada protoctista, uma pequena sociedade de bactérias. E, depois, muitos protoctistas reunidos originaram as espécies de organismos multicelulares até chegar a nós: cada órgão, uma colônia de protoctistas especializada em algumas funções e cada célula de cada colônia, uma associação de bactérias...

Estamos literal e materialmente no pináculo da pirâmide da vida!

O mesmo aconteceu mil vezes em nossa história. Os conquistadores muitas vezes permaneceram ao lado dos conquistados, fundindo as respectivas culturas e gerando uma terceira, diferente daquelas das quais havia se formado.

Juntos, somos muito mais do que cada um de nós.

Ao mesmo tempo, as vítimas, sob a ameaça dos predadores, desenvolveram outra tática básica ("a união faz a força"), para confundir e até vencer o predador. Nascia, assim, a vida social. **Sempre a competição gerando a cooperação e vice-versa**.

(Desejo e repressão? Cooperação e competição? Sexo e agressão?)

Se a cooperação coletiva não conseguia equilibrar o ecossistema, este se desfazia, o que acontecia sempre que determinada espécie era bem-sucedida demais. Se ela vencesse, acabaria morrendo de fome!

Dados adicionais mais do que sugestivos:

- O DNA nasceu ainda antes das primeiras bactérias e chegou até nós. É sabido: nosso DNA é semelhante ao das moscas, dos elefantes, dos ratos e ao de quem mais você puser na lista.
- Noventa por cento da energia da vida – ou mais – provém dos cloroplastos e das mitocôndrias. Os cloroplastos (clorofila) – e só eles – gerando oxigênio para a atmosfera e alimentos para todos os seres vivos; e as mitocôndrias – e só elas – sendo capazes de usar o oxigênio para dar vida (trifosfato de adenosina) a todos os processos celulares...
- E ambos animados pelo Pai do Céu, o Sol. Dele provém toda a luz, todo o calor e toda a energia de todos nós – justos e injustos.
- Ambos, cloroplastos e mitocôndrias, gerando e controlando o invisível oxigênio, o "espírito", o fogo da Terra e a energia da vida.
- Faltavam as alquimistas do nitrogênio – bactérias elas também –, para saciar a necessidade dessa verdadeira essência de nossas proteínas. Vivemos mergulhados nele (80% da atmosfera é constituída de nitrogênio), e não conseguiríamos usá-lo, se as bactérias não tivessem aprendido a torná-lo palatável (assimilável).
- Cloroplastos, mitocôndrias e bactérias nitrificantes foram os três "parasitas" mais fecundos da natureza: a guerra entre três microseres vivos gerando benesses para todos os seres vivos do planeta... Na verdade, dando vida ao planeta, ao elevar e manter as taxas de oxigênio na atmosfera terrestre durante mais de um bilhão de anos.
- (Vale notar, para gáudio das feministas: toda a energia dos animais, inclusive a dos machos, provém da fêmea (da mãe), pois só os óvulos têm mitocôndrias – o espermatozóide não leva nenhuma para dentro do óvulo...)
- Segundo as concepções mais modernas, somos todos filhos de Eva – de uma só fêmea que habitava o interior da África. Lá, nos reproduzimos e, andando, nos espalhamos pelo mundo todo.

- **Todas** as células contêm cópias do DNA, isto é, toda a história da vida está presente em cada célula de nosso corpo.
- O que é a economia senão o somatório de todas as trocas que fazemos uns com os outros?
- A economia é a expressão mais alta da cooperação e da simbiose, segundo *O animal imperial*, de Robin Fox e Lionel Tiger:

## "SÓ A ESPÉCIE HUMANA FAZ TROCAS".

- A frase é curta, mas sua importância, imensa. Foi a troca que gerou toda a economia, e esta é a expressão mais alta da simbiose e da cooperação que nós, humanos, conseguimos realizar de forma superlativa. Esse é o segredo de nossa indiscutível superioridade sobre todos os animais.
- Tudo que você usa foi feito pelos outros. Tudo que você faz no seu trabalho é para os outros. Já pensou nessas coisas?
- Como entender, então, que "nós, seres humanos, somos naturalmente egoístas" – pseudodogma do capitalismo seguido de perto por tantas escolas de psicologia? O que significa egoísta nesta frase? Não estará o "ego" desta palavra em paralelo com as noções mais do que confusas sobre o "ego", como pode ser lido nas descrições psicológicas usuais? O ego como uma entidade infeliz, perplexa, jogado de cá para lá pelos impulsos e desejos, temeroso de tudo – na verdade, um pobre coitado?

– Por que Jesus Cristo na minha lista? Devido ao "Amai-vos uns aos outros" e ao "Sois todos irmãos".

– Por que o Papa? Porque um deles (Leão XIII?) publicou uma encíclica denominada "O Corpo Místico de Nosso Senhor Jesus Cristo" dizendo isso mesmo: somos um, no espírito (no invisível!), isto é, no oxigênio que a todos anima, no Grande Espírito... da atmosfera.

– Por que os neodarwinistas? Porque mostram que a sobrevivência das espécies está ligada à capacidade de cooperação de seus membros. Não é "o mais forte" ou "o mais apto" que sobrevive. É o mais solidário. Ou: a espécie é mais importante do que o indivíduo, e "grande" é o indivíduo que mais contribui para a grandeza da espécie – tão óbvio!

O que tudo isso tem que ver com a psicoterapia? Você provavelmente já desconfiou. Ante essa avalanche de dados sobre a solidariedade e a cooperação, em verdade, vos digo (!): essas de "atitude neutra" e "não se envolva" são uma blasfêmia e uma heresia. Ou uma total inconsciência da ciência da consciência – e da economia!

Ou um incrível medo do outro, do famoso envolvimento...

Ou medo de se perceber como transformação contínua, ao sofrer e exercer influência sobre o outro.

Nunca sou o mesmo...

Ou – deixem-me desabafar – uma idiotice sem tamanho, uma vez que exige o impossível como a mais sagrada obrigação de certa categoria profissional. Precisamente aquela que se propõe ser útil – solidária! – com o próximo, nas suas dificuldades da vida... Na verdade, em seu isolamento, em sua incapacidade de se envolver – e transformar-se!

# A TODO-PODEROSA FOFOCA

Ao tempo de Freud, muito mais do que hoje, a psicoterapia – dois em conversas particulares repetidas meses a fio – era algo não apenas novo na medicina, como algo suspeito. Se fossem um homem (o médico) e uma mulher (paciente), pior. Se a mulher fosse atraente, pior ainda! Na Viena de Freud, a fofoca era na certa tão ou mais presente do que hoje, sobretudo no que se refere a ligações amorosas e sexuais.

A meu ver, a "atitude neutra" e o "não se envolva" tinham a boa intenção de resguardar o terapeuta da fofoca.

Creio, mesmo, que Freud afastou o paciente de seu campo visual a fim de... esconder ou disfarçar seus sentimentos em relação ao paciente e, ao mesmo tempo, a fim de reduzir a tentação (de se envolver).

Não sei se o leitor sabe que um de meus livros de maior sucesso chama-se *Tratado geral sobre a fofoca: uma análise da desconfiança humana* (São Paulo: Summus, 1978).

A ciência é séria demais para se dignar a estudar a fofoca. No entanto, ela é a essência do superego.

> **As pessoas fazem pouco ou nada do que desejariam principalmente pelo medo de serem vistas e faladas.**

Não é? Então por que complicar tanto as coisas em vez de perceber o que está sempre aí e todos conhecem – e temem? Por que falar tanto do misterioso e profundo inconsciente em vez de falar do cotidiano que todos sabem, – e praticam – e sofrem!

Meu superego é meu vizinho!

Freud poderia completar: todas as fofocas do mundo são fruto dos piores sentimentos de quem faz a fofoca. O fofoqueiro projeta no infrator seus desejos mais perversos. Projeta, mais especificamente, seus desejos e, **ao mesmo tempo**, a condenação a eles, transformando o julgamento em puro veneno. O outro se faz tanto objeto de inveja quanto bode expiatório!

Ao falar em fofoca, as pessoas põem no rosto certo sorriso, cujo significado implícito é: "Fofoca não é uma coisa séria".

Isso quando ela não é contra você!

Junte isso com tudo quanto já registrei sobre "os outros", "eles", "todo mundo", "dizem" (o coletivo), e o pior da neurose se torna imediatamente claro: temos medo dos outros porque eles estão tão dispostos a interpretar mal o que virem ou ouvirem de nós, quanto nós estamos dispostos a interpretar mal o que viermos a saber ou o que os virmos fazendo. Dispostos a falar bem mal de todos os que são pegos pecando contra os cânones dos sagrados valores estabelecidos.

Sartre já disse: o problema são os outros. Todos os outros, acrescento.

Um dia, em palestra, dei este conselho: se você quiser fazer análise de graça, lembre-se, antes de dormir, de todas as fofocas que já fez e, em vez de dizer: "Olha o que ela fez", diga: "Olha o que eu gostaria de ter feito"...

Note, leitor, o que você está sentindo: certa curiosidade pela análise da fofoca junto com aquele sorriso de "mas isso não é uma coisa séria". Essa é a melhor defesa da sociedade contra todas as verdades que a fofoca revela: rir. Essa defesa não foi assinalada pela psicanálise nem pela psicologia porque, afinal, fofoca não é uma coisa séria...

Na verdade, há duas coisas sérias aqui: a própria fofoca, arma poderosa do superego (da coletividade), e o sorriso que a acompanha, destruindo a seriedade da interpretação!

"Estou assassinando o outro, mas não leve a sério meu assassinato – é de brincadeira."

## FOFOCA APLICADA (técnica!)

Sempre que o paciente nos "confessa" algum desejo pecaminoso, será mais do que oportuno perguntar:

– Por que não faz?

A resposta será na certa uma cara de surpresa.

– Como? Fazer isso? Quem o senhor pensa que eu sou para fazer uma coisa dessas?

E logo segue um amontoado de arrazoados moralistas sobre dever, sobre certo e errado, sobre culpa, sobre a honestidade de papai, sobre o medo de ferir mamãe – ou a cara-metade –, e até medo de ser rejeitado pelo terapeuta.

Aí você pode insinuar:

– Não será medo de ser descoberto? O que aconteceria se você fizesse o que imaginou? E se fosse descoberto?

Espere um tempo e depois sugira, mansamente:

– Medo de ser comentado maldosamente? De ser mal interpretado? Julgado? Excluído? Desprezado?

Muitas vezes, basta isso para atenuar todos os argumentos prévios ou, pelo menos, para atenuar as grandes razões coletivas de culpa.

A humilde fofoca é a maior ameaça do sistema e também seu principal aliado. Primeiro denunciar (policiamento coletivo), depois fofocar (condenação pública). Nesse circuito, tido como simplório – sem "profundidade" nenhuma –, se resume pelo menos a metade dos temores das pessoas ante os próprios desejos, emoções ou fantasias.

Ou seja, vigiar e fofocar é o principal circuito de manutenção das proibições coletivas.

Todos são policiais do sistema e o pior vício do policial-fofoqueiro é sua inveja – todo o prazer que ele não tem e, segundo lhe parece, do qual o fofocado está desfrutando. Nada melhor (!), então, do que atribuir ao infrator os piores motivos para o que ele fez. É o melhor meio de reforçar as próprias inibições.

# A LIBERDADE COMPULSÓRIA

Entrarei com dois novos argumentos na questão milenar do livre-arbítrio: se somos livres ou não.

Os dois argumentos demonstram, em termos bem atuais, que não podemos ser outra coisa.

Estas reflexões e dados de certo modo repetem, em outra clave, o que deixamos escrito bem no começo sobre o conflito fundamental de todos os seres humanos, sobre a pressão uniformizante da coletividade e a originalidade do DNA de cada um.

E também quando demonstramos que nada é mais improvável do que o que está acontecendo aqui e agora.

Em *Signos da vida*, de Robert Pollack (Rio de Janeiro: Rocco, 1997, p.151), leio estas declarações momentosas:

> Ver o mundo como uma esfera coberta por uma fina película de tecido chamado vida, com uma história própria que nunca acontecerá outra vez, é trazer para a biologia molecular a variável do tempo. Torna-se possível, assim, passar a ver os genomas, suas proteínas codificadas e redes de regulação que trazem ao mundo tais proteínas, como criações naturais que compartilham duas características com a literatura, a arte e a própria ciência: passados cognoscíveis e futuros desconhecidos. No caso de nosso próprio genoma, o tempo e a evolução geraram atributos ilimitados e imprevisíveis – de consciência e linguagem.

Estamos cada vez mais próximos de aceitar a realidade e a nós mesmos como criações contínuas, portanto irremediavelmente livres, ou, mais sobriamente, como entidades capazes de criar e gerar continuamente, aqui e agora, o que nunca existiu antes.

Mas é possível ir além com a prova.

Os trechos a seguir são de *O que nos faz humanos*, de Matt Ridley (São Paulo: Record, 2004, p.43, em rodapé).

Caso se descobrisse serem multialélicos não mais do que trezentos dos trinta mil genes humanos – em vez das dezenas de milhares que esperávamos –, haveria pelo menos **10 à centésima potência** de **genomas humanos.** Comparada a esse número absurdamente grande de possibilidades, a **fração de genomas que chegou de fato a existir** até agora é infinitamente pequena.

Fração de genomas significa indivíduos diferentes uns dos outros.

Compare-se esse número com o número de partículas atômicas presentes na constituição de todo o Universo que conhecemos: **10 à octagésima potência.**

Dizer estes números ou dizer "números infinitos" faz bem pouca diferença.

("Alelos" – pares de genes presentes "face a face" (!) em cada cromossoma, funcionalmente equivalentes. Eles têm a(s) mesma(s) função(ões) e se separam na meiose geradora das células germinais, indo um para cada célula germinal.)

Portanto: inútil buscar semelhanças ou séries de fatos comparáveis – "padrões" – entre indivíduos. Nessa multidão inumerável de individualidades possíveis, **existem conjuntos, semelhanças e padrões aos milhões**. Por mais ampla que seja nossa visão, teórica ou técnica, ela será sempre ridiculamente minúscula ante essa grandeza.

A diversidade entre os indivíduos será para sempre infinita em relação à nossa limitada capacidade de organizá-la ou de compreendê-la – menos ainda de controlá-la.

Creio que David Bohm está por aí.

Periodicamente, uma parte dessa realidade infinita se torna mais bem definida (desdobra-se, diz ele) e se torna a última palavra da ciência (para aquela década).

Ou ela acontece concretamente: nasce uma criança!

Espero que o leitor una estes dados e reparos às minhas críticas a classificações, diagnósticos, fases e mais esquemas feitos para diagnosticar personalidades e quadros clínicos.

# A PRIMEIRA VEZ

Isto é, a primeira consulta. Preferia denominá-la de primeiro encontro.

Qualquer esquematização desta hora importante é descabida. Nada mais imprevisível e exigente para o terapeuta – e para o cliente!

O que consigo fazer é oferecer *flashes* ao léu, esperando que o leitor, provavelmente um profissional que já viveu algumas ou muitas vezes a situação, aproveite o que vai lendo.

Pode servir também para o principiante, oferecendo muitas entradas e dicas para situações nas quais ele não sabe o que fazer, mas precisa fazer alguma coisa, apesar da ansiedade...

Ou devido à ansiedade!

O que tenho de melhor a oferecer para esta situação se refere ao questionamento habilidoso e à atenção ao não-verbal.

Os textos usuais tendem a ignorar completamente a comunicação não-verbal, elaborando e tentando sistematizar apenas o questionário padronizado: perguntas sobre queixa e duração, esboço biográfico, terapias anteriores, e por aí vai.

Tudo bem, pode-se começar por aí, mas é bom tomar consciência (!) de que esta saída envolve certa violência contra o cliente e marca o autoritarismo do terapeuta. É boa para ele, contudo não sei se o procedimento é bom para o cliente.

Pode ser intimidante.

"Ele", o terapeuta, é uma autoridade – um especialista!

O cliente poderá senti-lo como um policial do sistema, um juiz, um promotor...

Melhor aguardar um tempo em silêncio, esperando que a pessoa comece a falar por sua conta. Se nos dispomos a proceder assim, muitos começos podem surgir por força própria, em função do relacionamento que começa – queiramos ou não – no primeiro momento em que os dois personagens olham um para o outro.

Gosto de dizer: "Quer falar ou prefere que eu pergunte?"

Caso comum é o da pessoa ansiosa que mal senta na cadeira e já dispara a falar de suas preocupações, temores e até de suas explicações para o que está sentindo.

Como agir **neste** caso?

Deixe-o falar e tente prestar atenção **tanto nele quanto em você**! É fácil prestar atenção? A pessoa desperta simpatia? Ou não? O que mais chama sua atenção nela? A atitude corporal, o modo como está sentada? Sua imobilidade incomoda? Uma expressão facial incomum? Um gesto que se repete? Uma frase que se repete? Você consegue ficar tranqüilo diante dela?

Bom começo consiste em perceber – **desde o princípio** – repetições de frases, de gestos, de expressões faciais, de músicas vocais. Tente dar nomes às expressões que chamaram sua atenção. São as barras da prisão da qual o paciente espera que você o ajude a se livrar. Mas ele não sabe disso e, cada vez que você conseguir "libertá-lo" de uma dessas barras, ele levará um susto... Porque cada barra é uma muleta!

Durante uns poucos minutos, apenas observe com simpatia (se houver) e procure perceber qual o seu sentir em relação à pessoa. Se você não conseguir simpatizar, a essa altura bastam a atitude e a atenção convencional do profissional. Não é das melhores, mas é sempre um refúgio quando não se sabe o que fazer – ou como estar...

Se a ansiedade do paciente for muita, espere mais um pouco e, ao primeiro sinal de folga, faça uma sugestão útil. Com voz tranqüila e certa autoridade amiga, diga: "Respire... A ansiedade tem muito que ver com a respiração". Olhe com atenção redobrada, procurando ver se o conselho está sendo seguido. Exija – gentilmente! – algumas respirações. Respire como modelo (e inspiração!), se você for capaz de fazê-lo com naturalidade. Verifique se a pessoa ficou mais tranqüila. Se não, deixe-a falar à vontade por mais um tempo e repita meu conselho.

Quando certa paz se estabeleceu, comece o interrogatório, **partindo do quanto ela disse durante o relato ansioso**. Volte para o começo do relato e proceda sistematicamente, examinando com vagar e fazendo muitas perguntas sobre cada situação e cada personagem descrito ou citado durante a onda de ansiedade.

Bem antes, dei vários exemplos de ampliação de contexto.

Adiante, continuo.

## DEMONSTRAÇÃO DAS RELAÇÕES ENTRE FANTASIA E MOVIMENTO

Dei exemplos de certo tipo de exercício, ao falar das técnicas destinadas a apurar a propriocepção.

Recordo um dos tipos, sumariamente: faça como se você fosse disparar uma flecha imaginária de um arco imaginário.

Como é fácil imaginar, há mil modelos e mil movimentos virtuais possíveis dentro desse tipo de exercícios. Difícil dizer se são físicos ou mentais (ou psicológicos). O fato é que os músculos podem se contrair quase tanto quanto se o movimento estivesse se realizando com os objetos concretos. As sensações proprioceptivas são igualmente reais. A pessoa pode sentir e controlar bastante bem a força que está fazendo "com nada" ou "contra nada".

Na verdade, contra sua imaginação!

**Estes exercícios ampliam e reforçam a tese da profunda ligação entre o visual (imaginação) e o motor.**

São muitas as técnicas e muitos os profissionais que usam imagens e imaginação – "visualizações" – para que a pessoa possa se orientar e se organizar melhor, seguindo, neste caso, a lição mais do que milenar dos hindus.

De outra parte, a noção popular, inclusive de pessoas mais bem informadas e até de muitos profissionais, continua a ser esta: a imaginação nada tem que ver com ação... A fantasia é uma bobagem...

Mas, em contrário, há os que trabalham específica ou exclusivamente com a fantasia – fantasia ativa, vidas passadas, visualizações em relaxamento, recomposição de sonhos, análise de sonhos e mais.

Aliás, hoje, com as técnicas refinadas de registro de atividade cerebral, se comprova que **imaginar um movimento ativa todos os núcleos e vias motoras envolvidos neste movimento** – menos o *Fiat* final, a decisão.

Leitor, se você aprecia o estudo da imaginação e sua aplicação à psicoterapia, procure ler Gerald Epstein, *Imagens que curam*.

No passado, pratiquei muito estas artes, inspirado por Mestre Jung. Aprendi a usar meus sonhos e minha capacidade de fantasiar em inúmeras situações de vida, pessoais e profissionais. Foram por demais úteis, enquanto meu interesse se manteve vivo.

Mas meu tempo de fantasias e sonhos passou, não me sinto inspirado para escrever sobre a questão e por isso elas não figuram em meu texto. Não se deduza daí que estas técnicas sejam obsoletas, precárias ou inúteis.

## VANTAGENS E DESVANTAGENS DOS AUTOMATISMOS

Tanto a natureza quanto a tecnologia (até a sociedade!) desde sempre buscaram o automático ou a automação, ao fazer que certas seqüências de ações ocorressem sempre do mesmo modo e rapidamente – e "sem pensar". Entre os animais, nos insetos de forma modelar, o processo alcançou a perfeição, assim como na linha de montagem.

Entre os animais superiores, surgiram os instintos e, entre os seres humanos, além dos instintos, surgiram os costumes sociais (os preconceitos, as regras coletivas, os rituais e cerimoniais, os tabus), muitas vezes tão rígidos quanto os automatismos dos insetos.

Já falamos e agora retornamos ao dilema da natureza: quanto mais automáticas a percepção e a resposta, mais rápido e mais "perfeito" o desempenho, e essa rapidez pode ser a diferença entre a vida e a morte (na caçada, por exemplo).

De outra parte, todo automatismo se organiza ou apóia em vários pontos críticos da percepção (em "sinal" desencadeante, seja ele visual, acústico, olfativo). Só o que pode colocar o automatismo em ação será selecionado da oferta sensorial panorâmica do momento presente.

Isso é todo o behaviorismo aplicado à psicologia – inclusive humana.

E esse é o mal da automatização: **ignorar** tudo "que não interessa" ao desencadeamento e curso do processo motor automático.

Paga-se a rapidez ou a perfeição da adaptação com a cegueira **diante de tudo que não se liga** ao automatismo, e, nessa pequena frase, talvez se contenha tudo que se contém neste livro, bastando substituir "automatismo" por "inconsciente"...

O processo é tão comum e tão funcional que as pessoas, presas à realização automática, não se dão conta de tudo que NÃO estão percebendo.

Dada a resposta automática, o caso está resolvido, para a pessoa que fez.

Exemplo arquetípico: determinado "O culpado", ninguém mais continuará a pensar no ocorrido, a considerar por que ou como o culpado se tornou culpado – por que fez o que fez –, quem são os culpados pelo culpado...

Mestre Jung já havia assinalado que boa parte da neurose é ignorância condicionada, ou seja, "o" inconsciente contém bem mais do que conteúdos reprimidos. Muitas das tolices e até erros mais sérios são cometidos diariamente por pessoas que – literalmente – não sabem o que estão fazendo, puramente imitando aquilo que todos fazem ("Fiz assim porque todos fazem assim").

Os mais fanáticos dizem até: "Porque assim é o certo"...

De novo, opera o Complexo de Pilatos, agora universalizado. Diante de todos os desmandos e crimes do noticiário cotidiano, a resposta é: "Não tenho nada que ver com isso. Eu sou um cidadão como se deve, só faço o que é certo".

"Eles", "Os outros", é que fazem tudo que é errado.

Logicamente, trata-se de uma particularização auto-excludente (!): eu me excluo da categoria dos "maus" (outro "mecanismo neurótico"). "Não tenho nada que ver com 'eles' (os criminosos, os corruptos, os banqueiros, os políticos, os militares, os especuladores, os cientistas)."

# DOS OLHOS, DO OLHAR
# E DE COMO É PROIBIDO VER

É hora de recordar bem mais do olhar e dos olhos, a fim de reavaliar sua precisão, velocidade, sensibilidade, abrangência e complexidade.

Impera readmiti-lo à psicologia, à psicoterapia e à vida, uma vez que, de acordo com o que você já leu em meu livro, nossa psicologia e nossa sociologia – e até nosso cotidiano – pouco e nada dizem desse nosso mais perfeito dos sentidos.

De outra parte, este livro mostra como muito de tudo que se considera "psicológico" depende do olhar.

Cinema e TV "sabem" muito mais do que a psicologia... Por isso, entre outras coisas, têm muito mais mercado...

*Meio século de psicoterapia verbal e corporal*

Por outro lado, ouvimos intermináveis elogios à luz e à iluminação. Está implícito, então, que não estamos falando dos olhos materiais – nem da luz do sol.

Falamos insistentemente da luz que não se vê ("espiritual") e não vemos (!) a luz da vela, do lampião, da lâmpada, do farol – e do sol.

Nem a luz da verdade! Não falo da **minha** verdade, leitor. Você já leu bastante neste livro sobre essa cegueira ante o óbvio que nos é coletivamente imposta por todos desde pequenos: a inconsciência ou cegueira coletiva, tanto faz. Só posso falar (saber!) do que os outros falam, do que os outros dizem que existe, do que os outros dizem que se vê, do que os outros dizem que é assim...

Parece que temos necessidade de viver nas trevas ou que tememos a luz – e é certo que Satanás se rejubila com isso!

Basta ler um jornal!

Não, leitor, não estou fazendo sermão. Estou atento ao noticiário, à mídia, e te pergunto: esse nosso mundo não parece de fato diabólico, um verdadeiro inferno?

Nossos Sagrados Valores Tradicionais e nossos Livros Sagrados nos dizem, insistente e categoricamente: não veja o que você está vendo, é tudo engano e ilusão, tudo transitório e passageiro... Ouça apenas o que as palavras sagradas dizem e você será salvo. Só as palavras sagradas são eternas!

Imaginem! Temerosos da incerteza do viver, desejamos certezas desesperadamente, e então nos apegamos ao texto escrito em pedra! Nada mais permanente.

Nada mais ilusório. Há mais interpretações diferentes sobre cada versículo da Bíblia (e do Alcorão) do que sobre qualquer outro livro já escrito.

A propósito, se você tem dinheiro sobrando, faça análise e as palavras revelarão o que você é – quando interpretadas à luz dos textos eternos do Mestre!

E você ouvirá... a luz!

Mas o Poeta, sempre iluminado, nos disse: "Words... words... words".

# A VERBOLATRIA DA DESUMANIDADE

Por que as pessoas vivem buscando milagres e inventando figuras de Deus tão inferiores às realidades inacreditáveis que a ciência está nos revelando?

Nada tenho de fanático em relação às teorias, à metodologia ou à "certeza" da ciência. Neste livro, duvidei delas todas. A comunidade científica sofre de todos os defeitos de todas as comunidades. Principalmente, do fanatismo e do orgulho/desprezo, entre eles mesmos e ante os simples mortais. Beiram o patológico.

Falo incondicionalmente a favor dos aparelhos que a ciência produziu e ampliaram incrivelmente os limites de nosso mundo, das estrelas aos átomos. Da ciência que vem nos mostrando em pormenores a complexidade do átomo, da célula, do DNA, do planeta Terra, do espaço e das estrelas e de tantos outros acontecimentos.

· 387 ·

**De como o milagre que nos cerca por fora e nos anima por dentro é de longe muito maior e muito mais miraculoso do que é dito em todos os livros sagrados – escritos há tanto tempo, quando nós, seres humanos, sabíamos tão pouco.**

Depois, como acreditar que Deus – em qualquer definição, tido como um ser transcendente, sábio e poderoso –, como acreditar que Ele se daria ao trabalho de mandar escrever (!!!) seus pensamentos em livros: para nós! Ele já não nos havia comunicado tudo ao nos formar? Não seria mais prático e mais sábio, da parte de quem é Onisciente e Todo-Poderoso?

Lembre, leitor, tudo que você leu até aqui sobre as fraquezas inerentes às palavras e repense o assunto. Quando se acreditava que a Terra era o centro do universo e a humanidade a maior criação divina, ainda cabia o exagero. Isto é, enquanto o universo era bem pequeno e nós acreditávamos ser seu centro, essas noções eram plausíveis. As aparências estavam a favor dessas crenças, tudo parecia girar em torno de nós.

Mas agora?

Quero ampliar o tema da verbolatria humana e começo com *The yoga system of Patañjali* (Cambridge/Massachusetts: The Harvard University Press, 1927), a "bíblia" de tudo quanto se fez e escreveu depois sobre a ioga.

Patañjali escreveu doze páginas. Seu comentarista e seu explicador escreveram 348!

Traduzindo os versículos finais: "Todas as perturbações desaparecem. Todas as ações do *self* são espontâneas e livres. Desaparecem todas as limitações que restringiam aquele que deseja alcançar o ideal último de sua própria natureza". Bonitas palavras...

E, logo depois, o primeiro comentário (do próprio Patañjali) sobre o tema declarado previamente.

*"This (mind stuff) although diversified by countless subconscious impressions, exists for the sake of another, because its nature is to produce (things as) combinations."*

Traduzo: "A consciência (a mente?), embora diversificada por inúmeras impressões subconscientes, **existe para o outro**, pois sua natureza é produzir **combinações**".

Ao ler, ouvi, de longe, Jung e sua Alquimia – estudo das combinações...

Fiquei perplexo e rejubilei-me ao mesmo o tempo: depois de tal preparação, tão complexa e demorada, a finalidade do homem perfeito é existir para o outro (*"for the sake of another"*).

Quem não se envolve, não se combina com o outro, não se desenvolve nem a si mesmo nem ao outro – outra vez!

*Meio século de psicoterapia verbal e corporal*

É a fórmula oriental do "Amai-vos uns aos outros".

Volto à verbolatria: 350 páginas para "explicar" o mestre!

Tão familiar!

Como a Bíblia goza de uma fama sem igual na literatura ocidental, ela induz no leitor inocente a certeza do que lê, sem perceber que está lendo o que deseja. Entre tantas sugestões tão variadas, posso encontrar o que eu quiser... São milhares de páginas de dezenas e dezenas de autores...

O Alcorão também, ou até pior: foi escrito por apenas um autor.

Enfim, depois de tantas críticas a tantos livros que repetem mil coisas, o leitor bem poderia me perguntar: então, Gaiarsa, por que **você** escreveu trinta livros dizendo sempre mais ou menos as mesmas coisas?

Respondo, generalizando (!!!): estranhamente, tantos livros são e foram escritos e comentados pelos homens, com a intenção consciente ou inconsciente de mostrar o caminho aos demais, isto é, para ILUMINÁ-LOS, para que começassem A VER o que ANTES NÃO VIAM!

Inconscientemente, cada um dos autores tinha suas intenções especiais, de simples zelo ou até amor pela humanidade, grande vaidade, exibição de sabença, confissão de culpa ou justificativa para a opressão e o abuso; mas, querendo ou sem querer, eles estavam **ampliando o contexto**, isto é, a VISÃO das pessoas. Palavras podem funcionar segundo o princípio de Vygotsky: **apontando** em certa direção, permitindo "ver outros lados" de uma questão.

A pergunta, portanto, é esta: por que tanto esforço para mostrar o que sempre esteve aí? Isto é, por que seria tão necessário falar ou escrever sobre o que é evidente desde o começo?

## POR QUE SOMOS TÃO CEGOS?

A razão é sempre a mesma: para nos protegermos de um medo primário, o de reconhecer a precariedade da existência e a incerteza de cada momento seguinte. De como ela pode acabar a qualquer instante, de muitos modos, inclusive nas mãos de nossos semelhantes!

Some-se a idéia complementar a esta: porque sentimos tão profundamente o quanto a vida é preciosa e o quanto pode nos proporcionar de prazer, alegria e felicidade.

Enfim, para manter a noção de que somos todos iguais ou muito semelhantes, todos unidos nos mesmos pensamentos, na mesma visão da realidade (!), o que pode nos trazer muita força, certeza e segurança (!) A segurança do rebanho, do bando, da multidão dos semelhantes, da "Comunhão dos Santos"...

Por tudo isso e mais que eu não sei.

Então, em vez de VER que somos semelhantes, e começarmos a nos amar, preferimos acreditar que, se dizemos as mesmas palavras, então estamos todos sabendo, sentindo – e defendendo! – as mesmas coisas, costumes e situações. Estamos todos na "mesma realidade" e, com isso, ganhamos mais um benefício: não é preciso examinar, hesitar nem escolher – posso decidir bem depressa, tanto quanto os animais em bando. Se está em palavras, então já é sabido e determinado.

Note, leitor: examinar, hesitar e escolher são funções visuomotoras – podem demorar. Pensar em algo é parecido, também demora. Obedecer a uma ordem é imediato e então acontece o inverso do que com os animais. Eles estão "feitos para" agir instantaneamente, se necessário. Nós podemos hesitar – e ser comidos, de muitos modos! Portanto, é melhor uma ordem clara e simples. Obedecendo-a, estaremos certos de estar certos...

> **E então, e por tudo isso, a palavra começou a substituir o olhar na espécie humana... Por isso, nos tornamos sábios cegos.**

## O PRINCÍPIO DE VYGOTSKY INVERTIDO

Também "por dentro" as coisas se inverteram. Disse antes que as únicas palavras que evitam qualquer ambigüidade são aquelas acompanhadas do gesto de apontar (adjetivos designativos – este, aquele, isto, aquilo – e seus plurais).

Na consciência do ser social ligado à palavra, as coisas acontecem ao contrário. A palavra **indica** ou **aponta** para o objeto, quer ele esteja presente no mundo externo, quer no mundo interno. O caso do mundo externo é claro: a palavra nos leva **a olhar na** direção do objeto de desejo – ou de temor. No mundo interno, o olhar vai espontaneamente buscar na memória o objeto e o traz ou empurra para a consciência, ao modo como os neurolingüistas descreveram durante o diálogo.

Ao modo, também, como Freud nos disse: "O inconsciente faz pressão sobre a consciência".

Desses modos, **a palavra se transforma em imagem (visual) na consciência**, podendo então – e só então – organizar a ação, ou despertar a intenção, ou armar a contenção...

Pense bem nesta frase, leitor. Ela diz o óbvio: não desejamos nem tememos palavras. Desejamos ou tememos aquilo que elas designam – coisas, objetos, pessoas.

Veja que depois de tantas críticas a Freud, acredito estar dando a bom número de suas idéias um fundamento visuomotor, na certa mais palpável do que atribuir tudo ao hipotético e misterioso inconsciente e esperar que a falação "explique" e "resolva" tudo.

# A VISÃO INTERIOR – SONHOS E FANTASIAS

Ao ler A interpretação dos sonhos, do mestre Freud (1940, aproximadamente), acendeu-se em mim o interesse por esse estranho mundo. Mas a paixão surgiu mesmo quando me familiarizei com Jung (1960/70), o mestre da imagem. Bem antes de ambos eu já era viciado em imaginação, embora olhasse para ela com desconfiança. Era secreta e só minha, eu achava. Naquele tempo, imaginar era tido como "fuga da realidade". Ao vê-la ingressar no mundo respeitável da ciência psicológica, minhas reservas foram se atenuando, e, de sonhador esquivo, passei a aproveitar muito bem minha capacidade imaginativa (seguindo conselhos e modelos junguianos) e a ser um excelente analista de sonhos e fantasias, minhas e de meus pacientes.

Natural, por isso, meu interesse pelo **estado de sono** que se iniciava naquela época (por volta de 1950), quando o universitário Dement percebeu que movimentos oculares rápidos indicavam que o adormecido estava sonhando.

Agora, para encurtar uma história que durou mais de vinte anos e chegar ao meu livro, começo propondo minha teoria sobre a **fisiologia** dos sonhos, ligando olhos e músculos (tensões e movimentos corporais).

## SONHOS E TERMORREGULAÇÃO

Falando em médias estatísticas, podemos dizer que todos nós sonhamos de três a quatro vezes por noite todas as noites, a cada uma hora e meia, aproximadamente. O primeiro período de sonho é o mais curto (poucos minutos) e o último, o mais longo (uma hora ou mais).

(Sonhar e lembrar sonhos são duas ocorrências independentes. Se a pessoa lembra ou não do que sonhou, não importa ao nosso contexto.)

Os músculos perfazem mais da metade de nosso peso, o tecido muscular é o que mais gera calor quando funciona e durante o dia nunca relaxamos completamente. Por isso, sua vascularização é a mais rica do corpo e pode, se necessário, aumentar até dez vezes mais durante um exercício intenso.

É durante a madrugada (período mais longo de **sonho**) que se registra a temperatura mais baixa do corpo. Ela vai caindo ao longo da noite, **pelo fato de a musculatura estar bastante relaxada durante o sono, gerando cada vez menos calor**.

Relaxam de modo especial os músculos antigravitacionais – os implicados na manutenção da posição ereta –, na certa para impedir o sonhador de sair andando (sonambulismo). Este parecer é confirmado por experiências realizadas com gatos. Suprimindo a inibição (atenção a estas palavras contraditórias) dos músculos antigravitacionais – presente durante o sono –, eles de fato se tornam sonâmbulos!

Minha hipótese: à medida que vamos relaxando e a temperatura corporal vai caindo, em certo momento, os músculos entram em tensão **a fim de** gerar calor! De nos reaquecer!

Aí sonhamos, quando o corpo se "arma" para gerar calor. É mais do que plausível aceitar que serão ativadas as tensões mais familiares, nossas atitudes e posturas habituais. Essas tensões são isométricas (ou tônicas), isto é, apenas aumentam a tensão dos músculos, sem produzir movimentos, ainda que periodicamente o corpo faça movimentos amplos. A meu ver, porém, trata-se de dois fenômenos distintos: a hipertonia isométrica e os movimentos súbitos.

Notar: um pouco antes de sonhar, a pessoa realiza movimentos corporais de certa amplitude, mas, uma vez que o sonho começa (Movimentos Oculares Rápidos – REM), a pessoa adormecida fica imóvel de corpo, apresentando apenas pequenos movimentos nas mãos e no rosto.

Muitas noções sobre os sonhos partem do fato, hipotético e não muito claro, de que o desejo desperta e configura o sonho. Esta noção aparece de forma bem clara em *Interpretação dos sonhos*. O mestre, a mais, nos diz que a figura do desejo (ou seu objeto) é desfigurada ("disfarçada" ou "censurada") pelas repressões, o que torna difícil a compreensão dos sonhos. Faz-se necessário o recurso às "associações livres", feitas a partir de imagens oníricas, a fim de "recompor" o desejo original. Este, de regra, liga-se a personagens e episódios infantis, eróticos ou agressivos.

Minha hipótese não nega de todo a noção freudiana, mas a especifica e aprofunda, alcançando os primórdios da inteligência. O que se "arma" no sono, momentos antes dele, são atitudes usuais, esboçando-se os gestos potenciais delas decorrentes. O sonhador "assiste" às cenas dos sonhos: move os olhos como se estivesse lá e reage a eles com expressões faciais e pequenos movimentos das mãos, lembrando a pessoa que fala (fazendo caras e agitando as mãos). Não é difícil acreditar que estas tensões lembrem as do cotidiano, tanto as intenções quanto as contenções – e as expressões!

Vale assinalar que estas observações foram desenvolvidas em Laboratórios para o Estudo do Sono e dos Sonhos – portanto, laboratórios de fisiologia. É hoje indiscutível que os Movimentos Oculares Rápidos (REM, no inglês, e MOR, em português) presentes durante o sono indicam a ocorrência de sonho.

Dados adicionais: ao sonhar, a respiração varia bastante mas... variavelmente!

A questão fascinante, para mim, é esta: **como, dormindo, conjuntos tencionais – tensões musculares configuradas – geram imagens visuais**.

Durante o sono, esta geração é obviamente espontânea, apontando para uma instância interior mediadora entre motricidade e visão, entre áreas motoras e áreas visuais – ou vice-versa!

**Trata-se do processo inverso ao da ação quando acordados.**

**Se estamos acordados, são as imagens "reais" – o cenário, os personagens, os objetos – que definem a forma das ações. Nos sonhos, é a forma das ações, ativadas a fim de produzir calor, que gera o cenário, os personagens e os objetos dos sonhos.**

Freud chegou perto dessa idéia ao dizer que o funcionamento do cérebro, nos sonhos, era de algum modo o inverso do seu funcionamento quando acordados. Mas nada disse dos músculos, dos movimentos nem da termorregulação! Só falou dos "desejos" e da repressão.

"O inconsciente faz pressão sobre a consciência", dizia ele. Estou apenas explicitando, e repetindo, a frase puramente verbal do mestre, fundamentando-a na fisiologia – como era seu sonho, aliás...

# O NASCIMENTO DA VONTADE

Recordo: enquanto sonhamos, os olhos se movem bastante. Posteriormente, avançou-se mais. Como já disse, o sonhador "olha" para as imagens oníricas como se ele estivesse lá, no sonho. Ou como se o sonho estivesse acontecendo de verdade, em tudo que se refere aos movimentos dos olhos, da face e das mãos.

Experiências com dois observadores de séries de fatos distintos **concordaram por inteiro**. Um deles observava e anotava a variação **das imagens** do sonho, enquanto o outro, em outra sala, registrava apenas **os movimentos oculares**, quando surgiam, quanto duravam e quais as suas direções. Repito: havia concordância completa entre os dois relatos, cada mudança de cena envolvia uma mudança na direção do olhar.

Uma boa compreensão desta descrição pode nos levar a compreender como nasce o novo em nós. **Primeiro**, como organização motora incipiente ou ativada (intenção) e, **depois**, como tentativa de compor imagens na consciência a fim de nos levar para o objeto de desejo... Compreender ou captar o desejo enquanto intenção incipiente é difícil. Ele se torna claro quando anima na consciência imagens visuais de objetos, lugares ou pessoas capazes de satisfazer o desejo.

Recordo também os achados dos neurolingüistas citados bem antes, segundo os quais o olhar é o "secretário" do pensamento, assim como "busca" os elementos necessários à articulação das frases e, enfim, como é impossível pensar se imobilizarmos os olhos. Ainda de acordo com os neurolingüistas, "olhamos" para as sensações internas, tanto viscerais quanto proprioceptivas.

Traduzo esta última frase assim: para sentir com clareza qualquer sensação interna (para ter consciência da sensação), é preciso que, "por dentro", os olhos se voltem para aquela região onde a sensação está presente.

Em exercícios de relaxamento dirigidos, fazemos o mesmo: pedimos às pessoas que "olhem" para cada região do corpo que está sendo denominada e a relaxem.

Quando experimentamos sensações dolorosas no corpo, naturalmente "olhamos" para a região de onde vem a sensação.

Dissemos acima que imaginar um movimento desperta no cérebro, monitorado pelo MRI (imagem de ressonância magnética), quase todos os circuitos envolvidos em sua realização, menos o último, o *Fiat* – faça-se!

Recordamos também as pareidolias de Da Vinci: onde o olhar se detém, ou ficamos em transe hipnótico, ou lá começam a acontecer coisas criadas pelo olhar (pela luz?). Podemos dizer que começam a ser esboçadas intenções – ou hipóteses de intenções. Este processo foi usado por Rorschach ao planejar seu teste (não sei se ele estava interessado em movimentos, creio que não).

De acordo com pilotos de fórmula 1, se acontece um acidente, eles **precisam continuar a olhar firmemente em frente**, a fim de evitar um desastre ainda maior! É o olhar mantendo a direção – o reto caminho!

**Desta série considerável de fatos, resulta que a "atenção interna" é tão visual quanto a externa, que olhamos para fora tanto quanto olhamos para dentro.**

Mas não se pode esquecer da atenção auditiva ligada à palavra. Mesmo aqui, para ouvir bem, é preciso "prestar atenção" ao ouvido.

Nem esquecer que as palavras evocam coisas, de regra visuais.

Começamos a ver a luz?

Agora eu sei onde começam nossas ações.

Elas começam com o olhar – o de fora ou o de dentro.

E são controladas pelo olhar – o de fora ou o de dentro.

Também as ações das mãos estão sob a constante vigilância dos olhos, como de há muito se sabia.

O que é mais do que óbvio – visível! – desde o começo.

Quem vai se mexer no escuro?

Quem vai fazer o que sem ver?

Espero que você se lembre, leitor: eu tinha desistido de compreender onde começavam nossos movimentos. A complexidade inextricável de nossa motricidade nos havia levado a essa conclusão: 2 à vigésima potência – esse o número de fatores envolvidos na ação –, lembra-se?

## "VEMOS COM O CÉREBRO TODO" (VON MONAKOW)

Se o leitor tivesse a oportunidade de ver mapas do cérebro nos quais estão assinalados todos os pontos cuja estimulação produz movimentos oculares, a afirmação de Von Monakow se tornaria evidente – sem mais palavras.

Estes mesmos mapas mostram com clareza quão amplas são as ligações entre visão e motricidade. Os pontos nervosos de atuação sobre os músculos oculares estão espalhados por quase todas as regiões do cérebro, sem prejuízo de suas funções específicas.

Se não tivéssemos sido cegados desde cedo – "Nunca diga o que você está vendo na cara e no jeito dos superiores", "Nunca fale de coisas que só você viu" –, enfim, perceberíamos... tudo.

Isto é, seríamos iluminados! Estaríamos sempre no caminho certo.

**O ser humano é o mais visual dentre todos os animais. Não pela agudeza da visão, mas pelas conexões que as vias óticas estabelecem com toda a motricidade e pelas conexões do cérebro inteiro com a visão (como acabei de dizer).**

Em termos similares, podemos dizer que as ligações entre o olhar e o caminho (a motricidade) são igualmente evidentes.

Nosso destino é a iluminação.

A palavra nos desviou e continua desviando de nosso destino, embora só nos seja dado reencontrá-lo com auxílio das palavras!

Mas quem aprende a ver não precisa mais falar.

A palavra tem som, mas não tem imagem. Ou então podemos dizer que reprimimos a imagem que a palavra evoca. Se as ouvirmos com atenção, talvez elas nos levem a ver o que antes não víamos.

Enfim, por que uma das representações mais antigas – e permanente – da Divindade consiste em um triângulo com um olho no centro?

**Deus está em todos os lugares ou nosso olhar vê tudo, se estivermos presentes a eles?**

## E OS CEGOS?

Esta pergunta sempre me embaraça e perturba. Não sei de desgraça maior. Nunca estudei nada sobre eles.

Sei que não há animais cegos, exceto os que são cegos porque a visão lhes é inútil – caso clássico das toupeiras e de peixes que vivem em cavernas escuras.

No caso humano, acredito, aplica-se o quanto dissemos sempre que o indivíduo tenha ficado cego após muitos anos de visão normal. Eles "olharão para dentro" tanto quanto nós, ainda quando, para andar pelo mundo, precisem de guias.

O mistério reside nos cegos de nascença. O estudo do que acontece durante o sono veio demonstrar que inclusive eles apresentam reação de sonhos (REM), mas são sonhos não-visuais: são táteis, gustativos, olfativos e mais.

Mas vale notar que o caso dos cegos pouco afeta o que dissemos sobre a imensa maioria das pessoas.

A maioria não é cega!

# "NO PRIMEIRO DIA, DEUS FEZ A LUZ"

Eu poderia dizer, alternativamente: "No primeiro dia, Deus fez o olhar". De que adianta a luz sem os olhos?

Vejo no Discovery Channel o alcance do último telescópio construído (em um país sul-americano): **doze bilhões de anos-luz**.

Vale dizer: **a luz é eterna**.

Então retorno: Deus é luz ou a luz é Deus?

É importante lembrar que a energia radiante do sol – luz e calor – criou e sustenta toda a vida na Terra. Depois que a vida criou sua tecnologia máxima – a clorofila –, tudo se tornou possível para a vida, por meio da inesgotável energia solar. A mesma clorofila, de novo com a fotossíntese, encheu a atmosfera de oxigênio, multiplicando por cinco ou mais a velocidade dos processos vitais, se comparados com os dos seres anaeróbicos.

Aliás, todas as vibrações eletromagnéticas são eternas e preenchem todo o espaço sideral. São os "espíritos" invisíveis, são a energia que tudo anima, que se transforma em imagem (TV), em música, em palavras (rádio, telefonia celular), em direção de mísseis inteligentes, em explosões termonucleares, em internet, em olhar onipresente e vigilante, em comunicação... em confusão.

Confusão também! Há hoje no mundo uma rede finíssima de vigilância implacável, fotográfica, proveniente de inúmeros satélites que vêem e ouvem tudo...

Deus no céu assim como nós na Terra.

A cada dia que passa, mais e mais o espírito invisível das radiações eletromagnéticas determina o acontecer do mundo e da História, assim como nossos olhos – que podem vê-las – governam a vida de cada um de nós em tudo que fazemos, imaginamos, sonhamos...

Louvadas sejam...

A luz. Como pôde a psicologia ignorá-la?

"Como pode um cego guiar outro cego?" (Jesus Cristo, citado no Evangelho segundo Mateus, versículo esquecido, século I da era cristã.)

# IMAGINAÇÃO, SONHOS E FANTASIAS

Depois de quanto foi dito nos últimos parágrafos, pouco resta de necessário para consubstanciar o valor de todas as técnicas, ocidentais e orientais, que se baseiam em **visualizações interiores**, em imaginação espontânea e/ou dirigida.

Limito-me a bem pouco. Se o leitor quiser uma excelente exposição sobre a teoria e a prática da imaginação para aperfeiçoar a personalidade ou resolver problemas, recomendo *Imagens que curam*, de Gerald Epstein (Rio de Janeiro: Xenon, 1990).

Se o leitor busca um curso superior sobre o tema, leia o alentado *Mitologia da alma* (original em inglês com tradução para o francês e o espanhol), de um autor que admirei profundamente e com o qual aprendi quase tudo que sei sobre a questão – e cujo nome esqueci!

Nele, se descrevem e interpretam, com uma precisão e uma riqueza insuperável de pormenores, com tato e sensibilidade afetiva excepcionais, cerca de trinta desenhos de cada um de dois pacientes.

Em outra esfera, recomendo meu *O corpo e a Terra*, no qual examino e analiso mais de três dezenas de desenhos de um paciente meu. Além da grande quantidade de desenhos de um mesmo paciente, vale o livro pelo fato de lidar com o que a psicologia ignora: a motricidade, o equilíbrio do corpo no espaço, sua influência sobre a consciência e sobre os sintomas neuróticos.

Difícil de encontrar, mas lembro também *Respiração e inspiração* (edição do autor, 1974), no qual analiso em pormenores mais de cem pinturas surrealistas. Elas podem, é claro, ser consideradas "fantasias congeladas", material ótimo para interpretação.

# SIMBIOSE – A LEI DA VIDA

Tinha de ser uma mulher, talvez a maior bióloga do século XX: Lynn Margulis.

Sua tese: "Novas espécies surgem pela associação entre espécies preexistentes".

Nem o próprio Darwin abordou o problema da especiação – de como surgem novas espécies. Ele só estudou como e por que elas desaparecem...

Depois da genética, ficou assim: podem ocorrer alterações no DNA por vários motivos. Assim se formam indivíduos diferentes – alguns mais bem adaptados ao seu ecossistema, e outros, em número muito maior, impróprios para a vida.

Nada disso ou não só isso, diz Margulis. O processo é bem outro, e para compreendê-lo temos de estudar de perto – bem de perto – nossos ancestrais bacterianos. Para azar nosso e delas, as bactérias entraram no mundo do conhecimento humano como produtoras de doenças e – salve Pasteur! – como fermentadoras de vinhos e de queijos franceses!

No entanto, se dispusermos os seres vivos conhecidos em escalas de valor, em superiores e inferiores, elas estão em primeiro lugar, indiscutível. Seu número é incontável, sobrevivem praticamente em qualquer ambiente, a qualquer temperatura, "comendo" o que houver passível de oxidação ou redução (ditas quimiotróficas, anaerobióticas) ou da radiação solar (as fototróficas, aerobióticas), muito mais numerosas.

Estão aqui há três bilhões e meio de anos ou um pouco mais (nós, há cinco milhões!).

Inventaram todas as reações bioquímicas que nosso corpo usa e fizeram mais experiências sobre genética do que a soma de todas as que estão sendo feitas hoje.

E acharam quatro segredos de vida eterna. Comecemos com uma afirmação de Lynn que abala todos os microbiologistas do mundo: não existem espécies bacterianas. Se muda o ecossistema, elas mudam também, e depressinha. Porque descobriram quatro segredos – ou inventaram quatro técnicas de sobrevivência.

- Reprodução assexuada (vida eterna – ou imortalidade – você decide!).
- DNA a varejo, em fragmentos – fáceis de trocar.
- A coletividade é mais importante do que os indivíduos; portanto, ocorrendo tempos difíceis ("epidemias"), morrem muitos e sobrevivem os que conseguem sobreviver! Como? Trocando DNA até achar a combinação capaz de sobreviver aos novos tempos – aos tempos difíceis que logo se farão permanentes.
- Enfim: divisão a cada meia hora. Por isso, nas dificuldades, contando com as rapidinhas em que são trocados filamentos de DNA, sempre algumas sobrevivem às maiores catástrofes e, logo depois, se sobrarem apenas algumas centenas, até dezenas!, serão multidão – o dobro a cada meia hora. Isto é, formam-se novas espécies a pedido (sob pressão da alteração do ecossistema que mudou). Mudando o ambiente, elas logo negam seus ancestrais, e a nova geração pouco ou nada tem da antiga – sem nenhuma culpa!

Isso é que é vida! Isso é que é sociedade! Por que não aprendemos a viver com esses bichinhos inteligentes e espertos que inventaram a vida e desde bem cedo aprenderam a aproveitá-la ao máximo?

Fazemos exatamente o contrário!

"Não se envolva" – e permaneça estéril e solitário para sempre.

A co-dependência – aquela tida como patológica – é o casamento perfeito! É o oposto à promiscuidade fecunda das bactérias.

A psicoterapia "ensina" tudo ao contrário...

Não vou contar toda a história da vida. Não cabe nem sei. Leia Margulis, que ela sabe. Está disponível em português: *O que é a vida* (Rio de Janeiro: Jorge Zahar, 2002) e *O que é sexo* (Rio de Janeiro: Jorge Zahar, 2002).

Mas recordo algumas simbioses das quais todos já ouviram falar, mesmo que sem juntar coisa com coisa.

Vegetais com flores, beija-flores e muitas espécies de insetos formam uma sociedade de... co-dependentes. Se um dos grupos desaparecer, os outros dois desaparecem junto.

Os comedores de terra (quimiótrofos) foram os primeiros a aparecer ("E Deus tomou do barro da Terra"... Adão quer dizer homem de barro!).

Mas, por volta de dois e meio bilhões de anos, os mestres da tecnologia bacteriana inventaram o mais fantástico dispositivo de todos os tempos: **a molécula de clorofila**, "máquina" capaz de usar a energia das ondas eletromagnéticas de nosso Pai do Céu – o Sol – e produzir... açúcar. Começaram ao mesmo tempo a poluir a atmosfera com... oxigênio! Com isso quase dizimaram os comedores de terra!

Mas trocando DNA, morrendo e renascendo, umas tantas bactérias, juntas, ao mesmo tempo protegendo-se do oxigênio e astutamente aproveitando a sua energia, inventaram a **mitocôndria**, a tecnologia complementar à da clorofila. Com isso, o processo vital ganhou velocidade. E quanta!

Uma comparação. Entre os animais que respiram (aeróbios) e os que não respiram, a diferença na velocidade dos processos vitais é semelhante à que existe entre os animais de sangue frio (antes que o sol os aqueça!) e os de sangue quente.

Quanto à quantidade de energia disponível, essa foi a mais fundamental das simbioses vitais.

Vindo para hoje: a vida fez todo o carvão e todo o petróleo que são a energia e o sangue que movem todos os transportes, geram toda a energia que nos ilumina, aquece e move todas as nossas máquinas.

Sem contar com a energia gratuita de todos os rios...

Retorno à psicoterapia, à crítica quanto à distância, e sublinho a lição da natureza. Entre nós, não podemos fazer como as bactérias, mas nossas emoções e sentimentos – nossos envolvimentos – podem muito bem estar desempenhando a função dos fragmentos de DNA, propondo e realizando as trocas, as ligações e os distanciamentos entre as pessoas. Cristalizadas, essas ligações formam a estrutura social.

Mas a velocidade – a fluidez – de nossas emoções e de nossas ligações pode muito bem ser comparada aos fiapos de DNA que elas, as sábias bactérias, trocam entre si com tanta facilidade. Entre nós, com tanta felicidade, se aprendermos inspirados por elas – as humildes bactérias.

Por isso o que as pessoas mais desejam é relacionar-se – envolver-se.

Por isso o que as pessoas mais temem é envolver-se.

Porque sem envolvimento não há desenvolvimento.

Porque é assim, e só assim, que se inicia um novo convívio social – outro mundo.

# A TEORIA E A MÁQUINA

Os seres humanos fizeram muitas coisas antes de compreender o que quer que fosse, antes de se preocupar com alguma explicação ou generalização.

Animais também fazem assim.

Exemplos.

Casos clássicos dos chipanzés que "pescam" cupins com fios de gramíneas; outro grupo quebra nozes duras mantendo-as sobre um suporte rígido e martelando-as com uma pedra.

As lontras marinhas que quebram ostras com técnica parecida – mas flutuando de costas e martelando sobre a barriga.

Os famosos macacos que lavam grãos antes de comê-los. Dos mais hábeis são as aves que aprenderam a amarrar fios para fazer ninhos com forma de sacolas penduradas, e as inigualáveis aves caramanchão e suas grandes palhoças altamente elaboradas e decoradas e continuamente revisadas.

Aliás, abelhas, cupins e castores se mostram criadores mais versáteis. Tanto se pode dizer que suas construções são sempre iguais quanto dizer que são sempre diferentes.

Logo, fabricar e construir são aptidões conhecidas e praticadas por grande número de animais. Mas todos eles estão rigidamente limitados pela "tradição" – ou pelo instinto.

Aliás, de há muito me pergunto o que significa a diferença mínima entre o DNA dos chipanzés e o nosso, quando, de outra parte, é evidente a diferença... "cultural", inclusive de linguagem – se posso dizê-lo. Inventamos mil coisas enquanto eles inventaram quase nada.

Além disso, nosso cérebro é bem maior do que o deles – outro fato difícil de compreender pensando apenas em hereditariedade. Os animais fazem, mas todos sempre do mesmo modo... Sua tecnologia é não apenas simplória como conservadora – sempre a mesma e só aquela, durante milhões de anos. E é líquido e certo que nenhum deles fez a teoria de sua tecnologia... Jared Diamond, em *Armas, germes e aço* (Rio de Janeiro: Record, 2001), comentando sabiamente o fato de termos grande cérebro que, durante cerca de três milhões de anos, pouco criou de novo em matéria de tecnologia (pobreza de fósseis), se pergunta se a diferença não é devida à formação – ou à falta – da linguagem.

*Meio século de psicoterapia verbal e corporal*

# O DESENVOLVIMENTO DA CONSCIÊNCIA

As origens do existencialismo e das mais profundas intuições do Oriente nascem da não menos famosa "luta pela vida" – desde que a vida começou a se alimentar de si mesma, desde o nascimento do canibalismo.

Notar que o canibalismo já existia nos primórdios da vida bacteriana há três bilhões e meio de anos, e entre os protozoários há um bilhão e meio...

A "Escola" é, pois, bem tradicional ou a tradição é deveras bem antiga. Estava presente e era praticada pelos nossos mais remotos antepassados. Portanto, é um dos mais antigos de nossos valores tradicionais (valores dos seres vivos).

Isto é, a mais poderosa modeladora do comportamento e, portanto, da estrutura do Sistema Nervoso.

A vida acaba de muitos modos. Devido a cataclismos, a choques de asteróides (ocorreram muitos), terremotos, secas, inundações, erupções vulcânicas, glaciações e mais. Nestes casos, a morte é coletiva: morrem predadores e presas, machos e fêmeas, adultos e filhotes.

Na verdade, desaparecem ecossistemas inteiros, mas nunca todos eles de uma vez, é claro. E "rei morto, rei posto" – novos ecossistemas surgem em substituição aos desaparecidos, novas espécies aparecem no lugar das antigas.

Já a morte individual – a qualquer tempo – obedece à antipática verdade do evolucionismo: sobrevivem os mais aptos.

"Mais apto", porém, tem muitos sentidos.

Na imaginação da maioria, significa o mais forte, o maior, o mais brutal, isto é, o chefão, o macho dominante, o poderoso (na posição, na riqueza, no maior território, no maior harém, no maior exército), o Schwarzenegger – o Velho Patriarca, em suma.

A aptidão que melhor protege a vida, porém, é esta: sobrevive o mais rápido, **o mais presente**, o mais alerta, o mais esperto, o mais astuto, o mais ligado ou, como se diria hoje, o mais conectado.

Em termos de filosofia existencialista, sobrevivem os que estão presentes ao aqui e agora. Em termos orientais, sobrevivem os que estão livres de Maia, a ilusão do passado e do futuro. Isto é, livres dos desejos e das esperanças – e da vingança (que criam o futuro, que fazem a pessoa se perder em expectativas). Ou então livres das mágoas e das culpas – que eternizam o passado.

Sobrevivem os que não alimentam a menor esperança de segurança, isto é, de repetição, de regularidade. Os que vivem cada momento como único.

Sobrevive o mais presente no espaço e no tempo.

No espaço: o que percebe mais amplamente, o que percebe mais elementos da situação, o que tem a percepção mais ampla do aqui, seja ela visual, sonora, ósmica (cheiro).

No tempo: o que percebe mais prontamente, o que ataca mais rápido, o que foge no décimo ou no centésimo de segundo crítico (até no milésimo!)

O que percebe o menor agora...

Esse é o ponto. Vejo no Discovery Channel muitas cenas de caçada nas quais os tempos de ataque ou de fuga eram medidos. Décimo de segundo já é quase sempre tarde demais. O bom está no centésimo e o ótimo no milésimo de segundo.

É quanto demora a caçada dos animais que atacam de surpresa com dispositivos automáticos de "longo" alcance (centímetros ou decímetros). Calma, leitor, não estou falando – por enquanto! – de mísseis, mas de camaleões e suas longas línguas, de sépias e sua tromba de disparo instantâneo, de louva-a-deuses e larvas de libélulas, martins-pescadores e seu mergulho, dos peixes capazes de saltar fora d'água para caçar inseto. A picada da abelha, a velocidade do guepardo e da gazela; como se vê, muitas classes de animais descobriram o segredo do ataque instantâneo. Mas nenhum passou do milésimo de segundo.

Pode-se generalizar: **a vida de todos os animais depende do acaso e da velocidade**. Acaso no encontrar a presa – ou não. Em alcançá-la – ou não. Em dominá-la – ou não. Em fugir em tempo – ou não.

São esses os momentos que definem os indivíduos que sobrevivem ou os que morrem.

**É esse momento crucial que tem levado o cérebro a ampliar as funções de vigilância e atenção – a consciência do aqui e agora – o perceber/reagir.**

É isso que pretendem os indianos e outros orientais ao cultivar a concentração e a sensação de presença ao presente – ao aqui e agora – como a única realidade... real!

É o *awareness* dos anglo-saxões.

De há muito estudioso da comunicação não-verbal, surpreendia-me o achado dos pesquisadores que gravavam em fita ou filme pessoas em diálogo (inclusive eu). Nessa situação, tanto quem fala como quem escuta fazem inconscientemente "microexpressões" com duração de um décimo de segundo ou menos, difíceis de observar, mas evidentes ante a câmera lenta.

O que adiantaria dispor desse tipo de comunicação – nessa velocidade? Ou qual a função destas microdicas, como prefiro denominá-las? A conclusão mais plausível é a que estamos propondo: nesses pequenos sinais, vão as principais intenções de ataque-fuga, da relação presa-predador e de dominação-submissão, desejo e raiva, desprezo e superioridade presentes em todas e em qualquer relação entre dois.

Durante decênios de meu período mais formativo, lidava e me confundia com a noção de agressão. Não encontrava ninguém que fosse claro a esse respeito. Mesmo sabendo em princípio que a agressividade é universal entre os animais, ficavam todos no âmbito do humano, do familiar e/ou do individual – do "neurótico" –, perdidos nas distinções entre o que seria do ego, do inconsciente, do *id*...

Sob o verniz das boas maneiras, dos bons costumes, do respeito à autoridade, da boa vizinhança, há uma rede de relações de dominação, exploração e "caçada" tão densa quanto a da floresta. Em vez de dizer assim, atribuía-se ao pobre neurótico a "culpa" pela sua desgraça – ou à sua família, principalmente à sua mãe... A família dele não era bem "estruturada", mas, estava implícito, a maior parte das famílias era ótima e "a" sociedade era quase perfeita...

Estou falando, é fácil ver, da "agressão reprimida" ou "inconsciente" de mestre Freud. Eu me confundia porque a fala coletiva era por demais diferente da realidade interpessoal.

Esta realidade "profunda" estava toda ela presente e atuante nas microdicas, eram visíveis, ainda que muito rápidas.

Segundo mestre Freud, elas eram "profundas", isto é, evidenciáveis apenas com a misteriosa "escuta psicanalítica" – sem que fosse preciso observar o paciente. Hoje, gravações de diálogos e treino acurado na observação mostram que todo esse enigmático inconsciente "está na cara" – como diz o povo!

Também no cotidiano é essencial estar presente e atento, em vez de perdido no que "eu devia", no que seria "minha obrigação", no que seria "certo" – naquelas circunstâncias. Perdidos no abstrato, aparentemente. Na verdade, atentos à vigilância sobre os demais (ao auditório), todos pressionando para que todos se comportem de modo semelhante, a fim de evitar surpresas, inesperados, sustos! Temos muito mais consciência do outro do que de nós mesmos... O falso enigma se resolve facilmente: ao outro estou vendo, a mim não. Não estou vendo meu rosto e suas expressões, não percebo meu tom de voz e suas modulações, nem meus gestos e – menos do que tudo – minha atitude de corpo inteiro.

Na selva, o inesperado, o não-percebido ou percebido tarde demais é fatal em cinco de dez vezes...

O preço da ilusão de segurança é a cegueira coletiva: faz de conta que todos vão proceder como devem, mesmo quando baste a menor observação para mostrar o quanto cada um faz de seu modo e o quanto quase ninguém faz como devia...

O Código Penal diz que basta você completar 18 anos para se tornar responsável pelo que faz, para se tornar um cidadão consciente, cumpridor de seus deveres para com a coletividade e cônscio de seus direitos ante ela. Diz que, se tiver filhos, você, sendo pai, se tornará automaticamente capaz de educá-los como se deve, de ensinar a eles o que é certo e o que é errado, de orientá-los nos difíceis caminhos da vida.

Não sei se a inconsciência é dos indivíduos, como dizia Freud, ou se é das exigências e expectativas sociais! Ninguém é tão bom quanto devia.

Nem as mães...

Como compreender essa soma colossal de coisas mais do que estranhas – sobretudo o fato de quase todos viverem dizendo como se deve, como é o certo e de quem é a culpa, quando bem poucos fazem o que... "deveriam"?

Como compreender a vigilância de todos sobre todos para que ninguém faça o que todos sabem que seria bom fazer?

O segredo é a preservação da solidariedade humana – ou a unidade do grupo.

> **É melhor fazer errado, mas como todos dizem que é certo, do que fazer o que é "mais certo" para mim.**

Errar o passo na marcha do pelotão é um vexame. No baile também. Vestir casaca para jogar golfe é o máximo da comédia.

Ordem unida – dizem os militares.

Ordem unida – que expressão mais inspirada!

Não erre o passo, senão te atropelam – sem perceber, ou com muito prazer! Nada melhor do que ter um degrau na frente para "subir" na auto-estima, na depreciação do outro, ou na hierarquia da empresa...

Cada civilização – ou cada cultura – estabeleceu aos poucos seus mitos, seus deuses, suas verdades, suas leis, seus acertos e seus erros. Hoje se diz "seus *memes*".

É o indiscutível consenso de maioria – quase sempre tácito – que se impõe, pouco adiantando o quanto esse ou aquele costume estabelecido é cabível (como pagar o devido) ou absurdo (como a diferença de renda), sábio (como fazer bem-feito) ou idiota (como a gravata, a cabeleira do tempo dos Luíses, o capelo dos juízes), cruel (como a infibulação ou a deformação dos pés das chinesas), funcional (como as regras de trânsito) ou perturbador (como a fidelidade conjugal...).

Mais alguns exemplos exóticos: a engorda compulsória das esposas do rei (África) mantidas em um gradeado de 12 metros quadrados e superalimentadas – sem fazer mais nada. O chefão dessa tribo, levando a tiracolo um infeliz que ficava de quatro sempre que Sua Majestade se preparava para sentar. As vestes de um condado belga do século XVI, que tornava a todos monstruosamente obesos. O encarregado das fezes do rei – para que ninguém as usasse para fazer feitiçarias (Polinésia). A escravidão. O que se fazia com crianças na Inglaterra no início da industrialização – e nas escolas! O que se faz hoje com os bóias-frias, com o trabalho e a prostituição de menores, com a dívida de dois terços do PIB para o Banco Internacional, o pagamento de um terço do que cada um ganha com seu trabalho em impostos, o salário mínimo, os 5% de superpoderosos e supermilionários e os 70% de miseráveis.

Antigamente tudo era explicado como "Vontade Divina" ou como "Deus fez assim". Hoje, psicólogos, sociólogos e economistas dizem o mesmo – com termos e argumentos complicados.

Essas são as conseqüências de nossos Sagrados Valores Sociais, que é preciso preservar a qualquer custo.

Sem eles, o que seria de nós?

Chega?

Temos aí uma pálida amostra do que já foi e do que continua a ser tido como "normal", "certo", "natural" em muitos mundos – inclusive o nosso latino-americano e o nosso brasileiro.

# AS RAÍZES DOS MAUS SENTIMENTOS DE TODOS

É dessas fontes poluídas que nascem continuamente nos cidadãos – **em todos os cidadãos** – todos os maus sentimentos que é preciso "disfarçar", mas as microdicas revelam! A inveja, a ambição, a humilhação, o desejo de ter, o medo de ficar sem, o desejo de segurança, as companhias de seguros, as mil loterias, a bolsa, a especulação, os juros bancários...

> **A mais poderosa força de sustentação do capitalismo é claramente esta: todos gostariam e todos fazem o possível para ser ricos, para dispor das mil coisas tão bonitas, tão interessantes e tão... necessárias para definir o *status*, o degrau que se ocupa na pirâmide do poder, o poder de compra, a vaidade e o prazer de ser uma celebridade e de ser visto por muitos – com inveja!**

Teoricamente, e até de acordo com Freud, todos nós temos tudo isso "escondido" no inconsciente e, segundo a psicanálise e a convenção social, todos conseguimos disfarçar efetivamente nossos desejos, ambições, amarguras, frustrações, rancores, invejas e truques para aparecer, predominar, vencer...

Mas então veio Reich, que começou a olhar para as pessoas em vez de pô-las de lado, lá, no divã, onde nada se vê. Nem um vê ao outro, nem o outro vê ao um, e então tudo continua muito bem escondido...

Sem perceber, Freud e oficializou a exigência da hipocrisia social: não veja, ou faça de conta que não está vendo o que o outro está mostrando. Encarar o outro é falta de educação. Na Inglaterra, olhar para o outro é "invasão de privacidade".

Como você pode ver por aí, leitor, os ingleses aceitam integralmente a tese de Reich e a minha: quem olha vê...

Vê o que todos estamos sofrendo e sentindo...

Todos – entende?

O leitor compreenderá, se estiver me acompanhando com atenção: ver o que o corpo, o rosto e a voz estão mostrando o tempo todo destruiria todas as falsas diferenças e distâncias sociais. "Revelaria" tudo que todos sabem que existe, mas continuam – todos – a fazer de conta que todos conseguem esconder de todos...

Sorte dos psicanalistas, aos quais se vai para que nos digam isso mesmo que está aí.

Não é de enlouquecer?

# POR QUE A GUERRA ETERNA

Porque ela é eterna, como acima se mostrou.

Além disso, mostrei em algum lugar que nossa história é um horror (no que se refere aos homens) e uma tristeza (no que se refere às mulheres).

Pode-se pensar ou descobrir algum propósito neste fato avassalador?

Talvez ele esteja na continuação do que dissemos acima, sobre o alerta e a sobrevivência.

Assisti faz tempo a um filme no qual se mostrava um grupo de pessoas cujas circunstâncias seriam consideradas ideais por muitas pessoas. Sem preocupação em relação à sobrevivência, sem trabalho compulsório, sem divisão entre classes, tendo todos o necessário e o supérfluo – tudo garantido para todos desde o berço.

Um paraíso!

No entanto, a câmera passeava lentamente por muitas cenas e em todas as pessoas se mostravam catatônicas, pareciam todas estátuas, quase sem movimento, rostos inexpressivos, apáticos...

Lembrei, por contraste radical, de uma notícia lida não sei onde sobre um grupo de pessoas tão carentes de tudo desde o berço que, ao se encontrar próximas a alimentos, não tinham sequer a iniciativa de perceber o fato, levantar-se e buscar a comida!

Mais do que crianças, eram fetos... Precisavam de um cordão umbilical e de uma placenta porque não sabiam nem usar a boca para comer.

Nos dois casos, ainda que por motivos opostos, estava presente uma ausência total de qualquer iniciativa.

Sugestão de resposta – muito chocante: se os seres humanos conseguissem criar um paraíso na Terra, como o do filme, será que perderíamos todo interesse no que quer que fosse? Entraríamos em um estado oposto ao de alerta? A famosa liberdade de indiferença dos místicos medievais? Faço qualquer coisa – ou nada – porque nada é necessário! Buscar por quê, ou lutar pelo quê, se já tenho tudo que preciso? Será que a guerra – e a ambição – é o motor indispensável para nos manter em movimento, buscando ou fugindo?

O fato é que na história períodos de quietude e paz duram pouco e são logo seguidos de turbulência e destruição – de guerra. Dir-se-ia que, deixado a si mesmo, todo um povo se automatiza, perde a consciência por falta de estímulo e começa a degenerar.

Sabemos: o Sistema Nervoso só reage – só se acende – **diante de estímulos novos**. Se tudo em volta permanece o mesmo ou apenas se repete, o cérebro dorme. Na verdade, entra em automático, como acontece com operários em linha de montagem ou com camponeses que cultivam sua própria subsistência – tanto os antigos quanto os de hoje. Ficam grosseiros, estupidificados, insensíveis. Só sabem beber (álcool) e assistir à TV!

Creio que na Suécia – há tempos – a linha de montagem de automóveis em certa indústria foi substituída por uma equipe de oito operários que montavam – só os oito – todo o automóvel e conseguiam fazê-lo mais rapidamente do que a linha de montagem.

Quando vamos usar, em todas as circunstâncias, o que estamos cansados de saber? Só o interesse espontâneo produz ao mesmo tempo um trabalho exterior de boa qualidade e um aprimoramento da personalidade.

Sempre que, como tem sido, as pessoas fazem o que fazem – ou estudam – por obrigação, sem interesse ou apenas para ganhar a vida, o resultado é pouco, a qualidade é precária, a infelicidade é grande – e as drogas imperam a fim de criar estímulos adicionais ou outro mundo.

Alguém já lembrou (Arthur Clarke): seremos verdadeiramente civilizados quando cada um de nós for capaz de se manter interessado e ocupado até o dia todo mesmo sem ter necessidade alguma disso.

## VELOCIDADE DA CONSCIÊNCIA OU VALOR DO AQUI E AGORA

Recordar que o Sistema Nervoso – depois que o vivo passou a se alimentar do vivo – se organizou inteiro no sentido de responder prontamente ao aqui e agora, ao ataque e fuga, ao duelo entre presa e predador.

Esse momento – é sempre um momento – dura bem pouco, de milésimos de segundo (como já foi exemplificado) a poucos minutos.

De longa data, eu havia me perguntado sobre o que denominei "velocidade da consciência" e, mais tarde, havia me perguntado, ainda, qual o sentido das microdicas no diálogo: pequenos movimentos expressivos, rápidos, mal percebidos mas registrados na câmera lenta.

De há muito havia dito para mim mesmo que a palavra é a câmera lenta do acontecer, que as palavras retardam o tempo e, no limite, como texto, congelam o tempo – ou o eternizam. Na verdade, retiram o acontecer do acontecer...

Por amor à segurança!

Estava escrito! A Bíblia! O Alcorão! A Lei...

Mas você disse! Mas eu disse!

Se as coisas acontecessem em câmera lenta, como parecem acontecer quando falamos sobre elas, teríamos tempo para refletir e escolher "melhor" – com mais calma, com ponderação...

Por isso a comunicação não-verbal (e/ou o olhar, que a percebe e controla a resposta) foi praticamente excluída da psicologia – e da sociedade! No entanto, é ela que decide sempre, antes do pensamento, da deliberação, da reflexão.

A relação – não raro a briga – já aconteceu quando as palavras estão apenas começando.

Dizem os neurolingüistas: a resposta não-verbal (corporal, facial) é dada no momento em que a pessoa compreende a pergunta, a situação ou as intenções (expressas no rosto ou no corpo do outro ainda antes da resposta verbal).

Quem não sabe disso?

Dir-se-á que expressões corporais e palavras são muito limitadas para exprimir tudo que podemos sentir – ou muito do que existe.

Falso.

Lembro ao leitor o que ficou registrado acima quando estudamos a motricidade.

Foi medido: podemos fazer mudanças de expressão do rosto em décimos de segundo. Consideremos as metades superior (fronte-olhos) e inferior (lábios-queixo) e as metades direita e esquerda do rosto; consideremos depois que basta mudar ligeiramente a posição da face ou a direção dos olhos, basta um gesto ou um giro ligeiro do tronco e toda a comunicação muda de sentido. Assim e então vai se tornando admissível a riqueza inesgotável da linguagem corporal.

Com dois acréscimos: não há expressões corporais iguais nem em gêmeos univitelinos! Isto é, nada mais individualizado e nada mais individualizante do que a expressão corporal!

Enfim: variam continuamente o som e a música da voz, mesmo ao dizer as mesmas palavras (o que torna dificílimo fazer aparelhos que falem sem parecer robôs). Variam conforme o contexto, o assunto, o interlocutor...

Basta?

Em sentido contrário – ou complementar! – vai a falta de percepção das pessoas ao se encantarem com a riqueza das palavras escritas, a literatura. Claro que ela pode ser fascinante – não é o positivo que estou criticando. É certo desprezo implícito que vai junto em relação à palavra falada e à linguagem corporal. Dir-se-ia que a literatura consegue dizer mais, é mais rica ou mais profunda do que a fala ou o diálogo vivo. Na verdade e como sempre: não diz mais nem menos. É outra coisa, e toda comparação é mania de competição, de estabelecer "o melhor" (o meu, evidentemente).

Examinada de perto, também a linguagem verbal é equívoca e pode gerar – se pode! – equívocos e mal-entendidos.

A linguagem escrita muito mais – como se pode ver à saciedade considerando as intermináveis interpretações dos textos bíblicos.

Apesar disso, creio que a linguagem viva, falada, justamente por ser muito mais rica, pode gerar maior número de interpretações "erradas".

"Por ser mais rica" significa: posso emitir, além da palavra, seu som e sua música, muitos outros sinais mínimos (face) ou nem tão mínimos (gestos, atitudes) enquanto digo uma só frase.

Sempre e sempre o ataque-fuga governando a relação. (Veja, na página 401 deste livro, "O desenvolvimento da consciência".)

> **Esclareço exemplificando primeiro com o boxe. A posição de guarda ou defesa é tal que, com mudança mínima na postura, se faz base sólida para o ataque. Por isso, na certa, toda a musculatura é organizada em pares de opostos – flexores/extensores, adutores/abdutores, pronadores/supinadores. Mas não só por isso: também porque nosso equilíbrio de bípedes é instável. Um boneco com nossa forma cai com o menor abalo ou empurrão. Altos, de base pequena, quase toda a nossa força é feita na cintura escapular, isto é, "no alto", com grande potencial de desequilibrar o conjunto. Por isso, mais a incerteza da luta e da fuga, nosso aparelho locomotor facilmente executa um ato, ou seu contrário, e a preparação para um é bem parecida com a preparação para o outro.**

As brigas entre grandes felinos exibem essas características de forma eminente. Observando em câmera lenta uma luta entre dois leões, a cada momento é difícil saber qual está se defendendo e qual atacando; passam ambos, continuamente, do ataque à defesa de modo fluido, praticamente sem interrupção!

(É a vantagem de um naturalista de sala de estar observando um programa do Animal Planet no qual a luta veloz pode ser mostrada e apreciada em câmera lenta!)

Em suma: **palavras podem confundir e a confusão pode ser multiplicada pelos sinais menores ou maiores emitidos pela face, pela voz e pelo corpo.**

Por isso o diálogo humano é tão necessário, tão difícil e tão capaz de criar confusões inextricáveis ou entendimentos divinos, atuar tão destrutiva quanto criativamente nas relações pessoais.

Por isso, também, Freud, intuitivamente, excluiu a visão direta, pondo o paciente no divã.

Baste a confusão das palavras – teria dito ele para si mesmo – ou nos perderemos ambos na riqueza de nossos desejos e temores, aspirações, expectativas, brigas, competições, amores, desprezos...

Foi assim que nasceu o conceito de inconsciente: é tudo que ele não via no paciente, toda a comunicação não-verbal entre ambos. Ela aparecia misteriosamente na famosa transferência, confundindo ainda mais o diálogo verbal, já por si só complicado...

A natureza, na caçada da vida, alcançou o centésimo de segundo, como já exemplifiquei. A tecnologia, por sua vez, alcançou o tricentésimo-milésimo de segundo para cada quilômetro – velocidade da luz que, ao mesmo tempo, dá uma idéia da velocidade das ondas eletromagnéticas (rádio, TV, telefonia celular e comunicação em geral).

Alcançamos o que dificilmente poderá ser ultrapassado: o menor tempo possível para nossa massa e para a capacidade de "fazer força" de nossos músculos – o menor aqui e agora imaginável para nós, seres humanos, com esses músculos.

# ENSAIO DE SÍNTESE

Em função da redação deste livro e de minhas últimas experiências, vou tentar fazer uma síntese teórico-técnica relativa ao trabalho corporal em psicoterapia.

Seus fundamentos têm muito que ver com Reich e alguns de seus continuadores, e com quanto sei, pensei e experimentei de biologia, anatomia, psicofisiologia, psicologia, psicanálise.

A noção central é a de que, nos animais superiores (talvez nos inferiores também), toda a organização hierárquica do Sistema Nervoso – implicitamente, das Funções Psicológicas – obedeceu ao imperativo categórico da caçada, a luta ou a fuga (isto é, sobrevivência ou morte quase instantânea, individual e da espécie).

Por isso, dois terços do cérebro servem à motricidade, metade do córtex serve à visão e o controle da direção do olhar está presente no encéfalo inteiro. "Direção do olhar" quer dizer direção da ação e pré-organização dos movimentos.

A questão é perceber-reagir – o mais rápido possível.

A segunda questão é o aprendizado – ligeiro! – dos filhotes: imitação. Por isso também o cérebro é como acabei de dizer.

*Meio século de psicoterapia verbal e corporal*

O terceiro tema do encontro e da organização do grupo é o binário dominação/submissão. Este também se define pela atitude instantaneamente assumida no primeiro encontro dos olhares.

Mantenho os "anéis" de Reich, mas com amplas modificações baseadas em razões óbvias quando se considera o critério luta ou fuga e dominação/submissão.

Passei a denominar o "Anel ocular" apenas "O olhar" ou "Os olhos". São os órgãos funcionais primários, os de maior abrangência, sensibilidade e rapidez, tanto na percepção quanto na determinação e no controle – seja da atitude, seja da fuga, seja da luta. Mais imediatos do que eles na indução de respostas, só a sensibilidade tátil, por óbvias razões, mas esta está excluída nos primeiros encontros terapêuticos. A audição também é bastante sensível, mas a localização que ela permite é restrita ou imprecisa, e de regra serve apenas para alertar/dirigir os olhos.

O olhar nos mostra de imediato por onde anda a pessoa – em que direção, até em que mundo, se neste ou em outro ("longe"), se está presente ou não.

Dei vários exemplos de como se pode fazer a mobilização dos olhos, ou como se pode fazer para levar a pessoa a perceber/sentir melhor a direção e os movimentos dos olhos. Saber do que a cerca (seu contexto – seu ecossistema imediato), por onde sair, por onde atacar, se for o caso.

Deixei bem claro que a visão não apenas mostra como "pré-para" – rege a formação da atitude mais adequada à situação vista.

A segunda região funcional distinta é a nasolabiomandibular, resumida em psicanálise como "fase oral" ou "oralidade". Ela vai além da nutrição. Inclui o olfato (o "faro", ligado à intuição, percepção obscura mas poderosa) e muito da agressão. Nos felinos tomados como modelos, é fácil ver que a agressão está na mandíbula e nas unhas. Em nós, a agressão está acima de tudo na postura, na firmeza da posição e na rapidez das respostas motoras.

O "anel cervical" – simplesmente o pescoço – existe para garantir a mobilidade fácil da cabeça (!), ou seja, ampliar os arcos de vigilância (tanto o vertical quanto o horizontal) do olhar e dos demais telerreceptores, todos eles situados na face. É essencial que eles possam ser rapidamente dirigidos em qualquer direção, a fim de apurar a busca (do perigo, do agressor, da promessa). Entre nós, seres humanos, esta mobilidade é ainda mais necessária do que entre os animais. Basta uma pequena mudança no plano da face – olhar para cima, para baixo ou para um lado para que mude a relação da pessoa com seu interlocutor.

Função ignorada nas poucas teorificações usuais relativas ao pescoço é a de mudar **automática e rapidamente** o tônus postural em preparação para os movimentos na nova direção – sejam os de busca, sejam os de fuga.

Só fisiologistas especializados na análise fina dos mecanismos posturais falam desses músculos.

Eles estão situados e ligam a base do crânio, em torno do forame occipital, às duas primeiras vértebras cervicais – a atlas e o axies. São aos pares: os retos posteriores menores da cabeça, os retos posteriores maiores da cabeça, os oblíquos superiores da cabeça e os oblíquos inferiores da cabeça.

Todos eles atuam como músculos, exercendo tração quando excitados, mantendo, porém, ligações neurológicas com os núcleos da base. São por isso duplamente funcionais: ao se contrair, tendem a mover as peças ósseas e, ao serem estirados, sinalizam receptores cerebrais que comandam todo o tônus corporal.

A atuação desses reflexos pode ser mais bem compreendida quando exemplificamos com o gato. Quando o felino volta a cabeça para baixo, automaticamente os membros anteriores se flectem e os posteriores se estendem, preparando-o para pegar alguma coisa pequena à sua frente – um rato, por exemplo.

Já se, em busca de um passarinho em uma árvore, ele voltar a cabeça para cima os membros anteriores se estendem e os posteriores se flectem – preparando o salto.

Quando o gato vai fazer a volta na esquina e vira a cabeça para o lado da curva, o membro anterior desse lado se flecte e o membro anterior do mesmo lado se estende.

Entre nós: alguém que esteja andando de bicicleta em um lugar amplo e sem trânsito, ao olhar para a direita, tenderá a mover a direção para o mesmo lado. Até na direção de um carro isso pode acontecer em espaços amplos e desimpedidos.

Podemos considerar os conjuntos desses músculos o verdadeiro botão de disparo de toda a tensão corporal do alerta.

Expressivamente, quando estes músculos voltam a face ligeiramente para cima e provavelmente os ombros ligeiramente para trás e para cima, estão compondo a atitude do orgulhoso. Na verdade, todo seu corpo está experimentando um aumento de tônus, intensificando a sensação de presença e de dominação.

O contrário acontece quando a pessoa volta a face para baixo – mesmo que de leve. É o submisso ou o inferior. Seu tônus corporal se reduz, e ele está predisposto à entrega, à não-resistência.

Enfim, sempre que o olhar se volta para um lado e se fixa em algo de interesse, instantaneamente o rosto inteiro se volta nessa direção, e então os músculos que estamos estudando redistribuem o tônus muscular do corpo, preparando-o para voltar-se inteiro para o objeto no qual os olhos se detiveram.

De outra parte, modo padrão de morte entre carnívoros é a sufocação pela mordida na garganta. Entre nós, temos a decapitação, o estrangulamento e o enforcamento. Isto quer dizer: região particularmente frágil, a ser defendida a qualquer custo. Nela reside de forma eminente o perigo da sufocação – da asfixia –, da compressão, da secção da traquéia ou da fratura da laringe/traquéia (é um dos golpes mortais dos ninjas).

Em nós, a laringe é o lugar da voz, e isso é todo um novo mundo nascido no pescoço, dos gritos às palavras. Mundo perigoso, de uma forma nem tão brutal ou imediata, mas perigoso de mil outras maneiras bem mais sutis, nem por isso menos agressivas – até mortais e das quais os animais não sofrem.

Com um agravante: posso ter de conter as palavras e os gritos – ficar me sufocando, durante muito tempo, até a vida toda...

Da respiração, já disse tudo que poderia dizer no texto e em vários outros do livro: é fundamentalmente ligada à angústia, à ansiedade, à "aflição", à pressa e à impaciência. E ao medo...

Eu dividiria o "anel torácico" em anel da ação e anel da respiração costal. O anel da ação é constituído pela cintura escapuloumeral, raiz dos braços – mãos – com as quais fazemos quase tudo que fazemos, inclusive agressões e o agarramento (*grasping reflex*). Este é ao mesmo tempo o gesto de agarrar-se e a raiz da tendência psicológica à dependência. Os músculos da cintura escapular estão todos insertos nos dois terços superiores da caixa torácica. Estão intimamente entrelaçados com o que valeria a pena denominar anel costal ou costo-vertebral ou, ainda, região respiratória voluntária.

Pense no orgulhoso. Nele é muito nítida a respiração costal (ombros para cima e para trás, peito inflado, abdômen "chupado" – postura militar). Nele o diafragma está inibido (bloqueado) em posição elevada – está em seu ponto morto superior.

Psicologicamente, isso significa isolamento ou distanciamento em relação às emoções "inferiores", abdominais (nutrição) e pélvicas (sexuais).

Notar que "sensações sexuais" envolvem emoções amorosas e, em amplo sentido, emoções ligadas à espécie – aos parceiros, aos ascendentes e aos descendentes.

A respiração torácica do orgulhoso "diz": "Eu me basto", "Não preciso de ninguém", "Eu me dou vida!" (eu sou Deus!)... De outra parte, lembrando os dias que se seguem ao nascimento, se o neonato não **mantiver** a posição de inspiração, seus pulmões entrarão em colapso.

Para o recém-nascido, expirar significa... expirar – isto é, morrer! No útero sabemos que o feto soluça às vezes, mas seu soluço não está ligado a choro. São movimentos destinados a produzir expansão pulmonar e a ensaiar movimentos de inspiração. Claro que ao soluçar **não** ocorre aspiração de líquido para o pulmão.

Não vi estes fatos citados nem em relação ao feto nem em relação ao recémnascido, mas me parecem óbvios. No útero, a massa pulmonar sólida (sem ar) preenche inteiramente a cavidade torácica. Tanto que o pulmão do neonato que não respirou afunda na água (prova de que o feto nasceu morto em Medicina Legal). Os primeiros movimentos respiratórios do neonato produzem as primeiras expansões pulmonares, e se, nos intervalos, ele não mantiver a posição de inspiração, repetindo, os pulmões entram em colapso e ele pode morrer de asfixia.

No recém-nascido, o pulmão, na mesma medida que lhe dá vida (oxigênio), pode matá-lo – como se fosse um inimigo íntimo. Se for assim, então podemos imaginar que a famosa ansiedade primordial é o medo do colapso pulmonar. Esse medo mantém o neonato em permanente atitude de expectativa (*ex-pecto* – peito parado em posição de inspiração).

Imite alguém expectante e sinta.

Por mais evidente que me pareça, repito, nunca li nada a esse respeito, nem em obstetrícia nem em pediatria, e menos ainda em psicologia ou em psicanálise.

Espero que o leitor recorde o que dissemos em relação ao fato de a respiração ter "ensinado" os músculos estriados a se contrair "por querer" – porque assim aliviavam a ansiedade da respiração parada e da asfixia crescente.

Não vejo cabimento funcional na ligação entre a pelve motora das pernas e o anel pélvico (visceral, "emocional").

Nada se diz em psicologia, enfim, sobre as ligações tão especificamente humanas (bipedestação) entre pelve e equilíbrio do corpo.

Disse Reich: "Só há dois medos, duas ansiedades: o medo de queda e o medo de asfixia"...

Isto é, perda de equilíbrio (e de toda a eficiência motora) e restrição de vida – respiração limitada. Medo de respirar, de assumir, de ousar, de decidir, de existir! Um reparo a mais, agora sobre o anel pélvico e o conceito de potência orgástica que despertou muitos desejos em muitas pessoas... O pressuposto é que Reich havia chegado lá, mas o relato de uma de suas esposas revela um Reich extremamente ciumento. Já *Paixões da juventude* (autobiografia de Reich) descreve um jovem que "comia as domésticas" – quase nestes termos! "porque um homem precisa..."

Quanto ao fato, não sei o que comentar. Parece-me, apenas, mais uma forma do "Mito do Paraíso", isto é: se você chegar lá, não haverá mais nada a fazer, nada mais a desejar... A descrição feita por Reich sobre o caráter dos que chegam lá é tocante, encantadora, bem além de tudo que existe...

Enfim, ele não falou da outra qualidade da musculatura pélvica – a exterior à bacia óssea. É aí que nascem a força e o movimento primário para nos pôr de pé e avançar – o primeiro tempo da ortostática e da marcha. Nos animais, é evidente que a metade posterior é o motor da velocidade. O chacra inferior (pélvico), segundo os hindus, é o centro primário de energia não só sexual como vital – ou motora.

Mantê-lo tão livre de inibições quanto possível é necessário para o *grounding*, parar bem de pé, para não perder o equilíbrio e manter disponível toda a motricidade de que o corpo é capaz.

Estes complementos estão em Reich, mas tão espalhados pelos livros que as pessoas, presas à noção sexual de potência orgástica, subestimam ou ignoram todas as demais funções do anel pélvico.

## O ESQUEMA RESOLVE?

Não. Continua aqui "A primeira vez".

Nenhum esquema resolve. O aqui e agora começa – e acaba – no aqui e agora! Começa no olhar – dos dois – e nas atitudes que se armam em ambos em função do olhar, quer as percebam quer não. Pode começar em um tom de voz, caso um ou os dois personagens em presença estejam fora do campo visual um do outro, desviem os olhos ou "estejam em outra!" (distraídos).

O que me chama a atenção no desconhecido que está sentado na minha frente? Essa seria uma boa primeira pergunta a ser feita de mim para mim, terapeuta. O que meus olhos vêem nele?

Todo relacionamento é uma dança – já disse. Todo encontro é um enfrentamento. Estou diante de alguém inofensivo? Formal? Reservado? Encolhido? Desconfiado? Ingênuo? Esperto? Deprimido? Distante? Dispersivo? Exigente? Confiante? Ele está presente? Ou está longe?

Estas questões não constam no ensino formal de psicoterapia. Lá as coisas começam – e terminam – com as palavras, com o interrogatório sobre a famosa "queixa" e a "história pregressa" dos sintomas ou das dificuldades de vida, e depois a história familiar.

Tudo em ordem – sistemática – lógica.

Tudo sem considerar os personagens que **naquele momento** iniciam o drama do seu relacionamento.

O de cá da escrivaninha não existe. Foi dito em aula que ele deve estar em atitude neutra, e mesmo quando nas primeiras consultas, quando iniciante, ele sente-se observado e vigiado criticamente pelos professores, controlando-se ao máximo. Está mais presente a si mesmo do que ao paciente... Mostra-se formal, na atitude daquele que sabe como são as pessoas e como é a vida, seus dramas, seus conflitos...

Não estudou vinte anos para estar sentado onde está? Não está sendo pago para isso?

Será honesto esse jogo com cartas marcadas? Repito um relato feito no texto: "O mais difícil para o terapeuta é disfarçar (conter?) suas próprias emoções"...

Portanto, a pergunta número dois a ser feita nos primeiros minutos do primeiro encontro é: como será que ele (o paciente) está me vendo?

## INCONSCIÊNCIA COLETIVA

No meu esforço meio desesperado de esclarecer o que quer dizer inconsciência coletiva, ocorreu-me assim – bem atual:

É impossível confundir Luiz Inácio Lula da Silva com o Exmo. Sr. Presidente da República.

Os poderes destes dois (!) personagens não podem ser comparados.

Mãe, Pai, Filho e Família, como são termos muito... familiares, não despertam nem de longe uma compreensão paralela.

Dona Margarida nem de longe tem tanto poder – tanta competência, tanta sabedoria e tanto amor – quanto a Mãe Margarida "deveria" ter – e a maior parte das pessoas admite ou acredita sem um instante de reflexão que ela tem. Inclusive ela mesma!

O Sr. Joaquim pode ser um pobre coitado, mas quando apela para o fato de ser Pai, na certa receberá uma atenção que o Sr. Joaquim de há muito não desperta mais (menos ainda em Dona Margarida – que o vê simplesmente como o Joaquim)...

Essa diferença tão óbvia e tão importante não é reconhecida pela psicologia. Nesta, Dona Margarida, mãe do cliente, dado seu mau gênio, é "a causa" de tantos dos sintomas do seu filho neurótico – o pobre Antônio. O terapeuta mal se detém na consideração de que essa pobre mulher nem de longe tem tanto poder de prejudicar quanto ele lhe atribui. A mãe é um canal pelo qual passa um poder imensurável garantido pela coletividade, reforçado pelo convívio estreito e demorado e assumido pela infeliz.

Infeliz, sim. Grande número de mães sofre muito mais do que lhes caberia sofrer se não fossem "possuídas" pelo mito da grande mãe. Ela sente em si esse poder, que não é de sua pessoa mas ela vive – e usa! – como se fosse. Não percebe que ela é muito mais vítima de seu título do que senhora dele.

Isso vale para ela tanto quanto vale para o Sr. Luiz Inácio quando se transfigura em Sr. Presidente...

Ela acaba acreditando nisso e fica esmagada com a soma de deveres impossíveis que lhe são exigidos, e ao mesmo tempo exaltada ao sentir em si tal poder – absoluto – até a infalibilidade!

("Mãe está sempre certa"...)

> **Portanto, toda a coletividade tem "a culpa" pelo que A Grande Mãe Dona Margarida (a pobre Dona Margarida...) fez com seu pobre filho (O Filho! – o Antônio).**

Nem ela compreende estes fatos e acredita – como o psicanalista – que suas obrigações impossíveis são de fato suas, pessoalmente suas.

Se a noção ainda não é suficientemente clara, lembro mais uma, incisiva e decisiva.

*Meio século de psicoterapia verbal e corporal*

# A ESCRAVIDÃO

Escravos são seres humanos **notavelmente parecidos com seus senhores**, principalmente quando eram brancos, como entre gregos e romanos. Nestes casos, eram inclusive da mesma raça (prisioneiros de guerra).

Mas, dadas a inconsciência e a aprovação coletiva do senhor, do próprio escravo e de **todos os circunstantes,** o senhor podia fazer o que quisesse com seu escravo, até matá-lo a sangue frio e sem explicação alguma. O escravo não se rebelava e ninguém parecia se importar muito com isso.

Dito de outro modo: o senhor podia fazer com o escravo – repetindo: um ser humano notavelmente semelhante a ele – o que podemos fazer com um rato ou até uma barata!

O poder dado ao senhor provém de um costume, um condicionamento, a um apoio coletivo, ao demônio, ao que se queira – menos ao Sr. Joaquim!

A esse poder... onipotente (!) dou o nome de inconsciência coletiva: nestes casos (são inúmeros), ninguém considera que são dois seres humanos, que são por demais parecidos, que devem sentir de modo parecido.

Quando alguém faz perguntas, ouve-se apenas isso:

Mas é um escravo!

(Mas ele é Pai...)

E tudo está explicado...

Não é espantoso?

Podia ser até pior.

Podia ser: "Mas ele é judeu" (na Alemanha nazista), "Mas ele é um inimigo"(em qualquer guerra), "Mas ele é negro" (nos Estados Unidos).

Considere o paralelo: "Mas ela é Mãe", "Mas ele é Pai", "Mas são casados", "Mas é uma criança".

A generalização é o pecado de todos e a absolvição de todos – e Satanás rejubila.

Não mais psicanálise, mas comportamentalismo – a psicologia dos sinais ("estímulos") e das respostas (ações).

## PENSAMENTO, PALAVRAS E REALIDADE – A MINHA E A DOS OUTROS

> **Só me permito pensar ou só me permito perceber aquilo de que todos falam, ou que é falado pela maioria como realidade (ou "verdade"). Caso contrário, não saberão ao que estou me referindo – do que estou falando. Ou seja e enfim, só o que todos falam é... real. Esse é o segredo e a força maior da inconsciência coletiva.**

> **Nestas afirmações, a palavra "todos" precisa ser restringida: todos os da mesma língua, da mesma região, da mesma profissão, da mesma especialidade, da mesma classe social, da mesma religião – até da mesma gangue.**

Em certo momento de mau humor contra os repetidores entediantes, pensei algo depreciativo contra o centro das repetições – mestre Freud. Quero dizer: tudo quanto ele escreveu seus discípulos repetem, repetem, repetem...

Há século e meio!

Pensei: Freud se tornou famoso por ter denunciado ou aberto "os porões da alma" (nos termos da época, da mídia e das escolas de psicologia), por ter denunciado todos os maus pensamentos, as más intenções, os desejos perversos e as emoções maldosas que as pessoas procuram esconder umas das outras.

No entanto, basta abrir um jornal ou ligar uma TV para ver tudo isso – tido como "escondido" pela psicanálise (aí a repetição e a inconsciência coletiva) – à plena luz do sol, presente no cotidiano do mundo todo. À nossa volta, a todo momento.

Depois a história, mesmo a aprendida nos cursos elementares e secundários. A história da humanidade é uma sucessão pavorosa de horrores tidos como legítimos pelos que respondem por eles, pelos próprios historiadores, e tidos até como gloriosos pelos países que venceram as guerras.

A verdade simples e crua sobre as guerras é esta: foram todas assaltos coletivos.

Vejo no Discovery Channel um seriado denominado Civilizations. Sob esse título mais do que respeitável, repete-se interminavelmente a sucessão de conquistas de um povo contra outro e vice-versa, numa roda inacreditável de crueldade, abuso, exploração e mais.

"Civilizações"!!!

Repito: cada vencedor se glorifica na sua desumanidade e a transforma em glória nacional. Seu povo erige monumentos, justifica todo o mal feito contra "o inimigo" com sábias razões e argumentos mais do que convincentes (para os vencedores). Faz escravos, rouba tudo que pode, extorque tributos e exige indenizações.

E que indenizações!

Entende, leitor?

Será que precisava o divã psicanalítico e Freud para denunciar estas coisas mais do que evidentes e repetidas século após século – interminavelmente?

Enfim, passando do macro para o micro: as queixas mundiais sobre a família (na fala particular de quase todos) e os abusos cometidos dentro dela e em seu nome bradam aos céus, mas todos continuam a louvar suas qualidades excelsas.

Está claro, leitor?

Não me foi dado encontrar nenhum nome melhor para esses fatos cotidianos, permanentes, terríveis e cegamente negados – pela imensa maioria das pessoas.

São a substância das negações coletivas – que se manifestam nos indivíduos como cegueira e alienação.

Portanto, apiedemo-nos do pobre neurótico, bode expiatório desta loucura. Segundo a teoria, ele é o único infeliz a sofrer de todos esses males e o único a não ter consciência deles.

O inconsciente **dele** é um esgoto, porque ele não tem coragem de enfrentar seu sofrimento – de ver a desgraça de **sua** vida (só a dele – mais a de poucos outros neuróticos, tão inconscientes e infelizes quanto ele, coitados!)

Imaginem que coisa incrível: ele não percebe a beleza da sociedade que lhe deu tudo que ele tem, com seus Divinos e Tradicionais Valores e Significados Tradicionais, segundo os quais fomos todos modelados pela Família Sagrada, pela Escola que ensina tudo que é preciso saber, pelo trabalho que dignifica (esqueça o salário e a escravidão – a antiga e a moderna).

Todas estas maravilhas fizeram de todos nós – exceto uns poucos e infelizes neuróticos – adultos conscientes, responsáveis, lúcidos, além de justos, leais, verdadeiros, solidários, cooperativos etc. etc. etc...

Amém – Satanás!

Depois desse resumo – qual o significado das palavras?

De novo alguém poderia perguntar: mas o que tem tudo isso que ver com o consultório e com o diálogo psicoterápico?

Vim criticando ao longo de todo o meu livro a distância entre os dois personagens, distância criada aparentemente pela terapia, pelos sintomas e pela relação entre cliente – "aquele que paga" – e terapeuta – "aquele que recebe".

Critiquei também, e asperamente, tantos diagnósticos, tantas classificações, tantas estatísticas, tantas teorias, todas elas procurando estabelecer diferenças "objetivas" entre quem sofre e quem trata. Buscando "provar" que ele é deficiente, carente, disfuncional, "anormal" – neurótico, em suma.

Mas ao mesmo tempo – e aí vai mais inconsciência coletiva – a **situação aceita tacitamente por todos** "prova" que eu, terapeuta, sou normal, que minha vida é no mínimo aceitável, que meu casamento é, no mínimo, razoável, que meus filhos são quase normais e eu sou um profissional assaz competente...

Será que tudo isso é verdade?

**Ou é apenas o que todo mundo diz – e faz de conta que acredita?**

Espero que meu arrazoado sobre a inconsciência coletiva dê um resultado: somos todos efetiva e seriamente neuróticos, isto é, oprimidos, reprimidos, explorados, presos, ameaçados e quase sem possibilidade de reação ante forças coletivas esmagadoras – exercidas por nós mesmos. E então é bom recordar

Freud e o que ele disse do inconsciente. Diria melhor se falasse da inconsciência – de todos.

Todas essas convicções coletivas se mantêm à custa do apoio dado a elas por nós mesmos quando dizemos aprovar, praticar e exigir dos próximos que nossos Sagrados Valores Tradicionais sejam obedecidos e respeitados por todos. Eles se mantêm à custa de nossa aprovação inconsciente, e portanto irresponsável.

Sinto-me tentado a dizer que o fato de o cliente estar sentado lá e eu, terapeuta, estar sentado aqui é fruto do acaso – do azar (dele) e da sorte (minha).

Espero que reflexões desta ordem aproximem mais os dois personagens do drama, tornem mais fácil a compreensão recíproca, reduzam as "poses" de competência (e distância), aumentem a solidariedade e a cumplicidade contra os males sociais dos quais ambos somoa vítimas.

Se estas novas posições transparecerem nas atitudes, nos modos e tons de voz do terapeuta, muito já foi feito. E talvez se chegue a perceber que só é possível **sair juntos** dessa miséria coletiva.

É na certa esse o clima durante as boas sessões, e essa a emoção dominante ao final das terapias bem-sucedidas.

Muitos dos "momentos terapêuticos" descritos neste livro, se bem compreendidos, significam exatamente isso: ao tentar ajudar meu paciente, só obterei êxito se perceber e acreditar que ao salvá-lo estou me salvando – no mesmo ato e no mesmo momento.

Que estávamos nos compreendendo, nos comunicando e cooperando, saindo por momentos desse mundo cão – juntos! – e gerando um pouco de esperança em um mundo melhor.

Ninguém se salva sozinho, e todos precisam de salvação.

Conheci um número grande de terapeutas em grupos de estudos, supervisões e congressos, e não vi, entre eles e meus clientes, tanta diferença quanto a que se declara – e se aceita –, nos livros e em público, entre o neurótico e o terapeuta...

## MEU CASAMENTO

Nem fui melhor do que tantos outros.

Casei em 1948, um ano depois de formado em medicina, com Maria Luiza, colega de turma, com a mesma idade que eu, e vivi com ela até Bodas de Prata.

Tivemos quatro filhos homens, todos saudáveis e normais – como se espera de pai terapeuta e mãe médica...

Estava disposto e preparado, pelo meu passado familiar bastante aceitável e pelo meu cristianismo até então praticado e estudado, para ser um marido ideal e um pai como se deve (como se devia – naquele tempo)...

Mas desde o começo havia uma diferença letal entre nós: eu era um falador emérito, de palavra fácil e convincente, mas ela desconfiava demais dessa habilidade, pelo temor de ser criticada e pela sua relação com seu pai, um homem inteligente mas exigente e autoritário, capaz de justificar – "provar" como "certo" – tudo que fazia e exigia.

Conseqüência inevitável: desde o começo, o diálogo entre nós era impossível e só falamos "a sério" em duas ocasiões nas quais eu estava de malas prontas para sair de casa.

E havia a diferença entre sua rigidez de caráter e uma fluidez de caráter em mim, uma alimentando a outra em círculo vicioso, aumentando a distância e a reserva.

Durante mais de dez anos passei a maior parte de minha vida interior examinando o que acontecia conosco, procurando perceber, compreender e /ou explicar o que havia acontecido ontem ou naquele dia, o que ela havia dito, de que modo, com que tom de voz, como eu havia respondido, quem teria razão e quem estaria errado...

Por causa disso, aos poucos se estabelecia em mim um forte sentimento de inferioridade: será que não consigo pensar em outro assunto que não seja meu casamento?

Mas aos poucos ia se infiltrando em mim algo novo. Primeiro Reich e seus comentários implacáveis contra o "matrimônio monogâmico compulsivo" – como ele o denominava.

Depois o que se sucedia em meu consultório. Já disse que fui bem-sucedido desde o começo, com bastante procura, e lá o que eu ouvia todos os dias, horas e horas a fio? "Porque meu marido...", "Porque minha mulher...", "Porque minha mãe...", "Porque minha sogra...", "Porque meu filho...", "Porque meu filho...", "Porque meu filho..."

Aos poucos a luz se fez e foi se tornando ofuscante:

**Eu não estava pensando e sofrendo apenas o meu casamento, mas O Casamento – a Instituição.**

Levei tanto tempo porque continuava cego pela fala coletiva (pela inconsciência coletiva) e seu dizer eterno e cego: "Que o homem não separe o que Deus uniu", "A família é o único lugar onde um ser humano pode se formar como ser humano", "Família é a única situação em que o amor humano pode florescer", "Família é a *celula mater* da sociedade...", "Ai dos que não têm família...", "Amai a família acima de todos os próximos."

Essa última declaração não era dita, mas era evidente, depois que se começava a compreender quanto a família era fechada – soma poderosa de compulsões e restrições exigida, vigiada e controlada por todos.

Lembrei também de tudo que Freud nos falou sobre a "censura", a "repressão" e o superego, todos de origem familiar (e com aprovação coletiva maciça)...

Até os 35 anos, portanto, eu, como quase todos, ora me julgava anormal devido à minha insolvência matrimonial, ora concluía – com tantos outros – que "a culpa" era de minha mulher. Afinal, ela não era uma boa esposa...

Mas minha angústia crônica não me abandonava. Era preciso aprender que a maldade do mundo estava em mim, sim, mas estava também à minha volta, opressiva, "secreta" apesar de evidente (!) Continuava a crer, na minha ingenuidade, que o mundo (a sociedade) estava certa e que o errado era eu – e toca a procurar meus pecados para compreender meus males, como dizia o catecismo cristão e como repetia o catecismo psicanalítico (!)

Custei decênios antes de acreditar no que meus olhos viam desde o começo.

De que quase tudo que se dizia da Sociedade (Justa), da Família (maravilhosa), do amor e da moralidade capazes de nos humanizar não era nada do que era feito – do que acontecia.

Só era dito (milhões de vezes!) – e encenado por todos.

Mas sou um privilegiado: sei disso muito bem e faz parte de meus privilégios o conseguir pouco a pouco ir vendo a... realidade! Ver com clareza, ensinado que fui por uma multidão de mestres sábios e compassivos, que vivemos de fato em um Vale de Lágrimas, por mais que a inconsciência coletiva (e a mídia e a propaganda delirantemente feliz) ridicularize essas lágrimas.

A humanidade é, coletiva e historicamente, muito sofrida, e tudo que sabemos e nos é dado pensar nos diz que não era preciso que fosse assim.

Agora posso fechar o cerco.

# COMPLEXO DE PILATOS

A "atitude neutra" (na psicoterapia) e a "objetividade" (na ciência) significam, na verdade,

**"Não tenho nada que ver com isso** – com o que está acontecendo, com o que poderá acontecer, que eu fiz, ajudei a fazer ou concordei que fosse feito..."

Modéstia? Absolvição de culpa? Confissão de ignorância?

O caso da bomba atômica se tornou paradigmático e despertou a consciência universal para a questão – tanto a feitura da bomba (os cientistas que a produziram) quanto seu uso (os pilotos que as levaram até os alvos).

Essa forma de irresponsabilidade, profundamente mentirosa e, no entanto, universalmente aceita, poderia ser batizada de "Complexo de Pilatos" (Zizi – minha nora).

*Meio século de psicoterapia verbal e corporal*

# O BODE EXPIATÓRIO

Ou seja, o culpado: como fazer um ou uns poucos pagar pelo pecado de muitos – de todos!

Uma das piores perversões da humanidade é buscar fanaticamente e depois acreditar na culpa dos que acreditamos culpados, os bodes expiatórios.

Depois de atribuir a eles nossos males, fazemos com eles pior ainda, convictos de estarmos certos – de que a culpa é deles mesmo. Ao culpado torturamos não apenas sem sentir culpa, mas, até com certo prazer "moral" (!), pois, afinal, estamos apenas fazendo justiça ou punindo-o para que aprenda, ou para que os outros aprendam, o que é certo e o que é errado!

À inconsciência coletiva desagrada profundamente a noção de que somos – todos – irremediavelmente solidários e cooperativos em todos os males que nos afligem.

Concretizando: consideremos o operário casado com quatro filhos que não sabe o que fazer nem a quem procurar para aliviar sua situação difícil. Muitos acabam alcoólatras. Ao chegar em casa, cada fala da esposa ou cada choro de um filho o deixa desesperado, e aos poucos ele se faz um tirano cruel que, bêbado, grita, espanca, vocifera – um monstro. Às vezes chega a matar.

Com variantes fáceis de imaginar, sabemos que esta é uma história comum. Não quero me fazer popular falando da desgraça do operário ou do camponês – mesmo que seja verdade.

Entre os mais privilegiados é diferente – mas é igual...

Onde quero chegar, então?

Em uma análise ligeira do exemplo dado, em busca do culpado real, descrevo ao mesmo tempo os numerosos *feedbacks* que se concentram naquele resumo de situação sofrida, *feedbacks* que nos envolvem a todos.

**Foi dito por todos desde sua infância** que ele, o operário, devia casar para ter mulher (sexo, macho precisa de mulher), que só em família o homem se faz respeitável diante dos outros, que era preciso ter filhos como prova de competência de homem (outra vez!) e competência em sobreviver – em "vencer" na luta pela vida.

**Nada lhe foi dito** (inconsciência coletiva – IC) sobre dificuldades de relacionamentos pessoais no matrimônio. Portanto, todos culpados (IC), inclusive a Igreja Católica e outras religiões, elevando ao céu (IC) a santidade do casamento e dos filhos – quantos mais, melhor. Não usar métodos anticoncepcionais, perigosos, contrários à Natureza (IC).

Mais estranho ainda é o fato de ele **nem de longe lembrar de sua família de origem, e de todas as complicações e sofrimentos vividos nela** (IC negativa: não se devem criticar os pais nem a família). Nem das famílias de seus parentes e amigos, ao seu redor, com dificuldades paralelas muito evidentes – muito visíveis, até muito faladas por quase todos (em particular – queixas e fofocas!)

**A fala coletiva (e o silêncio coletivo!) teve muito mais poder do que a experiência vivida.**

Dada a doutrinação... silenciosa (IC negativa!) da maioria, ele não se deu conta de sua situação original precária, de seu trabalho ao mesmo tempo exigente e monótono, do mundo em que vive (e podia até ser visto na TV!), de seu poder aquisitivo mínimo, de sua total falta de formação em relação a sexo, mulher, criança, família – **todos dizendo** (IC) que tudo isso se resolve sozinho, com a graça de Deus e a inspiração do Espírito Santo, ou da Bíblia, é claro!

Não vou especificar a doutrinação imposta à esposa – creio que não é necessário. Digo apenas que é o dobro da que ele sofreu.

Paga a esposa e pagam os filhos por tudo isso que ninguém disse ou que todos disseram somente depois da desgraça em curso; por tudo isso que ele sabia, mas não podia acreditar, porque todos diziam o contrário.

Contei essa triste história para evidenciar a força e os malefícios da IC. No caso, ela – a inconsciência – levou ao alcoolismo e aos maus-tratos à esposa e aos filhos – tidos pelo infeliz como culpados pela sua miséria. O pior é que há um mínimo de verdade nesta convicção de que eles são os culpados, pois é por meio deles que se concentra a pressão social. Esposa e filhos estão aí como resultado final estável – tido até como permanente e... legítimo (casamento!). A situação é apoiada – até exigida! – pela inconsciência coletiva de todos, seja pelos "bons conselhos" mentirosos sobre a família, seja pelas sérias omissões das dificuldades dela. Foram "todos" que o levaram para a situação e são "todos" que o obrigam a permanecer nela.

Pagam os indivíduos pela IC que eles mesmos alimentam.

Estou falando de um inconsciente social e não individual. Mas quem sofre são os indivíduos nas situações concretas em que foram parar, porque tudo e todos os levaram para lá...

Notar, enfim, como funciona socialmente a questão da culpa – tão falada.

Generalizando o tema, chegamos a compreender profundamente o mito da família, a compreender por que, tão sofrida em particular, ela é glorificada em público. Ela de fato garante a estabilidade social.

Todos nós sofremos pressões, exigências, exploração e abusos decorrentes das condições de nosso convívio social. De outra parte, as possibilidades de produzir mudanças amplas dessa estrutura opressiva e abusiva é mínima ou nula.

Qual a reação de quase todos nós?

Modo número um: se eu puder, abuso também (justificativa do "jeitinho brasileiro", que vai do pequeno comerciante ao grande empresário, banqueiro ou político).

*Meio século de psicoterapia verbal e corporal*

Pecado sem culpa: faço com "eles" o que "eles" estão fazendo comigo – ou fariam se pudessem.

Estamos quites.

O outro modo de baixar a pressão social opressiva reside nas brigas em família. É incontável a quantidade de irritação, raiva, de desaforos, de violências psicológicas, morais e físicas cometidas em família, todos e sempre com uma profunda convicção de estarem certos ou – o que dá na mesma – de que o outro estava errado, de que ele não fez como devia, como um bom marido deve fazer etc. etc.

Ante todas essas agressões a IC comenta: "Casamento é assim", "Agüente...", "Todos agüentam – eu agüento, por que você não?"

Enfim, o pior: agressões em família raramente são punidas, e muitos chegam a acreditar que família existe também para isso: para que a gente possa desabafar – em algum lugar...

Pessoas lutam anos e anos a fio para manter a família unida – ao preço de qualquer sofrimento. A forma-padrão de pagamento são as doenças psicossomáticas e as drogas legais – álcool e psicotrópicos.

E, se as pessoas casadas são empregados, não gostam nem de pensar em reivindicações ou em revoluções sociais – elas poderiam custar a sobrevivência dos seus. Ninguém é mais fiel aos Sagrados Valores do que os que têm emprego – e, quanto maior o salário, maior a fidelidade...

Os governos protegem a família porque ela absorve quantidades fabulosas de pressão agressiva, de descontentamento ou revolta. Todos – em família – convictos de que "a culpa" é de fato de quem acreditam culpado, "porque não fez o que devia" ou "porque faz o que não se deve".

Poucos, muito poucos, se dão conta de que a pressão na panela de pressão chamada família vem do fogo de fora, da péssima e injusta organização socioeconômica, predatória, todo-poderosa, ameaçadora e muito bem organizada! De que somos todos vítimas desse nosso modo de conviver, e todos cúmplices inconscientes em sua manutenção, na manutenção de Nossos Sagrados Valores Tradicionais...

Se alguém conseguisse um dia, magicamente, pacificar a família, no dia seguinte explodiria uma revolução social...

Mal comparando, seria como se, no Brasil, fossem suprimidos de um só golpe o futebol, o Carnaval e a pinga...

E, como se tanta desgraça não bastasse, temos na mídia – em especial na TV – mostruário diário da vida dos superprivilegiados, contrastando violentamente com a pobreza da imensa maioria, gerando uma soma incalculável de inveja, indignação, amargura, desespero, angústia, ódio...

# TEORIA DA TRAGÉDIA

Nunca uma ação humana deve-se a um só motivo. Essa ficção faz parte do "mecanismo" do bode expiatório. Na verdade, o explica. Pelos exemplos acima, creio ter deixado claro que a culpa é de todos – como tantos, hoje, estão afirmando. Culpa devida mais à omissão do que à ação.

Somos solidários, querendo ou sem querer, nas realizações e nas carências, nas virtudes sociais e nos vícios sociais. Há muitas espécies de "crime organizado"...

Dada uma ação humana, se tivermos condições de estender até onde necessário a investigação sobre seus motivos, terminaremos sempre com um número indeterminado mas muito grande de influências que se concentraram no ato.

Assisto a um documentário do Discovery Channel sobre o assassinato de Kennedy. O fato foi fotografado por dezenas de câmeras foto e cinematográficas, e na tela, próximo ao final do programa, os ângulos de captação da cena de todas as câmeras apareciam de uma só vez.

É um análogo perfeito de "de quantos pontos de vista" um fato pode ser visto, e nos dá a imagem quase total do aqui e agora de um fato. Mas anula a individualidade do observador e uniformiza – ou sincroniza – o tempo de muitos observadores.

A essa imagem, por si bem complexa, é preciso acrescentar muitas outras, se começarmos a investigar o passado da ação. Nada limita obrigatoriamente a análise retrospectiva cujo limite é arbitrário, definido pelo autor, pela equipe, pela extensão do livro, da palestra ou da consulta.

De novo encontramos o problema insolúvel das psicoterapias: recuar a análise do passado até quando?

Já se fala em análise ancestral...

Logo mais estudaremos a influência do *Pitecantropus erectus* sobre a neurose do Joaquim.

Ao final dessa **análise lógica**, concluiremos a favor da necessidade de uma ciência da complexidade, de que "tudo se liga a tudo e tudo influi sobre tudo".

A procura de um bode expiatório se faria, assim, de todo descabida.

Se o mecanismo existe, é por outras razões que não as jurídicas, as morais, religiosas ou as psicológicas.

**Lutar contra todos os inimigos ao mesmo tempo é impossível. Lutar contra um só é bem mais fácil.**

**Entre povos primitivos, o encontro do culpado pela seca ou pela inundação tinha por função óbvia evitar uma luta de todos contra todos – de puro desespero. Nesse sentido, então, a busca ao culpado era um mal menor.**

**Bem pensadas as coisas, hoje também acontece assim. A família (os indivíduos) assumem — ou sofrem — a culpa dos desmandos coletivos e as conseqüências da péssima organização social... Culpado é o indivíduo, porque culpar a coletividade não permite castigá-la.**

# CREPÚSCULO DOS DEUSES

Próximo do fim, avanço uma noção ao mesmo tempo evidente e surpreendente, em paralelo com Marx — que conheço pouco e "de ouvido". De poucas leituras, colhi a impressão de que ele sabia bastante psicologia, dando à sociedade o poder coercitivo de formar as personalidades à sua imagem a semelhança — com bem pouca liberdade individual...

Reich fez a mesma coisa e eu estou repetindo os dois.

Ele concebeu a personalidade modelada de "fora para dentro", por uma sociedade inerentemente "perversa", exploradora e coercitiva, enquanto Freud tentou compreendê-la de dentro para fora: do indivíduo "secretamente perverso" para a sociedade presumivelmente boa.

Vou apenas especificar um pouco mais essa oposição, a fim de chegar ao que acredito ser a finalidade primária da psicoterapia.

O esquema seguinte supõe que o leitor concordou com a maior parte das descrições e afirmações feitas até aqui. Que ele — como eu e como Mac Luhan e Alvin Toffler — está convencido de que os tempos são de mudança radical, e de que o passado é ótimo para aprendermos a fazer tudo diferente do que se fazia...

Todo ser humano, como foi dito e fundamentado no começo e repetido ao longo de todo o livro, é ou são dois: o social e o individual.

Os "mecanismos neuróticos" (talvez a melhor parte de Freud) existem e na verdade garantem a unidade social. São coletivos e imperativos, são o objeto primário da educação familiar e escolar, da fala da mídia e da cotidiana. Garantem a unidade do grupo — todos dizemos as mesmas coisas — dando a quase todos a sensação de estarem acompanhados, protegidos e amparados por todos. A sensação de segurança, em suma.

Nem de longe se suspeita que a mesmíssima situação gera a ansiedade, a depressão, as doenças psicossomáticas, o uso de drogas e a revolta de todos...

Todos seguros — isto é, amarrados, presos.

Bem examinadas, as afirmações (verbais) que servem de apoio aparente a essa sensação chegam a níveis incompreensíveis de negação (mecanismo neurótico coletivo) do que se vê, do que se sabe e do que se sente.

Deste discurso compulsório repetido diariamente milhões de vezes por todos (em público!), cito alguns. "Nosso país" e "nosso povo" são e sempre foram maravilhosos, inteligentes, trabalhadores, competentes. A "sociedade" é justa, protetora dos direitos de todos, igualitária e é preciso preservá-la a qualquer custo. Todos os profissionais – do Senhor Presidente ao lixeiro e ao camponês (talvez até o mendigo) – estão onde estão porque mereceram e continuam a merecer. Somos todos competentes em nossas respectivas profissões. Todo advogado ama a justiça (os juízes nem se fala), todos os técnicos são bem formados (pelas escolas competentes)... Os sacerdotes e pastores amam ao próximo e são todos sábios e virtuosos.

A Sagrada Família, então, com a Mãe Divina, toda amor, o Pai todo Sabedoria e o Lar todo paz, é o único lugar onde podem ser formados os cidadãos maravilhosos que somos todos nós.

Eu sei, leitor. Passou o tempo em que a maior parte das pessoas ainda acreditava piamente em tudo isso.

Será que passou?

Os tempos modernos são modernos por terem posto em dúvida todas essas pseudoconvicções, dúvidas que estão chegando até você pela mídia cada vez mais indiscreta e em certa medida cada vez mais verdadeira. Vender a verdade – isto é, expor aquilo de que não se falava – vem se fazendo um bom negócio.

Essa é uma mudança social poderosa que se expande velozmente: **a inconsciência coletiva está se fazendo consciência coletiva**!

Você até sorriu ao ler minha lista de "perfeições" sociais (se não me amaldiçoou)!

Mas você está ansioso, confuso, deprimido e inseguro precisamente por estar duvidando de tudo isso que, no meu tempo (1930), era tido como verdade evidente pela maioria das pessoas.

Mais: ainda hoje, repita em ambiente familiar – ou em uma entrevista na TV! – qualquer uma daquelas afirmações e você será olhado com cara feia e tido, no mínimo, como um ET.

Pergunta central: quem é neurótico?

O indivíduo ou a coletividade? A coletividade impõe tácita mas incisivamente que todos neguem o evidente, idealizem o que está longe de ser perfeito, busquem e castiguem – ou excluam – todos os dissidentes (os "culpados", os "hereges").

Mais um paradoxo: o neurótico, **tendo adotado os mecanismos neuróticos de seu mundo**, é ... normal, isto é, bem adaptado...

"Normal", em qualquer pesquisa, é quem está no grupo majoritário...

No meio da curva de Gauss!

Parece um contra-senso, mas esta declaração ajuda bem a compreender as dificuldades da psicoterapia – sua duração, as mil teorias e técnicas já propostas, seus resultados precários...

"Curar" o Joaquim é, de alguma forma, retirá-lo do seu mundo...

*Meio século de psicoterapia verbal e corporal*

# RETORNANDO: OS DOIS MUNDOS DE CADA UM EM OUTROS TERMOS

Vamos voltar para a psicologia e a psicoterapia.

Poderão as teorias desenvolvidas para nos auxiliar em nossa desorientação e nossas angústias conseguir essa finalidade se pretendem – elas também – nos "ajustar" ou "readaptar" à nossa sociedade? Quando desenvolvem e propõem teorias e técnicas capazes de nos tornar "normais"?

A bem da clareza: se nosso mundo (nosso ecossistema – não esqueça!) é tão insalubre, tão cheio de negações escandalosas da realidade que se vive, se experimenta e se sofre, como pode alguém querer nos fazer retornar ao manicômio do qual nosso animal ainda saudável luta para fugir?

Quase todas dizem isso mesmo. Podem nos ajudar a nos tornarmos "normais". Elas também estão "adaptadas" à realidade (do mercado!) e vivem dele. Também gozam do respeito público, da aceitação da lei, das sociedades dos profissionais do ramo. Gozam de bom nome e até da admiração coletiva. Em suma, são tão idealizadas – ou mais – quanto as demais profissões. E excepcionalmente bem pagas.

Mas, se pretendem nos ajudar a ser "normais", então são todas cúmplices do sistema e vivem à custa dele e de seus desmandos.

Resumindo: nosso convívio social nos obriga a nos dividir em um personagem coletivo (o cidadão) e em outro (que não tem nome – ou só tem o nome próprio, digamos, o José). O cidadão diz acreditar e parece tentar viver de acordo com uma "realidade" estranhíssima, cheia de negações ostensivas em relação à experiência concreta, em relação ao que se vê, ao que se sente e se experimenta. As palavras, as frases feitas, os enunciados preconceituosos são as "senhas" pelas quais os seres do mesmo grupo social se reconhecem, se apreciam (e se desprezam)...

Cinema. Bela cena de guerra no Japão medieval. Milhares de bandeirolas, uma para cada guerreiro, formando um espetáculo emocionante. Um gigantesco dragão... Em cada bandeirola, uma figura escolhida sabe Deus por quem, ou uma letra, ou duas cores divididas em paralelo ou em diagonal. Em suma, completamente fantasiosa, sem nenhuma intenção aparente. Servem (como todos os uniformes) para dizer aos do mesmo bando: "Somos amigos". Servem para separar instantaneamente um bando do outro – para evitar "gol contra", diria um brasileiro (!)

Assim funcionam os preconceitos de cada sociedade e também os de cada classe social. São bandeirolas feitas para nos reconhecermos uns aos outros e – seria bom! – para que evitássemos nos agredir, nós, os que ostentamos as mesmas cores.

Insisto: o desenho das bandeirolas é inteiramente acidental, não tem que ver com nada. Foi feito apenas para que os do mesmo lado se reconheçam e não se confundam com os do lado de lá.

Os preconceitos são iguaizinhos às bandeirolas, embora constituídos das frases feitas que todos repetem. Embora, como todas as palavras e todas as frases, eles "tenham sentido" (não se esqueça do que você terminou de ler nas páginas anteriores, desde a história do operário):

- primeiro, essas frases têm pouco e nada que ver com o que quer que exista, que possa ser percebido, visto ou sentido;
- segundo, elas servem, apesar disso, para afirmar e consolidar nossa solidariedade, nosso senso de pertencer a um povo, a um grupo, a uma classe social;
- terceiro, servem para nos distinguir de nossos inimigos, daqueles que podemos agredir, maltratar, explorar – até matar.

Você sabe, leitor: estou escrevendo um resumo da história da humanidade...

Insisto: as bandeirolas, fora da cena do cinema, são feitas de frases feitas, de preconceitos. De palavras, sim, mas palavras que nem de longe têm a intenção de significar o que quer que seja de existente. Elas servem apenas como senha para que as pessoas saibam qual o seu bando – seu grupo de apoio, seus "semelhantes"...

Acredito estar reformulando em termos sociais muito do que foi descrito no comportamento dos ratos pelos comportamentalistas. As palavras, além de seu sentido de dicionário, funcionam também como "sinais" ("estímulos") capazes de desencadear – ou tolher – comportamentos.

# ARQUEOLOGIA DO PRECONCEITO

Recordo, leitor, o ritual comum a tantos povos primitivos: a dança simples de todos mais e a cantoria ritmada pelas batidas de um tambor.

Lembro especificamente de documentário sobre os ianomâmis e sobre a tribo africana na qual as mulheres deformam o lábio inferior, inserindo nele um círculo de pedra cada vez maior. Nos dois casos, muito da vida tribal é mais cantada e dançada do que falada. É claro, também, que as frases são poucas e claramente "tradicionais" – sempre as mesmas.

Esse é o formato original do preconceito de todo o povo da tribo, seu modo de "dizer" publicamente: somos todos iguais, ou até "somos todos um só".

Lembro que, ao enunciar frases preconceituosas, as pessoas assumem de regra um ar de pronunciamento solene, até ritmado. Para quem tenha bom ouvido, a música da voz do pronunciamento repete a dança/ritmo coletiva original.

Sair da dança/canto é individualizar-se e excluir-se – em um ato só.

Mas se a maior parte da fala social tem pouco ou nada que ver com o que existe, com o que se experimenta ou com o que se vê, como podem as pessoas continuar a agir e, aparentemente, a se entender – em todas as áreas, da família ao trabalho e ao lazer?

Quase tudo que aprendemos **a fazer** aprendemos por imitação, desde as tarefas domésticas até as tarefas industriais ou da agricultura.

Quanto à escola, podemos dizer que "decorar" ou aprender "de memória", como ainda se faz, também pode ser considerado imitação.

Muito da comunicação entre as pessoas depende da comunicação não-verbal – como este livro vem falando desde a primeira página –, e a CNV é aprendida desde muito cedo por todos da "tribo" (!), por imitação.

Cães não sabem falar, mas "compreendem" muito bem seus donos – porque nossa linguagem não-verbal é estereotipada. Eles não compreendem as palavras. Eles têm um ótimo ouvido para música verbal e, havendo luz, percebem muito bem as expressões do rosto.

Aí temos algumas dicas que, se não explicam, ao menos abrandam a dificuldade, essa das frases que não dizem nada mas são repetidas e "compreendidas" por todos.

Depois, é preciso separar, na fala, os dizeres preconceituosos dos outros dizeres. Às vezes as pessoas até são sinceras, até dizem o que pensam e até pensam antes de falar...

Às vezes...

# VOLTANDO À PSICOTERAPIA

Então – desistimos de fazer terapia?

Não. Vamos – temos de – reformulá-la. Desistir, de início, das teorias que nasceram nos "velhos tempos", e espero que tenham sido úteis para os de então. Mas todas as pessoas notáveis, que fizeram teorias, são em parte proféticas, e bom será tentar separar o que era do que continua sendo. Acredito ter mostrado o quanto Freud falou do que existe "dentro" do homem, enquanto Marx falava do que existia em volta do homem – no seu ecossistema.

Freud, médico, falou de nossas doenças individuais – primariamente da família. Marx, das "doenças" do sistema capitalista e dos pecados da industrialização.

Agora falo dos dois homens do homem, o de dentro (Freud) e o de fora (Marx) – sem negar nenhum dos dois.

Ou melhor, negando a ambos!!!

Por mais que as fórmulas teóricas nos generalizem, o que subsiste, na fala universal dos lógicos, é isto: não pode haver ciência (estatística, teoria, técnica) para o que não tem similar, para o que acontece uma só vez – ou para o que não se repete.

É a individualidade – com uma reverência a mestre Jung, que já no século XX brigava com todos por causa disso... Mas hoje vamos além: individualidade do personagem, das circunstâncias, do momento. Nem o universo "inanimado" (!) se repete.

Existencialismo – e fenomenologia.

Nada se repete, nada é igual a nada, não há dois momentos iguais.

Qual, então, a finalidade da psicoterapia?

Muito já foi dito ao longo do texto, nos "momentos terapêuticos", no encontro "olhos nos olhos", nas perguntas numerosas tendentes a ampliar o contexto dos relatos iniciais.

Do lado positivo, como também já deixei claro, levando a pessoa a falar devagar para sentir o que sente, para pensar o que pensa. É assim que vamos aos poucos aprendendo a fazer nossas escolhas.

O povo diz linda, mas obscuramente: é preciso aprender a ouvir o coração e aprender – bastante! – a não ouvir tanto a cabeça (as palavras).

Os estudiosos do caos, investigando o coração, verificaram que ele jamais pulsa duas vezes do mesmo modo. Com isso temos uma nova linguagem do coração... É preciso reaprender a ouvi-lo... e a senti-lo.

Novos tempos, novos desejos, novas escolhas...

Observando algumas representações anatômicas do coração, lembrando a anatomia comparada e sua origem embriológica, podemos concebê-lo como um complicado enovelado de tubos – um novelo de minhocas ou cobras! Onde os tubos estão bem juntos uns dos outros, seu envoltório muscular é espesso e é a soma desses espessamentos que constituirá o coração propriamente dito. Foi assim que ele se formou – pela junção gradual de vários vasos sangüíneos de territórios de irrigação e direção do fluxo sangüíneos distintos.

Recordo esses fatos pois eles ajudam a compreender o achado dos estudiosos do caos. O coração era muitos corações em sua origem, e reunia várias funções combinadas. Natural que muito dessa complexidade funcional esteja presente nas pulsações aparentemente únicas e sempre iguais do coração.

É preciso ouvir também e de modo muito especial a respiração. Enquanto ela estiver irregular, presa, curta, agitada, é melhor não fazer nada. Só voltar a pensar em fazer alguma coisa quando ela voltar a fluir suavemente.

É preciso aprender a ouvir o silêncio – o de dentro e o de fora.

A sentir o que "diz" o corpo, sentir as sensações provenientes dele, de suas posições e seus movimentos – **suas intenções**. Perceber se ele está à vontade ou tenso (encolhido), se bem equilibrado (bem-posto em relação à gravidade) ou fora de prumo.

E qual minha posição e minha intenção em relação ao meu próximo (a quem está à minha frente ou ao meu lado).

E que cara estou fazendo para ele.

De novo, refinar paciente e interminavelmente as escolhas – das pessoas, dos movimentos, das amizades, dos amores. Acreditar nos olhos, nas sensações, na intuição, no perceber (no "tomar consciência" – se você preferir).

Coragem e compreensão para ver: nem sempre o que todos dizem é verdade!

Sobretudo, esta é a chave: coragem para seguir, a cada momento, o que nos parece melhor, mais acertado, mais bonito, mais justo, mais amoroso, sem discutir demais consigo mesmo, sem exigir de si razões categóricas. E sem querer que todos pensem ou sintam as mesmas coisas que você.

Nunca saberemos tudo de nada, e essa afirmação vale para cada um de nós em cada uma das situações nas quais podemos nos encontrar.

Tudo isso é lindo, profundo e já foi dito por muitos mestres, mas a questão não é de inteligência, não é de compreensão, de explicação nem de prova.

A questão é de coragem.

A coragem de cultivar e manter a posição. Só se cultiva a coragem passando por muitos medos ou ansiedades, tolerando rejeições mesmo de parte de pessoas queridas, de muitas despedidas difíceis, de horas de solidão e de silêncio – esperando o milagre que está acontecendo o tempo todo!

O próprio caminho é feito a cada passo. Não é fácil, mas é o único que nos levará aonde temos de ir e, ao final, segundo diz Gilberto Gil, ao *Falar com Deus*, não é nada, nada, nada, nada do que nós imaginávamos que seria...

*J. A. Gaiarsa*

# PREÂMBULO À BIBLIOGRAFIA

É hora de apresentar o elenco de meus personagens importantes na ciência atual e na psicologia, além dos autores psicanalíticos ortodoxos e de outros autores: Wilhelm Stekel, Karen Horney, C. G. Jung (li quase tudo que ele escreveu), A. Adler (precursor da história como luta pelo poder, como acredita Toffler), Franz Alexander e a Terapia Breve, W. Reich (também li quase tudo que ele escreveu) e os primórdios das terapias corporais, psicodrama (seis encontros com duração de uma semana em São Paulo em grupo com psicoterapeutas paulistas, sessões dirigidas pela equipe de Bermudes), grito primal, análise transacional, neurolingüística, consciência pelo movimento (Feldenkrais), The Nickolaus Technique, Rolfing (23 sessões com Pedro Prado, previamente meu discípulo), ioga, tai-chi, Renascimento.

Leituras fora da especialidade.

Fritjof Capra nos deu uma excelente visão sobre a vida e sua história no planeta (*A teia da vida*). Depois, por ordem de simpatia, Lynn Margulis, a meu ver a maior bióloga do século (talvez de todos os séculos passados), e um de seus filhos, o não menos inteligente Dorion Sagan. James Lovelock em simbiose com ela, mostrando que a Terra é um ser vivo. Um pouco antes Bertalanffy (de ouvido) e a primeira síntese – a noção de sistema. Depois o vivo como um sistema auto-organizado e adaptativo. O time da cibernética e a noção de *feedback* – a ciência da comunicação e do controle, lido há tanto tempo que não lembro os nomes. Cooperaram também na idéia de que a vida é criação contínua (a vida como um processo autopoiético) Ilya Prigogine e seus difíceis estudos dos equilíbrios desequilibrados, capazes de gerar criações autênticas, ordem a partir da desordem. Junto, os estudiosos do caos, que eu li mas pouco entendi. A complexa semiótica, com essa cachoeira de entusiasmo e verbalização chamada Lucia Santaella e sua paixão, C. S. Peirce.

Em paralelo com a corrente científica, Howard Bloom, como representante emérito dos que defendem que a evolução protege (ou seleciona) os grupos mais cooperativos e não o macacão peludo, chefe do bando e dono do harém. Representa também um grupo em expansão que busca fatos capazes de mostrar quanto a cooperação vem se fazendo cada vez mais ampla – formando o cérebro global. E o oposto: célula sem função ou preguiçosa comete suicídio (apoptose!) – "Está escrito" no DNA!

Não é possível ignorar Edgard Morin nem mestre Osho. Este, em particular – quanto ao estilo. Mestre Osho não fala frases maiores do que duas linhas (no texto). Por isso é fácil e claro. Quanto mais linhas em um parágrafo, mais aumenta a possibilidade de mal-entendidos.

Enfim, Daniel Boorstin, historiador preciso, inteligente demais, e sua história (*Os criadores*) mostrando como a humanidade veio crescendo aos poucos em graça e sabe-

*Meio século de psicoterapia verbal e corporal*

doria. Ao mesmo tempo crescia também – é inevitável – em crueldade e competição... Mas isso ele não disse, mesmo sabendo.

No fim, os mais atuais. O realista Alvin Toffler e sua descrição pormenorizada de nosso mundo (ocidental). E finalmente David Bohm e a física transquântica: "A totalidade e a ordem implicada"...

Essa é uma lista – incompleta – de minhas **últimas leituras**. Ao longo da vida li horrores e seria impossível lembrar de todos. Mas sou feito de muitos, deveras muitos, de muitas épocas, nacionalidades (ecossistemas!), direções...

## P.S.: COMO ENTRAR EM ÓRBITA SEM SAIR DA TERRA

Pronto o texto, acontecem uma experiência feliz e um *insight* por demais significativo. Refere-se a abraços – e a... centros de gravidade!

As pessoas que conheciam meu pai, ao referir-se a ele, assinalavam sempre seu abraço acolhedor. Continuei a tradição. As pessoas que freqüentavam meus grupos de estudo aprendiam depressa a trocar um abraço acolhedor – a partir de mim ou dos meus... Desenvolvi por isso a "teoria" dos abraços. De há muito, guiado por minhas reflexões ligadas à biomecânica, eu explicava por que abraços podiam ser tão expressivos e tão comunicativos.

O dado inicial era peculiar: bem abraçados, nos tornamos um... quadrúpede! Com isso ganhamos uma estabilidade excepcional, ainda que "regressiva" ante olhares críticos. Mas com isso libertamos funcionalmente um bom número de neurônios – todos os que intervêm em nosso equilíbrio, e dos quais falei bastante no texto.

Emoções ganham, com isso, melhores oportunidades de se exprimir.

Mais: se ambos enlaçam o tronco um do outro, será fácil para ambos perceber a respiração um do outro; eventualmente, de sincronizá-las – com tudo que isso comunica – ou significa. Por vezes, até as pulsações cardíacas podem ser sentidas.

Tudo isso, é claro, se as pessoas se detiverem sobre o que podem estar sentindo ou comunicando. Isto é, se prolongarem o abraço.

Mas algo melhor – e maior – pode ocorrer: **como sentir-se em gravidade zero sem sair do chão**! Eu já havia notado que em alguns abraços por vezes ocorriam momentos nos quais movimentos lentos e bem sincronizados traziam consigo uma notável sensação de leveza e de comunicação profunda.

Só depois da experiência inicialmente assinalada me foi dado interpretar o que sucede. Bem abraçados – bem solidarizados – e sobre quatro apoios, o centro de gravidade de cada um dos participantes deixa sua posição habitual sendo substituído por um **centro de gravidade comum. Estão os dois "fora de si"**.

Na verdade, o centro de gravidade de cada um desaparece e toda a motricidade passa a obedecer ao **novo** centro de gravidade – comum. Sentem-se ambos "fora de si", e quando o abraço foi bem composto e há alguma espécie de entrega mútua... os dois entram em órbita – literalmente!

◎

Ante um longo texto que tenta dizer o que aconteceu comigo, com a psicoterapia e com o mundo durante meio século;

Considerando que nestes cinqüenta anos a humanidade foi convidada e intimada a absorver o maior número de transformações sociais já ocorrido em toda a nossa história;

Considerando meu interesse por ciências paralelas à psicologia (biologia, biomecânica, neurofisiologia, história, filosofia, como o leitor pôde verificar...) na busca de instrumentos mais eficazes de compreensão e transformação do homem;

Considerando a incompreensível omissão tanto da psicologia quanto da sociologia e da filosofia em relação ao corpo humano, à nossa biomecânica e à nossa visão;

Espero, assim, que o leitor não estranhe a bibliografia seguinte, não de todo obediente aos ditames da ciência.

Além dos livros citados adiante, mencionei muitos outros no texto. Em cinqüenta anos, como era de esperar, eu li muito mais do que já foi dito e do que será mostrado a seguir.

Quero dizer que, se me fosse dado lembrar todos os textos pertinentes, a bibliografia seguinte seria muito maior. (Cinqüenta anos de leituras...)

Mas não posso deixar de citar alguns dados adicionais à bibliografia abaixo explicitada.

De mestre Freud, li apenas *A psicopatologia da vida cotidiana* e *A interpretação dos sonhos*. Mas li também pelo menos meia dúzia de livros que pretendiam esclarecer as idéias do mestre, em particular Roland Dalbiez e Fenichel – algo como *A teoria e a técnica da psicanálise*.

Além disso, cansei de ler casos clínicos de psicanalistas, até chegar a tal nível de repetição que não me convinha mais continuar lendo. Deveras uma repetição entediante de conceitos primários.

De mestre Carl Gustav Jung acredito ter lido praticamente tudo que escreveu – alguns de seus livros, como *Tipos psicológicos* e *O eu e o inconsciente*, até reli.

O mesmo posso dizer de mestre Wilhelm Reich. Li e reli *Análise do caráter*, com o qual aprendi a começar a olhar o paciente e a compreender a comunicação não-verbal. Apaixonei-me por este tema, como o leitor deve ter percebido ao longo de todo o livro. Além de aprender com ele, desenvolvi consideravelmente suas idéias, ampliando a compreensão do aparelho locomotor e da influência do olhar nas relações humanas.

Li a maior parte dos livros de Wilhelm Stekel, ao qual devo a liberdade de interpretar o que acontece em função do que está acontecendo (!) em vez de me ater a

*Meio século de psicoterapia verbal e corporal*

regras teóricas. Li os cinco livros de Karen Horney, que me ensinaram muito de como dizer as coisas para o paciente. De Alfred Adler, guardei sua idéia central sobre o poder, injustamente esquecida.

Além disso, li os textos básicos de quase todas as grandes teorias psicoterápicas surgidas no século XX – conforme está dito no texto.

## BIOLOGIA

ABRAHAMSON, Warren G. *Plant-animal interactions* (Simbiose!) Nova York: McGraw-Hill, 1989.

ALBERTS, Bruce *et al. Molecular biology of the cell*. Nova York: Garland Publishing, 1994, 3ª ed.

CHINERY, Michael. *Killers of the wild*. Londres: Salamander, 1979.

DAWKINS, Richard. *O relojoeiro cego*. Lisboa: Universo da Ciência, 1986.

FLANAGAN, Geraldine L. *Beginning life*. Londres: Dorling Kindersley Books, 1996.

GEIST, Valerius. *Life strategies, human evolution, environmental design*. Nova York: Springer Verlag, 1978.

GOODALL, Jane. *Uma janela para a vida*. Rio de Janeiro: Jorge Zahar, 1990.

HARDY, Sarah Blaffer. *Mãe natureza*. Rio de Janeiro: Campus, 2001.

LOVELOCK, James. *As eras de Gaia*. São Paulo: Campus, 1991.

MARGULIS, Lynn. *The symbiotic planet*. Nova York: Basic Books, 1998.

MARGULIS, Lynn e SAGAN, Dorion. *O que é sexo?* Rio de Janeiro: Jorge Zahar, 2002.

MOODY, Richard. *Fossils*. Nova York: Collier Books, 1986.

PORTER, Keith Bonneville. *Fine structure of cells and tissues*. Filadélfia: Lea Febiger, 1968.

RIDLEY, Matt. *Genome*. Nova York: Perennial, 2000.

ROSE, Steven. *A química da vida*. Lisboa: Ulisséia, 1970.

SCHRÖDINGER, Erwin. *What is life?* Cambridge: The Cambridge University Press, 1944.

STERRY, Paul. *Monkeys & apes*. Leicester: Magna Books, 1994.

STEVENS, Peter S. *Patterns in nature*. Boston: Boston, Little, Brown, 1974.

STIDWORTHY, John. *Creatures of the past*. Morristown: Silver Burdett, 1987.

WEINER, Jonathan. *O bico do tentilhão*. Rio de Janeiro: Rocco, 1994.

WHITFIELD, Philip. *The hunters*. Nova York: Simon and Schuster, 1978.

## HISTÓRIA E ECONOMIA

ASIMOV, Isaac. *Escolha a catástrofe*. São Paulo: Melhoramentos, 1980.

BOORSTIN, Daniel J. *The discoverers*. Nova York: Vintage Books, 1985.

_____. *Os criadores*. Rio de Janeiro: Civilização Brasileira, 1992.

BRYSON, Bill. *Breve história de quase tudo*. São Paulo: Companhia das Letras, 2005.

CAMERON, Rondo e NEAL, Larry. *A concise economic history of the world*. Nova York: Oxford University Press, 2003, 4ª ed.

*COLEÇÃO TIME LIFE DA PRÉ-HISTÓRIA.* 7 volumes: The first man, The missing link, The neanderthals, Cro-magnon man, The birth of writing, The metalsmiths, The sea traders.

DIAMOND, Jared. *Armas, germes e aço*. Rio de Janeiro: Record, 2001.

GALBRAITH, J. K. *A era da incerteza*. São Paulo: Pioneira, 1977.

_____. *Anatomia do poder*. São Paulo: Enio Matheus Guazzelli, 1989.

*HISTÓRIA EM REVISTA*. Time Life/Abril, 1991. Vinte e cinco volumes.

LANDES, David S. *A riqueza e a pobreza das nações*. São Paulo: Campus, 2003.

LEAKEY, Richard E. *A evolução da humanidade*. São Paulo: Melhoramentos, 1981.

LORIE, Peter e MURRAY-CLARK, Sidd. *History of the future*. Nova York: Doubleday, 1989.

MARTIN, Hans-Peter e SCHUMANN, Harald. *Armadilha da globalização*. São Paulo: Globo, 1966.

MENZEL, Peter e D'ALUISIO, Faith. *Robo sapiens*. Cambridge: MIT Press, 2000.

*O MUNDO DO ISLÃ*. National Geographic do Brasil, 2001.

NÓBREGA, Clemente. *Em busca da empresa quântica*. Rio de Janeiro: Ediouro, 1996.

RIDLEY, Matt. *O que nos faz humanos?* Rio de Janeiro: Record, 2004.

SACHS, Jeffrey. *O fim da pobreza*. São Paulo: Companhia das Letras, 2005.

THUROW, L. C. *O futuro do capitalismo*. Rio de Janeiro: Rocco, 1996.

TOFFLER, Alvin. *A terceira onda*. Rio de Janeiro: Record, 2003.

_____. *Future shock*. Nova York: Bantam Books, 1970.

_____. *Power shift*. Rio de Janeiro: Record, 2003.

## GERAL

BERLITZ, Charles. *As línguas do mundo*. Rio de Janeiro: Nova Fronteira, 1982.

BLOOM, Howard. *The global brain*. Nova York: John Wiley, 2000.

_____. *The Lucifer principle*. Nova York: The Atlantic Monthly, 1995.

BOORSTIN, Daniel J. *The image*. Nova York: Vintage Books, 1987.

BORGES, Fernanda Carlos. *A filosofia do jeito*. São Paulo: Summus, 2006.

CAPRA, Fritjof. *A teia da vida*. São Paulo: Cultrix, 1996.

COLEMAN, Simon e Watson, Helen. *An introduction to anthropology*. Londres: Tiger Books, 1992.

CONSTANTINE, Larry L. *et al*. *Sexualidade infantil*. Rio de Janeiro: Rocco, 1984.

INGENIEROS, José. *O homem medíocre*. São Paulo: Quartier Latin, 2004.

KURZWEIL, Ray. *The age of spiritual machines*. Nova York: Viking, 1977.

TREVISAN, Claudia. *China – O renascimento do império*. São Paulo: Planeta, 2006.

WOODS, James H. *Yoga system of Patañjali*. Harvard: The Harvard University Press, 1927.

## FÍSICA E BIOMECÂNICA

BARLOW, Wilfred. *The Alexander principle*. Londres: Victor Gollancy, 1973.

CAPRA, Fritjof. *O tao da física*. São Paulo: Cultrix, 1983.

CARLSOO, Sven. *How man moves*. Londres: Heinemann, 1972.

DAVIES, Paul. *Os três últimos minutos*. Rio de Janeiro: Rocco, 1994.

*DO BIG BANG À ELETRICIDADE*. São Paulo: Melhoramentos, 1995.

ELLENBERGER, W. *et al*. *Animal anatomy*. Nova York: Dover, 1956.

FELDENKRAIS, Moshe. *Consciência pelo movimento*. São Paulo: Summus 1977, 7ª ed.

FEYNMAN, Richard P. *Six not-so-easy pieces: Einstein's relativity, symmetry, and space-time*. Reading: Addison-Wesley, 1997.

HEWETT, SUCHOCKI e HEWETT. *Conceptual physical science*. Reading: Addison Wesley, 1999.

KAPANDJI, F. A. *Fisiologia articular*. São Paulo: Manole, 1980, 3 volumes.

POWELL, Corey S. *Equação de Deus*. São Paulo: Arx, 2005.

PRIGOGINE, Ilya. *O fim das certezas*. São Paulo: Editora da Unesp, 1996. (Em sã consciência, fiz o possível, mas não entendi este livro.)

ZEILIK, Michael. *Conceptual astronomy*. Nova York: John Wiley, 1993.

## PSICOLOGIA E NEUROFISIOLOGIA

BATISTUZZO, Cleide R. C. *Os sonhos do corpo: a comunicação biocultural do corpo*. 2001. Dissertação (Pós-graduação). Pontifícia Universidade Católica de São Paulo, São Paulo.

BENDER, Morris B. *The oculomotor system*. Nova York: Hoeber Medical Division, 1964.

BINSWANGER, Ludwig. *Being-in-the-world*. Nova York: Basic Books, 1963.

ECCLES, John C. *The understanding of the brain*. Nova York: McGraw-Hill, 1973.

ECCLES, John C.; ITO, Masao e SZENTÁGOTHAI, János. *The cerebellum as a neuronal machine*. Berlim: Springer Vilarg, 1967.

GRANIT, Ragnar. *The basis of motor control*. Nova York: Academic Press, 1970.

_____. *The purposive brain*. Cambridge: MIT Press, 1981.

KORCZAK, Janusz. *Como amar uma criança*. São Paulo: Paz e Terra, 1983.

LEBOYER, Frederick. *Shantala*. São Paulo: Ground, 1986.

LENT, Roberto. *Cem bilhões de neurônios*. Rio de Janeiro: Atheneu, 2004.

MAGOUN, H. W. *El cérebro dispierto*. Cidade do México: La Prensa Medica Mexicana, 1968.

MONTAGU, Ashley. *Tocar*. São Paulo: Summus, 1988, 8ª ed.

MORRIS, Desmond. *The naked ape*. Nova York: McGraw-Hill, 1967.

PENFIELD, Wilder. *The cerebral cortex of man*. Nova York: Macmillan, 1950.

SOBOTTA. *Atlas de anatomia humana*. Rio de Janeiro: Guanabara Koogan, 2000, 21ª ed. Dois volumes.

MCGUIRE, William (ed.) *The Freud/Jung letters*. Nova York: Princenton University Press, 1974. (Excluindo índice e apêndices ainda são 550 páginas!)

## FISIOLOGIA

ASTRAND, Per-olof e RODAHL, Kaare. *Tratado de fisiologia do exercício*. Rio de Janeiro: Interamericana, 1977.

STARLING, Ernest e STARLING, Lovatt. *Principles of human physiology*. Filadélfia: Lea & Febiger, 1968.

VANDER, Arthur J. *et al*. *Human physiology*. Nova York: McGraw-Hill, 1975.

## TAO

WATTS, Alan. *Tao: the watercourse way*. Nova York: Pantheon, 1975.

## RESPIRAÇÃO

CARO, Colin G. *et al*. *Advances in respiratory physiology*. Londres: Edward Arnold Publishers, 1966.

NUNN, J. F. *Applied respiratory physiology*. Londres: Butterworths, 1971.

WYKE, Barry. *Ventilatory and phonatory control systems*. Nova York: Oxford, 1974.

Impressão e Acabamento:

**Geográfica** editora